주름과 기억

주름과 기억

2004년 6월 25일 초판 1쇄 발행
2022년 3월 18일 초판 6쇄 발행

지은이 | 오형엽
펴낸이 | 孫貞順
펴낸곳 | 도서출판 작가
      (03761)서울 서대문구 북아현로6길 50
      전화 | 02)365-8111~2 팩스 | 02)365-8110
      이메일 | morebook@naver.com
      홈페이지 | www.morebook.co.kr
      등록번호 | 제13-630호(2000. 2. 9.)

편집 | 손희 양진호 설재원
디자인 | 오경은 박근영
영업 | 박영민
관리 | 이용승

ISBN 978-89-89251-24-8

* 잘못된 책은 구입하신 서점에서 바꾸어 드립니다.

값 15,000원

주름과 기억

오형엽 평론집

작가

책머리에

　이 평론집은 1990년대 중반 이후부터 2000년대 초반의 현재에 이르는 시적 흐름을 주요 텍스트를 중심으로 분석하고 평가함으로써 최근 한국시의 특징을 고찰하려는 노력의 일환으로 구상되었다. 중진 시인과 젊은 시인과 여성 시인을 망라하는 우리 시대 시인들의 시적 형식을 탐색하고 그 속에 내재되어 있는 구조화 원리를 해명함으로써, 우리 시대의 다양한 시적 지형과 맥락을 진단하려는 시도이다. 이 작업은 우리 시의 전통이 어떻게 계승되며 전개되는가에 시선을 두는 동시에, 새로운 시적 감수성의 모험에 비평적 조명을 던지는 것이기도 하다. 여기서 이 비평적 시선의 초점은 주로 '주름'이라는 문제에 맞추어진다.
　주름이란 무엇인가? 주름이란 다름 아닌 시간의 누적이며 힘의 축적이다. 나무의 나이테와 손가락 끝의 지문과 얼굴에 피는 주름살은 시간이 지나간 흔적이며 그것이 남긴 힘들의 무늬가 아닌가. 인간 뇌의 주름은 또 어떤가. 라이프니츠는 『모나드론』에서 존재와 사물의 특성을 주름으로 파악한다. 모든 존재는 탄성을 가지므로 자기 안에 무한히 다른 부분들을 담고 있으며, 따라서 세계는 무한한 누층 구조로 되어 있다는 것이다. 각 존재와 사물의 차이는 그들이 잠재적으로 얼마나 많은 주름을 내포하고 있느냐, 그리고 그 주름의 접힘과 펼쳐짐의 정도에 의해 좌우된다. 결국 주름은 복수성과 힘을 내포하며, 존재의 차원에 시간성을 개입시킨다.

주름이 지닌 이 시간의 흔적과 무늬에는 가시적인 힘 못지 않게 비가시적인 힘이 작용하며, 따라서 이성과 광기, 의식과 무의식, 상징계와 상상계가 교차하고 배접하는 틈새를 낳는다. 이 틈새로 자기동일성과 타자성의 이질적인 힘이 섞이고 때로 엇갈린다. 주름은 의식의 틈새로 새어나오는 무의식의 흐름을 낳기도 하고, 동일성의 억압을 뚫고 나오는 욕망의 길을 낳기도 한다. 그러므로 시간의 흔적으로서의 주름은 '기억'의 깊이를 내장한다. 기억이란 가시적인 것과 비가시적인 것, 육체와 정신, 의식과 무의식이 만나고 엇갈리는 지점에서 생성되며, 과거와 현재의 경계에서 지속된다. 그리하여 주름은 과거와 현재, 현실과 꿈, 상징계와 상상계의 간격을 접어서 압축시키기도 하고, 펼쳐서 확장시키기도 한다.

상식적으로 '기억'은 과거에 경험한 사실을 머리 속에서 재생해내는 것으로 생각하기 쉽다. 그러나 기억은 인식 구조에 각인될 뿐만 아니라 신체에도 부착되기 때문에, 의식뿐 아니라 무의식의 차원과 관련되고 이성뿐 아니라 욕망의 차원과도 관련된다. 기억은 과거의 경험을 단순히 복원하는 것이 아니고, 과거를 참작하면서 동시에 미래를 조정하는 것이다. 신체의 기억은 과거의 추억뿐 아니라 미래의 예감을 포함하며, 때로는 과거를 예언하고 미래를 추억하기도 한다. 신체는 과거의 흔적이 남아 있을 뿐 아니라 미래의 싹이 트고 있는 시간적 공간인 것이다. 따라서 신체의 '기억'은 그 자신을 이탈하는 과정에서 '망각'과 만나 교직하며 복잡한 회로를 형성한다. 더 나아가 이 '기억'과 '망각'의 회로를 배반하는 탈주선을 따라 분자운동을 감행할 때, 자아의 안과 밖, 현실과 환상, 문명과 자연 등의 이분법적 경계가 무화된 '반기억'의 회로에 도달하기도 한다.

'주름'과 '기억'에 초점을 맞춘 이 평론집의 문제의식은 첫 평론집 『신체와 문체』가 지닌 문제의식의 연장선에서 그것을 더 구체적으로 천착한 것이다. 주름은 신체의 주름으로 내면화되기도 하고 문체의 주름으로 표면화되기도 한다. 신체의 주름은 세계와 몸과 언어가 상호 침투하며 융합되는 창작의 체험 속에서 문체의 주름으로 발현된다. 이 문체의 주름이 바로 시의 형식이다. 리듬과 비유와 어조 등의 시적 기법과 형상화 방식은 신체의 주름이 새겨놓은 문체의 주름인 것이다. 시에서 이 주름의 양상은 시적 형식을 경유하여 시적 양식과 장르의 차원으로까지 전개되기도 한다. 이러한 관점에서 우리는 최근 한국시의 흐름과 경향을 '서정의 형식' '폐허의 형식' '변신의 형식'으로 유형화할 수 있다고 생각한다. 그리고 이 세 가지 유형의 시의 주름은 각각 '기억' '망각' '반기억'이라는 상이한 구조화 원리를 내포하고 있다.

  '서정의 형식'은 전통적으로 지속되어온 서정시의 어법, 혹은 그 심화된 어법을 주름으로 지니고 있으며, 세계를 자아의 내면 속에 포섭하는 주체의 자기동일성을 존재 방식으로 삼는다. 따라서 자연·생명·환경과의 관계를 통해 자기 성찰을 시도하고, 삶의 지혜나 깨달음의 경지를 서정시 고유의 음악적 리듬이나 견고한 언어 감각으로 드러낸다. '동일성의 시학'을 토대로 한 이 서정의 형식은, 회감(回感)의 원리와 동화(assimilation) 및 투사(projection)의 방법을 통해 세계와의 갈등을 극복하여 합일의 경지를 모색한다. 따라서 이 '서정의 형식'은 '기억의 회로'를 내장하고 있다.

  '폐허의 형식'은 1990년대 초반 이후 지금까지 광범위하게 전개되어온 소위 '죽음의 시학'이 지닌 시의 주름이다. 문학의 위기와 시의 죽음을 몸소 겪으며 그것에 대응하고 있는 '죽음의 시학'은, 부패와 죽음을 바라보는 환멸과 부정 의식을 소멸과 폐허의 형식으로 형상화한다. 세계에 대한 환멸과 자기 모멸이 뒤섞인 시선은 시간의 벌어진 틈을 열고 회상과 회한, 기억과 망각을 교직하며 복잡한 주름을 형성한다. 따라서 이 '폐허의 형식'은 '망각의 회로'를 내장하고 있다. 기억에 저항하는 망각이야말로 죽음에 대한 인식을 연기할 수 있는 능동적인 능력이며 추상화된 사유의 원동력이다. 망각은 자기동일성을 확립하는 기억을 무효화시키고 그 구성에 변화를 야기시킨다. 그리하여 망각은 기억을 무화하며 기억으로부터의 해방을 통해 주체의 소멸과 죽음까지도 살아내는 탈주의 흐름을 얻어낸다. 그런데 이 망각은 고통스러운 기억의 반복을 통해 이루어지는 것이므로 기억의 회로와 동거할 수밖에 없다. 망각의 회로는 기억의 회로와 충돌하고 휘감기면서 복잡한 시의 주름을 형성하는 것이다.

'변신의 형식'은 1990년대 중반 이후 지금까지 실험적 전위성을 전개하고 있는 '무의식적 타자성의 시'가 지닌 시의 주름이다. '무의식적 타자성의 시'는 자동기술법이나 초현실주의적 기법, 혹은 무의식의 언어를 통해 기존의 시적 문법이나 통사구조를 해체함으로써, 주체의 동일성에 의해 억압된 타자성을 회복하려는 시도를 보여준다. 이 시적 경향은 은유와 환유의 연쇄 구조를 근간으로 하는 꿈의 문법을 차용함으로써 반복-변주-변신-생성으로 이전 단계를 함입하며 전개되는 탈주의 과정을 밟는다. 기존의 주체로부터 탈주하여 벌레-되기, 동물-되기, 회화-되기, 음악-되기, 불-되기 등으로 전개되는 변신, 즉 리좀적 분자운동을 감행함으로써 지각 불가능한 탈기관체에 도달하고, 이 잠재적 가능태로부터 새로운 주체화의 점을 모색한다. 이러한 변신의 탈주선은 이성적 자아를 중심으로 성립된 현대적 주체를 넘어서는 길이고, 기억의 회로가 지닌 내면성을 넘어서는 길이다. 따라서 이 '변신의 형식'은 '반기억의 회로'를 내장하고 있다. 반기억은 현재를 과거에 사로잡는 기억에 대항하여 기억을 지우며 다른 것을 생성시키거나 변신함으로써 새로운 삶을 구성하는 능력을 말한다. 이것은 '변신의 형식'이 '서정의 형식'을 배반하고 전개된 '폐허의 형식'과 차별성을 지니며 그 죽음 이후의 시적 경로 중 하나를 열어가고 있음을 의미한다.

이러한 문제의식을 토대로 이 평론집은 4부로 구성된다. 1부는 주름과 기억, 몸과 언어, 현실의 집과 내면의 길, 서정시의 존재 방식 등 우리 시대 시의 징후와 맥락을 살피는 테마비평이다. 2부는 '서정의 형식'과 '기억의 회로'를 보여주는 오탁번, 한승원, 최동호, 이시영, 박태일, 문인수, 함민복, 이진명의 시를 고찰하고, 3부는 '폐허의 형식'과 '망각의 회로'를 보여주는 홍신선, 최문자, 박주택, 나희덕, 박라연의 시를 고찰하며, 4부는 '변신의 형식'과 '반기억의 회로'를 보여주는 박상순, 박정대, 이장욱, 허혜정, 김길나, 김점용의 시를 고찰한다.

이 평론집의 전체적 특징은 첫 평론집에서 시도했던 '미시적 이론화'의 실천을 지속하고 확장하는 것이라고 할 수 있다. '미시적 이론화'는 거시 이론이나 이념으로부터 연역적으로 작가나 작품을 지도하거나 인도하려는 거시비평의 문제점과, 작품을 미리 주어져 있는 실체처럼 취급하여 그 의미를 따라가며 분석하는 미시비평의 작품 추수주의를 동시에 극복하려는 비평 방식이다. 구체적인 텍스트의 문체 분석과 이론 사이를 왕복하는 과정에서 문학적 가치를 평가하고 문제 구성 및 이론화 작업을 추구하는 것이다. 이제 이 평론집이 이러한 미시적 이론화의 작업을 성공적으로 수행했는지 독자들의 판단에 맡길 수밖에 없다.

이 책을 내면서 여러 고마운 분들을 떠올린다. 그동안 문학과 비평의 길로 인도해 주신 모교의 선생님들과, 격려와 충고를 아끼지 않으신 문단의 선생님들께 다시 한번 감사드린다. 특히 좁고 탁한 안목으로 길을 잃고 암중모색할 때마다 등불을 비춰 큰길을 보여주신 김인환 선생님께 감사드린다. 책을 내어주시는 손정순 사장님과 편집부 식구들에게도 감사의 마음을 전한다. 이 평론집을 스스로 채찍질하는 계기로 삼아 더 깊은 성찰과 정진을 다짐한다.

2004년 6월
오 형 엽

책머리에

제1부 시의 주름과 기억의 변주
주름, 기억의 변주 – 2000년대 시를 보는 한 시각　　17
몸과 언어 – 채호기와 이재무의 시　　38
현실의 집과 내면의 길 – 장옥관과 김용택의 시　　55
서정시의 존재 방식 – 윤종대·강윤후·박용하의 시　　74
시 비평의 새로운 지형 – 김춘식·류신·최현식·김수이의 비평　　83
이분법의 극복과 미시적 이론화 – 임규찬 비평에 대한 반론　108

제2부 서정의 형식과 기억의 회로
서정과 풍자 사이, 순수에의 도정 – 오탁번론　　123
에로스·시간·윤회·화엄 – 한승원론　　135
순간의 시학과 통합의 정신 – 최동호론　　152
대비와 조화의 이중적 구도 – 이시영의 시세계　　170
소리의 음악과 햇살의 광학 – 박태일의 시세계　　177
심연의 불꽃 – 문인수론　　192
마음의 공터, 모성적 순환성의 세계 – 함민복의 시세계　　202
안과 밖의 정화 – 이진명론　　212

| 차례 |

제3부 폐허의 형식과 망각의 회로

시간의 폐허와 전율의 미학 – 홍신선의 시세계   227
죽음, 혹은 뿌리의 시학 – 최문자의 시세계   244
망각의 수사학 – 박주택론   260
침묵, 혹은 그늘의 소리 – 나희덕의 시세계   277
죽음의 산란(産卵) – 박라연의 시세계   286

제4부 변신의 형식과 반기억의 회로

반복, 변주, 변신, 생성 – 박상순론   303
변주의 방식 – 박정대의 시세계   328
모반의 형식 – 이장욱론   344
독백의 화법과 상상적 일탈 – 허혜정의 시세계   363
두 번의 탈출 – 김길나의 시세계   373
두 겹의 시, 혹은 두 겹의 꿈 – 김점용의 시세계   388

제 1 부
시의 주름과 기억의 변주

주름, 기억의 변주
— 2000년대 시를 보는 한 시각

1. 주름

2000년대 전반기에 처한 우리 시의 모습은 어떠한가? 1990년대의 우리 시단은 '시의 위기설'이 난무하는 가운데서도 중진들의 자기 갱신과 젊은 시인들의 새로운 감수성으로 인해 활기를 유지하였다. 반면 현재 우리 시단은 화제가 될만한 새로운 경향도 충격을 줄만한 새로운 감수성의 출현도 목격하지 못하고 지지부진한 모습을 보여주고 있는 듯하다. 그러나 일견 잠잠한 듯한 물밑에서는 새로운 시적 흐름이 진행되고 있으며, 그것은 서서히 물위로 부상하게 될 것이다. 이 흐름은 1990년대 시적 흐름의 연장선에서 생성된 것이면서, 그 진행 과정에서 2000년대 시의 의미를 획득해 나갈 것인데, 문제는 이러한 물밑의 내밀한 흐름을 예의 주시하고 조명할 수 있는 비평적 관심과 안목일 것이다. 이 글은 현재 물밑에서 진행되고 있는 2000년대 전반기의 새로운 시적 흐름을 가시화하려는 노력의 일환으로 전개된다. 그러므로 이 작업은 새로운 감수성의 모험에 조심스럽게 내기를 거는 비평적 모험의 주사위를 던지는 것이기도 하다. 오늘 이 주사위의 초점은 '주름'이라는 테마에 맞추어진다.

주름이란 무엇인가? 주름이란 다름 아닌 시간의 누적이며 힘의 축적이다. 나무의 나이테와 손가락 끝의 지문과 얼굴에 피는 주름살은 시간이 지나간 흔적이며 그것이 남긴 힘들의 무늬가 아닌가. 인간 뇌의 주름은 또 어떤가. 라이프니츠는 『모나드론』에서 존재와 사물의 특성을 주름으로 파악한다. 모든 존재는 탄성을 가지므로 자기 안에 무한히 다른 부분들을 담고 있으며, 따라서 세계는 무한한 누층 구조로 되어 있다는 것이다. 각 존재와 사물의 차이는 그들이 잠재적으로 얼마나 많은 주름을 내포하고 있느냐, 그리고 그 주름의 접힘과 펼쳐짐의 정도에 의해 좌우된다. 결국 주름은 복수성과 힘을 내포하며, 존재의 차원에 시간성을 개입시킨다.

주름이 지닌 이 시간의 흔적과 무늬에는 가시적인 힘 못지않게 비가시적인 힘이 작용하며, 따라서 이성과 광기, 의식과 무의식, 상상계와 상징계가 교차하고 배접하는 틈새를 낳는다. 이 틈새로 자기 동일성과 타자성의 이질적인 힘이 섞이고 때로 엇갈린다. 주름은 의식의 틈새로 새어나오는 무의식의 흐름을 낳기도 하고, 동일성의 억압을 뚫고 나오는 욕망의 길을 낳기도 한다. 그러므로 시간의 흔적으로서의 주름은 기억의 깊이를 내장한다. 기억이란 가시적인 것과 비가시적인 것, 육체와 정신, 의식과 무의식이 만나고 엇갈리는 지점에서 생성되며, 과거와 현재의 경계에서 지속된다. 그리하여 주름은 과거와 현재, 현실과 꿈, 의식과 무의식의 간격을 접어서 압축시키기도 하고, 펼쳐서 확장시키기도 한다.

이 글은 김점용, 이수명, 김중 등 젊은 시인들의 최근 시를 고찰함으로써 '주름'이 지닌 기억의 다양한 변주 방식을 살펴보고자 한다. 이를 통해 아직 본격적인 비평적 관심과 조명의 대상이 되지 못한 채 지층 밑에서 숨쉬고 있는 광맥을 들추어내어 그 광채를 드러내는 것이 이 글의 목적이다.

2. 김점용 — 두 겹의 주름, 꿈과 현실의 병치

김점용의 시는 꿈 내용을 제시하는 전반부와, 깨어난 현실에서 시적 자아가 꿈에 대한 감정이나 사유, 혹은 상황을 진술하는 후반부로 구성된다. 다시 말해, 그의 시는 묘사와 진술의 결합, 혹은 꿈과 시의 결합이다. 따라서 김점용의 시를 이해하기 위해서 우리는 전반부의 꿈 내용에서 잠재적 사고를 재구성하는 동시에, 그 꿈이 시인의 의식 및 무의식과 상호 작용하여 생성시키는 후반부의 시를 분석하는 이중의 작업을 진행해야 한다.

극장에서 연극을 한다 난 엑스트라 비슷한 배역이다 소파 뒤에 숨어 소파에 누워 있는 여주인공을 커다란 종이 몽둥이로 때리는 역할이다 물론 진짜 때리면 안 되고 소리만 내야 한다 다른 남자 배우는 내 옆에서 매우 빠르게 장단을 맞춘다 난 땀을 뻘뻘 흘리며 그 짓을 한다 극이 끝나고 출연 배우들 맨 끝에 따라나가 인사를 한다 관객들이 박수를 친다 관객 중 여자 후배는 잘했다며 활짝 웃고 남자 후배는 커다란 여자 인형을 내게 내민다 그런데 팔이 하나뿐이다 게다가 팔이 기형으로 좀 길다 조금도 이상하지 않다

男娼이 되었으면
정념 많은 여자들의 몸 속 어둠을
환하게 풀었으면
둥근 방에

> 흰 강물
> 푸른 물소리
> 가득 채웠으면
>
> ―「외팔이 여자 인형― 꿈 27」 전문

　극장에서 연극을 하고 배역을 맡는 것은 무의식 속에 깃들인 또 다른 자아에 대한 전경화이자 정형화이다. "소파 뒤에 숨어 소파에 누워 있는 여주인공을 커다란 종이 몽둥이로 때리는" 꿈 속 자아의 역할은 명백한 성적 상징이다. 그런데 그의 역할이 "엑스트라 비슷한 배역"이고 "진짜 때리면 안 되고 소리만 내야" 하는 상황은 이 꿈 속 자아의 위상이 여주인공의 그것과 상응하지 않는다는 것을 암시한다. "극이 끝나"고 관객 중 남자 후배가 그에게 건네준 외팔이 여자 인형이 "조금도 이상하지 않"은 것은, 그 존재가 꿈 속 자아의 무의식을 흡인하고 있기 때문일 것이다. "불행한 영혼들만 사랑했으므로/나는 조금도 상처 입지 않았고"(「짝―꿈 44」)를 보면, 시적 자아는 극중 여주인공과 같은 특별하고 고상한 존재보다 불행과 결핍을 안고 있는 존재들에게 연민과 애정이 경사되는 듯하다. 왜 그럴까? 한편으로 상처 입고 불우한 자신의 영혼과 상응하는 존재들에 대한 애착이 그 원인이라면, 다른 한편에는 "알량한 나르시시즘이 나를 망쳤다/너에게 가 닿지 못하게 했다"(「짝―꿈 44」)에서 보듯 상처 입지 않으려는 자기 보호 욕망이 스스로 벽을 만든 때문으로 보인다.

　인용 시에서 관심과 애착이 왜곡된 성적 욕망으로 표출되는 것은 이러한 심리적 동인에 기인한다. 후반부의 시적 진술에서 "정념 많은 여자들"은 불우한 영혼에 속하는 존재인데, 그 "몸 속 어둠을/환하게 풀었으면" 하고 희망하는 시적 자아의 소원은 "남창(男娼)"인 것이다. 꿈은 싹트면서 동시에 억눌리는 욕망의 배출이다. 꿈은 잠재된 욕망을 충족시키려는 소망 성취이지만, 그 소원을 검열하고 표현을 왜곡시키는 압력이 꿈을 형성하는 또 하나의 장본인이다. 따라서 꿈은 억압된 소망의 위장된 성취라고 할 수 있다.

「오늘 밤 잠들 곳이 마땅찮다— 꿈 69」에서, '집'과 '방'은 존재의 상징이다. "위채 내부도 궁금했으나 꽉 막혀 안을 들여다 볼 수 없다", "오늘밤 잠들 곳이 마땅찮다"라는 구절은, 존재의 내면성에 깃들이거나 안주하지 못하고 폐쇄된 자아의 공간 속에 갇혀 외부와의 소통이 단절된 상황을 암시한다. 시적 자아는 아버지를 거부하고 증오하고 살해하고 싶어하는데, 이 무의식이 그로 하여금 무덤 안에 갇히게 하는 것으로 보인다. 김점용 시에 나타난 아버지는 "허락도 없이 대추나무를 베어버린 건 잘한 짓이었다/아버지는 스스로 실패작이었다"(「아버지를 바꾸고 싶어하다 —꿈 61」), "배를 찌를까요/물건을 자를까요/아니면/아버지 목을 칠까요"(「어떻게 할까요 —꿈 38」) 등에서 보듯, 대부분 거부와 증오와 살해 욕망의 대상으로 형상화되고 있다. 그렇다면 오이디푸스 콤플렉스의 다른 한 꼭지점인 어머니와의 관계는 어떠할까?

    외출했다 돌아오니 외양간의 소가 외로워 보인다 배가 고픈 줄 알고 풀을 주었더니 먹지 않는다 펌프질로 물을 받아 세수를 한다 소가 안채 기둥에 매여 있다 얼굴에 비누질을 하다 말고 왜 집에 아무도 없냐고 소에게 묻는다 소는 대답하지 않는다 뭔가 숨기는 게 분명하다 내가 괜찮다며 말하라고 하자 소는 자기가 어머니를 죽였다며 운다 문득 안심이 된다 하지만 나는 슬퍼해야 하므로 소 머리를 안고 함께 운다 소 얼굴에 비누 거품이 가득하다 내가 어디에 묻었냐고 묻자 부엌 앞 펌프 밑에 묻었단다 그리고 또 운다

    하나뿐인 어머니로부터 도망치고 싶었다

어디서든 자발적으로 망가지고 싶었다
내 안에 칼을 품고 있었구나
비누로 씻어 속죄할 양이면
나보다 더 간절하게
지나간 삶 전부를 되돌리고 싶으실
아버지의 세번째 아내,
어머니

―「소가 어머니를 죽이다― 꿈 14」 전문

  전반부에 등장하는 "소"는 꿈 속 주인공의 또 다른 자아로 보인다. 어머니를 죽이고 나서 "외로워 보"이고 울고 있지만, 그것은 죽인 후의 죄책감과 두려움의 표시이다. "어머니를 죽였다"는 소의 말을 듣고 "문득 안심이" 되는 까닭은, 주인공의 속마음에 어머니에 대한 살해 욕망이 숨어 있기 때문이다. 여기서 "비누"가 의미하고 있는 것은 속죄의식이다. 어머니에 대한 살해 욕망은 의식의 검열에 의해 속죄의식과 동반되어 나타나는 듯하다. 멜라니 클라인에 의하면, 불안과 죄책감은 사실상 파괴 충동에 대한 반작용이다. 죄책감은 초자아의 형성과 섭취의 산물인데, 아이는 젖가슴, 아버지의 남근, 자기의 똥을 어머니로부터 훔치기 위해 어머니를 물어뜯고 토막내어 어머니를 다시 차지하고 싶어한다. 아이는 어머니를 아프게 했던 것에 대해 죄책감을 느끼고 내사화한 어머니의 보복으로서 똑같은 처벌을 두려워한다. 즉 초자아는 아이의 신체를 자기 차례가 되어 물어뜯고, 토막내고, 똥을 빼앗기 위해서 가로채고 싶어한다는 것이다.

  잠재적 꿈 사고가 외현적 꿈 내용으로 드러나는 과정인 꿈 작업의 두 가지 기능은 '압축'과 '전위'이다. '압축'은 꿈 사고에 여러 번 나타나는 요소들을 선택하여 새로운 통합체를 형성하거나, 공통점을 가진 여러 잠재 요소가 하나의 단일 요소로 융해되어 형성되는 경우이고, '전위'는 꿈 사고의 여러 요소 중 어느 하나만이 부당하게 확대되어 발현되거나, 잠재적 요소가 고유의 구성 요소에 의해서가 아니라 관계없는 것 혹은 암시에 의해 대체되는 것이다. 이 두 꿈 작업은 검열에 의한 왜곡의 결과로서, 무의식을 억압하고 있는 저항을 감소시켜 잠을 지속하고자 하는 힘과 억압된 본능을 충족하려는 소망 성취의 힘 사이의 타협의 결과로 이해된다. 또 하나 꿈 작업의 중요한 기능은 '전도'인데, 그것은 의미를 역전시키거나 반대어에 의해 대체하는 것이다.

　라캉은 프로이트가 설명한 '압축'과 '전위'를 '은유'와 '환유'라는 수사학적 용어로 번역한다. 이로써 라캉은 꿈 작업이 심리적 논리학의 과정이 아니라 언어적 과정임을 말하려고 하였다. 야콥슨의 실어증 연구를 참조한 라캉은 '은유'를 '다른 단어를 위한 단어', 즉 대체를 통한 의미 효과로 이해한다. 억압된 기표와 그 대체물 사이의 긴장으로부터 은유의 불꽃이 튀어나오는 것이다. 그리고 라캉은 '환유'를 '단어에서 단어로', 즉 새로운 의미를 산출하지 않으면서 이미 존재하는 것을 병렬하고 지시하는 구조로 이해한다. 환유는 부분으로 전체를 대신하거나 결과로 원인을 설명하는 것을 포함하여, 한 기표에서 다른 기표로 미끄러지는 무의식의 특징을 나타내는 방식이다. 그런데 라캉이 "무의식은 언어처럼 구조화된다"고 주장하기 전에, 이미 프로이트는 대상을 위해 말과 명칭이 선택되고 언어를 사물처럼 다룰 때가 많다는 점을 지적하였다. 그럴 경우 사물에 대한 표상처럼 언어를 조합하는데, 낱말 덩어리의 각 음절마다 사고와 연상의 고리가 형성된다. 따라서 꿈속에서 엉뚱하게 형성된 낱말의 분석은 꿈 작업의 압축 기능을 보여주기에 적합한 것이다.

　　　광화문에서 market이란 술집을 찾는다 곳곳에 let's란 술집밖에 없다……결국엔 let's에 들어갔는데 실내는 market이다 속았다 싶어 어떤 남자와 격렬하게 싸운다 119 소방대원들이 쫓아와서 지하로 잠적한다 동굴에서 선후배들이 해골을 앞에 두고 세미나를 하고 있다 네온사인으로 장식된 해골은 아까 술집에서 싸웠던 사람이다
―「다른 길은 없는가― 꿈 41」 전반부

꿈 내용에서 "market"은 자본주의 시장경제 제도의 표상이다. 그리고 "let's"는 시인이 붙인 각주에 의하면, 지역통화(LETS), 즉 전지구적 자본주의로부터 지역 공동체를 지키기 위한 하나의 방법으로서, 돈 없이 기본 생활을 영위하기 위해 노동이나 물품을 지역 주민 또는 회원들끼리 교환하는 제도를 지칭하는 용어의 변형으로 보인다. "광화문에서 market이란 술집을 찾는다 곳곳에 let's란 술집밖에 없다"라는 꿈 내용은 일종의 전도이다. 왜냐하면 잠재적 꿈 사고에서 자아는 let's를 찾아다니지만 곳곳에 market 밖에 없다는 점에서 "지구적인 동물의 슬픔을 맛보"기 때문이다. "결국엔 let's에 들어갔는데 실내는 market이다"는 전도된 상황을 다시 전도시킴으로써 제 자리를 찾는다. "속았다 싶어 어떤 남자와 격렬하게 싸"우는 것은 항의와 저항의 표시이다.

그런데 119 소방대원이 쫓아와서 "지하"로 잠적하자 장소는 "동굴"로 전환된다. 여기서 "지하"에서 "동굴"로의 전이는 은유의 작용이며, "해골"은 환유의 작용으로 얻어진 기표이다. 지하 동굴에서 발견할 수 있는 것들 중에 해골도 포함될 수 있기 때문이다. 한편으로 이 "해골"의 '골'은 "동굴"의 '굴'과 'ㄱ'음과 'ㄹ'음이 일치하는 데서 오는 일종의 압축 작용, 즉 은유로도 간주될 수 있다. 동일한 음운이 연상의 연결 고리가 되는 꿈 작업의 압축 기능을 보여주는 것이다. market에 들어가 싸운 "남자"가 "해골"로 변신한 것과, "네온사인으로 장식된" 이 해골을 앞에 두고 "동굴에서 선후배들이" "세미나를 하고 있"는 장면은, 시

적 자아가 자본주의 시장경제에 대해 저항하는 동시에 그것을 분석하면서 암담한 결말을 예감하고 있는 듯이 보인다. 제목에서 보듯, 자아는 온통 market뿐인 이 현실에서 다른 길을 모색하고 있는 것이다. 결국 인용 시의 꿈 내용은 'market—let's'와 '지하—동굴—해골'이라는 두 계열축을 중심으로 압축과 전위, 은유와 환유가 교직된 무의식의 언어 게임을 보여주는 것이다.

김점용의 시는 꿈 내용을 그대로 시의 형태로 차용함으로써 미적 현대성의 한 중요한 층위인 무의식의 흐름을 극단화한다. '꿈시'라고 지칭할 수 있을 그의 일련의 시들은 전반부의 외현적 꿈 내용 속에 잠재적 꿈 사고를 감추고 있으며, 후반부에 그 잠재적 꿈 사고를 전제로 한 시적 진술을 암시적으로 드러냄으로써, 그 사이에 크고 깊은 빈틈을 만들어낸다. 따라서 김점용의 꿈시는 시가 지닌 암시와 상징의 효과를 두 겹으로 형상화한다. 그의 시는 꿈 속의 꿈, 시 속의 시이다. 다시 말해, 꿈과 현실, 무의식과 의식을 병치하는 기억의 방식으로서 두 겹의 주름을 형성하는 것이다.

3. 이수명 — 펴진 주름, 진공 현실

이수명의 최근 시는 서정적 자아를 배제한 채 사물들의 이미지를 착란의 언어로 묘사한다. 관습적인 언어 소통의 방식에 교란을 일으키는 착란의 어법은 주로 사물과 사물의 관계에 오독을 부여함으로써 생겨난다. 사물들 사이의 관계뿐 아니라 사물 자체의 정체성을 교란시킴으로써 지극히 비일상적인 풍경으로 새로운 질서를 만들어내는 이수명의 시적 방식은 언어 게임, 혹은 기호 놀이의 특징을 내포하고 있는 듯하다. 그러나 이 놀이는 단순한 유희가 아니다.

두 손이 묶인 채
그는 끌려갔다.

구경꾼들이 많았다.
휘파람도 불고
욕설도 퍼부으면서
사람들이 길게 늘어서 있었다.

그의 어깨를 쪼던 새가
카메라 플래시를 터뜨리기도 하였다.

이상한 코일들이 그를 감았다.
그를 감고 내려오는
그 날카로운 코일들을
그는 완성했다.

그는 구경했다.

그에게 등을 돌리고 서 있는
구경꾼들을 지나갔다.

—「구경꾼」전문

    이 시의 구도는 몇 개의 관계성에 의해 이루어진다. 전체를 감싸는 관계는 "그"와 "구경꾼들" 사이의 관계이며, 그 속에 다시 "새"와 "구경꾼", "그"와 "코일들"의 관계가 설정되어 있다. "그"는 두 손이 묶인 채 끌려가고, "구경꾼들"은 길게 늘어서서 휘파람도 불고 욕설도 퍼붓는다. 3연부터는 관계의 전도가 시작된다. 그의 어깨를 쪼던 새가 카메라 플래시를 터뜨리는 장면은 "구경꾼"과 "새"의 관계가 전도된 것이며, 그를 감고 내려오는 코일들을 그가 완성하는 것은 "코일"과 "그"의 관계가 전도된 것이다. 그리고 시의 후반부에서는 "그"와 "구경꾼들"의 관계가 전도된다. 이 일련의 관계 전도가 의미하는 바는 무엇일까?

이수명 시의 문장은 주로 명사와 동사, 혹은 주어와 목적어와 서술어의 결합이라는 간명한 형태를 취한다. 인용 시에서 알 수 있듯, 이수명 시에서 전도되는 것은 명사들의 관계이다. 다시 말해, 존재나 사물의 위상을 지닌 주어와 목적어의 관계가 전도되는 것이다. 이것은 야콥슨 식으로 말하면, 계열축에 속하는 선택 관계에 착란을 일으키는 실어증 환자의 증세와 흡사하다. 주어와 목적어가 뒤바뀌는 것은 주체와 객체의 관계가 전도됨을 의미하는데, 이 관계 전도의 의도는 동사, 혹은 서술어의 정체에서 유추될 수 있다. "묶인" "끌려갔다" "욕설도 퍼부으면서" "감았다" "구경했다" "지나갔다"라는 일련의 동사들은 억압과 감금과 방관으로 대표되는 우리 시대의 폭력성을 함축한다. 따라서 명사들, 즉 주어와 목적어 사이의 관계의 전도 혹은 해체라는 시적 방법론은 이러한 폭력성의 구조를 이루고 있는 주체/객체의 고착된 관계성을 전도시킴으로써 일상 속에서, 혹은 우리의 의식 속에서 굳어져 가는 폭력의 메카니즘에 착란을 일으키고 새로운 관계의 가능성을 모색하는 것이다.

결국 이수명의 시는 언어 구사의 두 축 중 선택 관계에 교란을 유도하는 계산된 착란의 시적 전략을 구사한다. 그런데 이수명 시가 내포하는 우리 시대의 폭력성과 관계의 전도를 통한 새로운 가능성 모색은 그것이 동반하는 끔찍한 비극적 정념과 인고의 고통 등이 소거된 채 무미건조한 문장으로 전경화된다. 이러한 특징은 이수명 시가 지닌 특유의 시적 방법론에서 기인하는 것으로 보인다.

1) 곤충들은 멀리 가지 않는다. 조금도 원근법을 사용하지 않는다. 서로서로를 피하려고만 한다. 먼지처럼 붙어 있는 달팽이는 달팽이를 피하려 한다. 달팽이를 피해 먼지처럼 붙어 있다.

　　달팽이는 먼지다. 달팽이의 몸에서 시간이 모두 빠져나가면 달팽이는 스스로 시계가 된다. 나는 그 시계에 시간을 맞춘다.

―「달팽이 시계」부분

2) 잠 속에서, 나는 잠을 자지 않는다. 잠은 이상한 힘으로 나를 깨운다. 나는 가장 높은 꼭대기로 올라가 나를 기증한다. 나는 떠 있는 빌딩이다.

　　빌딩은 새들을 퍼뜨린다. 발목이 없는 새들이 떨어지고 있다. 한 마리는 허공에 걸려 파닥거린다.

　　나는 갈기갈기 찢어진다. 나의 잠은 찢어진다. 나의 꿈은 잠 밖으로 튀어나온다.

　　꿈은 정지되어 있다.

―「잠」부분

1)과 2)에는 이수명의 시적 방법론이 암시적으로 드러난다. 1)에서 화자는 베란다 창에 붙어 있는 달팽이를 관찰하고 있다. 서로를 피하려고 "먼지처럼" 붙어있는 "달팽이"는 "먼지"와 비유의 관계에 있지만, 이 관계는 "달팽이는 먼지다"에 이르러 일치로 전환된다. 이것은 사물들 사이의 거리 조정을 통한 관계 설정의 방식을 거리를 무화시킴으로써 해체하는 방식으로 나아감을 의미한다. 서로 다른 사물들 사이의 거

리를 없앰으로서 동일화하는 이러한 착란은 "조금도 원근법을 사용하지 않는다"에서 그 방법론이 노출된다. 또 하나 우리가 주목하는 대목은 "시간이 모두 빠져나가면"이다. 이수명 시가 일관되게 보여주는 장면들은 말과 음향, 빛과 색채가 소거된 사물들의 움직임으로 이루어져 있다. 명사와 동사, 혹은 주어와 목적어와 서술어만의 결합으로 이루어진 이 문장들은, 원근법이 생략된 회화의 기법에 의해 시간성이 제거된 공간이라고 말할 수 있다. 그리하여 "달팽이의 몸에서 시간이 모두 빠져나가면 달팽이는 스스로 시계가 된다"라는 문장처럼, 시간성이 제거된 이수명의 시는 그 자체가 시계가 되는 것이다.

원근법과 시간성이 제거된 이수명의 시는 2)에서 '정지된 꿈'의 모습으로 변주되어 나타난다. "잠 속에서, 나는 잠을 자지 않는다. 잠은 이상한 힘으로 나를 깨운다"라는 문장은 잠과 각성, 꿈과 현실 사이의 관계를 전도시키고 깨뜨림으로써 '찢어진 꿈' 혹은 '잠 밖으로 튀어나온 꿈'의 양상을 낳는다. '정지된 꿈'은 이러한 '찢어진 꿈' 혹은 '잠 밖으로 튀어나온 꿈'의 또 다른 모습이다. 이수명 시에 나타나는 사물들의 움직임은 공중에 떠있는 움직임이며 정지된 움직임이다. 그녀의 시는 원근법과 시간성이 제거된 정지된 꿈, 혹은 찢어진 꿈의 장면이기 때문이다. 이수명의 시에서 원근법과 시간성이 소거되는 까닭은 폭력성이 지배하는 우리 시대의 불행 속에서 찢어지고 분열되는 기억의 체험 때문일 것이다. 시인은 구멍난 기억의 깊이로 우리 시대의 비극성에 맞서며, 무미건조한 문장으로 비인간적인 폭력성에 맞선다. 첫 시집 『새로운 오독이 거리를 메웠다』에 수록된 다음의 시는 이 구멍난 기억, 혹은 잠 밖으로 튀어나온 꿈의 정체를 엿보게 한다.

빈 화물차가 지나간다. 나는 가방 속을 뒤지고 있었다. 쏟아지는 책갈피 사이를 정신없이 뒤지고 있었다. 할퀴고, 할퀴고, 할퀴고, 나의 이단은 나의 오독에 불과했다. 모든 주름은 펴기 전에 펴진다. 내 가방 속엔 아무것도 남아 있지 않았다. 빈 화물차가 거리를 메웠다. 나는 허약해지는 팔을 뻗어 필사적으로 가방을 뒤졌다. 세상의 모퉁이들이 닳고 있었다. 세상의 기다림들은 세상의 모퉁이들을 닳게 하고 있었다. 희미해지는 기억의 경계들이 문드러졌다. 그림자가 없다. 그림자 없는 화물차가 지나간다. 나에겐 새로운 이단이 남아 있지 않았다. 빈 화물차가 지나갔다. 내 앞을, 서서히 지나가고 있었다. 새로운 오독이 거리를 메웠다.

―「화물차」 전문

시인은 "빈 화물차가 지나"가는 공허한 현실 속에서 필사적으로 가방과 책갈피를 뒤지며 이단을 꿈꾼다. "나의 이단"이 "나의 오독에 불과"하다는 것은 관계의 전도 혹은 해체를 통한 새로운 가능성의 모색을 의미하는데, 그것은 언어의 관습을 교란시키는 착란의 어법으로 전경화될 수밖에 없다. 이것은 시의 후반부에서 "나에겐 새로운 이단이 남아 있지 않았다"와 "새로운 오독이 거리를 메웠다"에서 변주되면서 되풀이된다. 이러한 반복은 이 시가 이수명에게 있어 시적 방법론을 확인하는 의미를 담고 있음을 의미한다. 이 시적 방법론은 "빈 화물차가 거리를 메웠다"라는 일상적 문장을 "그림자 없는 화물차가 지나간다"라는 문장으로 전환시키는 장면에서 선명히 드러난다. 이 전환에 개입된 방법론은 바로 "희미해지는 기억의 경계들이 문드러졌다. 그림자가 없다"에 나타나듯, 기억의 경계를 해체하는 것이다. 기억은 과거와 현재, 현실과 꿈, 의식과 무의식 사이의 경계에서 생성된다. "기억의 경계를 지워가는 곰팡이 슨 육체들"(「이삿짐」)처럼 이수명은 이 기억의 경계를 지움으로써 그림자가 없는 진공 상태로 시를 밀어 올린다. 그리하여 원근법과 시간성과 그림자가 제거된 '진공 현실'을 창조하는 것이다.

"중력이 소멸하는 땅"(「중력이 소멸한」) 이기도 한 이 진공 현실은, "모든 주름은 펴기 전에 펴진다"에서 보듯, 누적된 기억의 주름을 펼쳐서 과거와 현재, 의식과 무의식의 경계를 지움으로써 꿈과 현실이 하나로 버무려져 새롭게 만들어진 공간인 것이다.

4. 김중 ― 접힌 주름, 기생(寄生) 현실

김중의 시는 전도된 세계의 이미지들을 파편적으로 나열한다. 전도된 세계는 현실을 지배하는 관습과 가치 체계를 과격하게 전복시키는 착란의 시선을 통해 형성된다. 이 착란의 시선은 하나의 초점을 가지지 않고 다각도로 유동하면서 변화무쌍한 착시의 몽타쥬를 그려낸다.

거미는 다각형의 착시 속으로 기어들어갔다

거대한 엉덩이가 샌드위치를 삼키고

웅덩이를 핥던 개는 슬픈 트림을 했다

김을 뿜는 지하철 환기통 위에 잠든 부랑아

(… 중략 …)

천사가 늙은이를 벼랑으로 떠민다

과열로 갈라진 채 헐떡거리는 저 늙은 砲身

원망할 것 없다네

우리가 태어난 것은 이 삶을 원했기 때문이 아닌가?

지붕 위, 새끼 고양이가

앞발로 빗물을 훔치며 중얼거렸다

정육점 창문 너머에 걸린 두 줄기 붉은 내장!

거미는 세계의 저쪽 편으로 빠져나와

이제, 영영 돼지를 만나지 못한다

—「겨울비」 부분

 이 시의 1행 "거미는 다각형의 착시 속으로 기어들어갔다"는 김중이 시도하는 시적 방법론의 출발점을 암시한다. "거대한 엉덩이가 샌드위치를 삼키고//웅덩이를 핥던 개는 슬픈 트림을 했다"에 제시된 전도된 세계의 모습은, 다각형의 착시로 현실을 바라볼 때 생겨난다. 다각형의 착시로 바라봄으로써 이 전도된 세계는 파편화된 이미지들의 나열이 될 수밖에 없는데, 따라서 대부분의 김중 시는 단편적인 이미지로 이루어진 하나의 행이 하나의 연으로 구분되어 있는 독특한 형태를 띤다. 다각형의 착시로 관찰된 세계의 모습은 "천사가 늙은이를 벼랑으로 떠민다"에 잘 나타나듯, 기존의 가치 체계가 도착적으로 전도되어 있으며 섬뜩할 정도로 음산하고 불길하다. 이처럼 악마적인 공간은 "지하철 환기통" "자동차" "횡단보도" "가로등" 등 소도구들의 등장에서 짐작할 수 있듯, 다름 아닌 우리 시대 도시의 공간이다. 이 비인간적인 도시의 공간에서 '거미'는 "세계의 저쪽 편으로 빠져나"오고 "영영 돼지를 만나지 못"하고 만다. 거미와 돼지가 서로 만나지 못하고 엇갈리는 것은 이상의 소설 「지주회시」에서 빌려온 모티프로서, 인간적 소통의 단절이라는 현대인의 비극적 운명을 상기시킨다.

그런데 이 시에서 우리가 주목하는 것은 이러한 주제 의식을 형상화하는 방식으로서, 착시에 의해 얻어진 전도된 세계와 현실 사이의 관계이다. 지붕 위에서 새끼 고양이가 중얼거리는 "우리가 태어난 것은 이 삶을 원했기 때문이 아닌가?"에서, "이 삶"이란 전도되기 이전의 일상적 현실일까, 아니면 착시에 의해 전도된 세계의 모습일까? 이 의문에 대한 대답의 실마리를 다음의 시에서 얻을 수 있다.

> 아이가 엄마 젖꼭지 실밥을 자꾸 풀었다
>
> 비둘기는 베란다의 매듭을 쪼고
>
> 바람이 비둘기 부리의 고름을 헤친다, 서랍을 열면
>
> 빽빽 장난감처럼 튀어나와 돌돌 말리는 공간들
>
> 접혀 있는 공간들
>
> 매듭 끊긴 베란다가 장막처럼 펼쳐지자
>
> 비둘기 평면도는 나풀나풀 추락하고……

주름진 허공의 위벽, 돌기와 돌기 사이에서

움직이지 못하는 먼지들의 깊은 목구멍

―「진공」 부분

아이가 엄마 젖꼭지의 실밥을 풀고, 비둘기가 베란다의 매듭을 쪼고, 바람이 비둘기 부리의 고름을 헤치는 등의 전도된 세계의 장면들은, "돌돌 말리는 공간들" 혹은 "접혀 있는 공간들"에서 기인한다. '접힌 공간'은 다름 아니라 시간이 흐름 속에서 변전되는 공간들의 축적인 '주름'을 압축시킴으로써 생겨난다. "주름진 허공의 위벽, 돌기와 돌기 사이에서//움직이지 못하는 먼지들의 깊은 목구멍"에서 보듯, 주름이 지닌 돌기와 돌기 사이가 접혀짐으로써 먼지들은 포획되고 압살되는 것이다. 따라서 김중 시가 보여주는 도착적으로 전도된 세계의 이미지는 이처럼 '접힌 주름' 속에서 과거와 현재, 의식과 무의식, 현실과 꿈 사이의 경계가 압축됨으로써 생성되는 것이다. '접힌 주름' 속에서 형성되는 착시에 의해 "성숙을 멈추고 분열하기 시작한 나의 영혼"은 "끝없는 모자이크놀이"(「모자이크」)를 펼치게 된다. 그렇다면 일상의 현실과 착시에 의해 포착된 전도된 세계 사이의 관계는 어떻게 해명되는가?

3

거울 속의 나를 만진다. 손가락이 닿자마자, 거울은 조롱하듯 천천히 쪼개진다. 아주 천천히…… 세상 가장 내밀한 곳에 떨어진, 저 정교한 벼락. 스치는 환영들만 뱀처럼 기어 심연을 건널 뿐, 갈라진 내 얼굴은 다시 붙지 않는다. 불길하다. 모든 것이 불길하다

―「寄生現實」 부분

"거울 속의 나를 만"지는 행위는 이상의 시가 이미 보여준 모티프이지만, "쪼개진 거울"의 이미지는 이상이 보여준 분열된 자아의 양상을 더 과격하게 밀고 나간 자리에서 심연의 깊이 속에 깃들인 불길한 환영을 만들어낸다. 이상이 보여준 분열은 거울 밖의 자아와 거울 속의 또 다른 자아가 일치될 수 없다는 점에서, 천재의 자의식이 지닌 자부심과 그것이 좌절될 수밖에 없는 1930년대 식민지 현실 사이에서 겪는 2차원적인 분열이지만, 김중의 분열은 "세상 가장 내밀한 곳에 떨어진, 저 정교한 벼락"에 의해 거울이 쪼개진다는 점에서 제3의 힘이 개입되어 있으며, 그 벼락으로 쪼개진 거울에 의해 갈라진 얼굴이 다시 붙지 않는다는 점에서, 복제와 합성의 메커니즘에 의해 지배되고 있는 2000년대 테크놀러지 현실에서 빚어진 3차원적 분열이다.

따라서 '접힌 주름'은 벼락에 의해 '쪼개진 거울'이 되면서 불길한 심연의 깊이로 빠져든다. 이 불길한 "심연"을 건널 수 있는 것은 "스치는 환영들"뿐이므로, 김중의 시는 착시와 환영에 의해 "기형의 마성 같은 것"(「그가 던진 주사위가 심연에 떨어지는 동안」)을 모자이크하게 된다. 이때 그의 시에서 착시와 환영에 의해 포착된 전도된 현실은 일상의 현실에 기생하고, 일상의 현실은 다시 전도된 현실에 기생하면서 다른 세계로 빠져드는 무한한 변전이 생성된다. "몇 개의 생을 건너뛰"(「단발머리」)는 이러한 변전에 의해 김중의 시에서 "나는 세상이 주는 악몽"(「단발머리」)과 "늦잠 자던 자들의 꿈에서 아름다운 세상을 보았네"(「산책」)라는 표현이 가능해진다. 그렇다면 앞서 살핀 시 「겨울비」에서 "다각형의 착시 속으로 기어들어갔"던 '거미'의 운명이 "세계의 저쪽 편으로 빠져나"와서 "영영 돼지를 만나지 못한다"는 결말로 마무리되는 것의 의미를 이해할 수 있다. 이것은 현실과 꿈, 의식과 무의식이 꼬리를 물고 변전되면서 심연의 깊이 속으로 빠져드는 기생 현실의 양상을 보여주는 것이며, 2000년대 현대 도시인이 지닌 3차원적 분열의 양상을 보여주는 것이다.

5. 기억의 변주

　지금까지 우리는 김점용, 이수명, 김중의 시를 통해 기억의 세 가지 변주 방식을 살폈다. 주름의 양상과 결부되어 있는 기억의 방식들은 각각 상이한 꿈과 현실의 관계망을 함축하면서 독자적인 시적 형상화의 방법론으로 구체화된다.
　김점용의 시는 묘사에 의한 꿈 내용과 진술에 의한 현실을 나란히 배치하는 독특한 형태로써 무의식의 흐름을 직접 드러내는 동시에 의식과의 간격에서 발생하는 빈틈을 만든다. 그리하여 그의 시는 시가 지닌 암시와 상징의 효과를 두 겹으로 형상화한다. 두 겹의 주름은 꿈과 현실의 병치로 전경화되면서 과거와 현재, 현실과 꿈, 의식과 무의식 사이의 간극을 통해 이중적 의미망을 형성한다.
　이수명의 시는 명사들, 즉 주어와 목적어의 선택 관계를 전도시키거나 해체시키는 계산된 착란의 어법을 통해 우리 시대의 폭력성에 저항하는 새로운 관계의 가능성을 모색한다. 폭력의 비극성에 맞서는 구멍 난 기억의 깊이는 원근법과 시간성과 그림자가 소거된 진공 상태로 시를 밀어 올린다. 시인은 기억이 축적된 주름을 펼침으로써 과거와 현재, 의식과 무의식의 경계를 무화시켜 꿈과 현실이 하나로 버무려진 진공 현실을 만들어내는 것이다.
　김중의 시는 다각형의 착시 속으로 들어가고 다시 그 세계 너머로 빠져나오는 이중의 전략을 통해 전도된 세계의 이미지들을 현실 속에 기생시킨다. 착시와 환영에 의해 포착하는 전도된 세계는 일상의 현실에 기생하고, 일상의 현실은 다시 전도된 세계에 기생하는 변전이 발생한다. 이러한 변전은 꿈과 현실 사이의 경계를 압축함으로써 생성된 접힌 주름이 벼락에 의해 쪼개진 거울이 되고 불길한 심연의 깊이로 빠져듦으로써 생겨나는 것이다.

두 겹의 주름, 펴진 주름, 접힌 주름을 내부에 품고 있는 김점용, 이수명, 김중의 세 가지 기억의 방식은 꿈과 현실의 병치, 진공 현실, 기생 현실이라는 상이한 형상화 방식으로 나타난다. 2000년대 시에 나타난 꿈과 현실, 혹은 무의식과 의식의 관계는 이처럼 병치의 구조와 진공의 구조와 3차원적 변전의 구조 등으로 변주되면서 새로운 차원의 현실을 만들어낸다. 현실을 마치 고정되어 있는 객관적이고 물리적인 상황으로만, 혹은 정치적 상황으로만 이해하는 것은 우리가 지녀온 오랜 고정 관념이다. 새로운 감수성을 지닌 젊은 시인들의 시선에 포착된 2000년대의 현실은 이처럼 주름과 기억의 다양한 변주를 통해 새로운 리얼리티의 경작지를 개척하고 있다. 상이한 주름의 방식, 혹은 기억의 방식에도 불구하고 이들의 시가 공통적으로 보여주는 우리 시대의 현실은 더할 나위 없이 추악하고 음산하다. 도착적으로 전도된 착란의 목소리를 들려주는 이 젊은 시인들의 시가 있음으로 우리는 우리 시대의 참담함과 불행을 확인하고 그 변화의 가능성을 기약할 수 있게 된다. 그러므로 시는 우리의 절망이자 우리의 희망이다.

몸과 언어
— 채호기와 이재무의 시

1. 시적 언어의 존재 방식

시적 언어는 몸과 정신, 혹은 감각과 의식이 겹쳐지는 접점에서 생성된다. 시인의 창작 체험 속에서 몸과 정신, 감각과 이성은 서로의 경계를 확연히 구분 지을 수 없을 만큼 상호 침투되어 육화된 의식의 차원으로 유동한다. 이 육화된 의식과 시적 대상, 즉 사물과의 관계는 어떠한가? 모든 의식은 무엇에 대한 의식이므로 사물은 의식에 의해 포섭되어 있지만, 몸은 동일한 지각장 속에서 지각 대상으로서의 사물과 얽혀 있으므로 사물의 형태와 색과 향기를 나누어 가진다. 따라서 몸이 의식을 감싸며 생성된 육화된 의식은 주체와 대상의 구분을 무화시키며 사물을 품어 안는다. 시인은 몸과 정신, 혹은 감각과 의식이 겹쳐지는 접점에서 이미 시적 대상과 상호 침투하는 혈연 관계를 맺고 있다고 말할 수 있다. 그러므로 시적 언어는 시인의 육화된 의식과 사물이 만나서 교섭하는 틈새에서 그 잉여물로 빚어지는 결정체이다.

그러나 한편으로 언어는 시인의 몸과 정신 이전에 존재하며 시적 대상으로서의 사물 이전에 존재한다. 언어의 구조가 주체로서의 인간의 의식을 지배하고 결정한다는 것은 구조주의적 사유의 기본 전제이다.

언어가 우리 몸 속에 잠재되어 있는 무의식을 호명할 때 비로소 의식이 형성된다. 라캉은 무의식까지도 언어처럼 구조화되어 있다고 말한다. 그렇다면 선행하는 언어의 구조가 주체로서의 시인의 몸과 정신, 감각과 의식을 동일하게 지배하고 결정한다고 말할 수 있을까? 언어의 구조는 고정 불변의 명제처럼 입법화되어 있지 않고 시간과 장소의 차이에 따라 변화하며, 더 나아가 상이한 주체의 육화된 의식의 차원과 만날 때 다양한 구조로 변이되고 파생된다. 결국 우리는 선행하는 언어의 장 속에서 어떤 특정한 언어의 회로와 특정한 몸의 회로가 만나 상호 공명할 때 비로소 시인이 고유한 자신의 시적 언어를 획득한다고 말할 수 있을 것이다.

이처럼 시적 언어의 존재 방식을 상기하는 것은 채호기와 이재무의 시를 함께 고찰하는 데 어떤 전제가 되기 때문이다. 채호기는 관능적 에너지의 역동적인 흐름을 통해 자신의 몸과 타인의 몸을 합일하려는 사랑을 집요하게 모색해온 시인이며, 이재무는 소외된 농촌적 삶에 대한 분노와 불우한 도시적 삶의 애환을 진솔하게 노래해온 시인이다. 두 시인의 시적 출발점과 위상이 상이한 만큼 그 지향점도 상이하다. 이처럼 상이한 특징을 지닌 두 시인이 각각의 시적 전개과정에서 상재한 최근 시집 『수련』과 『위대한 식사』를 함께 읽으며 나는 하나의 공통 분모를 찾아본다. 그것은 '몸'의 모티프인데, 나는 시적 대상으로서의 사물과 만나는 두 시인의 몸의 자세를 고찰함으로써 어떻게 다른 시적 개성을 확보하는지 살펴볼 작정이다. 이 작업은 두 시인이 각기 상이한 언어 게임의 장 속에서 어떻게 자신의 독특한 감각과 의식을 그것과 상호 공명시켰는지 고찰하는 작업이 될 것이다.

2. 채호기— 몸과 시선

　채호기의 네번째 시집 『수련』은 수련에 공명하는 몸의 언어로 가득 차 있다. 시적 자아는 시적 대상인 수련을 응시하며 그 몸과 상호 침투하고자 한다. 이 상호 침투를 통한 합일은 그러나 타인과의 합일을 추구하는 사랑이 현실에서 불가능한 만큼 지난한 일이 된다. 채호기의 시에서 수련은 물, 빛, 공기의 신비한 교호 작용의 산물로 피어나는데, 이 수련과의 상호 침투를 통한 합일의 불가능성은 우선 물과 빛의 미끄러짐으로 표현되고 있다.

　　　　수면 위에 빛들이 미끄러진다
　　　　사랑의 피부에 미끄러지는 사랑의 말들처럼

　　　　수련꽃 무더기 사이로
　　　　수많은 물고기들의 비늘처럼 요동치는
　　　　수없이 미끄러지는 햇빛들

　　　　어떤 애절한 심정이
　　　　저렇듯 반짝이며 미끄러지기만 할까?

　　　　영원히 만나지 않을 듯
　　　　물과 빛은 서로를 섞지 않는데,
　　　　푸른 물 위에 수련은 섬광처럼 희다
　　　　　　　　　　　—「수면 위에 빛들이 미끄러진다」 전문

　평범한 듯 보이는 이 한 편의 시에는 시집 『수련』의 전체적 의미구조가 응축되어 있다. 이 시는 1—3연의 전반부와 4연의 후반부로 구성된다. 1—3연의 주어는 "빛들"이다. "빛들"은 "수면 위"를 미끄러지는데, 그것은 1, 2, 3연에서 각각 "사랑의 말들" "물고기들의 비늘" "어떤 애절한 심정"으로 비유되고 있다. 수련이 피어 있는 물위를 반짝이며 미끄러지는 '햇빛'은, 사랑의 말들처럼 피부에 미끄러지고 물고기의 비늘처럼 요동치는 시적 화자의 애절한 심정이라고 볼 수 있다. 4연은 전반부의 전개가 한 점으로 응집된다. "영원히 만나지 않을 듯/물과 빛은 서로를 섞지 않는데"와 "푸른 물 위에 수련은 섬광처럼 희다" 사이에 놓인 쉼표는 이율 배반성을 내포한다. "섬광처럼" "푸른 물" 위에 희게 피어난 수련은 물과 빛의 결합체이기 때문이다. 상호 침투를 통한 합일의 불가능성이라는 현실 위에서 성립하는 상호 침투를 통한 합일, 그 신비한 물과 빛의 연금술이 바로 채호기의 '수련' 연작시이다. 이처럼 불가능성을 가능성으로 바꾸어놓는 동인은 무엇일까? 그것은 "말"과 "섬광" 속에 숨어 있는데, 이 비밀의 속살을 함께 더듬어 보기로 하자. 여기서 "섬광"이 의미하는 '빛'의 이미지 속에는 어떤 다른 눈길이 스며들어 있다. 이 시선의 정체를 밝혀내는 작업이 채호기 시를 이해하는 데 중요하다. 그리고 물과 빛의 미끄러짐이 "말"과 "심정"으로 비유되고 있음에 유의해야 한다. "말"은 무엇이고 "심정"은 무엇일까?

저 투명한 슬픔 위에 무엇이 비치는가?

연못에는 수련만 피어 있는 것이 아니다.
흰 구름꽃과 거울 같은 파란 하늘 전체가 피어 있다.
그리고 그 모든 것들을 응시하는 시선이
수면에 반사되는 빛처럼
반짝이는 보석으로 피어 있다.

> 수련꽃이여
> 수련꽃이여
> 흰 손이여, 붉은 입술이여
> 파란 비단 천 위에 네가
> 아무렇게나 벗어놓은
> 옥빛 보석들이여
>
> 저 수련은 꽃 피는 식물이 아니라 물의 반죽이다.
>
> ―「저 투명한 슬픔 위에」 전문

    1연에서 "투명한 슬픔"으로 제시되는 수련은 시인의 내면 감정의 투영이며, 앞의 인용 시에 제시된 "어떤 애절한 심정"과 대응된다. 시적 대상으로서의 수련은 이미 시인의 내면과 상호 작용하고 있으며, 따라서 단순한 사물의 자리에서 벗어나 하나의 감정 혹은 의식이 된다. 그것이 애절하고 슬픈 이유는 "영원히 만나지 않을 듯/물과 빛은 서로를 섞지 않"기 때문이다. 더구나 '물'은 유동하면서 "물방울처럼 부스러지고" '안개'로서 휘발하며 "가라앉아도 가라앉아도" "바닥이 없"는 심연이자 미궁이다. '빛'은 그 자체가 시간의 옷을 덧입고 있으므로 변해가는 유한성 속에서 덧없는 순간성을 지닌다. "물은 밤에 우울한 수심(水深)이었다가 새벽의 첫 빛이/닿는 순간 육체가 된다. 쓸쓸함의 육체!"(「물과 수련」)를 보라.
    이처럼 덧없는 육체인 수련과 시인의 내면을 상호 침투케 하는 것은 2연에 나타난 "시선"이다. 연못에는 수련만 피어있는 것이 아니라 흰 구름꽃과 파란 하늘 전체가 피어 있다. "그 모든 것을 응시하는 시선"에 주목하면, 수련을 포함한 모든 사물들은 그것을 응시하는 시선의 작용을 통해서만 시적 풍경으로 현현한다는 것을 알 수 있다. "너의 시선이 닿는 순간 수련은 피어난다./잔잔한 백지의 수면 위로,/네 의식의 고요한 수면 위로."(「백지의 수면 위로」)에서 보듯, '시선'은 시지각이라는 감각 작용이지만 그 속에 주체의 의식이 개입되고 있다. 채호기 시의 중요한 특징은 이 '시선'이 단순히 감각과 의식의 주체에게만 속하는 작용이 아니라 상호 주관성의 계기를 함축하는 데 있다. 인용 시에서 '시선'은 "수면에 반사되는 빛처럼/반짝이는 보석으로 피어 있다." 대상을 응시하는 주체의 시선은 어느새 "빛처럼" 외부 현상으로 전이되고 결국 "반짝이는 보석으로" 피어난다. "반짝이는 보석"은 다름아닌 '수련'의 상징이다. 그러므로 시선은 주체의 감각 및 의식 작용에 국한되지 않고 시적 대상으로서의 수련의 몸으로 다시 태어나는 것이다. 「수면 위에 빛들이 미끄러진다」의 마지막 행 "푸른 물 위에 수련은 섬광처럼 희다"에서 "섬광처럼"에 숨어있는 것은, 이처럼 시적 대상으로서의 수련과 교호 작용하는 주체의 시선이다.

"물은 생기다 만 새벽의 색채로 그녀를 응시한다."(「잠자는 수련을 응시하는 물」)에서도 나타나는 이 상호 응시의 '시선'은 사물에 관능적 신체성을 부여하는 중요한 계기가 된다. 3연에 제시된 "흰 손이여, 붉은 입술이여"는 이러한 상호 응시의 시선을 경유하여 얻어진 수련의 관능적 몸이다. 자신의 몸과 타인의 몸을 합일시키려는 채호기 시인의 추구는 시적 대상과 한 몸을 이루려는 에로티시즘의 차원으로 전개된다. 그러나 수련의 몸과 합일하려는 시인의 추구는 미완의 시도에 그칠 수밖에 없다. 이 불가능을 무릅쓴 사랑의 추구가 "어떤 애절한 심정"과 "투명한 슬픔"의 원인이 되는데, 그것이 불가능한 이유는 4연의 "저 수련은 꽃 피는 식물이 아니라 물의 반죽이다."에서도 제시되어 있다.

앞서 언급한 물과 빛의 미끄러짐, 그리고 물의 유동성과 빛의 순간성뿐만 아니라 수련과의 합일이 불가능한 또 하나의 이유가 있다. 그것은 "한 여인이 수련처럼 물 밖으로 피어난다."(「한 여인」)에서 보듯, 수련이 '여성'으로 현현하는 데 비해 시인은 '남성'의 속성으로 그와 만나고 있기 때문이다. "꽃과 잎, 그리고 줄기와 뿌리를 가르는 그 세계는 또한/수련의 삶과 수련을 찾아온 남자의 삶을 갈라놓고 있"(「수련은 커다란 거울 위에」)는 것이다. 수련은 커다란 거울이 되어 물 밖의 세계를 비추는 동시에 물속의 세계를 감추고 있다. 안과 밖의 경계인 이 거울은 수련과 시인, 여성과 남성을 갈라놓기도 한다. "그가 들여다볼 수 없는 그녀의 꿈"은 "어둡고 고독한 심연" 속에서 "다채롭고 느닷없고 불안"(「한 여인」)하며, "언어로도 표현하지 못하는 여름의 비밀, 시간의 비밀,/삶의 비밀,"(「수련의 비밀 2」)을 지닌다. 이 비밀의 깊이 속에는 녹색의 회로와 플러그가 잠겨 있는데, 수련은 이 물속 비밀을 물 밖 세계에 알리는 메신저이다. 이 물속의 비밀이 수련으로 하여금 여성의 몸으로 태어나게 하고 "모든 세계를 닦는 흰 수건처럼" 정화의 속성을 지니게 한다. '물'과 '빛' 이외에 수련의 육체를 만들어내는 또 하나의 요소는 '공기'이다.

> 대기 중에 무수히 뚫린 수분의
> 좁은 통로를 통해, 수련의 초록 구멍을 더듬어 발굴된
> 저 갓 피어난 말들!
> 물에 젖은 퍼덕거리는 말들의
> 뿌리처럼 얽힌 갱도 속에서 수면 밖으로
> 떠오르며, 온전한 제 부피의 탄력으로
> 공기를 팽창시키는 저 육감적인
> 흰 수련!
>
> ―「흰 수련」 부분

'물'은 '빛'과의 연금술을 통해 수련을 낳지만, '공기'와의 상호 작

용을 통해서도 수련을 잉태한다. "대기 중에 무수히 뚫린 수분의 좁은 통로"에는 '물'과 '공기'의 상호 침투가 진행되고 있으며, 그 결과 수련은 제 부피의 탄력으로 다시 공기를 팽창시킨다. '물'과 '빛'과 '공기'의 연금술이 수련을 잉태하는 것이다. 이 연금술에는 촉매가 필요한데, 그것은 다름 아닌 '말'이고 '언어'이다. '말'은 연금술의 촉매이자 그 결과물이기도 하다. 인용 시에서 "물에 젖은 퍼덕거리는 말들"은 공기와 물의 합성에 개입되는 촉매의 기능을 담당하며, "저 갓 피어난 말들!"은 그 합성의 결과물이다. "햇빛의 뾰족한 끝에서 공기가 흘러나오면/투명한 수면 위에 수련이 기록된다."(「수련의 비밀 1」)라는 문장은 물과 빛과 공기의 교호 작용을 통해 빚어지는 수련이 곧 말이기도 함을 선명히 보여준다.

    1) 많은 언어들이 저 물 속에 잠겨 있다.

      많은 생각들이 공기 속에 녹아 있고
      많은 말들이 햇빛 속에 숨어 있다.
      무얼 기다리는가 당신은
      수련 앞에서
                —「많은 언어들이 저 물 속에 잠겨 있다」 부분

    2) 수련을 발음하기 위해
      혀는 햇빛을 받아야 하고
      공기의 침대에서 뒹굴어야 하며
      물의 맛들을 음미할 수 있어야 한다.
                —「캄캄한 밤하늘에」 부분

언어를 통해서만 수련은 시적 육체를 얻는다. 1)은 물과 공기와 햇빛의 각각에 언어가 삼투되어 있으며, 그리하여 물과 공기와 햇빛의 교호작용을 통해 생성되는 수련이 곧 언어들의 작용 없이는 성립되지 않음을 보여준다. 2)에서 우리는 이 언어들의 작용이 시인의 몸을 경유하여 진행됨을 알 수 있다. 수련을 발음하는 혀는 햇빛, 공기, 물을 각각 시각, 촉각, 미각 등의 감각 작용으로 체현하는 것이다. 이러한 차원에 이르면 시적 대상으로서의 수련은 시인의 몸의 감각을 통과하여 표현되는 언어와 한 몸을 이루게 된다. "종이 위에 '수련'이란 글자를 쓰자마자/종이는 연못이 되어 출렁이고/자음과 모음은 꽃잎과 꽃술이 되어 피어난다"(「수련의 비밀 1」)를 보라.

그러나 언어에는 구멍이 뚫려 있다. 시적 대상으로서의 수련을 몸이 빚어내는 언어로 체현하려는 채호기의 시도는 불가능한 이상을 향해 되풀이되는 도전과도 같다. "백지의 자궁으로 잉크가 흘러들고/수련을 잉태하고 있는 흰 백지에 /분만을 준비하는 글자들의 구멍"(「백지의 수면 위로」)을 통해 빠져나가는 수련처럼, "손끝에 만져지는 언어는/물방울처럼 부스러지고/햇빛처럼 녹는다"(「물에로의 끌림」). 피었다 지는 안개처럼 "백지 위에 썼다 지우고/덧씌워 쓰는 글자들처럼"(「눈」) 시적 언어로 구현된 수련은 영속하지 못하고 시들고 만다. 이 무정형의 신체는 그래서 아름답고도 덧없다. "어떤 애절한 심정"과 "저 투명한 슬픔"은 이러한 언어의 속성에 말미암은 것이기도 할 것이다. 불가능한 사랑을 집요하게 추구하고 있는 채호기의 시적 여정은 투명하면서 애절한 아름다움을 보여주며 흰 눈송이처럼 백지 위에 피어난다.

3. 이재무— 몸과 식욕

이재무의 여섯번째 시집 『위대한 식사』는 자연의 생명력을 통해 폐허의 슬픔을 딛고 일어나는 재생의 드라마를 보여준다. 이재무 시의 근저에는 상실의 적막과 슬픔의 소용돌이가 자리 잡고 있다. 적요와 쓸쓸함에 침윤된 이 비애의 세계는 텅 빈 몸을 통과하면서 그늘을 형성한다.

> 그녀는 달팽이.
> 그녀의 몸이 그녀의 집이다
> 보아라, 이것이 지난 계절
> 그녀가 삼킨 돌들이다
> 그들이 그녀의 몸 다 채울 때가
> 언젠가 오긴 올 것이다
> 바람 가르고 날쌘 몸으로 그들이
> 그녀의 몸에 와 박히는
> 그 짧은 순간에만 그녀는 크게
> 출렁거렸을 뿐이다 분주한
> 발자국들 돌아가고 폐허의
> 그녀는 지금, 한층 얇아진 물
> 흩어진 지푸라기 으스르지게
> 끌어안고 반짝반짝, 울고 있다
> 밤이면 그녀의 몸은 더 크게 열린다
> 오래 머물다 가는 것들, 부엉이
> 울음과 늦게 뜬 별과 하현이 있다
>
> ―「늪」 전문

이 한 편의 시는 이재무 시세계의 단면을 하나의 풍경으로 보여준다. 달팽이의 몸은 그 비어있음을 통해 돌들을 삼킨다. 달팽이는 여성으로 제시되어 있으며, "바람 가르고 날쌘 몸으로" "그녀의 몸에 와 박히는" 돌들은 남성이다. 지난 계절의 돌들을 삼켜온 달팽이는 분주한 발자국들이 돌아간 지금 폐허로 남겨진다. 흩어진 지푸라기 끌어안고 울고 있는 그녀의 몸은 그러나 밤이면 더 크게 열린다. 이 열리는 몸 속에 오래 머물다 가는 것들은 부엉이 울음과 늦게 뜬 별과 하현달이다. 돌의 남성성에 상처받지만 그들을 모두 삼키고 지금은 폐허가 된 달팽이의 여성성은, 그 열린 몸을 부엉이와 별과 하현달에 내어줌으로써 슬픔을 끌어안는 동시에 새로운 재생을 기약한다.

  이 시에서 주목할 대목은 여성으로 제시된 달팽이의 몸이 단지 시적 대상으로서의 사물이 아니라, 여성성을 매개로 시인의 내면 세계를 공간화하고 있다는 점이다. 이 점에서 이재무의 시는 수련의 여성성과 시인의 남성성이 수면을 경계로 상호 침투하는 채호기의 시적 방법론과 차별성을 가진다. 이재무에게 있어서 시적 대상으로서의 사물은 전통적 서정시의 방식을 따라 시적 자아의 모습이 치환된 양상을 띤다. 그렇다면 인용 시는 시인의 내면 세계가 달팽이의 몸을 빌어 여성성의 열린 공간으로 전환되고 있음을 보여준다. 다음의 시는 시인이 사유하는 텅 빈 몸의 세계를 팽나무에 비유하고 있다.

> 잘 늙는 일이 결국 비우는 일이라는 것을
> 내부의 텅 빈 몸으로 보여주시던 당신
> 당신의 그늘 안에서 나는 하모니카를 불었고
> 이웃마을 숙이를 기다렸다
> 당신의 그늘 속으로 아이스께끼장수가 다녀갔고
> 박물장수가 다녀갔다 당신의 그늘 속으로

부은 발등이 들어와 오래 머물다 갔다
　　우리 마을의 제일 두꺼운 그늘이 사라졌다
　　내 생애의 한 토막이 그렇게 부러졌다
　　　　　　　　　　　　　―「팽나무가 쓰러, 지셨다」부분

　마을의 가장 오래된 팽나무가 부러진 사태를 보며 시인은 "우리 마을의 제일 오래된 어른 쓰러지셨다"라고 표현한다. "오래된 어른"은 팽나무를 의인화한 것으로 1차적 비유에 해당하는데, 팽나무 "내부의 텅 빈 몸"은 다시 마지막 연에서 "내 생애의 한 토막"으로 치환되면서 2차적 비유를 형성한다. 「늪」과 「팽나무가 쓰러, 지셨다」를 통해 우리는 이재무 시의 중요한 모티프로서 '몸'의 비유와 그 치환의 시적 방법론을 발견할 수 있다. 이 두 시에 나타난 '텅 빈 몸'의 이미지는 불우한 존재들을 감싸는 '그늘'의 의미와 더불어, 상실로부터 비롯된 '폐허'와 그것을 통과하여 얻어지는 '신생'의 의미까지를 내포하고 있다. '그늘' ― '폐허' ― '신생'의 의미망을 따라 이재무 시의 향방을 추적해 보기로 하자. 우선 몸의 모티프와 결합된 '그늘'의 의미망은 다음과 같은 대목에서 드러난다.

　　내 유년의 샘물에 뜨던 눈빛, 달빛, 꽃잎,
　　풀벌레 울음, 그리고 어머니 지청구 같은 것
　　수목들 드리운 두꺼운 그늘 속으로 불룩한
　　몸 깊숙이 들이민다 불쑥, 서늘한 기운
　　달려들어 몸 물었다 뱉는다 이렇게 자꾸
　　몸 고치다 보면 어느 순간 생의 빛깔도
　　달라지리라
　　　　　　　　　　　　　　　―「開心寺」부분

제1부 시의 주름과 기억의 변주 49

시인에게 있어 유년은 "샘물에 뜨던 눈빛, 달빛, 꽃잎,/풀벌레 울음, 그리고 어머니 지청구 같은 것"으로서, 자연과 어머니로 대표되는 영원한 평화와 안식의 공간이다. 수목들이 드리우는 '그늘'은 바로 이 유년의 공간을 시인의 몸 속에서 되살려준다. "몸 깊숙이 들이민다"에서 몸은 능동태로서 자연의 '그늘'에 개입하기도 하지만, "서늘한 기운 달려들어 몸 물었다 뱉는다"에서 몸은 수동태로서 자연의 '그늘'에 의해 영향을 받는다. 이러한 몸과 그늘의 상호 침투를 거쳐 "자꾸 몸 고치"는 생의 전환이 가능해지는 것이다.

그런데 「팽나무가 쓰러, 지셨다」의 후반부와 "훤한 가지 사이를 날으는, 한 시절의 생의 동무였던 저 그늘/비낀 새 울음소리 상수리알처럼 단단해져서 나도/물 속 오래된 돌로 문득 적막하구나"(「늦가을 소로」)에서 보듯, 시인은 자신과 불우한 이웃들에게 위로와 휴식을 제공해준 그늘의 한 시절이 사라지고 있음을 아쉬워한다. 그리하여 이재무의 시에는 상실과 회한으로 점철된 폐허의 그림자가 드리워지게 된다. 앞에서 이재무 시의 근저에 상실과 슬픔의 정서가 자리 잡고 있다고 말했는데, 이번 시집에서 이 슬픔의 세계는 두 층위로 나누어지고 있는 듯 하다. 하나는 농촌의 현실과 노동의 피로 속에서 느끼는 존재론적 슬픔이며, 다른 하나는 그늘을 상실한 도시적 삶의 공간 속에서 본래적 자아의 순수성과 열정을 상실하고 있는 자신에 대한 환멸로서의 슬픔이다.

1) 살진 이슬이 내리는
늦은 밤 변두리 공터에는
세상 구르다 천덕꾸러기 된
갖은 슬픔이 모여 웅성웅성 타고 있다
서로의 몸 으스러지게 껴안고
완전한 소멸 꿈꾸는 몸짓,

하늘로 높게 불꽃 피워 올리고 있다
　　　　　　　　　　　　　　　　　　　―「모닥불」부분

　2) 달의 얼굴에 금이 가 있다
　　오래 삶은 계란 껍질 같은 저 표정이 나는 전혀 낯설지 않다
　　오늘밤 나는 돌아가 또 동어반복의 페이지에 갇혀 지칠 것이다
　　나는 날마다 生의 채무자에게 납치되어 포박되는 꿈을 꾼다
　　하지만 이 허황된 꿈은 꿈으로서 끝날 것이다.
　　　　　　　　　　　　　　　　　　　―「밤의 산책」부분

　1)에서 시인은 늦은 밤 변두리 공터에서 타고 있는 모닥불을 보며 슬픔을 호명한다. "갖은 슬픔"은 완전한 소멸을 꿈꾸는 몸짓으로 불꽃을 피워 올린다. "노동 끝낸 거친 손들이/상처에 상처 포개며/쓸쓸히 웃고 있다"로 마무리되는 후반부는, 이 슬픔의 세계가 노동의 소외와 피로에서 빚어지는 상처와 쓸쓸함에 근거하고 있음을 보여준다. 농촌 현실과 노동의 현장에서 촉발되는 슬픔과 비애는 "아름다운 분노"(「사라진 분노를 위하여」)를 동반하지만, 시간의 물살을 건너와 불신과 배반의 재로 뒤덮인 현재에 이르러 시인은 분노를 잊고 살아가는 자신을 향해 비판을 시도한다.
　2)는 부지런히 죄의 길을 걸어오는 동안 관습의 벽에 갇혀 슬픔과 분노의 날(刀)을 상실해버린 시인이 바라보는 일상의 모습이다. 금이 가 있는 달의 얼굴, 그 오래 삶은 계란 껍질 같은 표정은 바로 시인 자신의 표정일 것이다. 동어반복의 페이지에 갇혀 생의 채무자에게 포박되어 가는 시인은 "영혼의 꽃 시든 지 오래/누군가 나를 함부로 짓밟다오", "누군가 이 악취나는 목 부러진 꽃을 생의 안방에서/두엄자리로 옮겨다오"(「나는 어느새」)라고 말하며 자신을 채찍질한다. 이처럼 현

재의 벌거벗은 욕망과 추문과 스캔들에 환멸을 느끼며 자기 반성을 시도하는 시인은, '산'과 '나무'로 대표되는 자연 속에 몸을 내맡김으로써 정화와 신생을 추구한다.

    1) 저 한없이 부드러운 산 그리메 속에
       한 마리 거친 짐승으로 걸어들어가
       달아오른 몸 씻는다
                                                 ―「산사의 하루」부분

    2) 내 몸이 우람한 나무 되어
       강물 숨 크게 들이마신 후
       골목 속으로 쿵쿵쿵 걸어가는 꿈꾼다
       숲으로 세운 나라 푸하푸하,
       나무로 웃는 웃음 바다처럼 시원하구나
                                                        ―「몽상」부분

한 마리 거친 짐승이 산속에 들어가 몸을 씻는 행위는 자연으로부터 정화의 세례를 받는 것이고, 몸이 나무가 되어 숲으로 세운 나라를 꿈꾸는 것은 신생의 희망을 표현하는 것이다. 이처럼 상실로 비워진 폐허의 몸 속에서 자연의 생명력을 수혈 받는 시인은 정화와 신생의 새로운 시적 차원을 열어 놓는다. 이재무 시가 지닌 몸의 모티프가 절정에 이르는 것은 이러한 자연의 생명력과 시인의 식욕이 결합되어 '위대한 식사'를 벌이는 대목에서이다.

    뜨거운 우렁된장 속으로 겁없이
    뛰어드는 밤새울음,

물김치 속으로 비계처럼 둥둥
별 몇 점 떠 있고 냉수 사발 속으로
아, 새까맣게 몰려오는 풀벌레 울음
베어문 풋고추의 독한,
까닭 모를 설움으로
능선처럼 불룩해진 배
트림 몇 번으로 꺼트리며 사립 나서면
태지봉 옆구리를 헉헉,
숨이 가쁜 듯 비틀대는
농주에 취한 달의 거친 숨소리
아, 그날의 위대했던 반찬들이여

—「위대한 식사」 부분

  식욕이 이재무 시에서 중요한 의미를 지니는 것은 먹는 행위야말로 원초적인 몸의 생리이며, 이 몸의 생리 속에 자연의 섭리가 교접하고 있기 때문이다. 그러나 이재무의 시에서 모든 식사가 위대한 것은 아니다. "살면서 는 것은 체중과 식욕뿐이다/너무도 평안하고 행복, 무사하여 불결한 나날이여"(「밤의 산책」)의 식욕은 아름다운 분노를 상실한 채 관습의 늪에 빠져 있는 자신의 나태한 욕망이며, 이럴 때 "홀로 하는 눈물나는 오후의 때늦은 식사"(「오후의 식사」)나 "바다의 얼굴은/다 식어버린 국물처럼 흐리다"(「서해」)라는 표현이 생겨난다. 한편 과거를 회상하며 슬픔에 잠길 때 "쌀밥 같은 등불 서럽게 반짝입니다"(「이제는 돌아가 기도할 때가 되었습니다」)라는 표현을 얻고, 생의 희망을 기약할 때 "어떤 날 강물은 밥알 같은 별 몇 점/가슴에 동동 띄우며 흐른다"(「어떤 날 강물은」)라는 표현을 얻는다.
  이재무 시의 속살을 선명히 보여주는 이 식욕 및 식사의 비유는 인용한 「위대한 식사」에서 과거 농촌의 건강한 삶의 풍경을 회상하며 그것을 현재적 재생의 자리로 옮겨놓는다. 물김치 속에 둥둥 뜬 별 몇 점, 냉수 사발 속으로 몰려드는 풀벌레 울음, 그리고 농주에 취한 달의 거친 숨소리가 모두 반찬이 되어 위대한 식사에 동참한다. 이 식사를 통해 자연의 숨결과 생명력은 시인의 몸에 침투하고 저작과 소화와 배설 작용을 거쳐 다시 자연으로 되돌아가는 순환이 이루어진다. 식욕이야말로 몸을 매개로 인간과 자연이 하나의 순환 고리로 연결되는 위대한 섭리가 아닌가. 이재무 시인의 위대한 식사가 "잡풀들의 숨겨진 캄캄한 식욕"과 "식탐"(「외지(外地)에서」)을 뚫고 어디로 전개될지 자못 궁금해진다.

현실의 집과 내면의 길
— 장옥관과 김용택의 시

1

　우리 시대의 농촌 현실은 어떠한가? 1970년대 이후 본격화된 산업화와 도시화는 본래적 농촌의 따스함과 풍요로움을 훼손시키고, 그곳을 상대적으로 소외되고 낙후된 공간으로 내몰아갔다. 1980년대에서 1990년대 중반에 이르러 자본의 자기증식 속도가 더욱 빨라지면서 도시적 삶의 편린들이 농촌마을의 구석구석까지 침투되고 있다. 그리하여 지금 우리 농촌은 공동화 현상과 도시 변두리화 현상을 아울러 보여 주고 있다. 젊은 층을 중심으로 한 이농과 도시 전출은 농민 인구의 감소는 물론 학생 수의 감소로 인해 폐교 조치가 내려지는 등 마을이 텅 비어 버리는 현상을 초래했다. 또한 거대한 자본의 힘은 소읍뿐만 아니라 전형적인 농촌마을까지도 도시적인 소비문화에 물들게 하여 상업적이고 퇴폐적인 모습으로 변질시켰다. 따라서 이 공간은 도시도 농촌도 아닌 기형적인 몰골을 드러내게 된다. 가속도가 붙은 산업자본주의의 물결 속에서 우리의 농촌과 자연은 고속으로 침몰해 가고 있는 것이다. 그러므로 지금 우리는 유년의 회상을 통해서만 본래적 농촌마을과 고향을 찾아갈 수 있는, 불행한 시대를 살아가고 있다.

장옥관의 시집 『바퀴소리를 듣는다』와 김용택의 시집 『강 같은 세월』을 읽으면서 나는 이러한 농촌의 현실을 가슴아프게 확인할 수 있었다. 또한 이 허망하고 누추한 농촌의 현실을 꿰뚫고 희망의 빛을 발견하려는 치열한 모색의 길을 반갑게 만날 수 있었다. 장옥관과 김용택은 모든 것이 도시화되고 자본화된 세계에서 낙후되고 변질되어가는 농촌과 변두리적 삶의 실상을 관찰, 혹은 체험을 통해 구체적으로 묘사한다. 이처럼 현실의 집, 곧 삶의 터전이 지닌 실상을 객관적으로 파악하여 제시하려는 욕구는, 궁극적으로 현실성에 토대를 둔 현실 비판의 기능을 수행하려는 의도에서 기인한다. 이러한 기능은 서정성을 토대로 하는 전통적 서정시의 어법과 자유시의 형태만으로는 감당하기 어려운 것이다. 그러므로 두 시인은 농촌의 실상을 현실적인 토대 위에서 리얼하게 형상화하기 위해, 공통적으로 서사적 구조와 산문시 형태의 가능성을 모색하게 되는 것으로 보인다.

한편으로 서사적 현실의 충실한 재현만으로는 시적 감동과 정서적 울림을 전달하기 어렵다. 현실의 터전이 지닌 사실성의 서술에 그친다면 무미건조한 현상의 보고서에 그치고 말 것이기 때문이다. 이 시대에 시를 쓰는 행위는 현실의 모순을 직시하고 그것에 대응하는 저항의지를 미적 방식으로 형상화함으로써, 우리 사회가 상실한 삶의 토대를 끊임없이 질문하며 찾아가는 고통스런 과정이다. 그러므로 이 두 시인에게는 농촌과 변방적 삶의 실상을 객관적이고 구체적으로 재현하면서 그 현실을 관통하여 '있어야 할 것'을 서정적 진실로 제시하여야 할 과제가 주어져 있는 셈이다. 이 과제에 고민하면서 그 가능성을 진지하게 모색하는 두 시인의 자세는 서사적 진술에 개입되는 서정적 자아의 모습으로 형상화되는데, 이것은 두 시집에서 각각 상이한 개성과 시적 성취로 나타난다. 결국 그것은 암울하고 궁핍한 '현실의 집'을 통과해서 '있어야 할 집'을 찾아가기 위해 '내면의 길'을 여는 시적 작업이 된다.

그러므로 나는 이 두 시인의 시집에서, 서사적 진술과 서정적 긴장이 만나는 모습과 아울러 상이한 개성 및 시적 성취를 살피게 될 것이다.

2

장옥관은 첫 시집 『황금 연못』에서 불행한 현실의 세계와 그 현실을 초월한 영원의 세계를 동시에 보여주었다. 현실과 영원 사이의 경계에서 무게중심을 잡으며 일상적 삶의 틈새에서 초월과 영원의 세계를 넘보던 시인은, 두번째 시집 『바퀴소리를 듣는다』에서 현실의 세계로 무게중심을 옮기고 구체적인 삶의 터전으로 내려온다. 사람 없는 산 속의 '황금 연못'을 찾아갔던 시인은 그곳에서 '집으로 가는 길'을 찾지만, "물고기의 길을 찾아봅니다 못물 속으로 열려 있을/집으로 가는 길 아무도 물 위에 흔적을 남기지 못하고,/알 수 없는 슬픔의 자취를 따라 못물은 다시 출렁입니다"(「황금 연못」)에서처럼, 끝내 길을 찾지 못하고 알 수 없는 슬픔에 잠긴다. 그 황금 연못 속으로의 길은 세상에 이미 없는 길임을 깨달은 것일까, 시인은 이제 관념적인 공간이 아닌 구체적이고 현실적 삶의 현장인 '낙동'을 찾아간다.

> 낙동을 가려면 선산에서 910호 지방도를 타야 한다 불 꺼진 백양나무 가로수를 지나야 한다 단밀로 가는 낙단교 건너지 않아야 한다 쌍용 주유소 갈림길 지나 공원묘지 위를 연사흘 흩뿌리는 눈발 낙동 가면 무엇이 있나
>
> ―「낙동 가는 길」 초반부

인용 부분은 시인의 실제 고향인 선산에서 낙동으로 가는 길이 구체

적으로 제시되어 있다. "910호 지방도" "백양나무 가로수" "낙단교" "쌍용주유소 갈림길" "공원묘지"는 이 길이 실제 하는 현실의 길이며, '낙동' 또한 현실의 공간임을 알게 한다. 그런데 "불 꺼진 백양나무"란 표현은 무엇을 의미하는 것일까? 꽃이 떨어진 나무, 혹은 어두운 밤의 시간대를 묘사한 것으로 짐작할 수 있지만, 그것으로 충분치 않다. 이것의 시적 의미는 시 전체를 유기적으로 살펴보아야 알 수 있을 것이다. 중반부에 묘사된 낙동의 모습을 보자.

> 고드름 달린 倭式 목조 이층 목화다방과 덜컹대는 유리미닫이 약방의 낡은 처방전 밤 아홉시에 벌써 버스는 끊기고 싸락눈이 갈기 세워 골목을 누빈다 산림계 면서기는 잠에 곯아떨어졌는지 아까부터 숙직실 불이 꺼져 있다. 다닥다닥 이마 낮춘 처마 모퉁이 店頭 중 늙은이 서넛 둘러앉아 소주를 마시고 어둠이 웅크리고 있는 벌판 저 너머 소리없는 눈발이 외딴 집의 불빛을 달래고 있다.
> ―「낙동 가는 길」 중반부

낙동은 "왜식(倭式) 목조"와 "덜컹대는 유리미닫이"와 "약방의 낡은 처방전"에서 볼 수 있듯, 소외되고 낙후된 삶의 공간이다. 전형적인 농촌마을이었던 낙동은 산업도시의 위력에 눌려 도시와 농촌의 경계에서 일그러진 기형적 모습으로 변질되었다. 이 낙동은 "밤 아홉시에 끊기는 버스"와 "산림계 면서기의 잠"과 "중 늙은이 서넛"의 모습처럼, 역동성이 상실된 무기력하고 옹색한 삶의 모습을 보여준다. 실제 우리 농촌은 젊은 층의 도시 전출로 인해 면서기와 늙은이들만이 남아서 답답하고 초라한 일상을 이어가고 있다.

이렇게 허망하고 누추한 농촌마을의 실상은 "밥집이 된 장미원"(「장미원 가는 길」)과 "둘러보아도 소읍조차 아득한 한적한 시골 마을/언제부터인가 숯불구이 고깃집들 줄지어 들어서기/시작했습니다"(「배시내 가는 길」)에서, 자본과 욕망에 잠식되어 본래적 모습을 훼손 당하고 도시의 변두리로 변해버린 현실로 묘사된다. 시인은 이처럼 산업사회에 적응하지도 전통적 공동체의 삶을 복구하지도 못하는, 농촌현실의 비극적 실상을 자아의 감정 노출 없이 객관적으로 관찰하고 서술한다.

 이 시가 지닌 서사적 진술과 산문시의 형태는 이처럼 현실의 실상을 감정의 굴곡 없이 재현하려는 의도에서 생겨난다. 감정을 절제하면서 관찰자의 객관적 시선을 유지하는 거리 감각은 자칫 산문화의 무미건조함에 빠져들 수 있지만, 시인은 비유적 묘사로써 이 함정에서 벗어나고 있다. "싸락눈이 갈기 세워 골목을 누빈다" "소리없는 눈발이 외딴집의 불빛을 달래고 있다"라는 표현도 그러한 묘사의 예이지만, 특히 "밤" "불이 꺼져 있다" "어둠"으로 이어지는 이미지의 연결은 초반부에 제시된 "불 꺼진 백양나무"의 이미지와 관련되면서 유기적 의미망을 형성한다. 즉 이 시는 전체적으로 '불 꺼진 어둠'의 이미지를 유기적으로 연결시켜, 삶의 의욕과 역동성을 상실한 채 궁색하게 살아가는 낙동의 현실을 비유하는 것이다. 이 비유적 묘사는 객관적 거리를 유지한 서사적 진술에 서정성을 개입시켜 조화하려는 의도에서 나타나는 것으로 보인다.

 한편 이처럼 '낙동'을 중심으로 전개되는 구체적인 삶의 현장에 대한 관심은, 그 속에서 초라한 삶을 살아갈 수밖에 없는 개인적 인물들에 대한 묘사로 이어진다. 「강」「못」「손」과 「상식을 옹호하다」「사소함에 대하여」「휘어진 길」에서 「곡(曲)」「각(角)」「율(律)」「박(拍)」에 이르기까지 많은 시편들은 그, 그녀, 김씨 등 3인칭으로 지칭되는, 현실의 구체적 인물들의 소외되고 왜곡된 삶을 드러내고 있다. 그들은 한결같이 산업화와 자본화의 빠른 진행속도를 따라가지 못하고 뒤쳐진 채, 낡은 시간과 공간에서 먼지의 더께처럼 남겨진 존재들이다. 그들은 "이

곳에서 시간은 너무 더디게 흐른다/칠 벗겨진 유리창 너머/걸레뭉치 같은 어제 그 구름, 바람빠진 바퀴처럼"(「그의 시간」), 옹색하고 지지한 삶을 견뎌나갈 수밖에 없는 존재들인 것이다.

「강」의 "김씨"는 다섯 딸을 거느린 가난한 살림의 가장인데, 아내가 똥 오줌 주물러대는 시아버지를 버리고 달아났다. 굳은 시간을 견디며 묵묵히 일하던 그는, 계단 종이컵에 심어논 모종을 누군가 짓이겨 놓았다고 해서 광기를 일으키고 사표를 쓰고 만다. 「손」의 "그"는 작두질에 오른쪽 둘째 손가락이 날아간 노동자인데, 황달로 고생하며 두어 번 감방을 들락거린 후 신축공장의 인용 잡역부로 전락한다. 「상식을 옹호하다」의 "그"는 수많은 말을 만지고 살아온 식자공이다. 다섯 자식을 키우며 수십 년 동안 일에 종사해온 그는, 활판이 사라지고 옵셋이 들어오고, 마침내 주조(鑄造)가 사라지는 것도 목격한다. 이 주조의 불을 끄는 날 활자들은 트럭에 실려가 녹혀지게 되지만, 그의 뼛속에 녹아 있는 퍼런 납은 그를 반신불수로 만들고 만다. 「각」의 "그"는 마흔이 넘도록 고시촌을 떠나지 못하는 만년 고시생이다. 각이 진 그의 가파른 삶은 상처로 얼룩지고 그 상처가 그를 이곳 벼랑까지 몰고 왔다.

이 인물들은 공통적으로 급속도로 변모해 가는 세상의 흐름에 적응하지 못하고 고집스럽게 제 자리를 지키는 낡은 존재들이며, 이 세상으로부터 상처받아 왜곡된 삶을 살아갈 수밖에 없는 존재들이다. 장옥관 시인은 이 상처받은 우리 이웃들의 누추한 생애를 시간이 압축된 서사적 흐름에 담아낸다.

평생 그는 한 권의 책조차 가지지 못했으나 수많은 말을 만지며 살아왔다 납독으로 손가락이 뻣뻣해질 때까지 수십 년을 말과 말 사이 오가며 말을 찾았다 바닥에 떨어진 부러진 말을 두 손으로 주웠다 모종에 물을 주듯 다섯 자식을 길러내며 // 뒤축이 닳은 말을 몇 번이

나 갈아끼웠다
　　　　　　　　　　　　　　―「상식을 옹호하다」 부분

　　마흔이 넘도록 고시촌을 떠나지 못하는 그의 얼굴은 늘 날이 서 있
다 얼음물에 벼루어 각진 턱 밀어가는 면도날이 자주 핏방울 돋게 하
지만 상처가 그를 이곳 벼랑까지 몰고 왔다 각에 기댄 그의 삶은 매
듭투성이, 스치는 풀잎 소리에도 유리처럼 크게 깨어졌다
　　　　　　　　　　　　　　　　　　　　　―「角」 부분

　　인용된 두 편의 시 이외에도 구체적인 인물의 생애를 묘사하고 있는 시들은 공통적으로 서사적 줄거리가 함축된 산문적 진술로 전개된다. 현실의 구체적 상황을 객관적으로 제시하려는 이 서사적 진술은 그의 시를 자칫 산문의 세계로 끌고 가려 하지만, 시간이 압축된 빠른 사건 전개, 함축적이고도 절제된 묘사, 고도로 응축된 비유적 표현을 통해 상황을 암시하며 시적 긴장을 유지한다. "각에 기댄 그의 삶은 매듭 투성이"라든지 "모종에 물을 주듯 다섯 자신을 길러내며//뒤축이 닳은 말을 몇 번이나 갈아 끼웠다"라는 표현은, 산문적 현실을 함축하는 상징성을 부여하여 더 밀도 높은 시적 상상을 가능케 하는 예가 된다. 이 산문시의 형태, 시간의 흐름, 상징성이 고도로 함축된 서사적 진술은 현실적 인물들의 실상을 구체적으로 재현하면서도 시적 긴장을 놓치지 않으려는 의도에서 생겨나는 것으로 보인다. 결국 시인은 완강한 현실의 무게에 짓눌려 패배하고 망가진 영혼들의 실상을 산문적 진실로 드러내면서도, 함축된 서사적 진술로 산문화는 극복하고 시적 긴장을 유지하는 것이다.
　　그러나 간혹 시간의 흐름이 심하게 압축되거나 비유나 상징이 지닌 고도의 함축이 그 강도를 높일 때, 장옥관의 시는 쉽게 접근하기 어려

운 난해성과 모호성을 띨 때도 있다. 일반 독자들의 공감에서 멀어질 우려도 있는 이러한 점은 서사적 진술에 개입되는 서정적 자아의 긴장이 과도하게 작용하거나 비유나 상징체계가 의도적으로 사용된 결과라고 짐작된다. 한편으로 이는 초라한 현실의 공간과 그 속에서 곤고한 삶을 이어나갈 수밖에 없는 이웃에 대한 시인의 안타까움과 분노, 그리고 대결의지가 내면적으로 응축되어 있음을 보여주는 것이기도 하다.

내면적으로 응축된 이 안타까움과 분노와 저항의지는 현실의 집과 불행한 인물들의 생애를 묘사하는 과정에서 잃어버린 것에 대한 그리움을 섬광처럼 보여줌으로써, 서정적 자아가 개입할 내면의 길을 열어놓게 된다. 다시 「낙동 가는 길」로 돌아가 그 후반부를 보자.

>   한 사흘 낙동에 눈이 내리면 불 꺼진 집은 봉분같이 고루 편안하고
>   杜門不出 오리나무도 산을 내려오지 않는다 눈 내려 적막한 마을의
>   근심 길은 끊기고 눈 아래 한숨은 다시 한 됫박 눈발 치솟게 하는데
>   낙동은 이미 너무 흔한 곳 낙동을 가려면 누구나 길 끊긴 눈밭을 지
>   나 백양나무 환한 둥치를 거쳐야 한다
>   ―「낙동 가는 길」 후반부

전반부와 중반부의 "불 꺼진" "어둠" "밤" 등의 이미지와 연결되어 있는 "불 꺼진 집"은, 한 사흘 내린 눈으로 인해 마치 봉분 같이 고루 편안해 보인다. 이때 '눈'은 낙동의 현실을 묘사하려는 서사적 진술의 객관성과 그 속에 개입되는 서정적 자아의 주관성 사이의 경계에서 작용하는 매개물로 간주된다. 왜냐하면 '눈'은 "적막한 마을의 근심"도 덮어버리고 현실의 길도 덮어 끊어지게 하는데, 그 눈 아래 암담한 현실의 집에서 솟아나는 한숨은 다시 눈발을 한 됫박 치솟게 하기 때문이다. 그리하여 이 '눈'에 덮인 "불꺼진 집"이 "봉분같이 고루 편안하고"

라고 표현된 데서, '봉분'이 지닌 이중적 의미를 짐작하게 된다. 즉 '봉분'은 불꺼진 집이 지닌 적막, 혹은 죽음의 의미와 아울러 그것을 편안히 가라앉히며 미래의 생성을 기약하는 긍정적 의미를 동시에 지닌다. "양수(羊水)에 감싸여 출렁이는 봉분/둥근 것은 고리가 되어/쟁쟁 울린다"(「봄 밤」)에서도, 봉분은 단순히 죽음과 소멸의 의미만이 아니라 새 생명의 잉태와 생성의 의미를 내포한다. 여기서 우리는 이 '봉분'의 이미지가 시집 전체에서 '둥근 곡선'의 이미지와 연결되고 있음을 주목하게 된다.

「곡」「각」「율」「박」시리즈는 현실적 인물들의 생애를 서사적 함축의 진술로 요약하면서도, 제목에서 느껴지듯 그 현실을 기하학적 원리로 환원하여 삶의 근원적 진실을 파악하는 특징을 보여준다. 이때 시인은 "모나고 각진 곳을 두드려/둥글게 펴나가는 북소리"(「북」)와 같이 곡선의 이미지가 지닌 회복과 재생의 가능성에 주목하는데, 그것은 다시 '씨앗'의 이미지로 연결된다. 씨앗을 통해 "나무의 상처가 꽃"이며 "상처를 통하지 않고 가는 길이란 이곳에 없다는 걸" 깨닫고, "상처의 힘으로 제 몸에 창을 내는 벽오동"을 만나기도 한다.

결국 이 '봉분'의 둥근 이미지로 인하여 「낙동 가는 길」의 초반부에 제시되었던 "불 꺼진 백양나무"는 마지막 문장에서 "백양나무 환한 둥치"로 전이된다. 그러므로 "낙동은 이미 너무 흔한 곳"에서의 '낙동'은 현실의 공간으로 읽혀지고, "낙동을 가려면 누구나······"의 '낙동'은 끊어진 현실의 길을 넘어 "백양나무 환한 둥치"라는 내면의 길을 거쳐야만 도달할 수 있는 이상적 공간으로 읽혀진다. 결국 장옥관에게 있어 현실의 집을 넘어서 있어야 할 집을 찾아가는 내면의 길은, '봉분'과 '씨앗' 등의 둥근 이미지와 '환한 빛' 혹은 '불꽃'의 이미지로 집약된다. 하지만 이 흰빛의 이미지는 "텅텅 빈 시간의 속을 갈라/지지 않는 한 송이 불꽃의 아픔 심어야 한다"(「바위를 쪼개다」)와 "두꺼운 아스팔트 딱딱한 검은색 습관을 들추면 만지게될 지 모른다 거기, 수줍은 물 푸레나무의 눈부신 흰 속살!"(「사소함에 대하여」)에서처럼 미래적 결의나 희망의 표현으로 형상화되는 경우를 제외하고는, 현실의 무게에 눌려 잠시 섬광처럼 나타났다 사라질 뿐이다.

> 서랍을 잠그는 주름 잡힌 손등 위
> 두꺼운 먹구름을 뚫은 빛살이 잠시 머물다 사라진다
> 삐걱이는 바퀴의 녹슨 살대 속
> 그으름 길게 남기며 또 하루가 고개를 넘는다
> 기울어진 그의 어깨 반쪽이 어둠에 묻힌다
> ─「그의 시간」부분

여기서 우리는 장옥관의 내면의 길이 결코 현실의 집을 초월한 영원으로 이어지는 것이 아님을 발견한다. 그는 있어야 할 집을 찾아가는 내면의 길을 추구하면서도 그 서정적 자아가 낭만적 동경으로 치우치는 것을 경계하는 현실주의자의 비극성을 견지하고 있는 것이다. 우리는 장옥관이 보여주는 '내면의 길'이 '현실의 집'을 꿰뚫고 '있어야 할 집'으로 찾아가는 더 큰 힘을 얻게 되기를 기대한다.

3

김용택은 첫 시집 『섬진강』에서 기존 서정시 양식과 판소리 사설을 중심으로 한 전통 양식의 재현을 동시에 보여 주었다. 서정시 양식은 농촌현실의 경험에서 우러난 맑은 정서를 자유시형이나 산문시적 형태로 형상화하였고, 전통 양식의 재현은 판소리사설의 4음보를 수용한 정형률의 형태로 옛스러움의 현재화가 불러일으키는 낯설게하기와 패러디의 효과를 보여줌으로써 형태 실험의 의미를 부여받았다. 또한 이 전통 양식의 재현은 판소리 등이 내포하고 있는 풍자와 해학의 기능을 예각화하여, 산업화 과정에서 왜곡된 농촌현실과 소외된 농민계층의 울분을 사회 비판의 차원으로 전개하였다.

그런데 두번째 시집 『맑은 날』 이후 김용택은 서사적 흐름을 지닌 이야기시의 방식을 도입하여 장시화의 경향을 보여주고, 그 속에 서정시의 양식과 서사 양식에 섞이는 양식적 혼합을 시도하였다. 따라서 한편의 시 속에 서정과 서사, 자유시 형태와 산문시 형태가 자연스럽게 혼합되는 경향을 보여주었다. 또한 4·4조 4음보의 판소리 사설의 운율을 일부 자유롭게 변형시켜 호흡과 양식상의 새로운 변화를 시도한다. 이 양식적 혼합의 시도는 서정시 양식과 전통 양식의 재현이 지닌 각각의 한계를 인식함으로써 생겨난 것으로 보인다. 연민과 분노라는 주관적 감정이 개입되는 전통적 서정시의 형태와 어법만으로는 농촌현실을 객관적으로 파악하고 제시하기 어려우며, 사고의 단순화를 초래하는 정형율격의 굳어진 틀만으로는 현대 농촌사회의 다양한 모순과 복합적인 실상을 온전히 표현하기 어렵기 때문이다. 따라서, 김용택은 이전의 서정시 양식과 전통 재현양식에 혼합적 양식을 가미하여 농촌의 왜곡된 실상을 객관적으로 제시하면서 그것에 대응하는 시적 인식과 정서를 더 생생히 표현하려는 시도를 보여주었던 것이다.

이처럼 김용택의 시는 지금까지 서정시 양식과 전통 양식과 혼합 양식의 세 가지 존재 방식을 보여주었는데, 여섯번째 시집에 해당되는 『강 같은 세월』에서도 이러한 특징이 나타나고 있다. 시집의 1부와 2부에는 주로 개인 정서를 자유시형에 담은 서정시 양식이 나타난다. 이 시들에는 겨울을 지내고 따뜻한 봄날을 맞이하는 서정적 자아의 감정이 나무, 꽃, 보리, 강물과 같은 자연물을 매개로 진술하게 표현되고 있다.

오늘도 나는 혼자 집에 가다

네 몸에 내 몸을 기대고

네 뿌리에 앉는다

이 세상 어느 끝으로 뻗어

이 세상 어느 끝에 닿아 있을 것만 같은

네 가지 가지에 눈을 주고

이 세상 어둠속을 하얗게 뻗어

어둠의 끝에 가 닿을 것만 같은

네 뿌리에 앉아

나는 내 눈과 내 몸을 식힌다.

―「푸른 나무 7」부분

"나"는 혼자 집으로 가는 길에 나무의 뿌리에 앉아 몸을 기대고, 눈과 몸을 식힌다. 집으로 가는 길의 휴식과 관찰과 사념이라는, 이 시의 상황은 "논둑길로 집에 가다 쭈그려 앉는다"(「정말로 눈이 부시구나」)와 "나 강물을 따라 날마다 혼자 석양을 걷다"(「저 강변 잔디 위의 고운 햇살 3」)에서처럼, 이 시집 전체를 지배하는 시적 태도를 함축한다. 역동적인 삶의 중심을 지나온 시인은 "나무"에 기대 눈과 몸을 식히며 생각에 잠기기도 하고 외부세계를 관찰하기도 한다. 소박하고 친근하게 우리의 가슴 속에 스며드는 자연 친화의 정서는 따스함과 편안함을 주지만, 이 속에는 어떤 상실감과 허전함이 자리잡고 있다. 그것은 삶의 중심에서 세상의 모순과 맞서던 대결의식과 열정이 강물처럼 흘러간 후에, "이 세상에 애처롭게 사라지는 것들"과 "숨가쁘게 흘러온 것들"(「하동에서」)을 뒤돌아보는 회상의 태도에서 기인하는 것이다. 「푸른 나무」연작시는 앞서 말한 길 위에서의 휴식과 관찰과 사념이 과거를 반추하는 회상의 모티프와 결합되어, 자아의 내면의식이 '나무'라는 자연물을 매개로 형상화되고 있다.

> 그런 눈부신
> 사랑은 이제 아무데도 없다
> 이 들판 가득했던
> 사랑과 이별을 다 알고
> 그 서러움까지 기대주고 감싸주던 나무야.
> ―「푸른 나무 5」부분

> 아, 꿈결처럼 들리던 모내던 소리도 이제 사라졌다.
> 무엇이 남았느냐
> 이제 너는 언제나 홀로 서서
> 들판에 묻힌 옛 이야기를 쓸쓸히 더듬는다
> 너의 그 수많은 가지와 이파리로.
> ―「푸른 나무 6」부분

눈부신 사랑, 들판 가득했던 사랑과 이별은 이제 아무 데도 없고 모내던 소리로 사라졌다. 나무만이 농촌마을에 홀로 남아 옛이야기를 쓸쓸히 반추한다. 과거를 회상하는 나무, 사랑과 이별, 기쁨과 서러움까지 기대주고 감싸주던 나무는 텅 빈 농촌에 외로이 남아있는 시인의 친화의 대상인 동시에 분신이기도 하다.

한편 "막 잎 피어나는/푸른 나무 아래 지나면/왜 이렇게 그대가 보고 싶고/그리운지"(「푸른 나무 1」)에서는, "나무"가 그대에 대한 그리움을 촉발시키는 자연의 모습으로 등장한다. 시인의 분신이기도 하고 친화의 대상이기도 하며 님에 대한 그리움의 매개이기도 한 '나무'의 미분화된 이미지는, 이러한 서정시 계열의 작품들이 서정성과 정서적 울림의 장점을 가지는 반면 농촌의 실상을 객관적으로 관찰하고 제시하기에 많은 제한이 따른다는 사실을 보여준다. 자연의 이미지를 중심으로 서정적 자아의 감정을 노래한 이 서정시 계열의 작품들은 정서적 감동을 주기도 하지만, 대부분의 경우 상징성이 지닌 대상의 불명확함과 함께, 안타까운 연민과 한없는 그리움과 추상적인 신념 이상의 구체적 의미망을 포착하지 못하는 한계를 노출시킨다. "꽃이 핍니다/꽃이 집니다/꽃 피고 지는 곳/강물입니다/강 같은 내 세월이었지요."(「강 같은 세월」전문)는 절제되지 못한 감정과 회상의 과거지향성으로 인해 대상 혹은 현실과의 거리를 객관적으로 유지하지 못하는 모습을 잘 보여준다. 버려진 농촌과, 그곳에서 상처받고 살아가는 농민들의 실상과 구체적으로 만나지 못하고 시인의 정감과 분위기만을 보여주면서 현실의 어둠은 주관적 서정성에 가려지게 되는 것이다. 김용택의 시가 많이 약해졌다는 느낌을 가지면서, 나는 그것이 시집 서두의 '헌사'와 '후기'에 적힌 대로 혈연 같은 연대감을 지녔던 이광웅, 김남주 두 시인의 죽음이 김용택의 몸과 마음에 큰 병을 가져다준 때문이기도 하고, 황폐한 농촌현실에 대한 공허감에 사로잡힌 때문이기도 하리라는 생각을 해 본다.

한편 전통 양식의 재현에 의한 현실 비판적 특징이 가장 뚜렷이 나타난 작품으로 시집 3부에 실린 「또 ?」를 들 수 있다.

> 큰일 나부렀다
> 새시대도 여그까장은 아니 오고
> 신갱제도 여그까장은 너무 멀고
> 소낙비도 아니 오고
> 늙고 곯고 병든 몸으로 어쩐다냐
> 이리 뛰다 넘어지고

저리 뛰다 자빠지고
건더뛰다 꼬꾸라지고
밍기적거리다 처박히고

―「또?」 부분

  이 시는 판소리 사설의 4·4조 4음보가 변형되어 3음보가 나타나기도 하고, 행 구분을 통해 2음보의 긴박한 호흡을 얻기도 한다. 판소리 사설의 전통적 운율을 일부 자유롭게 변형시켜 호흡과 주제상의 새로운 변화를 추구하는 모습은, 복잡다기한 현재의 농촌현실을 온전히 포착하면서 사회 비판적 기능은 수행하려는 의도 때문에 생겨난다. 이 시는 변화와 개혁을 앞세운 새시대의 공약이 말로만 그치고 농촌마을의 발전에 아무런 영향을 주지 못하는 현실을 고발하고 있다. 새시대도 신경제도 이 곳 농촌마을까지는 오지 못하고, 늙고 병든 몸으로 꼬꾸라지고 처박히는 농민의 실상을, 걸죽한 사투리와 속어의 절묘한 사용으로 실감나게 노래한다. "뭣여, 농민 인구를 더 줄여야 헌다고?/더 죽여야 헌다고?/야이, 때려 쥑일 놈들아/죽어부러라는 소리것지"는 실상이 왜곡된 채 이루어지는 농촌정책에 대한 분노와 고발이 농민의 육성을 통해 직설적으로 표출되고 있다. 그러나 이처럼 직접적인 현실 고발과 강력한 풍자적 비판의 시는 이 시집 전체에서 많이 발견되지 않는다.

  시집의 3부에 집중되어 있는 것은 서사적 흐름을 산문체의 시형에 담은 이야기시이다. 「농민들은 농사철에 죽지 않는다」는 시적 화자인 시인이 이웃마을 초상집에 가서 윷놀고 술에 얼큰하게 취해 집으로 돌아오는, 하루의 일과를 이야기하듯 풀어 놓는 형식으로 전개된다. 「아, 전주천, 행복한 어느날」은 아내, 아이들과 함께 전주에 갔다오는 길의 관찰과 회상을 이야기한다. 전주천에 발을 씻는 사람들을 보며 변모된 현실의 모습 속에 따뜻했던 과거의 회상을 겹쳐 놓는다. 이번 시집의 작품 중 가장 긴 시인 「저 강변 잔디 위의 고운 햇살 1」은 농촌 현실의 실상과 과거 회상이 겹쳐진 대표적인 작품이다.

집도 한쪽으로 기울어가고 담은 허물어 졌으며 흙벽은 숭숭 뚫리고 서까래는 부러졌다 마당에 마른 풀들은 미친 여자 머리처럼 엉켜 쓰러지고 쑥대는 쑥대머리로 서 있었다 여기저기 섞어 나자빠진 헌 덕석, 지게는 썩어 부러졌고 구멍 뚫린 천장으로 '밖'이 보였다. 푸른 하늘이
  아, 집. 집. 집
  지붕은 무너지고
  문짝은 떨어졌다
  여기도 사람이 사는 집인가
  쟁기는 썩고
  방구들은 쥐들이 들랑거린다
  　　　　　―「저 강변 잔디 위의 고운 햇살 1」 부분

인용된 부분의 전반부는 농촌이 보여주는 현실의 집을 객관적으로 묘사하고 있다. 황폐하게 내버려진 농촌마을의 집 풍경을 서사적 진술과 산문시의 형태로 객관화시켜 보여줌으로써 가슴아픈 농촌의 실상을 구체적으로 제시하고 있다. 이처럼 대상과 객관적 거리를 유지하던 시인의 태도는 후반부의 "아, 집. 집. 집……"에 와서 서정적 자아의 개입으로 감정이 고조되면서 양식적 혼합이 시도된다. 서정시의 흐름을 자유시 형태로 보여주는 이 후반부의 감정 표출은 "여기도 사람이 사는 집인가"라는 표현에서 서사적 진술과 서정적 자아가 만나는 자리를 만들고 독자들의 가슴을 아프게 파고든다. 현실의 집이 지닌 실상과 서정적 자아의 감정이 상호 조화되면서 탁월하게 결합된 예를 우리는 이 시

에서 찾을 수 있다. 또한 "마을 총가구수 23 총인구 54명 현재 40명 온 동네 적막하고 고요하다 까치만 울고, 그해 겨울은 따뜻했다"에서처럼 시 전편에 빈번히 등장하는 "그해 겨울은 따뜻했다"라는 과거 회상은, 현재 상황의 객관서술과 결합되어 현실의 공허함과 누추함을 역설적이고 반어적인 표현으로 더 실감나게 전달한다.

서사적 흐름을 산문체 시형에 풀어 가는 이야기시의 모습은 「저 강변 잔디 위의 고운 햇살」 2편과 3편에 와서 특이한 방식으로 형상화된다.

    설 돌아오다. 강풍 폭설 속에 귀성 전쟁 시작되다. 서울 떠난 둘째 아우 저녁 내내 어머니 애간장 다 녹이더니 스무 시간 만에 드디어 귀성하다. 내 뱃속 눈보라처럼 소란스럽고 부글거리며 대중없다. 동생들 눈보라 뚫고 속속 마루 불빛 아래에 들다. 설날 일찍하다. 하루 종일 누워 지내다.
                              —「저 강변 잔디 위의 고운 햇살 3」 부분

이 시의 서사구조는 시간의 흐름에 따른 사건의 현재적 요약이라는 특징을 보여준다. 이를 '일기체의 서사구조'라고 말할 수도 있을 것이다. 따라서 김용택은 '-하다' 식의 일기체의 어조를 통해 자신의 일상적 삶의 세부를 정리하면서, 그 속에 세상의 흐름과 농촌 이웃들의 정황과 가족의 모습까지를 이야기로 풀어낸다. "설 돌아오다. 강풍 폭설 속에 귀성 전쟁 시작되다."를 비롯하여 "문익환 목사님 갑자기 돌아가시다", "새 대통령이 연두기자 회견을 했다" 등이 세상의 흐름에 해당되며, "우리 동네엔 주성이가 마지막 학생이 되다"와 "한수 형님 어머니 빙판길에서 넘어져 눕고" 등은 이웃들의 정황에 해당된다. "설날 일찍하다."와 "나 2학년 아홉명 담임되다"와 "아내 마지막으로 동네 떠나고 위통으로 잠 못들다" 등은 자신의 일상적 삶의 세부이다.

'일상성의 리얼리즘'이라고 불러도 좋을 이러한 일기체의 서사구조는 일상적 삶의 세부를 묘사함으로써 현실성을 토대로 한 시의 진실성을 추구한다. 자신을 포함한 가족과 이웃들의 구체적 삶을 진솔하게 묘사하여 농촌 마을의 실상을 객관적으로 묘사하는 것이다. 시인은 나날의 현실이 보여주는 사물과 사람살이의 세부를 있는 그대로 묘사함으로써 변해 가는 농촌의 세태와 양상을 구체적으로 제시한다. 여기서 우리는 서사 지향의 이야기시가 새로운 가능성을 얻고 있는 모습을 본다. 그리고 이 서사적 흐름은 다시 서정시의 형태와 결합되어 자아의 내면의식까지도 표출하게 된다.

> 시인만이 패배할 수 있다
> 시인만이 패배를 노래할 수 있다.
> 그와 연애를 거부한 세계는 일손을 놓고 들으라
> (… 중략 …)
> 시를 인간의 길을 포기하지 말자
> 시가 죽으면 세계가 죽는다
> ―「저 강변 잔디 위의 고운 햇살 3」부분

일상적인 삶의 세부를 일기체의 서사적 흐름 속에 요약하던 시인은 김남주 시인의 죽음을 전해 듣고 깊은 절망감에 사로잡힌다. 그러나 이 절망 속에서 자신의 길을 확인하는 결의를 다지며 서정시의 양식으로 위와 같이 노래한다. '시의 길'과 '인간의 길'을 하나로 일치시키며 패배를 회피하지 않고 노래함으로써 시인의 길을 가고자 하는 김용택의 내면적 결의를 감동적으로 보여준다. "떠나지 않은 것 하나 없는/빈 들판에"서서 "역사의 벼랑 끝에서 피로 외쳐 땅을 덮히던/너의 노래는

다 식었느냐"라고 스스로에게 질문하는 시인은, 자기 점검과 결의를 다지는 다음과 같은 노래를 우리에게 들려준다.

> 세월은 갈지라도
> 노래는 끝이 없고
> 땅도, 네가 디딘 땅도
> 영원할지니
> 다 버리고 다 얻는
> 저 새벽같이 노래하라.
>
> ―「노래」부분

　세월의 무상함과 텅 빈 폐허의 고향마을과 역사의 벼랑 끝에서 식어버린 변혁의 열정을 돌아보며 시인은 절망하지만, "땅"이 영원하듯 "노래"가 영원할 것을 믿는다. 외롭고 긴 침묵과 고요에서 인간과 문학에 대한 무한한 사랑으로 말의 싹을 틔우는 김용택 시인은 텅 빈 현실의 집에서 내면의 길을 찾고 있다. "다 버리고 다 얻는/저 새벽같이" 고통과 절망을 통과하고 넘어서야만 희열을 찾을 시인에게 우리는 농촌현실의 어둠에 더 깊이 들어서기를 기대해야 하리라. 시인의 '내면의 길'은 '현실의 집'을 꿰뚫고 나아가야 '있어야 할 집'을 발견할 수 있기 때문이다.

서정시의 존재방식
— 윤종대 · 강윤후 · 박용하의 시

1

거스를 수 없는 시대적 흐름인, 산업화와 도시화의 물결 속에서 서정시는 어떤 모습으로 존재하는가? 1970년대 이후 지속되어온 이 질문을 오늘의 시에 던질 때, 우리는 자본주의적 이데올로기의 강화라는 전세계적 추세와 세기말의 골짜기를 건너며 겪는 현대성에 대한 반성을 아울러 고려해야 할지도 모른다. 우리의 현실은 이미 도시와 농촌, 문명과 자연의 이분법이 허용되지 않을 만큼 도시적 삶의 질서로 재편되고 있다. 이러한 현실로부터 자유로울 수 없는 시인들은 전일적인 도시화의 물결에 휩쓸리면서도 자연과의 공존, 혹은 합일을 추구한다. 이 추구는 현실의 대세를 거슬러가는 저항을 통해서만 얻어지는 것이므로 고통을 동반한다. 그러나 시인의 고통은 단지 대타적인 저항을 통해서만 생겨나는 것은 아니다. 저항의 주체인 자아가 지닌 이성적 측면에 대한 근본적인 반성, 혹은 회의로부터 자기 분열이라는 이중의 고통을 부여받기 때문이다. 따라서 서정시인들의 오랜 친구였던 숲과 나무와 바람과 바다는, 오늘의 시에서 단순히 현존하는 관계항으로서가 아니라 상징과 추억과 욕망의 형태로 변용되어 나타난다. 즉 자연은 시적 자아에게 조화로운 공존의 관계를 허용하는 실제의 대상이 아니라, 시원으로의 회귀와 현실에 대한 저항과 자기 모멸의 운명 등을 함께 포함하고 있는 시적 장치로서 존재하는 것이다. 그러므로 우리 시대의 서정시에서 우리는 시적 대상으로서의 자연물이라는 표면적 의미층을 뚫고 그것이 형성하고 있는 복합적인 의미망을 발견해야 한다.

2

윤종대의 첫 시집 『소금은 바다로 가고 싶다』는 자연과의 교감과 합일을 통해 더 높은 세계로 상승하고자 하는 소망으로 가득 차 있다. 이 시집을 전체적으로 특징짓는 중심선은 '숲의 상징'이다. 시집의 1부에 집중되어 있는 자연 시편들에는 온갖 종류의 동식물과 자연 현상이 등장하는데, 이들을 대표하는 시적 대상은 '나무'와 '새'와 '바람'이다. 그리고 이들의 양상을 대변하는 이미지는 특이하게도 하얀 색·푸른 색·분홍색·붉은색 등의 색채 감각을 띠고 나타난다. 따라서 윤종대 시는 시적 대상인 나무와 새와 바람, 그리고 그 색채 감각과 시적 주체 사이의 관계망에서 형성되는 다채로운 상상력의 질서가 '상징의 숲'을 형성하고 있다.

> 붉은머리오목눈이
> 하얀 머릿속으로 들어왔다
> 석류나무가지를 가지고 왔다
> 푸르게 방을 꾸몄다
>
> ―「양생법」 부분

여기서 우리는 원형적 이미지, 혹은 상징이 지니는 참신하고 예리한 감각성에 주목한다. 윤종대 시에서 하얀 색은 "그 숲은 하늘 위로 하얗게 떠오른다"(「지지 않는 꽃」)에서처럼 투명함과 가벼움의 의미를, 푸른 색은 "파랗게 색이 살아나/날아오른다"(「천일야화」)에서처럼 싱싱하고 발랄한 생명력의 의미를 지닌다. 또한 붉은 색은 "내 혈관에는 붉은 모래가/쉴새없이 바람에 날리고 있다"(「내 혈관에는 붉은 모래가 흐른다」)에서처럼 '피'가 지닌 생명의 핵심, 즉 충일한 생명력을 의미한다. 따라서 인용 시는 시적 자아가 시적 대상인 붉은머리오목눈을 머릿속에 받아들임으로써 발랄한 생명력을 얻는 과정을 보여주고 있다.

이처럼 자연과 하나로 호흡하고자 하는 윤종대의 추구는 투시적 관찰과 동화의 기법에 근거한다. 그것은 대체로 자연 현상을 예의주시하고, 그것을 시적 자아의 몸속으로 환치시킨 후, 그 합일을 심화시켜 내면화하는, 세 단계의 과정을 밟는다. 윤종대 시인은 이 내면화의 과정을 통해 자연과의 교류와 화합을 이루고, 그로부터 자기존재의 본질을 회복하고자 한다. 이 존재의 본질 탐구는 그의 시가 지닌 존재론적 성찰의 측면을 환기시킨다. 이때 붉은머리오목눈이 나의 머릿속으로 들어온 데 주목한다면, 이 합일은 인위적이고 작위적인, 즉 인간 중심적 행위가 아님을 알 수 있다. "나의 손에 닿은 열매들이/밝은 소리를 내며 타오른다"(「천일야화」)라는 표현과 함께, 이는 인간과 자연이 상호교감하며 화합하는 생명의 본래적 모습을 보여준다. 따라서 자연과 자아의 관계를 사물과 주체라는 주종관계로 보지 않고 하나의 생명공동체로 상호 교류하는 혈연관계에 있음을 보여준다는 점에서, 윤종대 시는 현대적 인간 주체에 대한 반성을 포함하고 있다. 그리하여

    나무와 새와 나는
    어느 사이에 하늘 한 조각을 물고 있다

푸른 절벽이 서쪽에서부터
붉은 가슴을 들추어 보이고 있다
우리는 밤처럼 끌어안았다

—「나무와 나의 숨소리」부분

에서 시적 자아는 자신을 자연의 생명과 동일시하여 우주공동체의 운명으로까지 연결시키는 유기적 생명으로 파악한다. 여기서 우리는 시인의 자연과 사물에 대한 감각적 체험이 마음의 현상학을 통해 유심론적 차원으로 전이되고 있음을 본다. 몸과 마음을 비움으로써 현실의 모순을 초월하고자 하는 상승의 꿈은 "하늘"을 향해 "날아오르는" 모습으로 나타난다. 이 '날아오름'과 '하늘'에의 지향은 자연과의 상응을 통해 존재의 본질을 회복한 시인이, 그 존재의 근거를 뛰어넘어 상승하고자 하는 구원의 욕구를 엿보게 한다. 우리는 이 상승의 꿈이 존재의 초월이라는 형이상학적·종교적 차원으로 넘어서지 않고 우리 시대의 구체적 삶의 모습과 만나 심화되기를 기대한다.

3

강윤후의 첫 시집 『다시 쓸쓸한 날에』는 '그대'에 대한 그리움으로 점철되어 있다. 그의 시는 사랑하는 사람을 그리워하며 부르는 연가(戀歌)인 동시에, 그 사랑의 상실을 쓸쓸히 반추하는 비가(悲歌)이기도 하다. 시인은 공허감과 기다림 속에서 회한으로 과거를 돌아보기도 하며, 현재의 우울한 내면풍경을 자신이 살고 있는 도시적 우울과 결부시켜 묘사하기도 한다. 윤종대 시인의 시적 특징을 '숲의 상징'이라 요약한다면, 강윤후 시인의 시적 특징은 '도시적 우울의 묘사'라고 요약될 수 있을 것이다.

> 한낮의 뒷면을 어둠으로 베껴내며
> 거리는 한 장의 陰畵가 되고
> 세상은 그렇게 앞뒤를 뒤집어보이지만
> 마음의 나라는 보이지 않는다
> 신호등으로 열리는 횡단보도
> 이 도시에서 횡단할 수 있는 다른 것들은 또 몇이나 될까
> ―「성냥팔이 소녀에게」부분

　강윤후 시에서 먼저 눈에 띄는 것은 풍경을 소묘하는 묘사의 능력이다. 묘사는 대부분의 그의 시에서 적절한 이미지와 비유와 형태를 얻는다. 달리 말하면, 그것은 우울한 풍경을 화려하게 장식하는 수사의 옷을 입는다. 저녁 어스름이 깔리는 풍경을 "한낮의 뒷면을 어둠으로 베껴내며"라고 비유하며, 그렇게 어두워가는 도시의 한 장면을 "거리는 한 장의 음화가 되고"로 비유하는 부분은, 마치 한 편의 소묘를 연상시킨다. 그것은 우리가 경험한 거리의 풍경을 추체험케 하는 감각의 구체성을 지니고 있다. 시인이 이러한 도시의 삶을 우울한 눈으로 감지하는 까닭은 그것이 사람들 사이의 교류, 즉 사랑의 관계를 불가능하게 하기 때문이다. "그렇게 앞뒤를 뒤집어보이"는 이 도시에서 시인은 "마음의 나라"를 꿈꾼다. 그것은 "아무데서나 쉽게 구할 수 있는/다시 바꿀 수 있는" "플라스틱 사랑"과 대비되는 영원불변의 사랑으로 이루어진 나라이다.

　변하여가는 세상의 유한성 속에서 시인은 변하지 않는 "마음의 나라"를 추구한다. 그러므로 강윤후 시인의 사랑이 한 여성에 대한 그리움의 감정에서 촉발된 것일지라도, 시인은 실연의 아픔을 견디면서 그

사랑을 우리 시대의 그릇된 가치와 대항하는 절대적인 가치로 승화시킨다. 그러나 "올곧게 세월을 견디는 그리움이 어디 있으랴"(「다시 쓸쓸한 날에」)에서처럼 이 추구는 완전한 사랑에 대한 믿음과 현재의 공허감 사이에서 수시로 흔들린다. "바람이 불지 않는 날에도" "나부"(「바람 없는 날」)끼던 시인은 이 흔들림 속에서 비로소 기다림이라는 삶의 지혜를 배우게 된다. 이 기다림을 가르쳐주는 대상은 다름 아닌 산과 바다, 자연이다.

도시를 벗어나 찾아간 바다에서 시인은 "다만 견디기 힘든 건 기다림이다"(「실뱀장어를 기다리며」)라고 말하지만, "먼바다에서 깡마른 자유로 자라날 실뱀장어가 분명 있을 테고 봄은 올 테니까"에서 진정한 사랑의 자세를 배우게 된다. 그것은 "오지 않는 너를" "더불어 기다리"(「성북역」)는 것, 즉 사랑의 대상을 얻는 것이 아니라 사랑의 자세를 간직하는 것이다. 시인은 이 기다림과 견딤의 자세를 통해 대상의 표면을 뚫고 삶의 깊이를 가늠할 수 있게 된다.

> 그러나 다시 감추고 오래도록 버텨야 할
> 일상의 날들
> 어쩌면 저 산 어딘가에
> 아무도 깨뜨리지 않은
> 차고 단단한 샘이 있을지 모른다
> ―「눈 그친 산」 부분

강윤후 시는 시간의 무상한 흐름 속에서 누추해진, 그러나 지키고 싶은 마음의 진실을 섬세한 언어로 결로 묘사한다. 그가 자연에서 얻은 지혜는 황폐한 도시적 현실을 살아가기에 힘겨운 것일지도 모르지만, 이 힘겨움에는 과장된 신념이나 희망이 아닌 연약함의 진실과 "그러나 어리석은 내 기다림/거기서 또다시/시작되리라/믿는다"(「다시 성북역」)라는 버릴 수 없는 믿음이 숨겨져 있다.

4

　박용하의 두번째 시집 『바다로 가는 서른세번째 길』은 길 위의 시들로 이루어진다. 이 길은 도시와 바다 사이에 있다. 즉 이 시집의 시들은 도시에서 바다, 곧 자연을 찾아가는 과정에서 생성된 것이다. 그러므로 이 시집은 전체적으로 첫 시집이 보여준 도시문명에 대한 거부, 그 폐허에 남겨진 자의 고뇌, 그리고 자연의 생명력에 대한 동경의 연장선 위에 있다. 시인은 '서울'이라는 도시에 대한 환멸과 저주를 때로는 독백으로, 때로는 욕설로 퍼붓는다. 그러면서도 시인은 이 서울로부터 완전히 벗어날 수 없다. 왜 그럴까?

　　　천만 명이 집결한 욕탕에서
　　　그치지 않고 울리는 車소리들을
　　　왜 나는 개구리 합창 소리로 들었던 것일까

　　　동해안 바닷가 폭설이 풍경을 깊게 하던
　　　두 눈과 귀의 幼年이
　　　환하게 밝아졌다 환하게 어두워진다
　　　　　　　　　　　　　　　　　　　　　　─「궁핍」부분

　시적 자아는 서울의 차 소리와 유년시절의 개구리 합창소리를 대비시키며 동해 바다의 폭설을 떠올린다. 소음으로 가득 찬 폐허와도 같은 서울에서 그가 끊임없이 돌아가고자 하는 동해 바다는 공간적 의미만이 아닌 시간적 의미, 즉 과거의 유년과 겹쳐져 있다. "아닌 것들을 사랑하기 위해/너무도 많이 흘러가버린/시간의 햇살과 나이의 자갈밭에서"(「아무것도 아닌, 그러나 전부인」)라는 표현에서도 나타나듯, 시인에게 있어 충일한 삶의 생명력은 시간과 함께 흘러가 버린 것이다. 그러므로 이 시대에 시인에게는 어디를 가나 삭막하고 황폐한 '서울'인 셈이다. 이는 다만 시인의 심리적 사실에 그치지 않고 사회적 현실의 모습을 반영한다. 따라서 시인의 저주의 대상은 '서울'에서 '한국'으로, 다시 '지구'로 옮겨지게 된다. 요약하면, 박용하 시는 당대에 대한 반성과 비판의 맥락을 지니고 있는 것이다.

시인에게 있어 서울은 "궁핍한 시대의 궁핍한 얼굴을/전혀 궁핍하지 않게 보여"(「궁핍」)주는 곳이며, 이 서울에서의 삶은 "환상도, 장밋빛 희망도, 모욕도, 환멸도/개똥도 아무것도 아니다"(「아무것도 아닌, 그러나 전부인」). 이러한 도시, 혹은 당대에 대한 저주는 그것이 시인이 최상의 가치로 생각하는 시를 용납하지 않는 데서 비롯된다. 이 시대는 "시가 필요하지 않은 시대/아우라가 필요하지 않은 시대/폭력과 사기는 세금 없이 필요한 시대"인 것이다. 이 당대에 대한 거부와 저주는 그의 시집에서 비정상적 구문, 즉 문법적 질서의 파괴를 통해서도 나타난다. 그런데 시인은 "이 시시한 시대에/말이 필요없는 시대에 시를 쓰다니/그건 자살행위다"(「시가 필요없는 시대」)라고 말하면서도 브레이크 없는 삶을 정지시킬 수 없다.

> 서울에서 살아 남기는, 살아 남아서,
> 물망초꽃 한 송이를 너에게 안기는 일은
> 낙타가 차를 피해 광화문으로 가는 길만큼 없어 보였다

>   그러나 그럼에도 불구하고 서울에, 비가 내린다
>   　—「그러나 서울에 비가 내린다」부분

　그러나 그럼에도 불구하고 서울에 비가 내리고, 시인은 서울에서 살아남고자 한다. 이것은 '세상 끌어안기'이다. 어쩌다 남겨진 이 세상이지만, 그래서 현재에 대한 긴장도 미래에 대한 희망도 없는 이 시대이지만, 시인은 막힌 자의 비극적 열정으로 극단까지 생을 살고자 한다. 그렇게 살아남아서 "물망초꽃 한 송이를 너에게 안기"고자 소망한다. "물망초꽃 한 송이"를 '시'라고 말한다면, 그것을 너에게 안기는 행위는 "사랑"이라고 말할 수 있을 것이다. 이 사랑을 통해 시인은 당대에 대한 저주를, 당대를 살아내는 견딤의 자세로 바꾸어놓는다. 그에게 있어 이 사랑은 "아닌 것들을 지독하게/사랑할 수 있을 때까지 사랑하리"(「아무것도 아닌, 그러나 전부인」)와 "살아서, 못견디게 살아서/이 눈부신 지옥을/20세기말을 살아버리자"(「살고 싶다!」)와 같이, 절망과 그 모순을 살아내려는 비극적 정열로 가득 차 있다.

　우리 시대의 폐허를 초월하지 않고 받아들여 그 어둠을 견디려는 사랑의 자세는 "겨울 자작나무숲에서/너, 견디고 있구나", "끝까지 견뎌야/사랑이다"(「적설(積雪)」)에서도 제시된다. 그것은 온몸을 던져서 사는 삶이다. 박용하 시의 절제되지 않은 광기는 그의 시가 머리의 사유가 아닌 온몸의 투기, 그 육체의 고삐 풀린 욕망에서 빚어지기 때문에 생겨난다. 그러므로 그의 시는 자연이 열어놓은 무한의 세계로 빠져들지 않고 자신의 육체성이 낳는 유한의 세계에서 좌충우돌한다. 그것은 그의 시가 궁극적으로 기대고 있는 모성의 세계가 "밥의 슬픈 추억"뿐만 아니라 "지칠 줄 모르는 전투"(「단편들」)의 정열을 동시에 제공하고 있기 때문이다.

시 비평의 새로운 지형
— 김춘식·류신·최현식·김수이의 비평

1. 시와 시 비평

 풍문을 잠재우는 것은 사실에 대한 확인이다. 1990년대 이후 지금까지 우리 문학에 강력한 파장을 던지고 있는 풍문 중의 하나는 '시의 위기'와 '시의 죽음'이다. 시의 시대가 지나갔으며 조만간 시의 생명력이 소진될 것이라는 예상은 1990년대 이후 줄곧 메아리처럼 우리 귓가에 맴돌았다. 그 근거로 제기된 상황 중에서 시를 읽는 독자층이 현저히 줄어들고 있으며, 따라서 시인들의 대사회적 영향력이 감소되고 있다는 점은 납득할 수 있는 내용인지도 모른다. 그러나 시인들의 시적 밀도와 깊이, 즉 미학적 수준이 쇠퇴하고 있으며, 더불어 시 비평의 힘도 약화되고 있다는 내용은 사실과는 다른 억측일 뿐이다. 즉 시를 둘러싼 외부 환경이 시의 위기를 재촉하지만, 1990년대 이후의 시인들은 이 열악한 환경 속에서 시의 죽음을 미학적 죽음으로 연기(演技/延期)하거나 살아내며 새로운 시적 경작지를 개척하고 있는 것이다.
 시인과 시 비평가는 같은 운명을 산다. 1990년대 이후의 한국시는 1930년대에서 1980년대까지 지속되었던 모더니즘, 리얼리즘, 낭만주의 혹은 전통적 서정의 삼분법적 줄물기에서 벗어나 시의 다층화되고 세분화되어왔다. 우리 시대의 시인들은 한국시의 전통에 대중문화와 테크놀러지에 대한 대응으로서 도시적 일상의 시, 자연·생명·환경에 대한 탐구로서 삶의 원형을 추구한 시, 여성주의 시 등의 새로운 시세계를 첨가했으며, 후기 산업사회의 문화적 환경에 맞서는 시적 대응을 통해 죽음의 시학, 신체의 시학, 무의식적 타자성의 시 등을 생성시켰다. 이러한 시인들의 작업을 적극적으로 조명하거나 인도하는 소임을 수행해 온 존재들이 우리 시대의 시 비평가들임은 말할 나위도 없다. 시 비평이 쓸쓸해지고 좋은 시 비평가가 줄어들고 있다는 풍문 속에서도, 시 비평을 전문적 글쓰기로 삼는 젊은 비평가들이 지속적으로 활동해 왔으며 그 성과들을 축적시켜 왔다.

이 글은 1990년대 중반 이후 활발한 활동을 전개하면서 최근 비평집을 상재한 김춘식, 류신, 최현식, 김수이의 시 비평을 점검하면서 우리 시대 젊은 시 비평의 면모를 살펴보려는 의도를 가지고 씌어진다.[1] 이 과정에서 개별 시 비평가들의 개성과 차별성이 드러나고, 더불어 우리 시대 시 비평의 지형이 감지될 수 있기를 기대한다.

2. 김춘식 — 시적 징후와 지형도

김춘식은 우리 시대의 문학적 지형도를 조망하면서 시적 징후를 포착하여 그 미학적 진단을 시도한다. 1990년대를 시의 근대적 장르 규범과 가치 기준이 무너진 시대로 보는 김춘식은, 가치의 혼란 속에서 시

---

[1] 이 글이 논의 대상으로 삼는 텍스트는 다음과 같다. 김춘식, 『불온한 정신』(문학과지성사, 2003)/ 류신, 『다성의 시학』(창작과비평사, 2002)/ 최현식, 『말 속의 침묵』(문학과지성사, 2002)/ 김수이, 『환각의 칼날』(청동거울, 2000), 『풍경속의 빈 곳』(문학동네, 2002). 이후 본문을 인용할 경우에는 각 텍스트의 면수만 표기한다.

가 스스로의 몸 바꾸기를 통해 자신의 진정성을 드러내려 노력한 점을 중시한다. 따라서 그가 주목하는 것은 치열한 시정신의 쟁투로서 전략적인 살아남기와 정신의 항변과 몸 바꾸기이며, 이를 통해 산출된 새로운 시적 미학이다. 1990년대 이후의 시가 보여준 다양한 전략을 규명하려는 김춘식의 비평적 관심은 동시대적 감수성을 통한 세대론적 비평을 추구하면서 젊은 비평의 패기와 열정을 보여준다.

김춘식은 우리 시대의 시가 불투명한 전망과 혼돈의 상황 속에서 새로운 가치 기준과 공준을 탐색하고 있다고 보며, 그 과정에서 미시적인 문제, 계보학적인 사고, 작은 자아들의 내면 탐구 등에 초점이 모아졌다고 말한다. 1990년대 시단이 대결 의식을 가지고 부딪친 문제인 문화주의, 도시적 서정, 일상성, 존재 등에 대한 시적 전언과 사고의 문제는 시 창작에 있어서 전략에 대한 인식을 팽배시켰으며, 이를 통해 1990년대 시는 시의 본질에 대한 방법론적 회의를 거듭함으로써 역설적으로 자신의 정체성과 미학을 찾을 수 있었다는 것이다.

한편 김춘식은 생태환경주의, 여성주의, 몸, 영혼, 진정성, 명상주의, 자연 서정, 정신주의 등의 미학적 현상은 그 담론 중심의 미학적 가능성이 1990년대 후반에 들어 미학적 분화와 내면화, 서정주의의 대두 등으로 후속적인 결실을 보여준다고 판단한다. 1990년대 시의 현저한 내면화와 서정주의에 대해 우려하는 목소리에 대응하여, 그는 과거 한국시의 전위성이 화법의 변형과 정신적 반항을 전면화하여 시의 변형과 다양성의 폭을 넓히는데 기여했다면, 1990년대 이후 시인들 중 서정시로 회귀하고 있는 시인들은 다양성의 토양에 비로소 뿌리를 내리고 깊이를 추구하고 있다고 옹호한다. 그리하여 1990년대 서정 시인들의 집요한 응시와 천착이 창조적 개인의 미적 반응이라는 개인적 경험과 세대론적 공동 체험이 결합되어 문학에 대한 순교의식으로 확장된다는 것이다.

김춘식은 영혼과 세계의 상실에 대한 위기감으로부터 스스로의 몸을 바꾸려고 한 1990년대 시는, 1990년대 초 기형도가 보여준 '무너짐'과 '견딤'의 두 가지 태도로부터 그 단초가 마련된다고 본다. 1990년대 초반의 신서정과 도시 서정으로부터 1990년대 후반의 세기말적인 허무주의나 서정주의로 회귀하기까지의 과정은, 실제로 기형도가 바라본 검은 도시, 검은 문명의 부조리에 대한 시적 대응의 면모를 지닌다는 것이다. 기형도의 태도가 영혼과 운명에 관련된 문제였다는 점에서 김춘식은 영혼의 부재가 시인으로 하여금 타나토스를 체험하게 하고, 이러한 영혼의 부재를 시적 명상의 대상으로 삼아 1990년대 시인들이 각자의 시론을 전개한다고 말한다.

이러한 1990년대 시의 특징을 김춘식은 크게 두 가지 경향으로 대별한다. 기형도가 보여준 '무너짐'과 '견딤'이라는 상반된 두 의식의 연장선상에서 '언어 유희'와 '내면화'의 두 경향을 화두로 내세우는 것이다. 그리하여 그는 송찬호, 남진우, 김기택, 배용제, 채호기, 유하, 이원 등이 보여준 시 형식의 새로움과 미완성된 미학적 구조를 '무너짐'을 지향하는 경향으로, 이윤학, 장석남, 박형준, 나희덕, 김선우 등이 보여준 내면화된 서정성의 양상을 '견딤'을 지향하는 경향으로 파악한다. 이 양분화된 분류를 좀더 세분화시킨 관점으로 다음과 같은 진술을 예로 들 수 있다.

> 유하의 '키치 미학'이 함유하고 있는 '순간성'의 자각은 근본적으로는 '재즈'의 속성인 즉흥성과 순간성의 반복에 기반을 두고 있다. 장석남·이윤학·나희덕·박형준 등의 내면화된 서정시는 '충만한 시간의 현현'으로서의 미적인 종결, 정지의 순간을 포착한다. 그리고 90년대 이후 최승호·남진우·진이정·박형준·김소연 등의 시가 보여준 소멸과 소진의 미학은 '90년대 시'의 궁극적인 화두가 바로

'죽음'임을 분명하게 보여준다.(63면)

　김춘식은 유하의 재즈 시학, 이윤학·장석남의 내면적 풍경에 대한 응시와 견딤의 시학, 최승호·남진우의 소멸의 시학뿐 아니라 채호기·이원의 몸의 시학을 1990년대 시의 중요한 미학적 전략으로 간주한다. 그렇다면 죽음에 대한 위기의식을 죽음의 미학적 극복 가능성으로 전환시킨 1990년대 시인들의 전략이 추구해야 하는 가치로 김춘식이 상정하는 것은 무엇일까? 그것은 '진정성' '자기 성찰' '자의식' 등이고, 이러한 가치들이 회집된 개념으로 '위반' 혹은 '불온성'을 들고 있다. 김춘식이 전위성과 유사한 개념으로 사용하고 있는 '불온한 정신'은 위반의 진정성이라는 함의를 가지고 있는 듯한데, 이 가치 기준을 가지고 그는 극단적 상상력과 엽기적 상상력을 구분하고, 산업화된 도시의 물질적 가치에 대한 시인들의 순교의식과 불온한 자존심을 강조한다. 위반, 불온성은 단순히 한 개인의 창조정신을 드러내는 척도가 아니라, 시대에 대해, 문학적 글쓰기의 환경에 대해, 창조적 개인의 투철한 자의식을 드러내는 전략이라는 것이다.

90년대 시의 전략적 인식은 '인식론적 차원'의 것이지 단순히 방법론이나 기교를 의미하지는 않는다. 따라서 시적 언어의 위반과 불온성은 '언어'에 대한 진지한 반성과 탐색의 과정에서 발견되는 것이며 방법적인 차원의 언어적 해체에 의존하는 것이라면 그것은 '새로움'이 아니라 무의미한 반복과 되풀이에 불과한 것이다.(142면)

　김춘식의 비평적 화두인 위반과 불온성은 방법론이 아니라 인식론적 차원에 놓여 있는 것인데, 이 점이 김춘식 비평의 특징을 가늠하게 한다. 김춘식은 시의 방법론이나 형식의 차원보다 인식론적 차원, 즉 시

정신의 문제에 주안점을 둔다. 이러한 태도는 그의 비평에서 전략적 글쓰기를 뒷받침하는 근거로서 양심과 신념, 진정성, 자기 성찰, 명상, 글쓰기의 자의식 등을 강조하는 양상과도 상통하는 것이다. 형식 이전의 내용, 즉 정신을 중시하는 차원은 결국 '영혼'과 '운명'이라는 두 단어로 수렴되는데, 김춘식에게 있어 문학 혹은 비평은 잃어버린 영혼을 찾아가는 여정이며 그것은 바로 운명과 동의어가 된다.

여기서 우리는 김춘식의 비평이 추구하는 궁극적인 지향점을 짐작할 수 있게 된다. '영혼'과 '운명'으로 귀결되는 정신의 가치는 결국 주체의 회복이라는 목표의식과 상통한다. 김춘식은 미학적 공준과 보편적 진리체계가 붕괴된 1990년대 이후의 문학 판도에서 진정성, 자기 성찰, 자의식, 명상 등을 중핵으로 하는 위반, 혹은 불온한 정신을 통해 주체를 재구성하고자 하는 것이다.

> 일그러진 거울의 상(像)을 넘어서 그 저편의 그 저편의 진정성을 회복하는 길을, 자신과 사물에 대한 집요한 탐색을 통한 명상의 실천과 종합적인 반성으로 '주체'를 재구성하는 과정에서 찾으려한 것이 90년대 시 문학의 핵심적인 전략이라고 할 수 있다.(91면)

> 90년대 시적 언어의 '위반' '불온성'은 방법적으로는 '기표의 유희'라는 의미의 미끄러짐을 차용하지만, 그러한 전략의 진정한 목적은 오염된 언어에 중독된 주체의 '복원'이라는 점에 있다.(141면)

김춘식의 비평이 추구하는 목표가 주체의 재구성이라면, 그것은 새로운 가치체계의 모색과 담론의 재질서화를 동반하는 것이며, 언어 저편에 존재하는 초월적 기의에 대한 신념을 포기하지 않는 것이다. 그런데 우리는 김춘식에게 다음과 같은 질문을 던질 수 있다.

첫째, 그의 관점은 영혼과 정신, 진정성과 자의식, 명상과 성찰, 위반과 불온성 등의 개념이 내포하고 있는 추상성의 위험에서 자유롭지 못하다. 시적 방법론이나 형식을 고려하기보다 인식론적 차원에 집중하고 있는 김춘식의 관점은, 그 태도 자체에 낭만주의적 파토스의 매력과 함께 구체적 사실에 대한 존중이 부족하다는 함정도 아울러 가지고 있다. 논리적 정합성이나 치밀성의 측면에서 비약을 보여주는 문장들이 눈에 띄는 것도 이러한 이유 때문일 것이다.

둘째, 전체적 지형도를 조망하며 시적 징후에서 미학적 진단과 전망을 끌어내는 그의 비평 방식은 거시적 안목과 이론적 개념화의 측면에서 특장을 보여주지만, 그것이 개별적 텍스트에 대한 정치하고 세밀한 분석과 해석에서 귀납된 것이 아니라 이미 공론화된 화두 중심의 개념에서 연역되고 있는 경향을 띤다는 점에서 설득력이 반감된다. 이러한 이유 때문에 그의 비평 문장은 명제화된 언명의 선언적 진술이 결론적으로 제시되는 경향이 있으며, 그러한 결론에 이르게 된 끈질긴 사유의 과정이 생략되어 있는 듯한 느낌을 준다.

3. 류신 — 관계의 망과 주제비평

류신은 일관된 주제하에 흩어져 있는 작품과 비평들을 한자리에 불러 모으는 관계의 망을 펼친다. 우리 비평사에서 독특한 개성으로 기억될 이 비평 방식은 아도르노와 롤랑 바르트와 크리스테바의 이론에 방법론적 근거를 두고 있다.

아도르노는 현대 자본주의 사회 전반을 관리되는 사회 혹은 총체적 지배관계로 파악하며 그 대응물로서 성좌, 즉 '짜임관계'(Konstellation)라는 개념을 내세운다. 그리고 이 짜임관계는 '원인에 대한 낡은 물음'

을 던져 버리고 여러 요소들이 서로 자유롭게 스미고 얽히면서 짜이는 역동적인 전개과정과 다름없다고 말한다. 바르트는 의미의 생산자·기원·통제자로서의 작가/저자의 존재를 내포하는 '작품(Werk)'이라는 개념 대신, 의미의 기원을 인간이 아닌 '의미작용'(Signification)의 구조에 두는 '텍스트(Text)' 개념을 강조한다. 크리스테바는 미하일 바흐친의 중요 개념인 '대화성'을 원용하여 텍스트와 텍스트의 관계 맺음의 동역학인 '상호 텍스트성' 이론을 펼친다. 대화성이 작동할 수 있는 가능성을 문학 텍스트에서 발견하는 바흐친의 사유를 자신의 이론에 접목시킨 크리스테바는, 문학 언어를 작가와 독자라는 수평축과 텍스트와 컨텍스트라는 수직축 사이에서 상호 소통하는 존재로 보고 텍스트와 컨텍스트의 수직적 소통관계를 상호 텍스트성이라고 부른다.

이러한 이론적 토대의 도움을 받은 류신은 각각의 문학 텍스트가 텍스트들의 우주, 즉 텍스트들의 맥리(脈理) 안에서만 존재의 근거를 갖는다고 말하고, 문학 텍스트의 다가성(多價性)과 다원성을 인정하는 비평, 다시 말해 텍스트와 텍스트 사이의 금줄을 자유롭게 넘나드는 위반의 비평을 추구한다. 다음의 진술은 류신이 자신의 비평 방식을 설명하고 있는 대목이다.

> 자기동일성의 이데올르기에 빠져 섣불리 작품의 진위나 우열을 가리기보다는 작품의 심연에서 울려퍼지는 '다성의 메아리'(echo multinome)에 귀울이는 비평. (… 중략 …) 다른 방식으로 서로 대화하지 않을 것처럼 돌아앉은 텍스트들(한국문학과 독일문학)을 중개하여 회통(會通)을 촉진하는 다국적 비평. (… 중략 …) 작가/작품이란 종속적 논리에 의지해 쏟아지는 어슷슷한 해설적 작가론이나 주석적 작품론에서 한 걸음 더 나아간, 텍스트/텍스트의 평등한 인식으로부터 출발해 다채로운 의미의 스펙트럼을 빚어내는 주제비

평.(33—34면)

　류신이 말하는 '다성의 메아리'는 텍스트와 텍스트를 컨텍스트에 의해 전방위적으로 연결시키는 주제비평의 방식을 의미한다. 류신은 이러한 비평적 방법론을 가지고 거미, 책, 시선, 천사 등의 테마를 중심으로 관계의 망을 펼쳐 보인다. 「거미, 상징의 파천황」은 이러한 비평의 매력과 장점을 잘 보여주는 평문이다. '거미줄'이야말로 상호 텍스트성의 상징이 아닌가.
　이 글에서 류신은 거미라는 소재를 1) 하늘의 거물, 땅의 거물 2) 전방위적 그리움, 그리움의 광기 3) 이야기집, 언어 감옥 4) 허공 속 자궁, 허공 속 무덤 5) inter 'Net', ww 'Web'의 다섯 영역으로 나누고, 그 주제에 해당하는 시들을 인용하고 해석함으로써 '거미'의 존재 방식과 그 의미를 망라한다. 여기에 인용되는 시들은 정호승, 최승호, 하종오, 정복여, 이문재, 이면우, 조말선, 이나명, 유하, 최승자, 김언희, 이원, 강윤후 등의 작품으로서 우리 시단의 다양한 층을 두루 포섭하고 있다. 이 밖에도 소설가로서 이윤기와 이평재, 조선 후기의 문인 이덕무, 사상가로서 노자·라캉·하이데거·김상환, 비평가 발터 벤야민에 이르는 무수히 많은 인용에 의해 관계의 망을 짠다.
　이 평문으로 인해 우리는 거미와 관련된 거의 모든 문학적 언술들을 한자리에서 일별할 수 있게 된다. 세련된 문학적 에세이에 가까운 이러한 주제비평의 방식은 무수한 인용들의 연쇄로 인해 인문학적 지식과 소양에 대한 욕구를 충족시키는 읽기의 즐거움을 안겨준다. 읽기의 즐거움뿐만 아니라 하늘과 땅의 공간성에서부터 그리움과 광기의 심리성, 자궁과 무덤의 순환성을 거쳐 인터넷으로 대표되는 디지털 문명에 이르기까지 만화경처럼 다양하게 변주되는 인식의 파장도 던져준다.
　「세기말, 책과 젊은 시인들」은 남진우, 이선영, 이철성, 이원, 연왕

모, 이대흠, 채호기 등 1990년대에 책에 관한 불길한 상상력을 펼쳐온 젊은 시인들의 시를 채취하여 책이 직면한 위기의 한 생경한 측면을 조망하고자 하는데, 여기서 류신은 '채취'와 '생경한 측면'에 대해 다음과 같이 부연한다.

> 여기서 채취란 독단적인 선택이 아니라, 책을 소재로 한 시 사이의 내적인 그물코에 대한 응시를 의미하고, 생경한 측면의 조망이란 책 자체에 암종처럼 포진하고 있는 책과 죽음의 친연성을 돋을새김해본 다는 말이다.(66—67면)

류신의 이러한 부연 설명은 자신의 비평 방법론에 제기될 수 있는 질문에 대한 답변이자 옹호이기도 하다. 즉 다성의 얽힘을 통해 그물을 짜는 주제비평의 방식은 자칫 텍스트의 일부만을 조각내어 짜깁기하는 단순한 소재주의 비평으로 전락할 위험성을 내포하고 있으며, 문학 텍스트를 특정한 명제를 구체화하기 위한 방증 정도로만 취급한다는 의혹, 즉 컨텍스트에 치중한 나머지 개별 텍스트의 정확한 이해와 평가가 미흡할 수 있다는 등의 예상되는 질문에 대해 자신의 입장을 제시하고 있는 것이다. 실제로 류신은 자신의 비평 방식이 빠질 수 있는 함정을 미리 예측하고 있으며, 그로부터 벗어나기 위해 강한 비평적 응집력, 텍스트에 대한 꼼꼼한 독해와 주제에 대한 깊이 있는 통찰을 강조한다. 그리하여 텍스트를 끌어안고 다른 텍스트로 기어 넘어가는 포월(匍越)을 말한다. 텍스트와 텍스트의 중첩지대를 탐색하는 상호 텍스트성은 텍스트와 텍스트를 껑충 뛰어넘는 초월의 기쁨만을 의미하지 않고, 하나의 텍스트를 숙주로 삼아 뻗어나가는 싱싱한 넝쿨을 추구한다는 것이다.

그리하여 류신은 「세기말, 책과 젊은 시인들」에서 관계의 망을 넓게 펼치고 다시 접은 후에 세기말 부풀대로 부푼 책의 묵시록적 살풍경을 엿보고, 책과 죽음의 근친상간을 지적하면서 그것을 모더니즘의 사유와 연결시킨다. 모더니즘의 사유는 책이라는 백색의 공간에서 잉태되었고 근대화를 추동한 모든 학문은 활자화된 지면 위에서 존재해 왔기 때문이다. 그리고 류신은 이들의 시적 작업이 1990년대 내내 여러 젊은 시인들의 입을 전전하며 닳을 대로 닳아버린 '근대성 해체'라는 테마를 시화하기 위한 욕망의 외화(外化)에 불과해 보인다고 비판하고, 책과 인간의 새로운 소통 관계 정립에 관한 일종의 암시를 채호기와 이대흠의 시에서 발견하고자 한다.

「아르고스의 눈」은 시각이 근대성의 전방위에 선 첨병인 동시에 근대성의 과부하와 그 반동으로 밀려난 낙오병이기도 하다고 전제하고, "시(詩)의 가능성은 시(視)의 가능성"이라는 김상환의 말을 인용하면서 독일 시인 페터 빌의 「풍향계들」과 이덕규의 「풍향계」와 김명인의 「안정사(安靜寺)」를 차례로 분석한다. 그리하여 '시인의 눈'이라는 관점으로 미로를 통과하고 얻어낸 세 개의 열쇠를 조립하여 다음과 같은 결론을 얻는다. 첫째, 방향성 측면에서 페터 빌의 시선은 정중앙, 즉 전진 없는 공회전에 초점을 맞추고 있고, 이덕규의 시선은 풍향계의 후미 쪽에, 그리고 김명인의 시선은 풍경—물고기의 앞쪽을 향해 있다. 둘째, 풍향계의 동선(動線)과 움직임의 반경에서 페터 빌은 정적인 원운동을 보여주고 이덕규는 동적 직선적이며 김명인은 상/하, 좌/우, 앞/뒤로 요동하는 차원에서 입체적이다. 셋째, 회전 운동을 지향하는 풍향계와 윤회를 암시하는 풍경은 흑백논리를 지양하는 비변증법적인 특징을 가진다.

류신 비평의 장점은 아도르노와 바르트와 크리스테바의 이론을 원용하여 독특한 주제비평의 장을 개척한 데서 찾을 수 있다. 한국문학과 독일문학의 텍스트들뿐만 아니라 철학과 비평의 여러 조각들을 하나로 엮어내는 전방위적 비평의 감각은 신선하고 인상적이다. 그러나 우리는 다음과 같은 몇 가지 질문을 류신에게 제기할 수 있다.

첫째, 화려한 색채를 지닌 퍼즐 게임과도 흡사한 류신의 비평 방법론은 개성적이고 새롭지만, 비평가로서의 일관된 비평관이나 지향점을 발견하기 어렵다. 물론 몇 편의 평문에서 비평적 안목이나 입장이 노출되어 있기는 하지만 그것을 엮어 일관된 관점을 도출하기에는 너무 부분적이며 흩어져 있다. 비평가로서의 위상은 결국 여러 비평적 작업들 속에 일관된 자기 논리, 비평적 지향의 양상과 수준에 의해 결정된다는 점을 기억할 필요가 있다. 더불어 과도한 인용의 연쇄는 비평가로서의 자기 논리나 개념 제시의 부족으로 연결될 수도 있다. 자기 논리와 관점을 펼쳐야 할 대목에서 다른 비평가들의 진술을 동원해 인용하는 것을 상호 텍스트성의 미덕이라고 볼 수는 없다.

둘째, 류신이 보여주는 주제비평의 매력과 장점은 한편으로 시와 시인의 특징 및 자질에 대한 깊이 있는 천착을 소홀히 하는 측면을 동반한다. 비평의 기본 임무는 텍스트의 내용뿐 아니라 형상화 방식이나 그 수준에 대한 규명을 통해 문학적 가치를 평가하는 것이다. 따라서 류신식의 주제비평은 작품론이나 작가론의 든든한 토대 위에서 지어져야 할 상층의 집이다. 류신 자신은 텍스트를 끌어안고 기어넘어가는 포월을 말하고 있지만, 실제로 류신의 비평은 인용한 작품들에 대한 문학적 특징이나 자질에 대한 천착이 부족하다는 느낌을 준다. 이는 시를 일종의 모티프 찾기의 방식으로 읽는 태도와 관련된다. 시가 지닌 형식과 기법에 대한 천착이 동반되지 않은 내용 위주의 독법은 주제비평이 지닐 수 있는 소재주의적 함정에서 완전히 자유로울 수 없다. 예를 들어, 류신 비평의 장점을 잘 보여주는 「거미, 상징의 파천황」에서 인용된 작품들에 대한 분석과 논의가 시적 특징이나 자질 및 그 차이점을 얼마나 드러냈는지 질문해볼 필요가 있을 것이다.

4. 최현식 — 시적 형식과 시적 변모

　최현식은 시와 시인의 내면을 심층적으로 천착하는 비평의 모습을 보여준다. 비평집에 실린 평문 대부분이 작가론과 작품론의 형태를 띠고 있는 것도 텍스트의 내밀한 자세와 목소리에 귀기울이는 비평 태도와 무관하지 않다. 텍스트에 대한 정치한 분석과 해석을 중시하는 최현식의 비평은 시의 말이 지닌 침묵에 귀기울인다. 최현식에 의하면, 침묵은 의식의 무한 확장과 심화, 시에서 흔히 하는 말로, 존재의 원초적 동일성과 타자성에의 참여를 가능케 하는 매개이자, 그 자체로 일종의 절대언어이다.
　침묵의 반향에 귀기울이는 최현식의 비평 태도는 실제 비평에서 작품에 대한 깊이 있고 섬세한 분석 및 해석으로 드러난다. 무엇보다도 최현식 비평의 장점은 시의 내용뿐 아니라 시작 원리로서 기법과 형상화 방식을 규명하는 데 있다. 「순간과 도취의 시학」이라고 제목을 붙인 정현종론에서, 최현식은 '순간'에의 몰입을 통해 의식 내부에 공존하는 다양한 시간 체험들을 '영원한 현재'로 압축, 재창조해내는 서정시의 원리가 근본적으로 에로스의 충동 혹은 에로티시즘적 원리와 상통함을 지적하면서 '도취'의 방식과 연결시키는데, 바로 이 대목에서 그 특징이 잘 드러난다.
　오규원론에서는 '날이미지'의 시적 방법론을 환유적 사실이 지닌 이중적 의미효과를 통해 사실(언어)이 사실(언어) 스스로를 벗기는, 그래서 스스로 사실성과 허위성을 말하게 하는 고도의 지적 조작을 시의 원리로 도입하고 있다고 설명한다. 따라서 최근의 오규원 시에까지도 초기시의 주된 특징인 세계의 불확실성에 대한 의미 파악에 집중하는 아이러니의 비전에 경사되고 있음을 밝혀낸다. 그리고 오규원 시의 시작법을 더 구체적으로 규명해 나간다.

시적 자아는 반성할 줄 모르는 시간을 반성하기 위해 거리의 풍경을 세세히 관찰하고 묘사하는 '시간을 따로 잘라내'게 된 것이다. 이 행위의 본질은 환유적 사실들을 열거하는 그의 시작 방법에서도 잘 드러난다. (… 중략 …) 즉 시인은 일순간 포착해낸 장면들의 비인간적인 본질을 드러내기 위해 그 장면들을 하나하나 해체하여 연상적 국면으로 재구성하는 시간의 지연을 감행하고 있는 것이다.(37면)

최현식은 환유적 사실들을 열거하는 최근 오규원 시의 기법을 '시간 잘라내기'로 규명하는데, 이 작업을 위해 '거리 산책자' 모티프를 수용하는 동시에, 언어가 존재를 말하는 현상 자체가 될 수 있도록 선시적 인식법과 민화 수법을 시의 한 원리로 끌어들인다고 지적한다. 이러한 관점은 시 형식에 대한 천착을 통해 그 내용적 측면을 분석하는 최현식의 비평 방법을 선명히 보여준다.

김용택의 『섬진강』과 『맑은 날』이 오늘날 새롭게 읽힐 수 있는 까닭을 궁핍한 농촌 현실에 대한 관심으로 대표되는 역사의 계몽과 해방이라는 내용(의미)의 측면보다 그것을 드러내는 방법의 새로움에서 찾는 점에서도 최현식 비평의 관점이 드러난다. 김용택은 도덕성(의미)을 효과적으로 드러내고 전달할 수 있는 개성적 형식의 고안으로서 서사적 요소를 도입하고, 그 형식적 특징으로서 특정 인물과 대상의 약전(略傳) 혹은 짧은 일대기로 불릴 수 있는 형식과 판소리, 서사민요에서 빌려온 풍자와 해학 등의 방법을 통해 당대 현실을 능수능란하게 조감하고 있다는 것이다.

또한 최현식은 유하 시에 관심을 갖는 까닭이 부정적 상상력 때문만이 아니라, 그것을 구체화하는 형식의지 때문이기도 하다고 밝힌다. 그리고 대표적인 키치 문화로 거론되는 포르노 영화, 무협지, 만화, 광고 등을 시의 내용으로 끌어들이는 전략을 통해 타락한 일상에 대한 방법적 부정을 시도한 유하의 시어 가공기술에 주목한다. 언어를 다루는 방식을 통해 세계에 대한 자아의 태도와 미적 거리를 밝혀내는 최현식의 비평 방식은 유하 시의 원리로서 아이러니적 자의식을 추출하고 그 공과를 지적하게 된다.

시적 방법론과 형식에 대한 천착을 수직적 시선이라고 본다면, 이 수직적 시선이 시적 전개 과정에서 연속성과 변모의 지점을 포착하는 수평적 시선과 결부될 때 최현식 비평의 특징은 선명히 드러난다. 이성복의 첫 시집 『뒹구는 돌은 언제 잠깨는가』에 나타난 치욕이, 죽음의 논리가 지배하는 병든 현실에서 그 현실에 대한 환멸의식인 동시에 방법적 사랑의 일종이었다면, 자기 존엄의 회복의지보다 현실에 대한 굴복이 우세하게 자리잡고 있는 이러한 치욕감은 두 번째 시집 『남해 금산』에서도 그대로 이월되지만, 치욕감을 바라보는 시인의 태도에는 치욕감에 함몰되지 않고 아픈 대상들을 세밀히 관찰하는 객관적 시선이 자리잡게 되었다고 분석하는 대목이 이를 잘 보여준다.

최현식은 유하 시가 현실에 적극적으로 간섭하는 일로부터 점차 개인의 미적 구원을 추구하는 방향으로 전개되어 왔으며, 이 과정은 곧 차이를 비판적으로 인식함으로써 현실의 불모성을 진단하는 아이러니 의식의 급속한 약화를 의미한다고 지적한다. 이러한 판단에 그대로 동의하기는 어렵지만, 시적 전개과정에 따른 변모 양상을 주목하는 최현식의 비평방식을 엿볼 수 있는 대목이다. 그는 또한 김기택의 세번째 시집 『사무원』을 분석하면서 시적 대상들의 '미아의식'이 '퇴행의식'으로 전이되고 있는 현상에 주목하면서 다음과 같이 서술한다.

이들의 '퇴행의식'은 '죽음'에 맞서는 강력한 생명력과 오염 이전의 '순수한' 몸에 대한 희원과 다르지 않다. 이런 의미에서 나는 이 '퇴행의식'을 김기택의 몸에 대한 시선 변화의 한 시발점으로 꼽고 싶다. 주로 동·식물 등 비인간적 대상에 국한되었던 생명력의 탐구가 인간세계로 옮아오는 현상이나 유년기 사적 체험의 스스럼없는 고백은 아마도 '퇴행의식'의 여러 의미를 통해 암시받은 새로운 몸의 비전 때문에 가능했을 것이다.(206—207면)

인용문에서 우리는 시적 변모 지점을 포착하고 그 변화의 근거를 규명함으로써 시적 인식과 시인의 시선 및 태도의 차원을 고찰하는 예리한 비평적 안목을 엿볼 수 있다. 한편 최현식은 박주택의 세번째 시집 『사막의 별 아래에서』에 나타나는 황량하고 그로테스크한 죽음의 이미지들이 인간 보편의 운명애를 비애와 무상의 정서로 주조해낸 두번째 시집 『방랑은 얼마나 아픈 휴식인가』와 새 시집을 가르는 미학적 거멀못이라고 지적한다. 박주택의 세번째 시집은 죽음이 강요하는 도저한 허무주의의 한 끝과, 그 심연으로의 적극적인 추락이 오히려 피워내는 삶에의 의지를 때로는 추상적이고 관념적으로까지 느끼는 강렬한 이미지들로 그려낸다는 것이다. 최현식은 그 구체적인 분석 장치로 고백과 여행의 형식, 그리고 시간의식, 특히 추억에 대한 인식에 주목한다.

이처럼 시 형식에 대한 탐구와 시적 변모에 대한 응시를 결합시키는 최현식의 비평 태도 덕분에, 이러한 절차를 밟은 후에 제기하는 시작품과 시인에 대한 가치 평가는 설득력을 얻게 한다. 예를 들면, 정현종의 후기시가 보여준 단순하고도 투명한 언어감각과 생명의 황혼에 대한 도취를 우려하는 시선에 맞서, 최현식은 그 언어의 단순성은 관념의 더께를 떨궈냄으로써 사물과 우리 영혼에 무한 자유를 허락하려는 의도된 '침묵'이며, '도취' 역시 일상적 삶에 문득 출몰하는 경이로운 순간들에 대한 자연스런 반응의 하나일 뿐이라고 주장한다. 이러한 평가가 허황되지 않은 것은 정현종의 개별 시에 대한 세밀하고 깊이 있는 분석과 해석이 선행된 후 그것이 진술되고 있기 때문일 것이다.

텍스트에 대해 객관적 거리를 유지하며 그 형식 및 의미구조에 대한 심층 분석을 시도하는 최현식의 비평 방식은 진지하고 차분한 문장 구사와 결부되어 신뢰를 더한다. 그런데 최현식 비평이 지닌 장점인 텍스트 심층 분석과 해석은 다른 한편으로 넓이에 대한 조망이 부족하다는 단점이 따른다. 작품론과 작가론의 성과가 축적되고 있는 최현식에게 주어진 과제는 그 성과를 수렴할 수 있는 넓은 시야를 갖는 일일 것이다. 우리 시대 시의 지형도를 거시적으로 조망하는 전체에 대한 통찰을 통해 비평의 넓이를 확보할 필요가 있다. 그리고 이 지형도 안에서 자기 비평의 위상을 확인하는 동시에, 자신의 비평적 입장이나 주제의식을 개념화하고 이론화하여 좀더 개성적이고 체계적인 비평 논리를 가지는 일이 요청된다고 말할 수 있을 것이다.

5. 김수이 — 자연의 서정과 풍경의 내면

김수이는 텍스트에 대한 섬세한 관찰을 심미적 분석으로 구체화한다. 또한 대상 작품의 미적 형식에 대한 감식안과 전체적 지형도를 고려하는 균형 감각을 보여준다. 시와 시인에 대한 애정을 세밀한 독법으로 풀어내는 그의 비평적 특징은 공감의 비평이라 불릴 만하다.

김수이 비평의 출발점에 서 있는 「타자를 만나는 두 가지 방식」은 이러한 비평적 특징을 잘 보여준다. 김수이는 기형도와 남진우를 타자의 두려운 실체를 목격한 시인으로 간주하고, 타자와의 관계망을 분석하여 공통점과 차이점을 규명하고자 한다. 두 시인은 죽음에의 응시와 육체의 상상력, 기억과 추억의 시적 형식, 삶/죽음, 희망/절망, 빛/어둠 등의 이원적 논리 차원을 넘어서는 바깥의 사유, 안개·구름·비·피 등으로 변주되는 물의 지배적 심상, 로고스적 세계관 등의 많은 시적 특성을 공유하고 있다. 김수이는 텍스트의 살과 호흡에 밀착하여 기형도와 남진우 시의 내면 의식을 분석하면서 다음과 같은 결론에 이른다.

> 타자에 대한 기형도와 남진우의 사유는 극단적인 방식으로 전개된다. '가장 무서운 방향을 택함'과 '응시'로 요약될 수 있는 두 개의 방식은 '타자에게 가까이 가기'를 통해 타자에게 합치되는 방식과 '타자와 거리 두기'를 통해 타자에게 다가가는 역설적인 방식의 양극점에 위치한다. (… 중략 …) 기형도는 경계를 넘어 타자들의 세계로 나아갔으며, 남진우는 시선의 증식을 통해 타자와 지속적인 거리를 유지함으로써 공존을 모색한다.(『환각의 칼날』, 43면)

김수이에 의하면, 기형도의 허무주의적 세계관은 철저히 타자의 자리로 옮겨간 상태에서 얻어진 것이며, 상상된 타자의 시선을 자기 내부의 시선으로 전이시킴으로써 타자와의 간극을 해소하고자 한다. 그리고 남진우는 타자와의 불화를 자신의 시선 속에 또다른 시선을 증식시킴으로써 극복하고자 한다. 기형도와 남진우로 대표되는 '죽음의 시학'의 내면 풍경을 깊이 고찰하고 있는 이 평문에서 김수이 비평의 장점을 엿볼 수 있다.

「상처 받은 타자에서 진정한 주체로」는 1990년대 여성시의 층위를 세 유형으로 나누고, '자기 해체의 열망과 파괴된 자아의 회복'으로서 김승희와 박서원의 시를, '환멸의 세계에 맞서기'로서 황인숙과 김혜순의 시를, '근원의 입구를 열기'로서 김정란의 시를 분석한다. 김수이에 의하면, 김승희가 제도권 '밖'으로의 탈주를 통해 자아와 세계의 '안'을 확장하려 한다면, 박서원은 의식세계의 '안'으로 최대한 깊이 내려감으로써 내부에 유폐된 '밖'을 복원하려 한다. 황인숙의 시는 세계의 황폐함과 존재의 비천함에 대한 아픈 응시이자 그 속에서 '독자적 자아'의 삶을 완수하려는 차디찬 의지의 소산이며, 김혜순은 '변형과 합성의 상상력'으로 환멸의 세계에 연루된 불행한 자의식을 기괴하고 환각적인 풍경으로 제시한다. 김정란은 세계의 도그마와 억압을 벗어나 잊혀진 '여자의 말'을 찾아 신성과 우주적 차원의 삶을 열려고 한다.

김수이 비평이 지닌 장점은 텍스트에 대한 분석과 해석뿐 아니라 그 평가에 있어서 정확한 비평적 언급을 보여주는 것이다. 최근 박서원의 시는 서정적인 감성에만 치우쳐 우려를 갖게 한다든지, 황인숙의 시에는 생기가 부족하고 김혜순의 시에는 온기가 모자라 각기 건조한 느낌을 준다든지, 김정란이 지향하는 신비적 비전은 자칫 내용 없는 신비주의로 경사될 위험을 안고 있다든지 하는 비판적 지적들은 경청할 만한 내용을 담고 있다. 이 밖에도 대부분의 작품론, 작가론에서 분석과 해석의 말미에 시작품과 시인에 대한 적절한 비판적 조언을 첨가하는 미덕을 보여준다.

이처럼 하나의 주제의식 아래 몇 가지 유형으로 시인들의 시를 구분하고 그 각각을 섬세히 분석하여 공통점과 차이점을 추출하는 방식은 김수이 비평의 특장을 보여준다. 그런데 이러한 비평의 방식은 몸을 보는 새로운 시선으로 장석주와 최승호의 시를 분석하면서 각각을 발효하는 몸과 우화하는 몸으로 규명한 「발효하는 몸과 우화하는 몸」에서처럼 성공적으로 수행되는 경우도 있지만, 1990년대 시는 주어진 틀 밖으로의 하강적 유출과 상승적 증발의 수직축을 오르내리고 있다고 전제하고, 세계의 누수와 존재의 누수로서 박서원과 배용제의 시를, 견딤과 다스림 사이에서 일렁이는 삶과 일렁이는 우주로서 박영근과 고재종의 시를 분석하고 있는 「새어나감과 일렁임, 세계 속에 존재하는 방식」에서처럼 다소 작위적이고 도식적인 분류에 의거하는 경우도 나타난다.

이 밖에 작가론과 작품론으로서 김수영·황지우·김참 등의 모더니즘적 계열로 간주되어온 시인들과, 신경림·김용택·백무산 등 리얼리즘적 계열로 간주되어온 시인들과, 오세영·최문자·도종환·권혁웅 등 서정시 계열로 간주되어온 시인들의 시세계를 두루 섭렵하고 있는 점도 김수이 비평의 특징이다. 그런데 바로 이 때문에 김수이가 아직 뚜렷한 비평적 입지점이나 색채를 확보하지 못한 채 주어진 작품과 시인에 대한 충실한 분석과 해석 및 평가 차원에 머물러 있는 것은 아닌가라는 질문도 해볼 수 있다. 두번째 비평집『풍경 속의 빈 곳』은 이러한 질문에 답하듯 자신의 비평적 입장을 정립하려는 시도를 보여주고 있는 점에서 의미가 있다. 이 비평집에서는 이전에 여러 갈래로 흩어져 있었던 김수이 비평의 관심이 '새로운 서정성'이라는 관점으로 모아지고 있는 것을 확인할 수 있다.

'전통 서정의 새로운 흐름에 대하여'라는 부제가 붙은 「오래된 것과 새로운 것」은 김수이가 제시하려는 비평적 관점을 집약해서 보여주는 평문이다. 여기서 김수이는 '부정적 동일화'라는 개념을 중심으로 새로운 서정의 원리를 규명하고자 한다.

> 새로운 서정은 주체가 세계를 장악한 결과인 동일성과 외부세계가 침투한 흔적인 타자성의 조율에 의해 형성된다. 주체의 동일성을 위협하는 이질적인 감각과 새로운 사유가 새로운 서정을 움트게 하는 것이다. (… 중략 …) 우리 시대의 서정적 주체는 타자성의 한가운데서 타자와 분열된 채로 같은 처지에 놓이는 '부정적인 동일성'을 체험한다. 주체와 타자의 부정적 동일화는 "나와 타자는 서로 단절되어 있다. 그런데 우리는 똑같이 부서져 있다"는 진술로 요약된다.(『풍경 속의 빈 곳』, 16—17면)

김수이는 동일성의 체험을 긍정적인 일치와 부정적인 일치로 구분하고, 서정 장르를 자아와 세계의 조화로 보는 조동일과 서정의 본질을 동일성의 미학으로 해명하는 김준오는 동일성의 체험을 주체와 대상의 긍정적인 일치로 규정한 반면, 현대시에 와서 시적 주체는 부정적인 동일화에 이르게 된다고 설명한다. 전통 서정의 현재적 변용으로서 김수이가 제시하고 있는 또다른 개념은 본래의 자아를 꿈꾸는 '복수화된 서정적 주체'의 등장이다. 김수이에 의하면, 이것은 자기동일성의 열망을 간직한 채 고통받고 있는 자아이며, 동일성과 타자성이 혼재된 자아 개념이다.

새로운 서정의 미학적 원리를 '부정적 동일화'나 '동일성의 미학과 타자성의 미학의 혼융현상'으로 설명하려는 김수이의 시도는 의미 있는 것이지만, 이 개념만으로 우리 시대 서정시의 실체를 규명하기에는 불충분하다고 생각된다. 이 개념은 동일성의 시학과 비동일성의 시학 사이에서 절충된 개념이며, 그 근거로 제시된 설명도 완전히 수긍하기 어렵기 때문이다. 김수이도 서술하고 있듯이, 동일성의 미학과 타자성의 미학은 이분법적 구분이다. 우리 시대 서정시의 실상은 이러한 이분법적 사유의 구속에서 이탈해 멀리 나아가고 있는 듯이 보인다. 따라서 이분법을 넘어서는 새로운 사유의 형태는 이분법의 구성인자를 이루는 대립 개념에서 벗어난 새로운 개념을 요청한다.

김수이는 세계와 자아의 '부정적인 동일화'는 파탄과 허무주의를 견제하는 자의식, 생에 대한 열정과 같은 뿌리에서 자라나는 것이라고 부연 설명하는데, 이러한 차원은 타자성이 동일성에 종속됨으로써 결국 동일성의 시학으로 수렴되고 말 것이다. 이것은 자아와 세계, 주체와 대상을 이분법적으로 구분하여 사고하는 출발 지점에서부터 변증법적 사유가 스며들어 있음을 의미한다. 우리 시대의 서정시는 주체의 파탄과 허무주의를 견제하는 자의식이라기보다 파탄과 허무를 겪으면서 그것을 견디거나 넘어서서 새로운 주체에 도달하려는 도정에 있다고 보는 것이 실상에 가깝지 않을까.

「오래된 것과 새로운 것」이 새로운 서정에 대한 이론적 탐구를 보여주는 총론이라면,「시간의 원근법과 잔여물」「거대한 물, 지속되는 신화」「한 그루의 위엄」「'거리'와 '순간' 속에 존재하는 자연」 등은 그 각론에 해당한다. '새로운 서정'은 무엇보다도 '자연의 미학'과 친연성을 지니는데, 따라서 '시간' '바다' '나무' '자연' 등의 테마를 중심으로 진행되는 주제비평의 양상은 '자연의 서정'이라는 큰 테두리에서 파생되는 개별적인 탐구인 것이다.

「시간의 원근법과 잔여물」에서 김수이는 최근 시에 나타난 시간의 여러 층위를 고찰하면서 '비동시적인 시간의 공존현상'을 지적한다. 그리고 이 현상의 배경으로 첫째, 근대의 가속도가 몇 세대를 압축할 정도에 이르러 그 중첩이 젊은 시인들의 시에 반영되기 시작했다는 점, 둘째, 1990년대 이후 문학의 다원화로 우리 시가 다양한 시간의 스펙트럼을 갖게 되었다는 점을 들고 있다. 그리하여 박형준, 전남진, 이원의 시를 분석하여 각각 어린 시절과 전설 속에 시간이 살아 숨쉬는 시, 일상적인 현재의 시간이 빽빽이 꽂혀 있는 시, 해체되고 가공된 미래의 시간이 스멀거리는 시로 규명한다.

이 평문에는 김수이가 옹호하고자 하는 '자연의 미학'에 대한 관점이 제시되어 있어 관심을 끈다. 지금 우리 시단에서는 경험적 현실과 일상의 감각보다 자연과 내면을 우위에 두는 시인들이 아름답고 미묘한 시세계를 빚어낸다고 평가하면서, 김수이는 이들이 굳은 감각의 각질을 벗겨 새살을 돋게 하는 '감각의 박피술'이나 기억의 내용물을 훼손하지 않고 그대로 보존하는 '기억의 응고술'을 활용한다고 말한다. 그리고 '자연의 서정'에 대한 비판적 시각에 맞서, 현실의 공허함에서 촉발된 미학적 열망은 자연과 과거의 삶에 대한 그리움으로 연결되며,

과거형이나 미래형으로만 존재하는 세계가 시인의 의식 안에서 재구성될 때, 기억과 상상의 행위는 현재를 극복하고 자아를 회복하는 미학적 실천이 된다고 피력하고 있다.

결국 김수이는 '자연의 서정'에 기억과 상상을 통해 현실의 공허를 극복하고 자아를 회복하는 미학적 실천이라는 의미를 부여하는 것이다. 기억과 상상은 공통적으로 공간성에 시간성을 개입시킨다. 김수이가 지속적으로 '거리'와 '순간'의 관점을 중시하는 것은 공간성과 시간성을 서정의 중요한 원리로서 사유하고 있음을 보여주는 것이다. 풍경 속의 빈 곳을 들여다 보는 시선에서도 우리는 이러한 '거리'와 '순간'에 민감한 비평가의 안목을 느낄 수 있다. '풍경의 내면'을 섬세하고 깊이 들여다보는 김수이의 감식안이 '자연의 서정'에 대한 더 구체적이고 진전된 이론적 정립으로 연결되기를 기대한다.

6. 시 비평의 넓이와 깊이

우리 시대 문학의 지형도를 조망하면서 시적 징후를 포착하여 그 미학적 진단을 시도하는 김춘식은, 세대론적 비평을 추구하면서 젊은 비평의 패기와 열정을 보여준다. 김춘식의 비평적 화두인 위반과 불온성은 '전략'과 '진정성'이라는 일견 모순된 두 개념을 통해 지향된다. 이것은 전략적 글쓰기를 뒷받침하는 근거로서 양심과 신념, 자기 성찰, 명상, 글쓰기의 자의식 등을 강조하는 양상으로 나타난다. 형식 이전의 인식을 중시하는 김춘식에게 문학 혹은 비평은 잃어버린 영혼을 찾아가는 여정을 의미하는 것이다. 정신의 기치를 내세운 이 여정은 결국 주체의 회복이라는 목적지를 향한다.

일관된 주제하에 텍스트들의 관계망을 펼치는 류신은 아도르노와 바르트와 크리스테바의 이론을 원용하여 독특한 주제비평의 장을 개척한다. 텍스트와 텍스트를 켄텍스트에 의해 전방위적으로 연결시키는 '다성의 메아리'는 한국문학과 독일문학의 텍스트들뿐만 아니라 철학과 비평의 여러 조각들을 하나로 엮어내는 참신하고 발랄한 감각을 보여준다. 세련된 문학적 에세이에 가까운 이러한 주제비평 방식은 무수한 인용들의 연쇄로 인해 인문학적 지식과 소양을 충족시키는 읽기의 즐거움을 안겨주는 동시에, 만화경처럼 다양하게 변주되는 인식의 파장도 던져준다.

텍스트에 대한 정치한 분석과 해석을 중시하는 최현식은 말이 지닌 침묵에 귀를 기울인다. 최현식 비평의 특징은 시의 내용뿐 아니라 시작 원리로서 기법과 형상화 방식을 규명하는 데 있으며, 이 형식 탐구를 시적 변모에 대한 응시와 결합시키는 데 있다. 텍스트에 대해 객관적 거리를 유지하며 그 형식 및 의미구조에 대한 심층적 분석을 시도하는 최현식의 비평 방식은 진지하고 차분한 문장으로 문체화된다.

텍스트에 대한 섬세한 관찰을 심미적 분석으로 구체화하는 김수이는 대상 작품의 미적 형식에 대한 감식안과 전체적 지형도를 고려하는 균형감각을 보여준다. 여러 갈래로 흩어져 있던 비평적 관심은 '새로운 서정성'이라는 관점으로 모이는데, 김수이는 새로운 서정의 미학적 원리를 '부정적 동일화'나 '동일성의 미학과 타자성의 미학의 혼용현상'으로 설명한다. 그리하여 김수이는 '자연의 서정'에 기억과 상상을 통해 현실의 공허를 극복하고 자아를 회복하는 미학적 실천이라는 의미를 부여한다.

김춘식이 징후를 통해 지형을 조감한다면 류신은 다성의 얽힘과 짜임을 통해 주제를 구현하며, 최현식이 시적 형식과 변모를 주시한다면 김수이는 풍경의 내면에 깃든 비의를 엿본다. 김춘식의 비평이 낭만적 파토스(pathos)를 동반한다면 류신의 비평은 위상학 혹은 토포스

(topos)를 작동 원리로 삼으며, 최현식의 비평이 로고스(logos)적 시선을 견지한다면 김수이의 비평은 로고스와 파토스가 결합된 눈길로 에토스(ethos)적 흐름을 따라간다. 그리하여 결국 김춘식과 류신이 시 비평의 넓이를 확대하고 있다면, 최현식과 김수이는 시 비평의 깊이를 심화하고 있는 것이다.

　앞에서 나는 네 사람의 시 비평에 대해 몇 가지 질문을 던지며 사족을 달았다. 그러나 이러한 지적은 이들 네 비평가가 가진 중요한 장점의 뒷모습을 바라본 데 불과하다. '잃어버린 영혼을 찾아가는 운명의 여정'으로 요약할 수 있는 김춘식의 모험적 비평으로 인해 우리 시대의 시문학은 선 굵고 든든한 이론적 옹호자를 얻게 되었고, '전방위적인 다성의 메아리'를 들려주는 류신의 참신한 주제비평을 통해 우리 시 비평 목록에는 새로운 항목이 첨가되었다. '시적 형식 및 변모에 대한 심층 분석'을 시도하는 최현식의 진지한 비평으로 인해 우리 시대의 시는 객관적이고 정치한 지음(知音)을 가지게 되었고, '풍경의 내면에서 오래된 미래를 발견'하는 김수이의 온건하고 섬세한 비평으로 인해 우리 시는 지속과 변화의 관점에서 과거와 현재와 미래가 만나는 지점을 포착하게 되었다. 결국 우리 시대의 시 비평은 이들 젊은 시비평가들의 다양하고 다층적인 목소리에 힘입어 그 넓이가 확장되고 깊이가 심화되고 있는 것이다.

이분법의 극복과 미시적 이론화
— 임규찬 비평에 대한 반론

1

　이 글은 임규찬이 발표한 평론 「최근의 비평적 양상과 문제점들」(『창작과비평』, 2003 가을호)에 대한 반론의 형식으로 씌여진다. 임규찬의 이 평론은 그 동안 〈문학과지성〉〈문학동네〉를 중심으로 한 소위 '문학주의' 계열과, 문학권력 논쟁을 벌인 소위 '비판적 글쓰기' 계열로부터 받아온 비판들에 대해 침묵해오던, '민족문학론' 혹은 〈창작과비평〉 계열의 입장 표명을 담고 있는 점에서 주목된다. 더 나아가 최근 비평계의 전체적 양상에 대해 검토하면서 비판적으로 고찰하고 있는 점에서도 문제적인 평문이다. 이 평론은 '부분성의 전면적 가치화' '이분법적 도식' '이론비평과 실제비평의 괴리' 등을 극복하자는 취지나 문제의식의 측면에서 우리 시대 비평에 하나의 반성적 성찰을 제공하고 있다는 점, 그리고 그것이 의도하고 있는 비평적 공론화를 위한 마당을 만들고 있는 점에서 중요한 의미가 있다. 그러나 한편으로 간과할 수 없는 태도의 문제 및 관점상의 오류, 비평 대상에 대한 부정확한 이해 및 자의적인 평가 등을 고루 담고 있어서 반론의 여지를 제공한다. 따라서 필자는 태도의 문제, 관점의 문제, 논리적 비약 및 텍스트에 대한 오독의 문제 등의 세 가지 항목을 중심으로 '임규찬 비평의 양상과 문제점들'을 서술하면서 반론을 제기하고자 한다.

2

임규찬은 이 평론을 쓰게 된 동기가 '위기론'이 10여년 이상 '장기 지속' 되는 문학계의 침체된 상황 속에서, 타성을 극복하기 위해 주로 소장 평론가들의 비평집을 20여 권 읽은 독서 순례에 기인한 것이라고 말한다. 그리고 그는 독서 순례의 결과가 그런 타성을 사후적으로 승인하려 하지만, "모든 것이 불만스럽다고 여겨질 경우라도 그저 모든 것을 거부하는 것만이 능사는 아닐 것이다."라며 최대한 쓸모가 있다고 여겨지는 것들을 총체적이고 비판적으로 걸러서 한데 융합하는 일이 중요할 것이라고 말한다. 평문의 서두에서 언급되고 있는 임규찬의 이러한 태도에는 최근 10여 년 동안의 비평계를 "침체된 상황" "타성" "고인 물" "무풍지대" "엉터리" 등의 수사를 통해 양적인 주류성의 차원에서 거의 모든 것을 불만스러운 것으로 간주하려는 냉소적 전략이 깔려 있다. 그런데 이러한 태도와 전략은 임규찬 자신 및 〈창작과비평〉 계열의 비평을 의도적으로 배제하고 행해지고 있는 점에서 불성실한 책임 회피이며, 더 나아가 무소불위의 높은 위치에서 최근 10여 년 동안의 비평계 전체를 내려다보고 자의적으로 평가하고 있는 점에서 권위적이다. 이 두 가지 측면은 상통하면서 이러한 태도를 낳게 한 하나의 의도를 은폐하고 있는 것으로 보인다. 그것은 민족문학론과 리얼리즘론을 중심으로 이론 중심의 지도비평에 비중을 두어온 임규찬 자신 및 〈창작과비평〉 계열의 비평이 1990년대 이후 최근까지 이론 공백의 비평적 딜레마를 겪고 있으며, 따라서 비평계의 주류적 흐름을 형성하지 못하고 있는 사실에 대해 반전을 꾀하려는 전략의 소지가 있다. 즉 최근 비평계의 양상 가운데 자신 및 그 계열을 배제시키고 타자를 유형화하여 권위적으로 평가하는 태도에는, 최근 비평적 상황에 대한 책임을 타자들에게 전가하는 동시에 지도비평의 권위를 회복하려는 의도가 있는 것이다.

또 한 가지, 임규찬의 이러한 입장이 설정되기 위해서는 최근의 비평적 양상에 대한 객관적이고 정밀한 분석 및 규명이 선행되어야 하는데, 임규찬의 평론은 이 점에서 불충분한 수준을 보여주고 있다. 이러한 사정은 "물론 오늘의 비평현실 자체가 매우 복잡한 형국이라 이를 요령 있게 가닥을 잡아 체계적인 구조를 내세우기란 쉽지 않다."라는 전제를 내세우면서도 곧바로 이어지는 다음과 같은 작업 방향, 즉 "그래서 개개인의 성과나 비평적 세부 문제보다는 최근의 비평적 활동 속에서 보여지는 어떤 공동의 문제지점들을 꺼내 우리 시대의 비평적 공론화를 위한 의미 있는 마당을 조금이라도 만들어서 창조적 협동의 단초를 얻어볼까 한다."라는 언급에 이미 예정되어 있다고 본다. 최근 비평의 양상과 문제점을 전반적으로 점검하고자 한다면, 마땅히 직접 서술하지 않는다 하더라도 개개인의 성과나 비평적 세부 문제를 고려해야 하고, 이를 토대로 비평계의 경향과 특징에 대해 나름의 유형화가 뒤따라야 하며, 이에 대한 정확한 분석을 통해 성과와 한계를 포함하는 평가를 내림으로써 공동의 문제지점을 포착하여 비평적 공론화를 시도하는 것이 올바른 태도라고 생각한다. 그럼에도 불구하고 이러한 과정이 생략된 채 어떤 공동의 문제지점을 꺼내 우리 시대의 비평적 공론화를 꾀하고자 할 때, 그 문제설정 자체에 자의적이고 때로는 독단적인 관점이 개입될 수 있으며, 그 결과 이에 따르는 평가가 선입견에 치우치거나 폭력적인 비판으로 이어질 수 있는 것이다.

3

　임규찬이「최근의 비평적 양상과 문제점들」에서 제기한 비판의 논지를 요약하면, 다음 세 가지로 정리될 수 있다. 첫째, '비판적 글쓰기'(혹은 '문학권력 논쟁')는 전체성보다는 부분성에 갇힘으로써, 더불어 부분성의 전면적 가치화가 이루어짐으로써 매우 착종된 형상을 보여주었다는 것, 둘째, '문학주의'는 계몽(이념)적인 것과 문학적인 것, 이론비평과 실제비평 등 이분법의 구사를 통해 한쪽 죽이기를 상투화하고 있다는 것, 셋째, '젊은 세대의 비평'은 이론비평과 실제비평의 괴리가 심화되어 작가론과 작품론에 치중하지만, 정작 실제비평에서는 이론들에 맞게 작품 내의 디테일을 짜맞추는 경우가 흔하다는 것이다. 여기서 이 세 가지 비판의 영역을 모두 언급하기는 어려우므로, 두번째와 세번째 경우를 중심으로 논의하기로 한다.
　임규찬은 90년대 초반부터 세대론의 구상 속에서 전개된 '문학주의' 혹은 '작가주의'적 비평이 개별 작가의 문학적 자율성에 대한 강조를 통해 계급·민족·계몽에 대해 혐오하면서 탈계급·탈민족·탈계몽에 열광하고, 문학의 독자성·자립성·자율성을 위해 손쉽게 이분법을 구사, 한쪽을 내려침으로써 다른 한쪽을 순결하게 만드는 전략을 구사한다고 지적한다. 이광호, 우찬제, 남진우, 박혜경 등의 논의를 진단하면서 이들 비평이 최근으로 올수록 계몽(이념)적인 것과 문학적인 것, 이론비평과 실제비평 등 이분법의 구사를 통해 한쪽 죽이기를 상투화하고 있으며, 현실과 역사, 나아가 계몽성·이념 대신에 '문화'를 적극 불러온다고 말한다. 최현식, 오형엽, 손정수, 김춘식 등 '젊은 세대의 비평'에 대한 임규찬의 비판은 이러한 비판의 연장선에서 이루어진다. 즉 최근으로 올수록, 그리고 젊은 세대로 내려올수록 일련의 이론적 모색없이 이른바 '문학주의'라 일컬음직한 경향에 타성처럼 기대면서 실제비평을 하는 경우가 많아졌다는 것이다.

이러한 입장과 관점은 임규찬이 90년대 이후의 역사적·사회적·문화적 현실이 겪고 있는 변동의 실상을 주시하거나 고려하지 않은 채, 기존의 고정된 현실 개념을 토대로 문학적 현상만을 놓고 사고하고 있음을 보여준다. 더구나 그 문학적 현상도 전체적 테두리에서 거시적인 시선으로만 바라보고 있다. 임규찬은 '문학주의' 계열이 주목한 90년대의 상황이 전체 현실이 아닌 문화적 지각 변동이라고 비판하는데, 필자가 보기에 문화적 현실은 전체 현실과 확연히 구분되어 있지 않으며 오히려 긴밀히 내통하고 있다. 현실을 마치 선행하고 있는 객관적·물리적 상황으로만, 혹은 정치·경제적 상황으로만 이해하는 것은 리얼리즘론의 오랜 고정 관념이다. 이 점은 임규찬이 아직도 스스로가 넘어서고자 하는 기존의 리얼리즘론의 관점에서 사고하고 있음을 보여준다. 임규찬이 좀더 정직하고 정확하게 '최근의 비평적 양상과 문제점들'을 점검하려 한다면, 자신이 속해 있는 〈창작과비평〉 계열이 계급·민족·계몽의 문제틀을 유지하면서 전개하고 있는 '민족문학론의 갱신'이, 90년대 이후의 우리 현실, 즉 복잡다기하게 얽혀 중층적으로 변모하고 있는 사회적·문화적·문학적 현실을 포착하고 분석하는 데 실효성을 상당 부분 상실하고 있는 사실에 대한 자기 반성이 선행되어야 한다고 생각한다. 이러한 반성 이후에야 다중적이고 복합적인 현실과 그 모순의 극복을 형상화할 수 있는 새로운 문학적 이념 및 형식의 탐구에 들어설 수 있으며, 그리하여 의미 있는 문학적 갱신을 도모할 수 있을 것이다.

임규찬의 평론은 이러한 자기 성찰과 갱신의 의지 없이, 최근 비평계의 양상을 자의적인 이분법의 잣대로 구분하여 비판하고 있다. 나는 그가 비판의 척도로 사용하고 있는 '부분성의 전면적 가치화' '이분법적 도식' '이론비평과 실제비평의 괴리' 등의 관점이 일면 최근 비평계의 한 양상을 거시적으로 설명하는 데 도움을 주고 있다는 점을 인정한다. 그러나 다층적이고 복합적인 현실에 대한 정밀한 문제틀과 분석 방식에 있어서, 90년대 이후 우리 비평계가 개척해온 새로운 간척지와 성과들을 무시하고 이 관점을 전일적으로 적용하려 함으로써 그것은 '도식'으로 전락하고 만다. 따라서 임규찬의 평론은 이 도식에 따라 해당 비평 유형과 그 비평가들의 문제점을 텍스트에서 찾아냄으로써 근거를 제시하려는 곡예술처럼 되어버리고, 해당 비평 유형과 그 비평가들의 전체적인 비평적 특징이나 세부적인 양상은 왜곡된다. 비평 대상에 대해 객관적이고 정확한 평가를 내리기 위해서는 선입견의 억압으로부터 자유로와야 한다. 그렇지 않을 경우, 비평 대상이 내포하고 있는 다양하고 풍부한 가치 및 문제점은 포착되지 않고, 어떤 전체적인 관점에서의 평가만이 행해지게 된다. 임규찬이 설정하고 있는 '부분성의 전면적 가치화' '이분법적 도식' '이론비평과 실제비평의 괴리' 라는 관점은 우리 시대의 비평이 내포하고 있는 다양성과 풍부성을 사상하고, 전체적이고 획일적인 평가만을 강요하고 있다. 유영하고 있는 물고기나 나비를 방망이나 도끼로 때려잡을 수는 없지 않은가.

　이 점에서 임규찬은 최근의 비평적 양상에 대한 비판의 척도로 삼은 '부분성의 전면적 가치화'를 스스로 범하고 있으며, '이론비평과 실제비평의 괴리' '입법(지도) 비평과 미시비평의 괴리' 등을 비롯한 '이분법적 도식'에 오히려 강하게 사로잡혀 있다. 이러한 태도의 문제 및 관점상의 오류는 임규찬이 아직도 민족문학론 혹은 리얼리즘론이 지향해온 '거시비평'의 테두리 안에서 비평을 시도하고 있음을 보여준다. 거시비평, 혹은 지도비평이 바람직하지 않다는 의미가 아니라, 임규찬의 주장대로 '이론비평과 실제비평의 괴리' '입법(지도) 비평과 미시비평의 괴리'를 극복해야 할 것이 아닌가.

4

 그런데 더 큰 문제는 앞에서 살핀 태도의 문제 및 관점상의 오류가 그 자체에 국한되지 않고, 논리적 비약 및 비평 대상에 대한 부정확한 이해 등의 문제점과 연결되어 있다는 점이다. 이러한 양상을 임규찬의 평론을 좀더 구체적으로 살펴보면서 서술하고자 한다.
 첫째, 임규찬은 젊은 세대 비평가의 비평집이 작품론·작가론으로만 채워지고, 심지어 시평론과 소설평론으로 완벽하게 세분화되는 경우까지 있음을 지적하면서, 큰 문제의식을 가지고 씌어진 글이 사라졌다는 점과 비평 자체가 미분화된 만큼 왜소화되고 있음을 보여준다고 비판한다. 그러나 필자는 세밀하고 정치한 작품론 및 작가론의 튼튼한 토대 위에서 문학 이론이나 이념이 수립되는 것이 바람직한 비평의 경로라고 보기 때문에, 이러한 현상을 비평의 왜소화로 직접 연결하는 것은 논리적 비약이라고 생각한다. 시평론과 소설평론의 세분화 현상도 부정적으로 볼 것만은 아니다. 임규찬은 이 현상을 비평가의 존재가 학교나 학문 제도와 긴밀히 연관되어 있음을 반증하는 것이라고 간주하지만, 나는 이를 비평적 전문성의 심화 현상이라고 생각한다. 시평론과 소설평론 및 메타비평까지 두루 섭렵하는 것이 비평의 수준을 보장해 주지는 않는다. 큰 문제의식을 가지고 씌어진 글이 사라졌다는 말은 어떤 의미에서는 맞는 말이지만, 필자가 보기에는 세밀하고 정치한 미시비평의 성과를 축적해 나아가는 과정에서 큰 문제의식에 도달하는 것이 올바른 방향이라고 생각한다. 임규찬의 관점에는 아직도 현실의 구체성과 작품의 질료에 기반하지 않은 채 추상적 이론 및 이념을 선호하는, 과거의 거시비평에 대한 애착이 은연중에 나타나는 것이다.
 둘째, 임규찬은 젊은 세대 비평이 가진 가장 핵심적인 문제점으로 이론·이념 지향성에 대한 반성의 산물로서, 즉 이분법적 대립항으로서 실제비평인 작가론과 작품론을 시도한다고 지적하면서 필자의 글을 인용하고 있는데, 이 인용과 그것에 대한 이해는 명백한 오독을 범하고 있다. 임규찬의 글을 여기에 옮겨보자.

> 그러나 많은 경우 전대의 이론·이념 지향성에 대한 반성의 산물로서, "한 작가의 영역은 특정의 이념적 척도로 잴 수 없는 고유한 것이며, 한 작품의 세계 역시 그 내적 논리를 이해하는 바탕 위에서 평가되어야 한다는" 실제비평으로서의 작가론과 작품론이다.
> 오형엽(吳瀅燁)이 자신의 비평관을 요약적으로 서술한 대목에서 그 점을 잘 말해주고 있다.
>
> 문체를 통해 신체에 이르는 이러한 과정은 비평방식으로서 '미시적 이론화'라는 용어로 설명될 수 있을지 모른다. 문제 구성 및 이론화 작업은 비평의 기본임무이자 생명이다. 그러나 1980년대까지의 우리 비평은 현실의 구체적 근거 및 작품의 질료에 기반하지 않은 채 과도하게 비평이념에 집착하는 태도, 즉 거시 비평의 영역에 치중한 입법비평과 지도비평이 주류를 이루었다고 볼 수 있다. 우리 현대사의 질곡 및 모순과 맞서 싸우는 대항의 논리에 의해 이데올로기적 혹은 대사회적 비판 담론이 힘을 얻어온 것이다. 그러나 1990년대 이후 탈정치화되고 중층적으로 변모된 사회적·문화적 현실의 양상은 비평에 있어서도 세밀하고 정치한 미시비평을 요구하게 된다. 1990년대 이후 비평의 가장 두드러진 특징은 문학을 작품의 내재적 가치를 중심으로 이해하려는 태도로 인해 융성한 작품론의 성과라고 볼 수 있다. 그리하여 텍스트를 정밀하게 분석하고 해석하는 작품론의 수준에서 우리 시대의 비평은 이전의 비평이 얻지 못한 성과를 얻었다고 말할 수 있게 되었다.(오형엽, 『신체와 문체』, 문학과지성사, 2001, 9면)

말하자면 '이론비평과 실제비평' '입법(지도)비평과 미시비평'이 라는 이분법은 이제 협곡을 가진 두 절벽처럼 마주세워지고 있다. 그리고 은연중 한쪽을 강요하는 추세이다.(임규찬, 「최근의 비평적 양상과 문제점들」, 『창작과비평』, 2003 가을호, 264—265면)

임규찬은 '이론비평과 실제비평' '입법(지도)비평과 미시비평'이라는 이분법 중 한쪽의 선택을 강요하는 사례로 필자의 글을 위와 같이 인용하고 있다. 그러나 필자가 제시하는 '미시적 이론화'는 '입법(지도)비평'도 '미시비평'도 아닌, 그 양자의 분열을 극복한 나름의 대안이다. 임규찬이 자의적으로 잘라서 인용한 위의 대목에 곧바로 이어지는 문장 및 다음 단락을 보면, 임규찬이 얼마나 텍스트를 불성실하게 읽거나 오독하고 있는지 알 수 있을 것이다.

(…… 그리하여 텍스트를 정밀하게 분석하고 해석하는 작품론의 수준에서 우리 시대의 비평은 이전의 비평이 얻지 못한 성과를 얻었다고 말할 수 있게 되었다.) 그러나 거시비평의 폐해 못지않게 작품 해석에 치중하는 이 미시분석이 가져온 폐해가 있는데, 그것은 작품 추수주의의 한계이다.
따라서 현단계 문학 비평에서 요청되는 것은 끊임없이 생성되고 있는 새로운 경향의 작품들을 좇아 그 의미를 해석하고 내재적·미학적 차원뿐 아니라 사회적·정신분석적 차원의 해명과 평가 작업을 동시에 추구하는 일이다. 텍스트에 대한 세밀하고 정치한 분석을 경유하되, 다시 그것을 사회적·문화적·문학사적 맥락 속에서 자리매김하고 가치를 평가하는 문제 구성 능력이 요구되는 것이다. 이 비평집에 수록된 평론들의 일관된 태도는 구체적인 텍스트의 문체 분석으로부터 이론화로 진행되는 귀납적 방법으로서 '미시적 이론화'의

가능성을 탐색하는 것이라고 할 수 있다.(오형엽, 『신체와 문체』, 문학과지성사, 2001, 9—10면)

필자가 제시하는 '미시적 이론화'는 80년대까지 우리 비평의 주류를 형성해온 거시이론 혹은 입법(지도)비평이 낳은 관념성과, 90년대 이후 성과를 얻어온 작품론 중심의 미시비평이 가져온 작품 추수주의의 한계를 동시에 넘어서고자 하는 시도이다. '미시적 이론화'는 구체적인 텍스트의 문체 분석으로부터 이론화로 진행되는 귀납적 방법으로서, 새로운 경향의 작품들을 좇아 그 의미를 해석하고 내재적·미학적 차원뿐 아니라 사회적·정신분석적 차원의 해명과 평가 작업을 동시에 추구하는 일이다. 텍스트에 대한 세밀하고 정치한 분석을 경유하되, 다시 그것을 사회적·문화적·문학사적 맥락 속에서 자리매김하고 가치를 평가하는 문제 구성 및 이론화 작업을 추구하는 것이다.

따라서 우리는 임규찬의 이러한 인용 방식에서 텍스트에 대한 해석 차원이 아니라 사실 차원의 오류를 발견한다. 의도적 오독이든 불성실한 독해이든 간에, 이는 임규찬의 인용 방식이 먼저 설정된 자신의 논지에 근거를 제공하기 위해 텍스트를 자의적으로 절단하여 왜곡할 수 있다는 점을 확인시켜 준다. 텍스트에 대한 정확한 이해의 기초 위에서 비평 작업이 이루어져야 한다고 볼 때, 이러한 문제점은 임규찬의 비평이 경직된 논리의 틀에 묶여 텍스트를 독단적으로 분절하거나 폭력적인 평가를 가하는 오류를 하나의 사례로서 보여준다. 임규찬이 계몽(이념)적인 것과 문학적인 것, 이론비평과 실제비평 등 이분법의 구사를 통해 한쪽 죽이기를 상투화하고 있다고 예를 든 이광호, 우찬제, 남진우, 박혜경 등에 대한 비판과, 이론틀에 맞게 작품 내의 디테일을 짜맞추는 작품 읽기의 예로 든 손정수, 김춘식에 대한 비판에서도, 정도의 차이는 있지만 이러한 부정확한 텍스트 독해와 인용의 오류를 발견할 수 있다.

　임규찬 자신도 '이론비평과 실제비평' '입법(지도)비평과 미시비평'이라는 이분법의 굴레에서 자유롭지 못하다고 고백하고 있으며, 이 양자 사이의 괴리를 극복하자는 취지를 강조하고 있는 상황에서, 그것에 대한 나름의 대안을 제시하고 있는 필자의 견해를 왜곡하는 것은 심히 유감스럽다. 필자는 인용된 글이 수록된 평론집『신체와 문체』에서 구체적인 텍스트에 대한 분석과 이론 사이를 왕복하는 '미시적 이론화'의 방법을 통해 '신체적 주체의 시학'을 제시했는데, 이는 우리 문학에서 전통적으로 지속되어온 '동일성의 시학'과 90년대 이후 형성되어온 '포스트모던 시학'으로부터 동시에 거리를 두면서 새로운 영역을 확보하고자 한 것이다. 기존의 '동일성의 시학'은 세계를 자아의 내면 속에 포섭하는 주체의 자기 동일성을 문학적 존재 방식의 핵심으로 삼는다. 이 동일성의 시학이 주체의 통합을 강조한다면, '포스트모던 시학'이 강조하는 것은 주체의 분열과 끝없는 미끄러짐이다. '신체적 주체의 시학'은 이 두 대립항의 경계에서 몸이 지닌 일종의 상호 침투적 역동성을 통해 그 경계를 가로지르며 생성되는 것이다. 신체적 주체는 동일자와 타자, 주체의 분열과 통합, 의식과 무의식, 자연과 문명 등의 경계에 위치해 있으면서 투신(投身)을 통해 그 경계를 넘나드는 특성을 지니고 있기 때문이다. 따라서 '신체적 주체의 시학'은 우리 현대문학의 역사에서 오랫동안 유지되어온 실재론과 지성론의 이분법을 넘어설 수 있는 계기도 마련한다. 주체와 대상의 관계에 있어서 지성론은 주체의 자율적 의식에 비중을 두고, 실재론은 대상의 현실에 비중을 두면서 주체의 인식 외부에 객관적 현실이 존재한다고 간주한다. 이 두 관점은 정반대의 대립항을 이루지만, 주체와 객체를 이분법적으로 구분하여 사고한다는 점에서 인식론적 쌍생아의 관계에 있다. 결국 필자는 이러한 '주객 이분법'을 포함하여 임규찬이 강조하고 있는 '이분법적 도식'

'이론비평과 실제비평의 괴리' 등을 극복할 수 있는 하나의 가능성을 '신체적 주체의 시학'이 제시하고 있다고 생각한다.

  필자의 경우뿐만 아니라 우리 시대 젊은 비평의 양상은 계급·민족·계몽 등의 거시적 이론이나 이념이 아니라 신체·욕망·생태·환경·여성주의·대중문화 등의 테마나 문제의식을 천착하면서 텍스트의 구체적인 형식 및 내용과 이론 사이를 왕복하는 '미시적 이론화'를 추구하고 있다. 임규찬이 전체적으로 폄하하고 있는 우리 시대의 비평은 이러한 '미시적 이론화'를 추구하고 있거나 그 진행 과정에 있는 것이다. 나는 거시 이론이나 이념으로부터 연역적으로 작가나 작품을 지도하거나 인도하려는 비평의 방식과, 작품을 미리 주어져 있는 실체처럼 취급하여 그 의미를 따라가며 분석하는 방식을 극복하고, 텍스트의 질료와 이론 사이를 왕복하는 '미시적 이론화'를 추구하는 것이 우리 시대의 문학적 현실에 더 큰 기여를 하리라고 생각한다. 다양화, 세분화, 중층화 되고 있는 90년대 이후의 문학적 현실을 '부분성의 전면적 가치화' '이분법적 도식' '이론비평과 실제비평의 괴리'라는 거시적 관점만으로 분석하는 임규찬의 비평에 나는 이러한 '미시적 이론화'의 방식이 하나의 참고 사항으로 고려되기를 희망한다. 임규찬에게 남겨진 과제는 구체적인 텍스트의 사실에 착목하고 귀납적 방법을 통해 이론화에 이르러, 지금까지 자신이 추구해온 민족문학론 혹은 리얼리즘론을 갱신하는 새로운 비평이론과 이념을 수립하는 데 있을 것이다.

제 2 부
서정의 형식과 기억의 회로

서정과 풍자 사이, 순수에의 도정
— 오탁번론

　오탁번은 천생 시인이다. 그는 타고 난 본 바탕이 시인인 동시에, 어쩔 수 없이 시인이 될 수밖에 없는 사람이다. 시인은 끝없이 사랑을 꿈꾼다. 그리고 그 꿈의 불가능성에서 오는 비극을 그대로 자신의 운명으로 받아들일 수밖에 없다. 오탁번의 시를 생성시키고 이끌어 가는 동력은 바로 이러한 사랑의 추구에서 오는 것으로 보인다. 그에게 있어 사랑은 현실에서 순수를 꿈꾸는 것인데, 따라서 그의 시는 종종 오염된 현실을 꿰뚫고 근원적 순수가 살아 숨쉬는 과거의 시간과 공간을 찾아간다. 그의 상상력은 현실의 한 모서리에 구멍을 내고 그 구멍을 통해 유년의 고향(「저녁연기」)과, 2천 년 전의 아침(「아침의 예언」)과, 1억 년 전의 과거(「아기 공룡 발자국」)로 거슬러 올라간다. 뿐만 아니라 원시림이 매몰된 지층(「순은(純銀)이 빛나는 이 아침에」)과, 빛나는 지중해 물결의 깊이(「돌의 깊이」)로 내려가기도 한다.
　오탁번 시의 주된 수사법인 이미지의 유추와 환치는, 이러한 사랑의 방법적 추구가 낳은 산물이다. 결국 그의 시는 순수를 향한 끝없는 그리움이 낳은, 이미지와 상징의 절묘한 연쇄를 매개로 현실과 과거의 시·공간이 연결되어 "영겁의 우주"(「아기 공룡 발자국」)에까지 이르는 깊이와 넓이를 획득하게 된다. 이는 초기 시에서 최근시에 이르기까지 한결같이 견지된, 오탁번 시의 지향점을 제시해 준다. 오탁번 시의 본령은 인간과 우주에 대한 비밀스런 교감을 이미지의 깊은 함축과 유추로 포착해 내는 데 있는 것이다. 오탁번의 시적 출발점에 놓인 「순은(純銀)이 빛나는 이 아침에」에는 이러한 시의식의 원형질이 배태되어 있다.

눈을 밟으면 귀가 맑게 트인다.
나무가지마다 純銀의 손끝으로 빛나는
눈내린 숲길에 멈추어 선
겨울 아침의 행인들.

原始林이 매몰될 때 땅이 꺼지는 소리,
천년동안 땅에 묻혀
딴딴한 石炭으로 변모하는 소리,
캄캄한 시간 바깥에 숨어 있다가
발굴되어 건강한 炭夫의 손으로
화차에 던져지는,
原始林 아아 原始林
그 아득한 世界의 運搬소리.

이층방 스토브 안에서 꽃불 일구며 타던
딴딴하고 강경한 石炭의 發言.
연통을 빠져나간 뜨거운 기운은
겨울 저녁의
無邊한 世界 끝으로 불리어 가

은빛 날개의 작은 새,
작디 작은 새가 되어
나무가지 위에 내려 앉아
해뜰 무렵에 눈을 뜬다.
눈을 뜬다.
純白의 알에서 나온 새가 그 첫번째 눈을 뜨듯.

—「純銀이 빛나는 이 아침에」1, 2, 3연

"눈을 밟으면 귀가 맑게 트인다." 이 한 행은 우리의 감각을 일깨우며 정신을 맑게 하는 동시에, 이 시 전체를 떠받치는 견고한 시적 장력을 형성한다. 눈 내린 아침의 숲길에서 만나는 순은의 시각적 이미지는, 이 청각적 이미지를 매개로 시원으로 거슬러 올라가며 깊이를 얻게 된다. '눈 밟는 소리'는 2연에서 "원시림이 매몰될 때 땅이 꺼지는 소리"로 환치되고, 다시 천년 동안 "딴딴한 석탄으로 변모되는 소리"로 전이되는 것이다. 그리고 이 소리는 다시 3연에 이르러 이층방 스토브 안에서 타오르는 "딴딴하고 강경한 석탄의 발언"으로 연결되고, 그 뜨거운 기운이 연통을 빠져나가 "은빛 날개의 작은 새"가 된다. 이 청각적 이미지의 연쇄는 작품 전체를 통해 시각적 이미지와 긴밀히 결부되어 이미지의 그물망을 이룬다. 그것은 결국 시의 후반부에서 "아득한 세계가 운반되는/은빛 새들의 무수한 비상 가운데/겨울 아침으로 밝아가는 불씨를 분다"에 집약된다. 석탄이 지닌 '검은 색'과 "그 아득한 세계의 운반 소리"가 결합되어 첫 구절을 낳고, 새가 지닌 '은빛'과 "일제히 날아오르는 새들의 날개짓" 소리가 결합되어 두 번째 구절을 낳는다. 그리고 이 두 구절이 지닌 복합적 이미지들이 스미고 짜여 하나로 응축된 것이 '불씨'의 이미지이다.

눈 밟는 소리에서 불씨에 이르는 이 이미지의 행복한 연쇄는, 일상적 현실의 사소한 것들을 다 잊어버리고 숲의 순수와 행인들의 순수가 서로 전이되는 순간에 이루어진다. 그것은 시간의 밀집을 가져온 정신의 집중, 즉 시인의 정밀한 관조의 순간과 상응한다. 이처럼 오탁번의 초기시는 정신의 집중을 통해 시간을 밀집시키고, 이미지들 사이에 정교한 그물망을 형성함으로써 서정의 깊이를 획득한다. 이 서정의 깊이는 그의 초기시가 단지 이미지의 참신한 형상화라는 감각주의에 머물지 않고, 맑은 감성에 투명한 지성을 결합한 데서 연유한다. 그런데 감성과 지성, 정신과 방법의 결합이 낳은 이 서정의 깊이는, 결국 근원적 순수와 자유를 향한 사랑이라는, 시적 동력원에서 발생하는 것이다. 이 시의 "원시림 아아 원시림"은, 단 한순간의 감정 노출을 통해 시원의 순수를 향한 시인의 사랑이 얼마나 큰가를 측량케 한다. 그러나 "다만 기다려질 때"에서 보듯, 이 정밀한 관조의 순간이 항상 시인을 찾아오는 것은 아니다. 따라서 오탁번의 초기시는 전반적으로 비애와 우수의 밑그림을 배경으로 담고 있는 것으로 보인다. 이는 세계를 바라보는 시인의 시선이 근본적으로 비관적인 것을 의미하는데, 이 비극적 세계 인식은 정신의 집중과 그것이 낳는 "순은으로 빛나는 아침"과 "따뜻한 강"(「아침의 예언」)의 비유가 일상의 현실에서 쉽게 얻어질 수 없기 때문에 생겨난다.

한편, 시인의 순수를 향한 추구는 첫눈과 원시림과 새를 중심으로 한 숲, 혹은 자연의 세계뿐 아니라, 고향과 어머니와 여성을 중심으로 한 여성성을 통해서도 이루어진다. 시인에게 있어 고향과 어머니는 모성이 지닌 근원적 안식의 세계로 향한 회귀의 욕망과 맞닿아 있는데, 그것은 유년에 대한 동경과도 맥을 같이한다. 여성에 대한 시인의 시선은 좀더 복잡해 보인다. "천둥소리가 지붕 위에서 이리떼처럼 달리는 날// 이 붉은 입술을 뿜어내기 위하여//청과(靑果)를 인 여자의 몸에 피어나는/한 송이 꽃이여 야생의 꽃이여"(「꽃정신」)에서 보듯, 야생의 꽃이 지닌 순결한 처녀성의 이미지와 그 냄새가 풍기는 건강한 관능미는, 시인으로 하여금 순수에의 사랑을 일깨우는 동시에 원시적 생명력을 발현시킨다. 따라서 오탁번 시인이 추구하는 순수는 단순히 관념적 대상에 머물지 않고, 몸과 피와 향기를 지닌 관능적 향유의 대상으로 육화되어 나타난다. 그리하여 시인은 "내 몸 태울 성냥개비도 장만하고/사랑할 사람 하나 찾고 말테다"(「손수건」)에서처럼, 언제나 새로운 연애를 꿈꾼다. 그가 새로운 연애를 꿈꿀 때, 그것은 퇴색한 현실을 뚫고 순수와 자유의 피가 일렁이는, 시원의 건강한 생명력을 회복하고자 하는 욕망과 다르지 않은 것이다.

투명한 이미지를 통해 세상의 깊이를 가늠했던 시인은, 1980년대 이후 자신의 시선을 차츰 현실의 세계로 옮기게 된다. 그것은 '서정에서 현실로'라는 전이의 과정이라기보다는, '서정을 포함한 현실로의 심화와 확대'라고 보는 편이 나을지도 모른다. 초기시에 전경화되었던, 이미지를 통한 서정의 깊이가 표면적으로는 변모되었다 하더라도, 그것이 지닌 정신, 즉 근원적 순수에 대한 사랑과 언어 예술로서의 시에 대한 신념은 변함없이 지속되었기 때문이다. 다시 말하자면, 순수에의 희구와 언어 예술로서의 시에 대한 신념이 없었다면, 이후의 시가 보여주는 풍자와 냉소적 어조도 가능하지 않았을 것이다. 오염되고 타락한 현실에 대한 신랄한 야유와 풍자는, 근원적 순수에 대한 사랑으로부터 그 힘을 얻는다.

사랑을 사랑이라고 말할 수 있을 때는 행복하였다 호주머니에 까마귀를 넣고 다니며 우울과 저주를 형언할 수 있는 곳은 찬란하였다 그러나 보라, 오늘 개비듬처럼 냄새나는 욕정을 담배연기로 날리며 사랑과 우울의 마지막 비유도 버린 나의 배반을 예술의 손가락이 끊어지고 백묵도 비에 젖었다 우산을 펴서 만들던 나팔꽃만한 상징의 해후도 다 지나갔다 1980년대의 자유여, 입을 닥치라, 쇠비름처럼 길옆에 깔려 쇠똥이나 개똥이나 뒤집어쓰며 수신인 없는 유언장에 낙서를 하라 이미 비유의 부자지가 일어서기는 다 틀렸다

—「마지막 비유」부분

토끼처럼 바윗가에 펴 놓은
나의 지조는
오늘도 광화문에서 안암동에서
몰매 맞고 죽어가는데
지조랄 것도 못되는 나의 지조는
매일 밤 자립 독립 고립하지도 못 하고
외세의존의 배설만 꿈꾸는데
말해다오 살아나는 나의 치욕이여

—「간」부분

뒤틀린 현실에 대한 시인의 부정과 비판의식이 외부의 현실에 국한되지 않고, 자신의 치욕스런 상황을 목표로 하고 있다는 데 주목할 필요가 있다. 정직한 자기반성이 없는 현실 비판은, 자칫 허위의식으로 떨어져 버릴 우려가 있기 때문이다. 「간」에서 시인은 순수와 자유와 근원적 생명에 대한 사랑을 상실한, 현재의 치욕을 자기 모멸의 어조를 통해 숨김없이 보여준다. 이 지조의 상실과 치욕은 시대와의 불화로부터 온다. 「마지막 비유」에서 보듯, 험하고 가파른 1980년대의 현실은 시인으로 하여금 사랑과 우울의 마지막 비유도, 나팔꽃만한 상징도 불가능하게 한 것이다. 그리하여 1980년대의 자유에게 욕설과 야유를 퍼

붓는 시인은, 동시에 그 시대에 눌려 비유와 상징을 버릴 수밖에 없었던 자신의 배반을 모멸감으로 단죄하고 있다.

  초기시가 보여준 서정의 기법이 이미지의 선명한 형상화와, 비유와 상징의 효과, 그리고 음악적 리듬의 배려에 치중한 반면, 이 풍자의 기법은 일상적 삶의 인식을 어조의 다양한 실험을 통해 담아내고 있어 대조를 이룬다. 이 어조의 실험은 희화화를 거쳐 야유와 욕설에 이르기도 하고, 냉소와 풍자에 이르기도 한다. 그리고 이를 다시 화법의 관점에서 본다면, 이야기하는 듯한 서술체, 묻고 대답하는 문답법적 형태, 서사적인 담론체 등으로 세분할 수 있을 것이다. 이러한 어조와 화법의 시도는 시인이 현실의 일상성에 발을 깊이 담그고 있음에서 연유되는데, 또한 그것은 현실의 모순을 회피하지 않고 대면하겠다는 의지를 반영하는 것이기도 하다.

    너의 목에 걸어준 손톱만한 사랑의 추억도
    영혼 깊이 상채기 내준 뜻없는 욕정도
    이제 모두 보이지 않는 바람으로 날아가 버리고
    전할 수 없는 그리움
    잠재울 수 없는 뼈저림에 울고 있다
                                   —「편지」 부분

    겨울강 얼음 풀리며 토해내는 울음 가까이
    잊혀진 기억 떠오르듯 갈대잎 바람에 쓸리고
    얼음 밑에 허리 숨긴 하양 나룻배 한 척이
    꿈꾸는 겨울 홍천강 노을빛 아래 호젓하네
                                   —「겨울강」 부분

시인의 세번째 시집인 『겨울강』은, 앞서 살핀 서정과 풍자의 기법적 특징들이 순화되고 가라앉아, 전체적으로 편안하고 중후한 느낌을 준다. 그것은 지천명을 넘어선 시인의 연령이 가져다준 안정감과, 과거를 되돌아보는 회고의 어조가 지닌 차분함이 동시에 작용하여 생겨난 것인지도 모른다. 그래서 이 시집에는 지나온 날에 대한 회한과 허전함이 깃들이는 한편, 현실과 화해하고 삶을 관조하는 호젓함이 스며들기도 한다. 사랑의 추억도 욕정도 이제는 과거의 일이 되고, 전할 수 없는 그리움만 남는다. 이 그리움은 사랑의 추억과 뜻 없는 욕정이 바람으로 날아가 버린 지금에도, 시인의 가슴 속에 근원적 순수에 대한 사랑이 타다 남은 불씨로 남아 있음을 말해 준다. 시인은 사라져 버린 "그 옛날의 사랑"(「겨울비」)을 안타까워하면서도 "잠재울 수 없는 뼈저림"과 "어쩔 수 없는 그리움"(「만추유감(晚秋有感)」)이 남아, 순수를 향한 불길을 다시 지피게 되는 것으로 보인다.

> 어쩔 수 없는 그리움은
> 가을 깊어질수록
> 또 낙하하기 시작한다
> 이 깊은 밤의 寂寞은
> 오직 하나
> 서론 본론 결론으로 나눌 수 없는
> 果肉과 果實로도 나눌 수 없는
> 오직 한마디
> 그리움 뿐이다
>
> ―「晚秋有感」 부분

가을밤의 적막은 텃새의 날개짓 소리와, 반쯤 파먹힌 채 목숨 다한 까치감과, 다 저문 가을 들녘에서 마지막 숨을 쉬는 풀무치의 울음소리와 더불어, 소멸과 하강의 이미지로 감싸인다. 그러나 이 상실과 공허의 분위기 속에서도 그것이 깊어질수록 낙하하기 시작하는 "어쩔 수 없는 그리움"은, 근원적 순수를 향한 시인의 사랑이 끝나지 않았음을 보여준다. "서론 본론 결론으로 나눌 수없는/과육과 과실로도 나눌 수 없는" 이 그리움은, 지식과 사유로는 얻을 수도 설명할 수도 없는 본능의 산물이다. "라라, 그 보잘 것 없는 계집이 돌리는 겨울 풍차소리에 나의 아침은 무너져 내렸다. 라라여, 본능의 바람이여, 아름다움이여"(「라라에 관하여」)에서 불렀던, '본능의 바람'이 침전되어 있다가 다시 깨어난 것일까? 이 본능의 바람은 오탁번이 운명적으로 시를 쓸 수밖에 없는 천생 시인임을 상기시켜 준다.

그런데 이러한 운명과 함께 시를 쓸 때마다 죽음과 맞대면하는 시인은, 죽음의 대면을 통해 현생을 가로질러 전생을 얼핏 넘어보기도 한다. "내 전생(前生)의 습작노트에 적혀있던/지상과 천상의 이미지라는 것/용용 몰랐죠?"(「미당(未堂)을 위하여」)에서 보듯, 오탁번은 천생 시인인 동시에 전생의 시인이기도 한 것이다. 이미 시인은 "개똥참외와 보리밥을 방귀와 섞어 먹으며 자라/유권자가 되고 시인이 됐던/나의 전생이/이름없는 산유화로 흰 돌로 변하는/흰 뼈가 안개가 되는/평범한 사랑을"(「흰돌」) 노래하기도 했다. 시인은 삶과 죽음의 경계를 넘나들며 지상과 천상의 이미지뿐만 아니라, 전생과 내생의 이미지까지도 건져 올리는 것이다. 전생에 시인이었던 오탁번은, 그 앞의 전생에 어쩌면 '아기 공룡'이었는지도 모르고 '견우'였는지도 모른다.

    그대가 짠 비단옷 입고
    1년만의 邂逅를 위하여
    멀고먼 宇宙를 달려갈 때

隕石 흩어지는 行星의 불빛이
銀河水 물결에 어리고
그대의 입술은
한여름 오디같이 달콤했다
이제 다시
黃道 十二宮에 千古의 세월이 흘러
사자별자리가 처녀궁에 들고 있는데
지금 여기는
韓半島 서울의 한 모퉁이
하늘의 별빛도 스모그에 지워지고
水銀燈만 눈물 빛깔로 울고 있는 밤
그대의 젖은 입술
눈에 밟혀
안전띠도 매지 않고
과속으로 달려간다
한강 잠실 나루의 물이랑 높아질 때
짧은 邂逅를 위하여
간이매점의 500원짜리 블랙커피 마시면서
우리는 千金 같은 입맞춤을 나누자
내 마음에 연필로 그린
銀河水 찾아
소나타
검은 소처럼 타고
별빛도 없는 廣漠한 어둠 속으로
車線違反 해가며 목마르게 달려간다

―「接吻」전문

이 시는 견우와 직녀의 설화를 기본적 모티프로 삼고 있다. 이 시의 구조는 크게 견우와 직녀의 입맞춤, 사자별자리와 처녀궁의 만남을 제시하는 전반부(1—10행)와, 서울의 어둠 속에서 사랑하는 그대를 찾아가는 후반부(11—28행)로 구분될 수 있다. 전반부는 비단옷을 입은 견우가 1년만의 해후를 위해 우주를 달려가는, 사랑과 만남의 기쁨을 노래한다. "그대의 입술은/한여름 오디같이 달콤했다"의 과거시제 서술어는 이 설화의 과거성을 말해 주는 동시에, 그 완전하고 순연한 사랑이 현실의 우리에게 순탄하게 이루어지지 않으리라는 짐작을 던져 준다. 천고의 세월이 흐른 지금 다시 사자별자리에 처녀궁이 들고 있다. 우리는 이 전반부에서 낭만적·신화적 서정의 세계를 맛보게 된다. 그것은 초기시가 보여주었던 서정의 깊이가 드넓은 신화적 은유로 확장되면서 상상력의 진폭을 넓혀 주고 있는 것이다. 깊이와 넓이가 결합된 이 서정은 "까마득하게 흐려져버린/내 사랑의/호적등본만한 빈터가/실은 내 생애의 전부였음을/이제야 알겠다"(「낙향을 위하여」)라는 깨달음과, "내 마음의 노른자위가 될/아주 예쁜 사람을" 찾아가는 "전생(前生)의 꿈"에서 생겨나는 것으로 보인다.

그러나 작품의 후반부는 그러한 전설적 사랑의 환희와 감격이, 서정적 진실의 세계에서만 가능할 뿐, 현실을 변화시키지는 못하리라는 불길한 느낌을 던져 준다. "지금 여기는"의 어감이 지닌 대비의 확연함이 그러한 느낌을 가중시킨다. 지금 여기는 "하늘의 별빛도 스모그에 지워지고/수은등만 눈물 빛깔로 울고 있는 밤"인 것이다. '스모그'와 '간이매점의 500원짜리 블랙커피'는 현실의 산문성을 부각시키는데, 여기에는 삭막한 도시적 현실에 대한 풍자의 시선이 은연중 개입되고 있다. 따라서 이 시는 이전까지 병행해 왔던, 서정의 기법과 풍자의 기법을 변형시키고 결합시킨, 새로운 시도로 이해할 수 있을 것이다.

한편, 시인은 이러한 현실의 어둠에 좌절하지 않고, 처음 같은 입맞춤을 위하여 그대를 향해 안전띠도 매지 않고 과속으로 달려간다. 별빛도 없는 광막한 어둠 속으로 목마르게 달려가는 시적 화자에게 있어 연인과의 만남에 대한 희망은 모래같이 건조하고 삭막한 도시적 현실을 견디게 하는 생명수와도 같은 것이다. '500원짜리 블랙커피'와 '천금같은 입맞춤'의 대조는 현실의 어둠을 딛고 순수에 대한 사랑을 다시 불태우는 시인의 모습을 엿보게 한다.

따라서 오탁번의 신작시는 "사랑하는 너에게로 가는 길도/자꾸 멀어져만 가고/내 삶의 평화는/간단하게 부결(否決)"(「왼쪽 깜박이」)되는 상황과, "아주 예쁜 사람을/전생의 꿈을 꾸듯/찾아가야겠다"(「낙향을 위하여」)라는 사랑의 시도 사이에 놓여 있다. 그리고 그의 신작시는 지금까지 병행했던 서정과 풍자의 방식을 그대로 유지하는 한편, 그 변형과 결합을 통해 순수를 향한 새로운 도정에 나서고 있다. 「낙향을 위하여」와 「초겨울 아침」은 서정의 방식에 해당되며, 「왼쪽 깜빡이」 「백담사」 「내가 나에게」 등은 풍자의 방식에 해당된다. 그리고 「접문(接吻)」이 대표적으로 서정과 풍자의 결합방식에 해당되는데, 이는 서정과 서사, 이미지와 이야기, 전설의 신화성과 현실의 산문성을 대비시키고 조화시키는 새로운 시적 시도를 보여준다.

결국 오탁번 시인의 시는 서정과 풍자 사이의 길 위에 놓여 있다. '경춘가도'에 "계절따라 별별 노점이 다 생"(「경춘가도」)겨나듯, 그 길 위에도 아기 예수의 하얀 배내옷 입고 옹알이하는 나무가지(「초겨울 아침」)와, 솔개의 물똥(「백담사」)과, 풀무치의 울음소리(「만추유감」)와, 향나무 냄새 나는 몽당연필(「미당을 위하여」) 등 별별 것이 다 나타난다. 그것들은 모두 계절의 순환성을 따라가며 생성과 성장과 소멸이 맞물려 되풀이되는, 생명의 신비를 현시한다. 그 운명의 길을 오고 가며 순수를 향한 그의 도정은 오늘도 계속되고 있는 것이다.

에로스 · 시간 · 윤회 · 화엄
— 한승원론

　한승원 시의 일관된 주제는 사랑이다. 사랑은 사랑하는 주체가 그 대상과의 거리를 뛰어넘어 하나가 되려는 욕망의 움직임이라고 볼 수 있다. 그렇다면 한승원 시인은 무엇과 하나가 되려고 하는 것일까? 한승원 시에서 '당신'으로 대표되는 사랑의 대상은 "영원을 항해할 주인인 당신"(「기다림— 열애 일기 9」)에서처럼 '영원'과 같은 존재로 상정되어 있다. 그러나 시인은 "당신의 영원에/미치지 못하는 나의 순간을 슬퍼하면서 별들을 헤아립니다"(「나이— 열애 일기 8」)에서 보듯, 순간에 갇힌 채 그 영원에 도달할 수 없다. 영원을 염원하지만 그것에 미치지 못하는 순간을 슬퍼하면서 별들을 헤아리는 일, 그것이 바로 한승원의 시 쓰기가 아닐까. 따라서 한승원 시에 나타나는 아가페, 즉 정신적 상승에 기초한 영적 사랑은 에로스, 즉 육신의 감각에 기초한 관능적 사랑을 경유하여 추구될 수밖에 없다. 그에게 있어 사랑은 지상적 가치와 천상적 가치, 순간과 영원을 이어주는 가교의 역할을 하는 것이다.

　　우리 다음 생에는 시계가 되자
　　너는 발 빠른 분침으로
　　나는 발 느린 시침으로

한 시간마다 뜨겁게 만나자
순간을 사랑하는 숨결로 영원을 직조해내는
우리 다음 생에는 시계가 되자
먼지알 같은 들꽃들의 사랑을 모르고 어찌
하늘과 땅의 뜻을 그 영원에 수놓을 수 있으랴
―「시계 ― 열애 일기 1」 부분

"순간을 사랑하는 숨결로 영원을 직조해내는"일은 한승원 시의 이상을 표현한 것이 된다. "먼지알 같은 들꽃들의 사랑"을 통과해야만 "하늘과 땅의 뜻을 그 영원에 수놓을 수 있"기 때문이다. 그렇다면 시인은 왜 다음 생에서 시계가 되고자 하는 것일까? 이 세상의 현실에는 순간과 영원의 연결이라는 시인의 염원을 지난한 것으로 만드는 장애물이 존재하기 때문이다. 그것은 다름 아닌 '시간'이다. 결국 "우리 다음 생에는 시계가 되자"와 "한 시간마다 뜨겁게 만나자"라는 결의에 찬 시인의 목소리에는 현실에서 겪는 고통, 즉 순간과 영원 사이의 간극과 그로 인한 고뇌가 숨어 있는 것이다. 이 간극과 고뇌가 한승원의 사랑을 표류하고 방황하게 하는 원인이 되는데, 그것은 동시에 사랑의 이치를 끊임없이 천착하고 발견해 나가는 동력이 되기도 한다.

어느 물목에서인가
사랑에 들뜬 채
시간을 놓치고 표류하던
우리들의 영혼이
아침 밀물 타고 중중 밀려든다
밤새워 태초의 이야기를 허공에 뿌린
바다의 비늘 모서리 속으로 발기한 듯

꼿꼿이 고개 쳐들고 우리는
어란같이 수없이 많은 우리들의 아기를
세상의 굽이굽이에 낳기 위하여 돌진한다
이날 우리는 가슴 두근대면서 등 푸른 사랑 상자를 하역하고
다시 어느 아득하게 휘도는 물너울을 따라
우리들의 표박하는 스스로를 향해 그물을 던지러 떠날 것이다.
　　　　　　　─「아침 고기잡이배 ─ 열애 일기 5」전문

첫시집 『열애 일기』에 수록된 이 시는 한승원 시의 전체적 의미구조를 함축하고 있다. 그리고 어쩌면 이후의 시적 여정을 예견하는 작품으로도 간주될 수 있을 듯하다. 이 시는 크게 1~5행, 6~10행, 11~13행의 세 부분으로 나누어질 수 있다. 첫째 부분의 "사랑에 들뜬 채/시간을 놓치고 표류하던/우리들의 영혼"은 한승원 시의 중심 테마들을 압축하여 보여준다. 그것은 시적 주체인 영혼과 그가 추구하는 사랑, 그리고 사랑을 지난한 것으로 만드는 시간성과 그 결과로 빚어지는 표류의 모습이다.

우선 "시간을 놓치고"에 주목하면, 한승원 시에 나타나는 시간의식을 유추할 수 있다. 이 구절은 시인이 이승의 생을 놓쳐버린 시간 속의 표류로 간주하고 있음을 알게 한다. 그렇다면「시계」의 "우리 다음 생에는 시계가 되자"와 관련하여, 한승원 시인의 시간에 대한 인식은 이승을 전생과 후생으로 이어지는 윤회의 고리로 파악한다는 점에서, 불교적 인연설과 맥이 닿아 있는 것으로 보인다. 한편 둘째 부분의 "태초의 이야기를 허공에 뿌린/바다"는 시간을 놓치고 표류하는 시인이 추구하는 지점이 태초의 순결한 시간임을 보여준다. 그것은 "비늘 모서리 속으로 발기한 듯/꼿꼿이 고개 쳐"드는 에로스적 욕망이 "수없이 많은 우리들의 아기"라는 시원의 순수를 낳는 원초적 시간이다. 이 '태초'의

시간은 인연과 환생의 불교적 시간관이 아니라, 창세와 원죄와 구원으로 이어지는 기독교적 시간관과 관련된다고 볼 수 있을 것이다. 결국 우리는 현재의 유한한 시간을 넘어 본래적 순수성의 시간으로 회귀함으로써 사랑을 완성하고자 하는 한승원의 시간의식에, 불교적 이미지와 기독교적 이미지가 복합적으로 결부되어 있음을 확인할 수 있다.

다음으로 이 시에서 "표류"와 "표박"이 의미하는 바는 무엇일까? 그 것은 "선재동자처럼/바랑 하나 짊어지고/참삶의 길 찾아나선/당신"과 "당신과 낯선 골목을 돌아/별밤을 항해하는 꿈을 꾸었다"(「미망의 밤― 열애 일기 6」)에서 보듯, 참된 삶을 찾아나서는 구도의 길을 의미한다. 이 구도의 길은 '영원'과 만나는 '사랑'을 갈망하지만 현실의 유한성에 갇혀 그것이 좌절된 시인이, '당신'의 정체와 '사랑'의 진정한 의미를 방황하며 찾아나서는 항해를 의미한다. 그리하여 이 항해 길은 "아침 밀물 타고 중중 밀려"들며 "닻을 내리지 못하고/내부의 소용돌이를 감당 못하고/어지러이 헤매며 포구 밖을 떠도는"(「사랑 만다라― 연가(戀歌) 11」) 운명에서 벗어날 수 없다. 둘째 부분에 집중적으로 형상화된 에로스적 열망은 '태초'의 건강하고 순수한 생명력으로 회귀하여 "등 푸른 사랑 상자"를 낳는 원동력이 된다. 그러나 이 에로스는 '발기'와 '잉태'와 '분만'을 경유하여 죽음과 어둠의 텅 빈 공허로 전이될 수밖에 없으며, 따라서 시인은 "다시 어느 아득하게 휘도는 물너울을 따라" 표박하는 운명에 처하게 되는 것이다. 이 시의 첫 부분과 셋째 부분에 배치된 "표류하는"과 "표박하는"은 이러한 사랑의 운명, 즉 에로스적 욕망과 죽음, 생성과 소멸의 순환적 질서를 구조화하고 있다. 결국 순간과 영원의 간극을 메우려는 시인의 사랑은 에로스적 팽창과 수축, 분만과 죽음을 왕복하며 끝없이 표류하고 표박하는 운명에 놓여 있는 것이다.

그렇다면 이 끝없이 반복되는 구도의 여정은 어떤 변모를 거치는 것일까? 인용 시의 마지막 구절 "스스로를 향해 그물을 던지러 떠날 것이다"에서 '스스로를 향해'와, '던지러 떠날 것이다'라는 미래형의 종결어미는 이 물음에 대한 대답을 담고 있다. 한승원의 시적 전개를 가능케 하는 동력은 영원의 천상적 가치를 지닌 '당신'의 실체를 탐구하면서 '사랑'의 이치를 궁리하는 구도의 자세인데, 이 구도의 길은 결국 시간성에 대한 천착과 긴밀히 결부되어 진행될 수밖에 없다. 인용한 구절은 시간성에 대한 천착과 결부되어 진행되는 구도의 길이, 외부의 사물과 존재에 대한 탐색을 거쳐 자신의 내면적 본질에 대한 탐색으로 귀착됨을 예견하고 있다. 「사랑 만다라」에서 보듯, 닻을 내리지 못하고 표류하는 것은 자기 내부의 소용돌이를 감당하지 못하기 때문이다. 따라서 '당신'의 정체와 '사랑'의 진정한 의미는 결국 자기 내부로 침잠하는 길 위에서 얻어지게 되는데, 이는 자기 안에 부처가 있다는 사유를 기본 원리로 삼는 불교적 명상의 차원과도 궤를 같이 하는 것이다. 그리하여 "당신이 내 속에서 날마다 새롭게 태어나게 하는 것/그것이 나의 의미"(「당신 품에서— 열애 일기 12」)가 되는 것이다.

이상에서 「아침 고기잡이배」를 중심으로 한승원 시의 의미구조를 짚어 보았는데, 이를 검증하기 위해서는 시적 전개과정을 따라 가며 그의 시를 구체적으로 살펴보아야 할 것이다. '나'와 '당신'의 관계망에 유의하면서, '당신'의 정체와 '사랑'의 이치를 깨달아 나가는 구도의 여정을 추적해 보기로 하자.

>
> 마당에 핀 민들레꽃과 제비꽃을 헤아립니다
> 질경이풀들의 먼지알 같은 꽃들을 헤아립니다
> 모란꽃 망울들도 헤아립니다
> 감꽃 송이들을 헤아리고 대추와 밤송이들을 헤아립니다
> 당신과 내 몸통을 자르고
> 당신의 나이테와 내 나이테를 헤아리고

나의 나이테에서 당신의 나이테를 빼봅니다

당신의 영원에

미치지 못하는 나의 순간을 슬퍼하면서 별들을 헤아립니다

빛 속으로 사라져가는 당신과

어둠 속으로 묻혀가는

어찌할 수 없는 길 다른 운명을 지금 나는 시로 씁니다

새벽 산에 올라 당신 있는 하늘을 향해

피 토하며 당신 혼령을 부릅니다.

―「나이 ― 열애 일기 8」 전문

　　화자가 마당에 핀 민들레꽃, 제비꽃, 질경이풀, 모란꽃, 감꽃 등을 헤아리는 것은 하찮지만 아름다운 지상적 존재들에 대한 관심과 관찰을 보여준다. 그런데 헤아리는 행위는 단순한 관심과 관찰을 넘어서 응시의 시선을 내포하고 있다. 그것은 바로 "나이테를 헤아리"는 것, 즉 지상적 존재들이 지닌 본질적인 운명을 사유하는 것이다. 이 응시와 사유는 결국 "당신의 영원"과 그것에 "미치지 못하는 나의 순간"을 인식하는 양상으로 진행된다. '당신/나'의 거리는 '영원/순간'과 '빛/어둠'의 상반되는 대립항으로 그 간극이 확인되는 것이다. 이 "다른 운명"을 슬퍼하면서 "별들을 헤아리"고, 하늘을 향해 피 토하며, "당신 혼령을 부"르는 행위가 바로 한승원의 시 쓰기이다. 나와 당신, 순간과 영원 사이의 간극이라고 요약할 수 있을 이러한 시적 구도는 초기시의 특징을 함축하고 있다. 그런데 흥미로운 것은 이 간극을 연결시켜주는 매개로 '새'와 '나무'로 대표되는 자연이 등장한다는 사실이다.

　　사람들보다는 새를 만나고 푸나무들을 만납니다

　　배반을 모르는 天女들은

하늘에 살지 않고 숲에 삽니다
저는 당신을 향해 어우러지는 숲이 됩니다
그 새들을 날마다 밤마다 당신 몸 담긴 하늘로 날려 보냅니다
당신에게로 치솟는 탑이 됩니다
구름으로 떠돌다가
그 절간을 두들기는 빗줄기가 되고
안개가 되고 진눈깨비가 됩니다.
— 「배반을 모르는 천녀들은 하늘에 살지 않고
— 열애 일기 22」 전문

'당신'의 '영원'에 도달하려는 시인의 '사랑'은 "나를 해방시켜주러 올 당신을 기다린다"(「기다림—열애 일기 9」)에서 '기다림'의 자세로 나타나기도 하고, "당신은 나를 훔치고 나는/당신을 훔친다"(「도둑 사랑—열애 일기 10」)에서 '훔침'의 행위로 나타나기도 한다. 그런데 이 훔침의 행위는 "당신의 바다 한복판에 핀/연꽃 궁전에 제 다이아몬드의 뿌리를 묻기 위해 허우 허우 헤엄쳐가서 그 교접을 이루어내지 못하는 그것은 죽음 같은 슬픔입니다"(「죽음 같은 슬픔— 열애 일기 21」)에서처럼 대부분의 경우 성공하지 못하고 만다. 이럴 때 시인은 '새'와 '나무'로 대표되는 자연물을 경유하여 '당신'에게 다가가려고 하는 것으로 보인다. 당신을 향해 어우러지는 숲이 되고, 새들을 당신의 하늘로 날려보내며, 구름으로 떠돌기도 하는 것이다.

여기서 우리는 "배반을 모르는 천녀(天女)들은/하늘에 살지 않고 숲에 삽니다"에 주목할 수 있다. '천녀'는 시인이 붙인 각주에 의하면, 음욕 없는 여신이며 색계 이상의 하늘에 사는 여성이다. 천상의 여신이 숲에 산다는 것은 '나' 뿐만 아니라 하늘의 '당신'도 고정된 존재가 아니라 '나'를 사랑하며 다가오는 존재임을 말해준다. 그러므로 "당신은

나를 훔치고 나는/당신을 훔친다"와 "저의 당신 사랑하기는 당신을 학대하며 죽이기이고/당신의 저를 사랑하기는 저를 영원으로 끌어올리기입니다(「금잔디—열애 일기 20」)에 나타난 대로, '나'와 '당신'은 상호 침투하는 관계망 속에서 형성된다. 이 관계망을 매개해 주는 연결고리, 다시 말해 지상적 존재와 천상적 존재가 만나는 장소가 바로 '숲'이라는 자연인 것이다.

그리하여 김주연이 지적한 대로, '바다'와 '꽃'의 이미지를 중심으로 형성되는 한승원의 시적 상상력은, '새'와 '나무'를 중심으로 한 '숲'의 이미지와 결부되면서 더 다양하고 풍부한 상징의 숲을 이룬다. 한승원에게는 자연의 모든 존재들이 '당신'과 '나'를 만나게 하는 혼령이며 넋이며 정령이 되는 것이다. 이 '정령'들을 통해서 '나'는 '당신'과 교통하고, 순간과 영원의 간극은 좁혀질 수 있다.

> 구름 속에 있는 당신 속을
> 시장 바닥의 내가
> 하루에도 열두 번씩 드나들고
> 시장 바닥에 있는 내 속을
> 구름 속에 있는 당신이
> 하루에도 열두 번씩 드나듦을 저는
> 핏빛 노을 지는 것을 보면서 깨닫습니다
> 노을이 땅거미를 삼키고 어둠이 되었는지
> 땅거미가 노을을 삼키고 어둠이 되었는지는
> 오직 당신과 제가 아는 비밀입니다
> 당신의 억겁은 나의 찰나이고
> 나의 찰나는 당신의 억겁입니다.
>
> ―「지나가는 구름의 그림자에서― 戀歌 17」부분

"시장 바닥"의 '나'는 "구름 속에 있는" '당신'과 분리되어 있지만, "하루에도 열두 번씩 드나"드는 것은 '핏빛 노을' 때문에 가능해진다. '핏빛 노을'은 땅거미와 어둠이 경계 지점에서 서로를 지우면서 뒤섞인다. 이와 함께 당신의 억겁과 나의 찰나도 상호침투하게 된다. 이처럼 한승원 시인은 순간과 영원의 간극을 지우는 원리를 자연의 풍경에서 발견하는 것이다. "내 뜨락에 풀꽃으로 피는 너와/그 풀꽃 향에 취한 채 사는 나는/전생에 무엇이었을까"(「너는 산에 있고— 연가 16」)에서처럼 불교적 인연설과도 닿아있는 이러한 정령주의는, "아스팔트 위에서 차바퀴에 깔린 쥐의 주검을 파먹는 구더기도/한울님이고/부처님이고/사람이고/하나님이다"(「우리들의 사랑 우리들의 모든 것」)에서처럼 범신주의로도 확장된다. 그러나 이러한 범신주의도 '당신'을 향한 '나'의 사랑을 완성시킬 수는 없다. "발을 땅에 디딘 채 한 마리 새로서 구만리장천을 날아가는 나"(「슬픈 모순— 열애 일기 11」)의 '슬픈 모순'은 또 다시 반복되는 것이다.

> 사랑은 늘 혼자 깨어 있게 하고
> 혼자 헤매이게 한다
> 그대는 나의 사랑을 받을 수 있는 그대가 아니므로 나는
> 어쩔 수 없이 그대를 사랑하는 그대라고 말해야 한다
> 아, 나의 말은 늘 사랑하는 그대를 죽인다 그러므로
> 내 그대를 얻어도 얻은 것이 아니고
> 잃어도 잃은 것이 아니다
> ─「잠 못 이루는 밤— 촛불 연가 6」 부분

"그대를 사랑하는 그대라고 말해야" 하는 화자가 "나의 말은 늘 사랑하는 그대를 죽인다"라고 토로하는 것은, 언어의 한계에 대한 인식을

담고 있다. "나의 사랑을 받을 수 있는 그대가 아니므로" 그대를 사랑한다고 말하는 것과, 언어의 한계까지도 언어로 말해야 하는 상황은, 언어가 지닌 모순을 극명하게 드러낸다. 시인에게 있어 '사랑'도 이러한 모순의 운명을 지니고 있다. 그러나 시인은 "내 그대를 얻어도 얻은 것이 아니고/잃어도 잃은 것이 아니다"를 통해, '언어'와 '사랑'이 공통적으로 지닌 모순을 그것을 받아들이는 역설을 통해 더 높은 차원으로 끌어올린다. 그리하여 시인의 '사랑'은 "늘 혼자 깨어 있게 하고/혼자 헤매이게" 하는 괴로움과 고뇌의 강을 건너 역설적 깨달음의 지점에 도달하게 되는 것이다.

　이러한 차원은 "의도 속에 담는 것보다는 풀어서/제자리로 돌려보내는 것이 얼마나/마음 편한 일인지를/그대에게서 배운 다음부터 나는/이것저것 조급해하며 짓기(業)를 삼가기 시작했다"(「불바퀴— 촛불 연가 2」)라는 각성에서 비롯된 듯하다. "제자리로 돌려보내는 것"은 인위적 조작을 벗어나 자연의 이치를 실현하는 것이다. '촛불'에 대한 명상을 통해 시인은 조급한 짓기로부터 파생되는 업(業)과 새장 속의 안주에서 탈피하여 무위(無爲)의 이법으로 자신을 비워냄으로써 '영원'에 도달하는 새로운 방법을 찾게 되는 듯이 보인다. '도선사 가는 길' 연작은 이 방법을 천착하는 구도의 과정에서 얻어진 시편들이다.

> 까치파도 등성이 이쪽을 이승이라 하고
> 저쪽을 극락이나 천국이라고 우기는 사람들
> 그 부서지고 말 공간에 영원이 있다고 믿는 그들은
> 진실로 알아야 할 그 무엇을 모르고 있을까
> 당신의 젖무덤 이쪽이 사랑의 시작이고
> 당신의 꽃살 깊은 곳 저쪽이 사랑의 끝임을
> 당신과 살 섞으며 안 나는

반드시 더 알아야 할 그 무엇을 모르고 이렇듯
집착하고 있을까.
　　　　　　　　—「사람들은 구멍을 보면 쑤셔넣으려고 한다
　　　　　　　　　　　　— 도선사 가는 길 14」부분

시인은 까치파도 등성이의 이쪽과 저쪽을 구분하여 이승과 천국이라고 우기는 것을 인간적 집착이라고 생각한다. 그러므로 "반드시 더 알아야 할 그 무엇"은 모든 집착으로부터 벗어나 사랑의 끝, 즉 당신의 꽃살 깊은 곳에 도달하는 길 위에서 얻어지는 것이다. 그 길은 결국 자궁으로의 회귀를 의미한다.

내가 열 달 동안 헤엄치다가 나오면서 비워놓은
어머니의 자궁
스물두 살 되던 해까지 가득 채워놓고 있다가 빠져나온
그 검은 동굴
내 평생토록 거기에 피와 땀과 정자(精子) 쏟아내고
가슴 빽빽해지도록 글써서 채우고 또 채웠다
그래도 덜 채워진 틈바구니에는
내 유골 가루 부숴서 가져다가 뿌려 채울 것이다
그리고도 아직 덜 채워진 자리 있으면 내
떠도는 혼령
한 줄기 바람으로 땜질할 것이다.
　　　　　　　　—「고향— 도선사 가는 길 18」전문

화자는 평생토록 피와 땀과 정자를 쏟아내고, 글을 써서 채우며, 죽어 유골 가루를 뿌려 채우는 곳이 결국 어머니의 자궁이라고 말한다.

이 '검은 동굴'로의 회귀는 "시간은 황금이 아니고/우리의 몸뚱이를 묶는 끈이다"(「인도 기행— 도선사 가는 길 19」)와 "거미는 우주 공간의 다리를 만들 줄 알지만/시간의 다리를 건설하지는 못한다"(「다리— 도선사 가는 길 11」)에 나타난 시간에 대한 인식, 즉 인간의 유한성에 대한 인식으로부터 얻어지는 듯이 보인다. 시간의 벽에 부딪힌 시인이 "길을 잃으면/슬픈 눈으로 돌아갈 길을 찾"(「잠 오는 눈— 도선사 가는 길 8」)는 자리에서, 자신이 태어난 고향인 자궁으로 돌아가는 것이 참 삶의 길임을 발견하는 것이다. 이 길 위에서 시인은 "이승의 모든 길은 저승의 문턱에까지 닿아 있다"(「이승의 모든 길은— 도선사 가는 길 5」)와 "죽음이 태어남이고 잉태는 죽음의 기약 아닌가"(「황토색 공룡알— 도선사 가는 길 16」)라는 인식을 거쳐, 전생과 후생으로 삶이 전이되는 불교적 윤회설에 더 깊이 발을 들여놓게 된다. 그리하여 "꿈에 나는 낙타가 되어 있었고"(「낙타— 도선사 가는 길 20」) "그 다음 생에서 피조개는 어부가 되고 그 어부는 피조개가 되"(「어부와 피조개— 도선사 가는 길 15」)는 "엇바뀌기와 섞바뀌기"가 시도되는데, 이 윤회의 상상력은 산해경적 상상력과 결부되어 거대한 신화적 공간을 형성하게 된다.

최근에 상재된 세번째 시집 『노을 아래서 파도를 줍다』는 지금까지 살핀 한승원 시의 복잡다기한 의미구조들이 시적 전개의 흐름 속에서 걸러져 결정(結晶)된 모습을 보여준다. 마치 강 하류에 형성된 모래섬처럼 시인이 지속해온 시적 추구가 도달한 지점을 자연스럽게 펼쳐 보이고 있는 것이다.

    모래알 속에 담겨 있는 바다를 보았는가
    우리들의 뿌리
    시간의 얼굴을 보았는가

그 질척거리는 시간의 촉감을 아는가
흘러온 강 같은 시간이 머무는 곳을 아는가
정지된 별들의 율동을 아는가
윤회의 숨결을 들어보았는가
죽음에 들면서
나는 아무 말도 하지 않았다고 말한 그 어른의
모래알 같은 사리의 숨결.

―「모래알」 전문

  시인은 모래알 속에 담겨 있는 바다를 본다. 이때 그가 보는 것은 시간의 얼굴이며, 그가 만지는 것은 시간의 촉감이다. 한승원의 시는 '시간'이라는 테마를 중심으로 회전하면서 에로스적 열정과 영원에의 갈망을 형상화한다. 관념적 성격을 지닌 시간성을 구체적인 형상과 감각으로 드러내는 것이 바로 한승원 시의 기본적 방식이다. 여기서 우리는 윤회를 거쳐 재생으로 전개되는 구도적 여정에서 그의 시가 관능적 에로스의 감각을 통해 영원의 사랑을 추구하는 경로를 한시도 벗어나지 않았음을 확인하게 된다.
  "흘러온 강 같은 시간이 머무는 곳"과 "정지된 별들의 율동"은 흐름과 정지, 머무름과 움직임이라는 상반된 속성을 하나로 묶는 지점을 가리켜 보인다. 그것은 윤회인데, 윤회는 죽음에 들면서 아무 말도 하지 않았다고 말한 그 어른의 사리에서 숨결을 느끼는 것과 같다. 삶과 죽음, 순간과 영원의 경계를 무화시키며 끝없이 순환케 하는 것이 윤회인 까닭이다. 이 차원에 이르면 시인의 "길 따라 비틀거리며/출렁거리"는 "운명의 버거운 짐"(「구름이 물었다」)도 '죽음'의 번뇌도 평화와 여유로움으로 떠 있는 화엄의 바다에 도달하게 된다.

바람목 좋은 풀숲의 허공을
헤엄쳐 다니면서 집을 짓는
파랑 줄무늬에 노랑 점들 박힌 꽃거미처럼 시인은
잡히지 않는 화엄의 바다에
자기 무덤을 짓는다
구름에다 베틀 놓고
당사실 같은 햇살 씨줄에
바람으로 날줄 엮고
파도처럼 바디질하여
죽음 저쪽의 무한 시공으로 들어선 뒤에까지 내내
덮고 잘 홑이불부터 만들고
누워 되새김질하는 암소 같은
뒷산을 베개 삼고 수컷 꽃뱀의 머리 같은
산줄기 왼쪽에 펼쳐놓고
구유 같은 동산을 오른쪽에 눕혀놓고
거울 같은 바다 건너 고흥 반도 산봉우리들
그 사이로 세상을 엿보는 보랏빛
감씨 같은 섬의 우듬지
봄부터 가을까지
꾀꼴새 휘파람새 소쩍새 뻐꾹새 까치 울음 속에서
푸르러지고 누르러지는
배부른 들판 앞에 놓고
죽어가는 것이 아니고 열반 부처처럼
영원에 대한 믿음과 깨달음 즐거워하며
해인 삼매에 빠져들 꿈 꾼다.

—「시인의 무덤」 전문

이 시는 한승원 시인이 지금까지의 구도적 여정을 통해 도달한 지점을 선명히 보여준다. 꽃거미가 풀숲의 허공에 집을 짓듯 시인은 "화엄의 바다"에 자신의 무덤을 짓는다. 풀숲의 '허공'에 비교되듯, 이 '화엄의 바다'는 손에 "잡히지 않는" 형이상학적 공간이다. 이것은 지금까지 시인이 다가서려고 염원했던 '당신'의 '영원'과도 이어져 있는 듯이 보인다. '무덤'을 통해 '영원'에 도달하는 길은 시인이 에로스적 열망을 통해 하나가 되려던 '당신'에게 근접하는 새로운 방식이 될 수 있다. 그러므로 시인은 '무덤'을 통해 죽음 저쪽의 무한 시공으로 들어선 뒤에까지 덮고 잘 홑이불을 햇살과 바람으로 엮고 파도처럼 바디질하여 만든다. 시인은 죽음 너머의 세계를 이승의 연장선으로 생각하고 있는 것이다. 한승원은 이 시에서 삶과 죽음, 생멸과 불생멸의 구분을 넘어서는 불이(不二)의 세계, 즉 화엄의 세계를 펼쳐 보이고 있다. 이 화엄의 바다에 무덤을 지을 때, 죽음은 영원에 대한 믿음과 깨달음을 얻는 일이 된다. 한승원은 화엄의 큰 바다에 이르러 죽음을 통해 모든 번뇌가 끊어진 열반의 깨달음을 꿈꾸는 것이다. 다음의 시는 「시인의 무덤」이 보여준 이러한 시적 테마를 한 폭의 감동적인 풍경화로 번역하여 보여준다.

> 허리 반쯤 꼬부라진 백발 할머니와
> 초등학교 6학년짜리 머리 까만 손자가
> 감 따던 작대기를 내던지자
> 핏빛으로 타던 황혼이 꺼진다
> 잎사귀들 모두 잃어버린
> 地神의 머리털 같은 감나무의 검은
> 잔가지들 끝에 까치밥 하나
> 은색 공단 깔아놓은 하늘에 뜬 또 하나의

해.

―「감 따는 날」 전문

　이 시는 한승원 시가 도달한 최고의 지점을 보여준다. 글자 하나 가감할 것 없이 정제된 형식 속에 시인이 추구한 시적 테마들을 응축하여 거의 완벽한 구도 속에 용해시킨 작품이다. "백발 할머니"와 "머리 까만 손자"는 늙은이와 젊은이의 대비와 아울러, 할머니에서 손자로 이어지는 혈육의 연결이라는 이중적 의미 연관을 형성한다. 이 두 사람이 함께 감을 따고 있다. 감 따던 작대기를 던지자 핏빛으로 타던 황혼이 꺼진다. 감을 따는 것은 먹을 것을 구하기 위한 노동과 즐거운 놀이라는 두 가지 의미망을 포괄하고 있다. 다시 말해, 그것은 인생의 과정을 의미하는 것이다. 그러므로 감 따던 작대기를 던지는 것은 인생의 과정이 종결되는 것, 즉 죽음을 암시한다. "핏빛으로 타던 황혼이 꺼"지는 것은 이 죽음의 순간을 장엄한 색채 감각으로 표현하고 있다. 이 문장에 이르러 "백발"의 흰색과 "머리 까만"의 검은색은 "핏빛"의 붉은색과 섞여 '황혼'의 복합적인 색채를 형성하게 된다.
　또한 이 시에서 주목할 곳은 할머니로 대표되는 인간의 죽음을 감나무의 형상과 중첩시켜 형상화하고 있는 대목이다. "잎사귀들 모두 잃어버린/지신(地神)의 머리털 같은 감나무의 검은/잔가지들"은, 삶을 종결하는 할머니의 모습과 감나무의 형상을 겹쳐 보이면서 그것에 지신의 의미를 부여하고 있다. 나무와 할머니는 인간의 영원한 고향인 땅의 신, 즉 대모신을 상징한다. 인간의 고향인 자궁으로의 회귀는 한승원 시의 중요한 테마 중의 하나이다. 한승원의 시에서 '구멍'의 이미지를 중심으로 변주되고 있는 이 '대모신'의 세계는 다름 아닌 '화엄의 바다'와 연결된다. 그러므로 이 회귀는 죽음으로 귀착되지 않고 지신의 모성성을 통해 다시 새 생명을 얻는 것이다.

"감나무의 검은/잔가지들 끝에 까치밥 하나" 매달려 있는 것은 이러한 새 생명의 미래를 암시한다. 죽어가는 감나무가 까치밥 하나를 남김으로써 다른 생명에게 삶의 근거를 제공하듯, 할머니의 죽음은 머리 까만 초등학교 6학년짜리 손자의 삶으로 다시 이어지는 것이다. 그리하여 황혼이 꺼진 후에도 이 까치밥은 하늘에 또 하나의 해로 뜬다. 아마 지금 이 순간에도 한승원의 시는 "지신의 머리털 같은 감나무의 검은/잔가지들 끝에 까치밥 하나"로부터 새 생명을 얻고 있을 것이다. 그리하여 시인은 "나의 해산역에서 그대 달궁역까지/우리들의 뜨겁던 절정감 같은/무한 시공 사이를 무시로/영원히 들락거리는 퇴행성의/가슴 아픈 사랑 여행"(「달궁 여행」)을 다시 시작하고 있을 것이다.

순간의 시학과 통합의 정신
— 최동호론

1

최동호는 관조와 명상의 시인이다. 관조와 명상은 외부상황에 휩쓸리지 않고 내면으로의 침잠을 통해 평정을 되찾는 심적 작용이다. 따라서 최동호의 시는 자기응시적 시선에 의해 세속도시의 번잡한 일상과 욕망을 꿰뚫고 견고하고 투명한 시적 공간을 획득한다. 그렇다고 그의 시가 현실을 초월하여 인간세계의 호흡과 체온을 완전히 잃어버린 것은 아니다. 그의 시가 평정과 고요의 세계를 추구하는 것은 그것 자체에 목적을 두고 있는 것이 아니라, 중심이 사라져가는 세기말적 시대상황 속에서 세속도시의 현실을 견디고 그것을 극복하기 위한 것이다. 따라서 그는 자연과의 합일을 통해 마음의 평정과 높은 정신적 자세를 추구하는 동시에 끊임없이 책을 통해 현실을 읽는다. 그의 시에 빈번히 나타나는 책과 활자의 비유는, 그의 관조와 명상이 현실과의 관련성 속에서 이루어진다는 사실을 상기시켜 준다. 더구나 그의 시세계의 근저를 이루는 고독, 혹은 외로움의 세계는 고고한 정신의 높이를 반영할 뿐 아니라, 현실로부터의 멀어짐에서 오는 마음의 상태로 이해되기도 하는 것이다.

결국 최동호 시가 보여 주는 투명하고 견고한 시적 공간 속에는, 현실과의 관계 속에서 고뇌하고 방황하는 시적 자아의 모습이 숨겨져 있다는 것이 나의 생각이다. 물론 이 고뇌와 방황은 하나의 궁극적 진리를 찾으려는 탐색의 소산이다. 최동호 시의 주된 형상화 방법은 감정을 절제하고 섬세한 자연 묘사를 통해 자신의 내면을 객관화하거나, 자연과의 합일을 통해 깨달음의 경지를 추구하는 선시풍의 경향이다. 이 시적 공간에는 겉으로 보기에 시적 주체인 자아의 모습이 나타나지 않지만, 그것이 내면 속에 숨어서 시적 자력을 발생시키고 있다는 것이 이 글의 가설이다. 이러한 가설을 구체적으로 검증하기 위해 그의 시가 지닌 미학적 원리를 고찰하면서 시적 전개과정을 따라가 보기로 하자.

2

벽지 뒤에서 밤 두시의
풀이 마르는 소리가 들린다.
건조한 가을 공기에
벽과 종이 사이의
좁은 공간을 밀착시키던
풀기 없는 풀이 마르는
소리가 들린다.

허허로워
밀착되지 않는 벽과 벽지의
공간이 부푸는 밤 두시의

보이지 않는 생활처럼
어둠이 벽지 뒤에서 소리를 내면

드높다, 이 가을 벌레소리.
후미진 여름이
빗물진 벽지를 말리고
마당에서
풀잎 하나하나를 밟으면

싸늘한 물방울들이
겨울을 향하여 땅으로 떨어진다.

―「풀이 마르는 소리」 전문

　첫 시집 『황사바람』의 첫머리에 실려 있는 작품이다. 시인은 이 시집을 통해 젊음의 열정과 내면적 사색의 충돌, 혹은 현실과 자아의 간극으로 인해 갈등하고 방황하는 모습을 적나라하게 보여 주는데, 인용 시에 이르러 시적 형상화의 방법을 확립하는 것으로 보인다. 이 시가 지닌 특징은 우선 감각적 울림에서 찾을 수 있다. 그것은 첫째, 청각적 이미지로서 우리의 감각을 자극한다. 1연의 "풀이 마르는 소리"는 3연의 "가을 벌레소리"로 이어지면서 이 시의 지배적 심상을 이룬다. 이 청각적 이미지가 지닌 효과는 소리를 통해 소리 없음을 형상화하는 데 있다. 그리고 그것은 "풀이 마르는 소리"가 "허허로워 밀착되지 않는 벽과 벽지의 공간"을 느끼게 해 주듯, "가을 벌레소리"는 밤 두시의 적막한 공간을 느끼게 해 준다. 다시 말해 소리를 통해 소리 없음의 고요함을 표현하는 데 그치지 않고, 어떤 시적 공간까지도 형상화하는 것이다. 이 공간은 아마 시인의 내면 풍경까지도 포함하고 있을 것이다. 최동호 시가 지닌 미학적 원리의 기본이 되는 이 기법을 '소리의 공간화'라고 말할 수 있을 것이다.

그런데 이 '소리의 공간화'라는 기법에는 '물'의 심상이 스며들어 시적 울림을 증폭시킨다. '소리'가 겉으로 드러난 이미지라면, '물'은 숨어 있는 내면적 이미지이다. 1연의 "풀기", 3연의 "빗물", 4연의 "물방울"로 나타나고 있는 이 물의 심상은, 최동호 시의 핵심적 이미지로 간주된다. "수천의 빗방울이/바위를 열어/죽은 대지를/푸르게 되살아나게 한다"(「봄」)와 "빈 일기장엔/비쩍 마른 영혼의 향기만 남는다"(「가을 책 읽기」) 등을 통해, 우리는 이 '물'의 심상이 생명을 소생시키는 생명의 근원으로, 고립된 채 여위어가는 영혼에게 갈증을 해소시키는 청량제로, 오염된 현실과 욕망을 정화하는 정화수로 작용하는 것을 알 수 있다. 따라서 앞서 살펴본 '소리'의 효과는 이 '물'의 이미지가 지닌 미학적 원리와 결부될 때 더 온전히 이해될 수 있다. 이 시의 계절적 배경은 늦여름과 초가을의 경계이다. 즉 "후미진 여름"과 "건조한 가을" 사이에 있다. 따라서 "풀이 마르는 소리"는 여름의 빗물 진 벽지가 "건조한 가을 공기"로 인해 풀기가 마르는 과정을 드러내면서 시간의 경과를 내포하고 있다. 이 과정은 '물'의 요소가 무화하는 과정인데, 따라서 시인은 이 물기의 소멸로 인해 "허허로워 밀착되지 않는 벽과 벽지의 공간"처럼 자연, 혹은 외부현실과 융합되지 못하는 고립감에 사로잡히는 듯하다. 그러나 4연에 이르러 시인은 마당의 풀잎을 밟으며 싸늘한 "물방울"이 겨울을 향해 떨어지는 것을 발견한다. 즉 이 시는 물기가 무화되는 과정과 그것이 다시 생성되는 순간을 하나의 순환 고리로 연결시킴으로써 이 시의 주제를 암시하고 있는 것이다. 다시 말해, 물기의 소멸과정을 통해 여름에서 가을로의 시간적인 경과를 표현하고, 물방울의 떨어짐을 통해 겨울로 이어질 것을 예감한다. 그것은 물의 순한성을 통해 여름—가을—겨울의 순환이라는 자연의 이치를 보여 주는 것이다.

이러한 고찰로부터 우리는 '소리의 공간화'라는 기법을 더 엄밀히 해명할 수 있게 된다. 여름에서 가을로의 시간적 경과를 "풀이 마르는 소리"로 표현하고, "가을 벌레소리"를 통해 겨울로의 전이를 예감하는, 이러한 방식에는 움직임의 과정을 하나의 정지 상태로 표현하는 형상화의 방식이 숨어 있다. 눈에 보이지 않는 움직임의 과정을 한 순간의 정지를 통해 포착함으로써 그의 시는 무한한 시공을 함축하게 된다. 순간의 일점을 통해 무한한 시공을 드러내는 이러한 기법은 동양화의 여백이 지닌 미학 원리를 독자적으로 체득한 경지라고 할 수 있는데, 우리는 이를 '순간의 시학'이라고 말할 수 있을 것이다. 무한을 머금고 있는 순간을 포착하는 이러한 경지는, 시인의 내면적 응시의 시선이 정신의 집중을 통해 자아와 대상을 하나로 꿰뚫어 볼 때에만 가능한 것이다. 따라서 '순간의 시학'은 '융합' 혹은 '통합'의 정신으로부터 생성된다고 말할 수 있다.

지금까지의 고찰을 통해 우리는 최동호 시 속에 숨어 있는 시적 주체를 발견할 수 있게 된다. 즉 '통합의 정신'과 '순간의 시학'에 의해 형상화된 그의 시적 공간은 시인, 혹은 시적 자아의 내면공간과 상응한다. 우리는 이 공간에서 고독한 자아가 계절의 순환성이라는 자연의 이법에 자신의 몸을 융합하고자 하는 모습을 엿본다. '소리'의 이미지와 '물'의 이미지를 중심으로 한, 이러한 시정신과 기법은 첫 시집의 표제시인 「황사바람」에서 다음과 같은 표현을 얻는다.

  깊은 갈증의 밤을
  만년필에
  맑은 물처럼 담으면

> 사그럭거리는 모래 소리에
> 이 한낮
> 황사바람이 창문을 때리니,
> 해말간 살결을
> 잔잔한 햇빛 속에 잠그면
> 거대한 강물이 소리없이 흐른다.
>
> ―「황사바람」 3, 4연

 "황하(黃河) 강변 모래바람/날 흐리게 불어" 생겨나는 '황사바람'을 깊은 밤의 갈증으로 치환하는 것은, 자연 현상과 자아를 하나로 연결시키는 최동호 시인 특유의 방식이다. 그러면 "깊은 갈증의 밤"이란 무엇일까? 그것은 아마 내면의 명상적 일점을 통해 추구하는 세계와 자아, 외부와 통합에 이르지 못한 상황을 의미하는 것이리라. 시인은 이 갈증의 밤을 만년필에 맑은 물처럼 담는다. '물'의 이미지가 앞서 언급한 대로 생명, 혹은 욕망의 정화라는 의미를 지니고 있다면, '만년필'이란 그것의 추구가 책 읽기와 글쓰기로 이루어지는 것임을 보여 준다. 즉 최동호 시인은 불순물의 정화를 통한 근원적 생명의 회복과 세계와 자아의 통합을 현실적 행동이 아닌 사색과 명상을 통해 추구하는 인문주의자의 자세를 견지하는 것이다. 그런데 4연의 "해말간 살결을/잔잔한 햇빛 속에 잠그면"에서 '햇빛'에 주목해 보자. 3연의 "깊은 밤"이 4연에서 "한 낮"으로 전이된 것은 단순한 시간의 경과만이 아니라, 갈증의 밤을 맑은 물처럼 만년필에 담는 명상과 집중을 통해 가능해진다. 이때 "잔잔한 햇빛"은 갈증의 밤을 견디고 이겨낸 어떤 맑고 고요한 정신적 경지를 나타내는 동시에, 그것을 가능케 한 또 하나의 동인(動因)이 될 수 있다. 결국 우리는 최동호 시의 핵심적 심상으로 '물'과 함께 '빛'의 이미지를 고려해야 한다. 그리하여 마지막 행에서 소리 없이 흐르는 거대한 강물은 "갈증의 밤"을 "맑은 물"로 정화하여 도달하게 되는 융합과 대긍정의 상태를 보여 준다.

3

    1) 여름 낙숫물이
       바위를 파내다가 물러간 다음
       빈 방에서
       가을 빗소리 들으니
       비로소 막혔던 귀가 뚫린다.

       울울한 녹음이 가로막아
       여름내 찾을 수 없던
       산 모퉁이 길에는
       흙 묻은 솔방울이
       빗방울 따라 툭툭 떨어진다.
                                —「가을 빗소리」 전문

    2) 굽은 등뼈 골골이 비추며
       깊은 산
       찬 바위 속에 스미는구나

       얼음 녹이는 빛을 머금어
       창가에 꽃망울 솟아오르고,

마른 줄기 푸르게 숨쉬려 하는구나.
멀고 깊어라, 겨울햇빛
떨며 펼치던 책 갈피 행간마다
따스한 손길이 배어드는구나.

활자 뒤에 엉켜붙어
아물지 않던 상처 다 어루만지고 잃었던
대지의 입김을 되살아나게 하는구나.
―「겨울 햇빛의 책읽기」 전문

두번째 시집 『아침 책상』에 수록된 작품이다. 인용한 두 작품은 앞서 고찰한 초기시의 인식과 기법을 함축하여 수준 높은 시적 차원을 보여준다. 형식의 균제와 조화로운 언어의 배치가 간결성 속에 더 많은 것을 내포하게 한다.

1)의 중심 소재는 '물'인데, 그것은 역시 '소리'를 통해 공간의 미학을 형성한다. 여름 낙숫물의 요란한 소리보다 가을에 듣는 빗소리가 귀를 뚫는다. 이때 '빈 방'의 이미지는 이 가을 빗소리를 통해 전달하는 공간을 가시화하는 동시에, 비어 있으므로 더 많은 것을 담을 수 있다는 이 시의 주제를 상기시킨다. 그런데 2연에서 빗방울을 따라 "흙 묻은 솔방울이" "툭툭 떨어지는" 장면은 의미심장하다. 흙은 원래 땅에 속하는 것이다. 그것이 다시 땅으로 떨어짐은 자연의 순환 과정에서 다시 자신의 본래 모습으로 귀환하는 것인데, 솔방울의 떨어짐도 그와 같은 의미를 지닌다. 모든 생명체는 생성과 성장과 소멸이 맞물려 되풀이되는 순환성 속에서 회전한다. 그렇다면 '빗방울의 떨어짐'은 자연 현상의 순리이기도 하면서, '물'의 순환성이라는 속성으로 인하여 다른 자연물과 생명체의 순환을 돕는 매개체가 되는 것이 아닐까. 결국 우리

가 첫 시집에서 살폈던 '물'이 지닌 정화의 속성은, 생명을 그 본래적 모습으로 귀환케 하는 것으로 풀이할 수 있을 것이다. 결국 최동호 시의 한 특징을 이루는 것은 번잡한 현실과 세속적 욕망으로 오염된 자아를 정화하여 본래적 자아를 회복하는, 그래서 생명의 순환성이라는 자연의 이법과 하나로 통합되려는 시도로 볼 수 있다.

2)의 중심 소재는 '햇빛'이다. "멀고 깊어라"라는 표현은 1)의 '빗소리'와 대비되는 방식으로 햇빛의 이미지에 공간성을 확보한다. 깊은 산의 찬 바위 속까지 스미는 이 '햇빛'에 의해서도 자연물은 새 생명을 얻는다. 창가에 꽃망울 솟아오르고, 마른 줄기 푸르게 숨쉬려 하고, 활자 위에서 생겨난 상처도 어루만지며 대지의 입김을 되살아나게 한다. 여기서 "꽃망울 솟아오르고"에 주목해 보자. 빗방울을 따라 솔방울이 떨어진 것과 달리, 햇빛을 따라 꽃망울이 솟아오른다. 비를 비롯한 '물'의 심상이 정화와 귀환의 의미를 지닌다면, 햇빛을 비롯한 '빛'의 심상은 새 생명의 발현으로 간주할 수 있다. 그러나 이 대비는 결국 생명의 순환성이라는 자연의 이법 속에서 하나로 이어진다.

이러한 최동호 시의 비밀과 함께 우리는 이 시기 그의 시가 대부분 '봄—여름—가을—겨울'이라는 계절의 순환성에 의거하여 쓰여지고 있음을 발견한다. 대부분의 그의 시는 계절의 변화에 따른 자연현상에 몸을 맡김으로써 촉발되는 면이 강하다. 그러므로 그는 관조와 명상이 유지하기 마련인 대상에 대한 객관적 거리를 뛰어넘어 대상과의 합일과 통합을 추구한다. 대상과의 거리에서 대상과의 합일로의 전이는 그의 시에서 시적 자아, 즉 주체를 소멸시키고자 하는 고통스런 시도를 통해 형상화되고 있다.

  꽃이 지자 말이 없었다.
  그는,

눈에 보이는 얼굴은 이제 그가
아니다. 귀에 들리는 목소리도
그가 아니다.
말이 없는 사람은 그가
아니다.

온세상 비추는
햇빛 쟁쟁한 대낮에
바람소리도 이렇게 정겨운데
지워도
지워지지 않는 마음은 울고 있구나.

—「말이 없는 사람」1, 2, 3연

1연에서 "꽃"이 지는 것의 의미를 정확히 알 수는 없지만, 본래적 생명의 상태로 회귀한다는 의미가 아님은 분명하다. 아마 어떤 하나의 인식 체계가 무너지는 것을 의미하는 것이 아닐까. 시 전체를 통해 반복적으로 진술되는 "말이 없었다"와 "이제 그가 아니다"라는 구절은, 언어에 대한 회의와 그 언어의 주체인 시적 자아의 소멸, 혹은 전환을 의미하는 것으로 이해되기 때문이다. "귀에 들리는 목소리도/그가 아니"며, "햇빛 쟁쟁한 대낮에/바람소리도 이렇게 정겨운데"도 "울고 있는" 마음은, 시인이 지금까지 추구해 온 시적 차원이 어떤 벽에 부딪혔기 때문일 것이다. 이 시를 전후하여 최동호의 시에는 "그대 다녀간 빈 자리에/붉은 꽃이 피고/새가 울더라"(「빈 자리」)와 "잠들지 못한 새가/건너 편 숲에서 운다"(「산길」) 등에서 '울음'의 모티프와, "채색된 일몰 속으로/사라져간 그림자는 외롭다"(「해질 무렵」)와 "길 떠난 소년은/

오늘도 집으로/찾아올 줄 모르네"(「길 떠난 소년」) 등에서 '사라짐'의 모티프가 등장한다. '울음'과 '사라짐'의 모티프를 중심으로 형상화된 이 일련의 시들은 '말'과 '자아'에 대한 회의로부터 생겨난 것으로 보인다. 그것은 결국 "이승의 길을 헤매는 우리/어찌하면 이 밤길을 벗어날 수 있을까"(「산길」)에서 직설적으로 표현한 것처럼, '말'과 '자아'도 인간의 본질과 세계의 궁극적 진리에 도달하는 데 방해가 되는, 그래서 이승의 길을 헤매게 하는 인위적인 요소임을 시인이 인식하였기 때문일 것이다. 시인은 그리하여 이 "밤길을 벗어날 수 있"는 방법을 모색하게 되는 것으로 보인다.

4

이러한 모색의 과정에서 최동호 시인은 유교와 불교와 도교로 대표되는 동양사상을 체득하는 데 공을 들인다. 그리고 한산(寒山)에서 바쇼까지, 중국의 선시(禪詩)에서 일본의 하이쿠(俳句)까지를 섭렵하는 지속적인 탐색을 시도하는 것으로 보인다. 세번째 시집인 『딱따구리는 어디에 숨어 있는가』에 수록된 다음의 시를 살펴보자.

  1) 때때로
    하늘 편지 구름에게 받아보고
    언제나 적적한
    마당을 쓴다
    드문드문 빗방울에
    지워지다 흐리게 남아 있는
    산새들의 야윈 발자국

올올한
바위 틈에 찾아올 길 없는
집 한 채 지어놓고

때때로
이끼 낀 물소리 베개하고
바람소리 적적한
귀를 씻는다.

―「여름 寒山詩」 전문

2) 겨울 눈 깊어지면
   얼음 속에 잡혀 있는 모래알처럼
   눈과 더불어 편안한 山寺에 들어가
   홀로 寒山詩를 읽으리라

   얼음기둥 울퉁불퉁 뿌리 뻗은
   永壁 앞에서 충혈된 눈길 씻으며
   폭포수 바위를 타고 가슴으로 흘러내리는
   淸淨한 물소리를 들으리라.

―「겨울 寒山詩」 1, 2연

　한산자(寒山子)는 천태산 서쪽에 있는 한암(寒巖)에 은거하며 기인 생활을 한 인물이다. 나무나 바위나 절 기둥에 시를 지었는데, 그가 죽은 후 그것을 모아 시집을 엮었다. 이것이 선시(禪詩)의 시초가 되었다고 한다. 한산의 시풍은 무위자연의 노장사상을 바탕으로 불교적 선풍을 담고 있는데, 그는 선적인 명상을 추구하는 불교적 은둔자의 모습과 당대의 현실과 타락한 종교를 비판하는 현실 비판자의 모습을 동시에 지닌다. 따라서 이러한 한산시를 섭렵함으로써 최동호 시인은 자신이 추구해 왔던 시적 전개의 연장선에서 더 뚜렷한 방향성을 찾은 것으로 보인다.

  1)에서 우리는 가장 먼저 "적적한"과 "야윈", "집 한 채" 등의 구절을 통해 시적 화자의 고독감을 엿본다. 그러나 이전의 시와 다른 점은, 구름에게 하늘 편지를 받아보고 이끼 낀 물소리를 베고 바람소리에 귀를 씻는, 자유로움이다. 화자는 자연을 대상으로 바라보지 않고 마치 친구처럼 사귀는 호응과 교감의 관계를 맺는다. 이는 시인이 말과 주체에 대한 회의로부터 벗어나, 인간과 자연을 하나의 전체로 조화하는 자유자재한 세계관을 지니게 된 것과 관계가 있는 것으로 보인다.

  2)에서 그러한 자유로움은 호연지기의 기상으로 나타난다. 겨울에 얼음 속에 잠혀 있는 모래알처럼 산사(山寺)에 들어가는 것을 고독의 상황으로 인식하지 않고 "편안"하다고 표현한 점이나, "폭포수 바위를 타고 가슴으로 흘러내리는/청정한 물소리"라는 표현이나, 이 시 전체를 지배하는 대범한 남성적 어조가 그것을 뒷받침해 준다. 이 시에는 세속으로부터 은둔의 길로 들어서 자연과의 교류를 통해 광대무변한 우주와 하나가 되는 모습이 담겨 있다. 그것은 시인이 마음을 비움으로써 정신의 자유를 회복하고 말에 구속된 자아로부터 해방되어 진정한 자아를 찾는 길로 들어섰음을 의미한다.

      붉은 살덩어리
      어린애가 막 울고 있는데
      달마는 왜 동쪽으로 오는가

      구름은 산 아래를 굽어보고

빗방울 길을 따라 바다로 흘러간다
오고 갈 것이 본래 없는데

어린애는 왜 목이 붓도록 울고
눈썹 짙은 달마는
왜 먼길을 찾아 왔는가

잔잔한 강물이
마음 그림자를 비춰주니
하늘에서 떨어진 둥근 달덩이
물 속으로 들어가 소리가 없다.
　　　　　―「새벽 빛―달마는 왜 동쪽으로 왔는가 1」 부분

　9편의 연작시로 이루어진 달마 시편은, 도교사상을 근간으로 선불교의 명상을 시화한 한산시의 사유방식을 보여 주고 있다. '달마'라는 인물 자체가 선불교를 중국에 전수한 인물인데, 선(禪)이란 언어를 통한 진리 전달의 불가능함을 전제로, 자기를 비우고 대상에의 몰입을 통해 직관적으로 진리를 체득하는 유심론의 경향을 지닌다. 유심론적 사유의 근본은 천지자연의 원리로부터 얻어지는데, 그것은 결국 자연과 인간, 자아와 대상을 분리하지 않고 하나로 보며 부분을 전체로서 포괄하고자 하는 동양적 사유원리와 상통한다.
　따라서 이 시는 1연과 3연의 어린애의 울음이나 달마의 동방행과 상관없이, "구름은 산 아래를 굽어보고/빗방울 길을 따라 바다로 흘러간다"라는 구절이 말하듯, 자연의 이법에 순리대로 따르는 길에 진리가 있다는 것을 보여 준다. 그리하여 "오고 갈 것이 본래 없는데"라는 구절과 4연을 통해 우리의 마음에 따라 모든 것이 좌우된다는 유심론적 사유를 보여 준다. 따라서 "잔잔한 강물이/마음 그림자를 비춰 주"는 것은 자아가 자연과 합일된 상태에서 천지자연의 이법에 순응할 때 인간 본연의 진정한 근원에 이를 수 있다는 것을 말하고 있는 것이다. 결국 표면적으로 볼 때 최동호의 시는 대상에 대한 섬세한 묘사를 통해 자신의 내면 풍경을 객관화하는 방식에서 주체를 지우고 선시풍의 시적 경향으로 전이되면서 현실에서 멀어지는 방향으로 전개된 듯하지만, 내면적 인식으로 볼 때 오히려 주체와 대상, 자아와 자연을 하나의 전체로 포괄하면서 폭 넓게 껴안고 나갔다고 볼 수 있다. 우리는 그것을 '통합의 정신'이라고 부를 수 있을 것이다.

5

최동호의 신작시는 이러한 선시풍의 연장선에서 약간의 새로운 변모를 보여 준다. 세번째 시집 『딱따구리는 어디에 숨어 있는가』의 시편들이 지닌 다소 긴 호흡 및 진술이, 짧은 호흡과 압축된 시 형태로 전환되는 것이다.

> 1) 산을 감싸고 돌아온 어둠이
>   뜰의 마지막 한 자락을 덮고
>   어둠 위를 바람이
>   가만 가만 빗자루가 일으키는
>   일렁임처럼 쓰다듬고
>   바람 위에 나뭇잎 한 장이 가볍게
>   고요를 가라 앉혀 놓았는데, 고개 숙이지 않고
>   밤늦게 빼곡히 어깨를 내민

창호지 안의 어떤 등불 하나.
　　　　　　　　　—「달마가 눈 감고 있을 때」전문

　2) 책장 넘어가는 소리가 멈추면
　　　바람 소리가 들려온다.

　　　바람 소리가 멈추면
　　　느리지만 침 넘어가듯 책장이 넘어간다.

　　　끝내 잘 풀리지 않은
　　　경판 속의 말씀 한 구절,

　　　소리 죽은 뜰에서 寒氣 머금어
　　　하얗게 결정되는 물방울들.
　　　　　　　　　—「멈추는 것은 하나도 없다」전문

　1)은 제목으로 볼 때 세번째 시집에 수록된 달마시편들의 연장선에 놓인 시라고 볼 수 있다. 그런데 이 시는 이전의 시편들에 비해 정적감을 더 강조하고 있는 듯이 보인다. 어둠이 뜰을 덮고, 그 위에 바람이 쓰다듬고, 다시 그 위에 나뭇잎 한 장이 가볍게 고요를 가라앉힌다. 여기서 7행의 "고요"라는 한 단어가 이 시 전체의 공간을 대변하는데, "덮고" "쓰다듬고" "가라앉혀 놓았는데"뿐 아니라 "감싸고 돌아온" "일으키는" 등의 움직임을 나타내는 시어들이 오히려 이 시적 공간의 정적감과 고요를 부각시켜 준다. 그런데 이 고요의 공간에 "고개 숙이지 않고" "어깨를 내민" "등불 하나"가 있다. 정작 이 '등불 하나'만이 고요로 정지된 이 공간에 울렁이고 있을텐데, 이 등불은 그 속에 시적 자아

의 모습을 감추고 있는 듯이 보인다. 창호지 안의 방에는 밤늦도록 책을 펴고 있는 사람이 있을 터이다. 그런데 한 폭의 그림과 같은 이 시에서, 우리는 "감싸고" "덮고" "가만가만" "쓰다듬고" "가볍게" 등의 시어들이 형성되고 있는 따뜻한 긍정과 배려의 손길을 느끼게 된다. 그것은 "어둠"과 "바람"과 "나뭇잎"으로 대표되는 자연이 "등불 하나"로 대표되는 어떤 인간적 모습을 따뜻이 감싸주는 모습이다. 따라서 시인은 이 시를 통해 자연과 조화를 이루고 있는 인간 주체의 모습을 형상화하고 있다.

2)는 제목에서 알 수 있듯, 정지해 있는 사물과 존재들 내부에 움직임이 쉬지 않고 진행되고 있음을 보여 준다. 책장 넘어가는 소리가 멈추면 바람소리가 들려오고, 바람소리가 멈추면 책장이 넘어간다. 이는 책장 넘어가는 움직임과 바람의 움직임이 번갈아 일어나는 것이 아니라, 모든 것이 진행되어가는 가운데 그 움직임을 순간의 일점으로 포착하는 시인의 시선이 소리로써 그것을 포착하기 때문이다. 이 시선은 3연에서 "경판 속의 말씀"을 읽는 사람으로 구체화된다. 그가 말씀 한 구절을 이해하고자 하는 정신의 집중을 통해 이러한 '순간'의 포착이 가능해짐을 알 수 있다. 그리고 그 집중의 순간은 4연에서 "소리 죽은 뜰에서 한기 머금어/ 하얗게 결정되는 물방울들"에서 결정(結晶)된다. 이 시의 계절적 배경은 겨울인 듯한데, 이 계절 배경 때문만이 아니라 시적 자아의 서늘한 정신의 집중으로 인해 뜰은 소리를 죽이고 한기를 머금어 물방울들이 하얗게 결정된다. "하얗게 결정되는 물방울"은 최동호 시의 '순간의 시학'과 '통합의 정신'이 낳은 결정체라 말할 수 있을 것이다. 움직임 가운데 한 순간을 포착하여 자아와 대상을 하나로 포괄하는, 그리하여 무한한 공간을 하나의 점으로 응축시키는 정신의 집중과 통합은 그의 시의 미학적 원리를 이룬다.

신작시의 이러한 모습은 네번째 시집의 한산시적 선시풍에 바쇼적인 정숙감(靜肅感)과 풍아의 차원을 체득함으로 얻어진 것으로 볼 수도 있다. 그러나 이는 최동호 시인이 초기시부터 일관되게 추구해 온 '순간의 시학'과 '통합의 정신'을 폭 넓은 탐색을 통해 세련시키고 정련해 온 결과라고 볼 수 있다. 초기시의 양상 속에 이미 이러한 최근 시의 차원이 배태되어 있었다는 사실은, 최동호의 시가 인간과 자연의 근원적 본질을 추구하는 일관된 시적 흐름 속에 놓여 있음을 증거하는 것이다.

대비와 조화의 이중적 구도
— 이시영의 시세계

1

이시영의 시는 어떤 계시의 순간에 열리는 마음의 풍경을 담아낸다. 이것은 마음에 묻어 있는 흔적과 무늬를 한 순간 포착하여 화폭에 옮겨 놓는 방식이다. 그의 시는 의미를 새기는 것이 아니라, 삶과 자연과 하늘이 그의 마음에 남기고 간 무늬를 하나의 장면으로 그려 놓는다. 따라서 극단적으로 말하면, 이시영 시의 주체는 시인 자신이 아니라 삶과 자연과 하늘이다. '마음의 현상학' 혹은 '순간의 현상학' 이라고 부를 수 있을 이 풍경화적 기법을 자세히 살펴봄으로써, 이시영 시의 비밀에 조금씩 접근해 보기로 하자.

> 파도가 머리를 꼿꼿이 세우고 달려와
> 단 한차례 방파제를 들이받곤
> 거대한 물보라를 남기며 스러져간다
>
> 수평선 쪽에서 갈매기 한마리가 문득 머리를 들고
> 잔잔하게 하늘을 가른다

―「아름다운 分割」 전문

　시인은 파도와 갈매기가 이루어내는 한 순간의 장면을 통해 대자연의 아름다운 구도를 포착해낸다. 그런데 카메라의 눈을 통해 움직임의 한 순간을 고정시켜 놓은 듯한 이 장면에서, 우리는 시의 서술방식이 묘사에 치중하고 있음을 본다. 즉 행간의 적절한 배치를 통해 시적 대상의 움직임을 정적으로 묘사함으로써, 독자들이 하나의 장면 속에서 그 움직임을 차분히 연상할 수 있게 하는 것이다. 그리하여 우리는 머리를 세우고 달려와 방파제를 들이받고 거대한 물보라를 남기며 스러져 가는 바다의 모습과, 수평선 쪽에서 머리를 들고 잔잔히 하늘을 가르는 갈매기 한 마리의 모습을 선명히 마음속에 떠올리게 된다. 이시영의 시에서 이러한 묘사의 기법은 대부분 색채 이미지를 중심으로 한 선명한 시각적 형상화로 나타난다.

　　갈대밭에 갈대들이 하이얗게 피어
　　갈바람에 시원히 나부낍니다

　　그 너머 하늘은 쪽빛 하늘
　　참새들도 새파랗게 얼어서 돌아옵니다
　　　　　　　　　　　　　　―「십일월」 부분

　이 시의 전체적 구도는 1연과 2연의 시각적 대비로 이루어진 것처럼 보인다. 그것은 "하이얗게"와 "쪽빛", "시원히"와 "새파랗게 얼어서"에서 색채 이미지의 대비로 선명히 드러난다. 그리고 이 대비는 갈대와 바람의 어울림을 보여주는 1연과, 참새와 하늘의 불화를 보여주는 2연의 대비를 통해 더 강화된다.

그러나 앞의 색채 대비는 1연과 2연의 주체와 배경이 서로 엇갈려 정확한 대칭을 이루지 못하기 때문에 단순치 않은 양상을 띤다. 즉 갈대와 하늘, 바람과 참새라는 서로 엇갈린 대칭이 형성되어 있는 것이다. 더구나 2연의 "참새들도"에서 조사에 주목한다면, 바람에 나부끼는 하얀 "갈대"와 쪽빛 하늘에 새파랗게 얼어서 돌아오는 "참새"는 소외와 적막감의 분위기를 통해 모종의 동질성을 획득하고 있음을 알게 된다. 따라서 색채 이미지를 중심으로 한 1연과 2연 사이의 대비적 구도는 갈대와 참새의 동질성을 통해 조화의 구도와 다시 겹쳐지게 되는 것이다.

이 대비와 조화의 이중적 구도는 「아름다운 분할」에서도 발견된다. 1연의 "파도"와 2연의 "갈매기"는 "머리를 꼿꼿이 세우고/문득 머리를 들고" "들이받곤/잔잔하게" "스러져 간다/가른다"라는 움직임의 대비를 보여준다. 그것은 자신의 힘과 의지로 세상과 대결하고자 하는 지상적 존재의 유한성과, 자연 혹은 초월적 세계의 흐름에 몸을 맡기고 있는 천상적 존재의 무한한 자유로움을 대비하고 있는 듯이 보인다. 그리고 1연과 2연 사이의 여백이 그 크나큰 간격을 더 선명히 드러내고 있다. 그러나 「아름다운 분할」이라는 제목은 이러한 차이와 간격이 어울려 하나의 아름다운 자연적 조화, 혹은 우주적 조화의 구도를 형성하고 있음을 의미하는 것이 아닐까. 일상의 어두운 눈으로는 감지할 수 없는 이 아름다운 우주적 분할의 순간을 시인은 정밀한 마음의 눈을 통해 포착하고 있는 것이다.

그렇다면 이 '대비와 조화의 이중적 구도'를 중심으로 한 풍경화의 기법은 시각적 형상화의 차원에서만 이루어지는 것일까. 앞에서 인용한 「아름다운 분할」을 다시 살펴보자.

이 시의 장면에는 깊은 적요와 침묵만이 흐르고 있는 듯하나, 그 침묵의 틈새로 스러져 가는 파도 소리의 여운이 잔잔히 들려오고 있다. 그리고 「십일월」의 장면에서도 바람에 서걱이는 갈대 소리와 참새들의 추운 날갯짓 소리가 들려온다. 이시영 시의 풍경화는 이처럼 적요와 침묵의 공간 속에 소리의 요소를 감추고 있기 때문에 여운의 효과를 낳는다. 그리하여 그것은 독자들의 마음에 내밀한 울림과 서늘한 그늘을 선사해 준다. 그러면 과연 이 침묵의 공간과 여운의 효과는 이시영 시의 어떤 차원과 관계를 맺고 있는 것일까?

2

지금까지 우리는 이시영 시의 핵심적인 형상화 방식을 '대비와 조화의 이중적 구도'라고 간주하고, 그 시각적 기법과 소리의 효과에 대해 살펴보았다. 그러면 이 대비와 조화라는 이중적 구도를 이어주는 매개가 되는 것은 무엇일까. 앞의 고찰에서도 유추할 수 있듯, 그것은 연과 연 사이의 여백과 배후에서 그의 시를 지배하고 있는 적요와 침묵의 공간이다. 이 여백과 침묵이 이시영 시의 미학적 구조에 어떤 역할과 의미를 차지하는지 살펴보자.

결론부터 말하자면, 이시영 시의 여백과 침묵의 공간은 삶과 죽음의 경계와 상응한다. 그것은 곧 지상과 천상(하늘), 인간과 자연, 인간과 우주의 경계를 의미한다. 이시영의 최근 시는 대부분 생명과 죽음에 대한 깊은 통찰에서 비롯되고 있는 것으로 보인다. 그것은 어머니의 죽음이나 친구의 죽음을 소재로 한 여러 편의 시에서도 근거를 찾을 수 있지만, 더 나아가 시인이 지속해 온 폭넓은 존재론적 인식의 연장선상에서 그 근거를 찾을 수 있다. 시인은 인간의 생애와 운명을 삶과 죽음의 경계에서 주시한다. 즉, 시인은 지속적으로 자신의 시적 인식을 확장해 오면서 인간을 자연과 우주의 너비 속에 하나로 통합하여 인식하는 자세를 얻게 되는 것이다. 그리하여 그는 인생을 좁은 테두리에 가둬두지 않고 생명공동체라는 드넓은 공간 속에서 사유하며 인간과 자연, 인간과 우주의 관계를 천착하는 것이다. 따라서 이시영 시에서 대비와 조화 사이의 매개항이 되는 여백과 침묵의 크나큰 공간은 바로 이 삶과 죽음의 경계, 지상적 존재의 유한성과 초월적 존재의 무한성 사이에 있는 경계, 그 드넓은 간격과 상응하는 것이다.

결국 이시영의 시는 이 여백과 침묵의 공간인, 삶의 유한성과 죽음의 무한성 사이의 경계선상에서 다양한 스펙트럼을 형성하게 된다.

1) 가로수들이 촉촉이 비에 젖는다
지우산을 쓰고 옛날처럼 길을 건너는 한 노인이 있었다
적막하다
―「사이」 전문

2) 비둘기는 비둘기대로 닭이랑
서로 꽥꽥 꺽꺽 짹짹거리며
적막한 오후의 한때를 견디고 있었다
맹감나무 아래서
―「맹감나무 아래」 부분

3) 나뭇잎 하나에도 신의 강렬한 입김은 스며
바람 불지 않아도 저 잎새 밤새도록 찬란히
은빛 등을 뒤집고 있으니
―「저 잎새 하나」 전문

1)은 촉촉히 비에 젖는 "가로수"와 우산을 쓰고 길을 건너는 "노인"의 대비가 선명히 묘사된다. 그것은 "젖는다"의 현재시제와 "옛날처럼

있었다"라는 과거시제 사이의 차이에서도 제시된다. 1행과 2행의 이 대비는 비와 가로수가 서로 교류하며 싱싱한 생명력을 누리는 자연의 세계와, 외부와 단절된 채 자신의 길을 가는 인간 사이의 어긋남에서 형성되는 듯하다. 즉 그것은 자연, 혹은 우주의 운행과 인생의 행로 사이의 빗겨남을 보여주는 것이다. 그러므로 시인은 이런 어긋남이 가져다주는 '사이'의 크나큰 간격을 가늠하며 "적막하다"라고 말하게 되는 것이다. 결국 시인은 지상적 존재와 초월적 세계 사이에서 뛰어넘을 수 없는 간격을 느낄 때, 이처럼 시의 여백을 적막감으로 물들이게 되는 것으로 보인다.

2)에서 시인은 이러한 '적막한' 오후의 한때를 비둘기와 닭 등 여러 동물들이 서로 울음소리를 나누며 견디고 있다고 말한다. 이들의 울음소리는 삶과 죽음, 혹은 지상적 유한성과 초월적 무한성 사이의 간격에서 오는 적막을 견디기 위한 절규와도 같다. 따라서 이시영 시에 나타나는 이 생명 있는 것들의 '소리'는 "저 생명 가진 것들이 사력을 다해 내뿜는/죽음 속의 강렬한 새 빛!"(「새 빛」)에서의 '빛'과 함께 '적막'을 견디기 위한 지상적 존재의 몸부림으로 간주된다. 따라서 「아름다운 분할」과 「십일월」에서 살핀 바 있는, 색채 이미지를 중심으로 한 '시각적 형상화'와 '소리의 여운'은 바로 죽음과도 같은 이 적막을 견디기 위한 시적 장치라고 볼 수 있을 것이다. 이시영 시인은 삶과 죽음의 경계인 침묵의 공간을 생명 있는 존재의 '빛'과 '소리'로 채움으로써 적막에 대항하는 것이다.

그러나 이 적막은 지상적 존재의 빛과 소리만으로는 다 채워질 수 없다. 이럴 때 시인은 초월적 존재인 신의 손길을 받아들이게 된다. 3)은 "신의 강렬한 입김"이 스미며 밤새 찬란한 은빛 등을 뒤집고 있는 잎새를 묘사하고 있다. 이 '신의 입김'은 "천상의 어딘가에서/참새 한 마리 묵직이 내려와 앉는다/나와 온 우주가 함께 팽팽해진다"(「순간들」)에서처럼, 천상에서 내려와 적막을 물리치고 시의 여백과 침묵의 공간을 온전히 채워줄 수 있는, 하늘의 은총을 의미한다.

결국 1), 2), 3)의 시로 대변되는 세 가지 유형의 시적 방식은 이시영 시인이 삶과 죽음, 지상적 유한성과 초월적 무한성 사이의 경계에서 불확정의 왕복운동을 계속하고 있음을 보여준다.

그런데 '적막'의 세계는 우주의 한 단면을 베어낸 듯한 놀라운 깨달음을 주지만, 그 드넓은 사이의 여백에는 우리가 쉽게 근접하기 어려운 간격이 놓여 있다. 그리고 '신의 입김'에 의해 형성된 시의 공간은 가득 차 있고 편안하지만, 자칫 갈등과 긴장을 잃어버릴 우려가 있다. 따라서 우리는 이시영 시인이 '한없는 적막'과 '신의 입김'이라는 극단으로 더 깊숙이 들어서거나 어느 한 곳에 고정되지 않고, '견딤의 방식'을 통해 불확정의 흔들림을 지속하며 심화시키기를 기대한다. 고요하고 텅 빈 '적막'의 세계와 둥글고 팽팽한 '신의 입김'의 세계는, 생명 있는 것들이 내뿜는 "죽음 속의 강렬한 새 빛"(「새 빛」)과 "눈부신 소리의 보석"(「아침이면」)이 있어야 더 영롱하고 견고한 시의 언어를 생성할 수 있기 때문이다.

소리의 음악과 햇살의 광학
― 박태일의 시세계

1

　박태일의 시가 노래에 근원을 두고 있다는 사실은 이미 지적되어 왔다. 첫 시집 『그리운 주막』의 해설에서 황동규는, 박태일의 시가 시의 뿌리인 노래의 정수를 가지고 있으며 이중 삼중의 의미가 재생산되는 노래의 구조를 가지고 있음을 정확히 지적하였다. 그리고 세번째 시집 『약쑥 개쑥』의 해설에서 하응백은, 박태일 시가 지닌 운율을 세밀히 분석하면서 음수율·음보율·음위율·타령조 등의 우리 시의 율격을 총동원하여 시를 능숙하게 노래화한다는 점을 밝혀내었다. 최근 우리 시에서 찾아보기 힘들 만큼 독보적인 경지에 이른 박태일 시의 이 음악성은 네번째 시집인 『풀나라』에서도 유감없이 발휘되고 있다. 거의 모든 시들에 의미와 적절히 조화된 음악적 리듬이 개입되어 있는데, 여기서는 이번 시집에서 두드러지게 시도되고 있는 특징들을 중심으로 살펴보기로 하자. 우선 정형시의 형식을 통해 우리 시의 전통적 율격을 차용한 경우를 들 수 있다.

　　1) 월명을 ‖ 찾아서 ‖ 월명마을로 ‖

월명이 | 바라 섰던 | 한길을 따라 ‖
　　월명이 | 물 긷던 | 찬 샘 옆으로 ‖

―「월명 노래」부분

2) 오나 가나 | 오가리 |
　　걷고 말고 | 지릿재 ‖

　　망한다 | 망한다 |
　　세상 | 망하지 않고 ‖
　　죽는다 | 죽는다 |
　　사람 | 죽지 않건만 ‖

―「황강 4」부분

3) 어머니 | 눈가를 | 비비시더니 ‖
　　아침부터 | 저녁까지 | 비비시더니 ‖
　　어린 순애 | 떠나는 | 버스 밑에서도 ‖
　　잘 가라 | 손 저어 | 말씀하시고 ‖
　　눈 붉혀 | 조심해라 | 이어시더니 ‖

―「어머니와 순애」부분

　1)은 향가의 형식과 내용을 차용한다. 3음보의 기본 율격을 유지하여 전체적 통일성을 확보하는 동시에, 각 행의 첫 단어로 "월명"을 배치하여 음위율을 형성한다. 이 시에서 "월명"은 사람의 이름이기도 하고 산과 들과 마을의 이름이기도 하다. 따라서 "월명"을 반복하여 리듬의 가속도를 만들어내는 이 시의 음악성은 "월명을 찾아서 월명마을로/산도 월명 들도 월명 마을도 월명/외봉우리 월명산엔 묏등만 하나"에

서 그 절정에 이른다. 2)는 2음보 혹은 4음보의 율격이다. 1연의 "오나가나"에서는 '나'가 반복되고 "걷고 말고"에서는 '고'가 반복되면서 음위율을 형성하고, 2연의 "망한다"와 "죽는다"의 반복은 단순성 속에 음악적 규칙을 형성한다. 3)은 3음보의 기본 율격을 유지하면서 각 행의 말미에 "―시더니"를 중첩시켜 음위율을 만들어내고 있다.

정형시의 형식을 통해 시도되는 이러한 규칙적 리듬은 전통 양식의 현재적 재현을 통해 현대시가 상실해가고 있는 음악성을 회복시킨다. 그러므로 현재적 상황 속에서의 이 재현은 형식 실험의 의미를 부여받는다. 이 형식 실험의 일차적 효과는 시의 본질인 노래를 통한 서정성의 회복이며, 이차적 효과는 우리 시대의 상실과 폐허에 맞서는 공동체적 유대감의 회복이다. 박태일 시의 형식 실험은 산문시의 형식을 통해 우리 전통 문학의 주변 장르를 차용하는 경우로 전개된다.

1) 광음이 흐르는 물과 같아 못 뵈온 지 벌써 여러 해 짧게라도 전해 올린 봉서 없사오니 어찌 동기간 알뜰한 정이라 하오니까 물 설고 사람마저 낯선 땅에서 남의 어버이 섬기고 남의 동기 따르는 아녀자 옛법이 원망스럽습니다 아지 못할 새 꽃 피고 새 우는 봄 날씨에 어머니 만강하옵시며 오라버니 오라버니댁 질아 두 오누이 두루 무탈하온지 알고 접습니다

― 「광음이 흐르는 물과 같아」 부분

2) 유세차 갑오 정월 초이틀 임신은 우리 친가 아바 곧 이 세상 버리시고 구원천대 돌아가신 그날이라 앞날 저녁 출가 소녀 수련은 왼손으로 눈물 닦고 오른손으로 가슴 쥐고 엎드려 아뢰오니

(… 중략 …)

되오소서 되오소서 피고 지는 좋은 날에 다시 한 번 되오소서 어이어이 바쁜 세월 어언간 소상이라 구곡같이 맺힌 정회 깜박깜박 아뢰오니 아룀이 계시거든 흠향 흠향하옵소서 오호 애재 상 향.
—「어린 소녀 왔습니다」 부분

　1)은 서간문체를 차용하여 동기간의 정과 가족간의 친분을 형상화한다. 전통적 감수성을 지닌 여성의 어조를 빌려 "봉서" "아녀자" "만강하옵시고" 등의 예스러운 어휘를 구사함으로써, 현대시에서 찾아보기 드물게 곡진한 사연과 정서를 형상화하는 데 성공한다. 더 나아가 2)는 제문(祭文) 형식을 차용하여 출가한 딸이 아버지의 죽음을 애도하는 모습을 생생하게 들려준다. "유세차"로 시작하여 "오호 애재 상 향"으로 마무리되는 제문의 형식은 "되오소서 | 되오소서 | 피고 지는 | 좋은 날에 ǁ"에서 잘 나타나듯 4·4조 4음보의 기본 율격과 그 변형으로 이루어진다. 제문 형식의 시화는 전통적 문학 양식의 현대적 재생과 변용을 통해 우리 고유의 문화를 재창조하려는 박태일의 형식 실험이 얼마나 끈기 있게 지속되고 심화되는지를 여실히 보여주는 것이다. 산문시 형식을 통한 전통 문학의 재생과 변용은 더 나아가 구어체나 사설체를 활용하는 방식으로도 변용되어 나타난다.

　1) 이옥기야요 연안 이가 황해도 연백에서 피란 왔지요 여기 와서 기옥이라 올렸지만 호적 이름은 옥기 일흔둘이야요 연백군에서만 팔천 명 배 타고 내려올 때 딸 하나 데리고 여수에 내렸지요 내려와서 아들딸 다섯 둔 홀아비와 등 대고 살려고 그런데 꼬박 오 년을 살고 그 사람이 새 여자를 보아 그저 쫓겨났단 얘기지요 시방 이 마을 저 아래 살고 있어 그 이야긴 더 할 건 없고 아까 뭐 물어본 것 그래 업은 남쪽에선 모시지 않아요
—「앵두의 이름」 부분

2) 진영 용전에서 더 들어서면 청둥오리탕에 붕어찜이 좋은 주남 저수지가 있어 먼 산에 해 떨어지고 찬 바람도 사르르르 철새 본다 분탕치던 사람들 훌쩍 떠나버리면 낚시줄 봉돌만한 심장이 놀라 덜컥덜컥 길룩길룩 목제비질하던 쇠기러기떼는 그제서야 어두워진 못가로 무슨 빈 봉지 같이 떠밀리며 잠드는 것인데 포항 위로 홍해 용전에 영덕 용전 우리나라 용전이란 용전 마을은 예부터 굴뚝 밑에 나물박 좋고 마른논 수렁논 없이 봄물이 쿨렁콸랑 넘치는 부촌으로 그좋은 연줄 이어 내릴 것으로 귀치 않은 생각머리가 자꾸 돌아가는데 당 따그르르르.

—「용전 사깃골」 부분

1)은 황해도 연백에서 이남으로 피란 온 할머니 이옥기 씨가 자신의 생애를 다른 사람에게 이야기하는 목소리를 그대로 옮긴 것이다. 이 시는 구어체의 목소리를 생생하게 전달하는 동시에, "피란 왔지요" "일흔 둘이야요" "내렸지요" "얘기지요" "않아요"로 이어지는 '—요'의 반복에 의해 음악적 리듬을 살리고 있다. 그리고 "아까 뭐 물어본 것 그래"는 이 목소리가 대화 혹은 문답의 맥락에서 형성되고 있음을 암시하면서 현장성을 확보한다.

2)는 용전 사깃골을 찾아가는 여정 속에서 화자의 관찰과 생각을 사설체로 형상화한다. 산문시 형식의 풀어진 리듬이 드러나는 듯하지만, "잠드는 것인데"와 "자꾸 돌아가는데"의 '—데'가 흩어지는 호흡을 매듭 지으면서 음악적 규칙성을 얻는다. 또한 "덜컥덜컥 | 길룩길룩 | 목제비질하던 | 쇠기러기떼는 ‖ 그제서야 | 어두워진 |"에 이르면 4·4조 4음보를 기본으로 하는 가사체의 현대적 변용이 이 시의 내부에 숨어 있음을 확인하게 된다.

2

　지금까지 고찰한 음악적 리듬 속에서 박태일의 시는 어떤 내용과 의미를 형상화하고 있는가? 앞에서 인용한 시들을 중심으로 살펴보더라도, 그것이 이별과 유랑과 상실과 죽음의 비극적 사건을 중심으로 형성되는 고독과 슬픔의 세계라는 것을 알 수 있다.
　"월명을 찾아서 월명마을로" 가는 「월명 노래」는 "뒤늦어 님 울음도 묻힌 그 자리/한 무덤에 두 주검 찾는 이 없고//이승 저승 울먹울먹 헛디디면서"에서 '죽음'의 주제로 이어지고, 「황강 4」는 "재개나 내나 한심타/딸 셋에 씨도 못 딴 죽디기" "황강물에 불어 뜬/젖빛 왜가리"에서 자신의 처량한 신세를 황강에 불어 뜬 왜가리에 빗대어 한탄하며, 「어머니와 순애」는 "어디로 떠난다는 것인가 울산/방어진 어느 구들 낮은 주소일까"에서 어린 딸을 타지로 보내는 어머니의 안타까운 심정을 형상화한다. 「광음이 흐르는 물과 같아」는 오라버니에게 보내는 여동생의 편지 속에 "다가오는 청명 한식 아버지 산일 때는 기별 주시오소서"에서처럼 아버지의 죽음에 얽힌 애환이 숨어 있으며, 「어린 소녀 왔습니다」는 아버지를 여읜 딸의 제문 속에서 "슬프다 우리 아바 일생이 서럽도다"와 같은 인생사의 허망함과 서러움이 절절히 묻어난다. 또한 「앵두의 이름」는 이남으로 피란 와서 풍파를 겪은 이옥기 할머니의 담담하고 힘 있는 목소리 이면에 "이산 가족 찾기 할 때면 꼭 이옥기라 적어낼 생각인데"에서 암시되듯 가족과의 가슴 아픈 이별이 숨어 있으며, 「용전 사깃골」은 "용전 마을은 예부터 굴뚝 밑에 (… 중략 …) 넘치는 부촌으로 그 좋은 연줄 이어 내릴 것으로 귀치 않은 생각머리가 자꾸 돌아가는데"에서 보듯, 과거의 풍요와 가치를 상실해버린 지역 공간의 공허함과 쓸쓸함을 은밀히 감추고 있다.
　그런데 여기서 우리는 박태일 시에 나타난 이별과 유랑과 상실과 죽음의 사건, 그리고 이 사건을 중심으로 형성되는 고독과 슬픔의 세계가 대부분 어떤 구체적인 공간, 혹은 장소와 결부되어 형상화되고 있다는 사실을 발견하게 된다. 구체적인 지명이나 장소가 제목에 등장하는 「월명노래」 「황강 4」 「용전 사깃골」 뿐만 아니라, 다른 시들에도 공간이나 장소가 내면적으로 설정되어 있다. 「어머니와 순애」에는 고향집에서 울산 방어진 어느 구들 낮은 주소로의 떠나감이 내재되어 있고, 「광음이 흐르는 물과 같이」는 낯선 시집 땅에서 친정의 오빠에게 쓴 편지라는 점에서, 「어린 소녀 왔습니다」는 부친상을 당하여 친정으로 와서 제문을 읽고 있다는 점에서, 그리고 「앵두의 이름」에는 고향인 이북에서 이남으로 피난 온 할머니의 실향을 소재로 하고 있다는 점에서 장소의 이동이 내재되어 있는 것이다.

이처럼 거의 대부분의 박태일 시는 장소 혹은 지명이 중요한 모티프로 작용하고 있는데, 황동규는 이 지명이 표면적인 풍경으로가 아니라 실제로 살아 손때 묻은 장소로 나타난다는 점에서 '장소 길들임'이라 명명한 바 있다. 또한 두번째 시집 『가을 악견산』의 해설에서 김주연은, 박태일 시의 공간 문제와 관련하여 전원시적 요소와 농촌시적 요소가 한데 어우러져 두 가지 모두에 싱싱한 의미를 갖게 한다고 지적하였다. 이와 더불어 우리는 박태일 시의 공간, 혹은 지명이 '풍경의 묘사'와 관련되어 있다는 점을 주목해야 할 것이다. 이것은 노래로서의 음악성과 더불어 풍경의 시적 형상화가 박태일 시에서 또 하나의 중요한 시적 기법으로 작용하고 있음을 의미한다. 다음의 시를 살펴보자.

골짝물 얼고 시주 보살 끊기고
수홍루 회승당

짝신 신은 사미마냥

계단계단 올라서는 절집 그림자
극락보전 추녀마루 너머
휑하니 노고단 길 뚫렸으니
올 겨울도 턱받인가

아미타불

내일 아침 또
책상 물린 신중들
헐떡헐떡 구례 장터로 내려가
초발심 몸과 마음
마냥 버리겠고.

—「천은사」전문

    제목 '천은사'와 더불어 1연은 "수홍루 회승당"이라는 장소, 혹은 지명을 제시한다. 뒤이어 2연은 풍경의 묘사이다. 해가 기울어 절집에 그림자가 드리워지는 장면을 "짝신 신은 사미마냥/계단계단 올라서는 절집 그림자"라고 표현한 것은 참신하고 절묘하다. 3연의 "아미타불"은 이 풍경의 묘사에 소리의 음악성을 개입시켜 전체적 분위기와 주제 형성에 기여한다. 그리고 4연은 화자의 생각 혹은 상상을 제시하면서 마무리하고 있다. 이처럼 '장소 제시— 풍경의 묘사— 생각 및 정서의 노출'로 이어지는 시상 전개방식은 선경후정(先景後情)의 전통적 시작법을 계승하고 있는 듯하지만, 풍경의 묘사가 단순한 차원이 아니라 '장소'와 '생각 및 정서'라는 두 영역을 연결시켜주는 독특한 시적 방법론을 내포하고 있다는 점에서 주목할 만하다. 인용한 시에서 풍경의 묘사가 초점을 맞추고 있는 "그림자"는 이 시의 장소적 배경인 천은사 "수

홍루 회승당"이라는 공간에 "초발심 몸과 마음/마냥 버리겠고"라는 안쓰러움과 회한을 드리우게 된다. 앞서 지적한, 이별과 유랑과 상실과 죽음의 비극적 사건을 중심으로 형성되는 고독과 슬픔의 세계도 이러한 '그림자'의 풍경 묘사와 관련되어 있을 것이다. '그림자'의 풍경 묘사는 박태일 시에서 '비'와 '밤'의 이미지를 중심으로 표면화되고 있다.

    1) 철 보아 동무 함께 다닐 일이지
       동고비 추윗추윗 해 떨어지면
       홀로 슬프다 춥다
       춥다.
                            —「정월」 부분

    2) 창밖 인조 대숲에선 빗발이 글썽거리고
       그녀 낮은 콧등처럼
       그녀 외로움도 저랬을까
                          —「빗방울을 흩다」 부분

    3) 옆줄이 길다 곱다 농어
       아가미로 드나들던 밤은 지치고
       지금부터 파도 소리 설레는 아침 물때다

       외로움에도 옆줄이 있어
       열 다리 오징어와 여덟 다리 문어가
       한 수족관에 갇힌 일을 혼자 웃는다

(… 중략 …)

허허바다 멀리 마름질한 위로
치렁출렁 오늘은 비
북쪽 머리 제비갈매기가 앞일 묻는다.

―「후리포」부분

　인용한 시에서 공통적으로 발견되는 '비'와 '밤'의 이미지는 시의 배경이 되는 지명, 혹은 장소에 외로움과 추위와 슬픔의 아우라를 부여한다. 그리하여 박태일 시에서 '비'와 '밤'의 이미지를 중심으로 형성되는 풍경의 묘사는 구체적 공간과 고독·슬픔의 정서를 하나로 연결시키면서 우리 시대의 농촌 현실을 적실하게 형상화한다. "개 없는 개 사육장 밭뙈기째 마른 대파/아이 끊긴 폐교의 지붕이 빨갛다"(「신호리 겨울」), "죄 떠난 탓이다 부산에서/간이 망가져 들어온 중늙은이"(「우포」)에서 사람들이 도시로 떠나버려 공허해진 우리 시대의 농촌 현실을 묘사하며, "배롱꽃 허파꽈리는 납덩이다/사람 끊긴 장터 이남횟집"(「적교에서」), "쓰레기 태우는 연기가 하늘 이저곳을 그을린다 내버린 상갓집 이부자리 같다"(「양산천」), "또 한 사람 농약을 마셨는지"(「황강 3」) 등에서 훼손된 농촌과 그 속에서 고통 받는 주민들의 삶을 적나라하게 묘사한다. 박태일 시가 보여주는 고독과 슬픔의 세계는 이러한 우리 시대의 농촌 현실과 무관하지 않을 것이다. 더 나아가 박태일 시의 중요한 모티프인 '장소'와 그것에 깃들인 '고독과 슬픔'의 비극성은 세 가지 차원의 층위를 포함하고 있다. 그것은 과거의 전통적 가치를 상실하고 있다는 차원에서 역사적 층위와, 우리 시대 농촌의 비극적 현실이라는 차원에서 사회적 층위와, 이별과 죽음의 운명에서 벗어날 수 없다는 차원에서 인간의 실존적 층위이다.

3

　박태일은 역사적, 사회적, 실존적 차원의 공간 및 그 비극성을 형상화하는 동시에 그것에 맞서는 시적 추구의 방식을 동시에 보여준다. 그 첫번째 방식은 앞서 지적한, 리듬과 운율을 통한 노래의 방식이다. 노래는 그 자체로 우리의 호흡이며 맥박이다. 생명의 율동인 이 노래를 통해 시인은 고독과 슬픔의 세계를 견디며 이겨내려 하는 것이다. 그런데 박태일의 시에는 노래가 지닌 리듬과 운율 이외에도 음악을 생성시키는 요소가 있어 주목을 요한다. "돌돌 돌길 따라 언덕 위로 올라서면"(「신행」), "누비질 구름은 구금실 굼실"(「황강 16」), "포족족 포족족" "지리지리 종지리" "무량무량"(「풀나라 기별」), "당기둥 당기둥당" "삐이빠아 빠" "울불구불"(「월명 옛 고을에 들다」) 등에 나타나는 의성어 및 의태어 역시 음악적 리듬을 형성하며 고독과 슬픔의 아우라를 뛰어넘는 흥겨운 율동을 만들어낸다. 이 자연의 소리들이 의미하는 바는 무엇일까? 노래는 인간이 만들어내는 것이지만 소리는 자연이 생성시키는 것이다. 박태일 시에서 노래가 지닌 리듬과 운율이 차츰 새 소리, 구름 소리, 돌 소리, 길 소리 등 자연의 소리와 결부되는 방식으로 전개되는 양상은, 시인이 공간에 깃들인 비극성을 극복하기 위해서 자아의 주인됨을 벗어나려고 시도하는 데서 기인하는 것으로 보인다.
　고독과 슬픔의 세계에 맞서는 두번째 방식은 공간과 정서의 두 영역을 연결시키는 풍경의 묘사인데, 이때 풍경의 묘사는 '비' 나 '밤' 의 이미지와 대비되는 '햇살' 의 이미지를 중심으로 이루어진다. 다음의 시를 보자.

　　　갯쑥이 웃자란 모래 두둑을 따라
　　　길은 산뿌리까지 가서 끝을 둘로 갈랐다

말뚱게 구멍이 머금은 건 날물인가
굴 껍질에 올라앉은 볕살이 희다

보리누름 자란바다 감싱이 들고

푸른빛 단청 하늘엔
상날상날 배추나비

배 끊긴 솔섬에선
때 아닌 울닭 소리.

―「솔섬」전문

　이 시는 전체적으로 제목과 1연에 장소를 제시하고, 2연 이후에서 풍경을 묘사한다. 이 풍경의 묘사에서 눈에 띄는 것은 시각적 이미지와 청각적 이미지의 결합으로 형성되는 밝고 청량한 분위기이다. 2연의 "보리누름 자란바다 감싱이 들고"에는 누렇게 익는 보리와 검푸른 바다의 색채 대비가 선명하며, 3연의 "푸른빛 단청 하늘엔/상날상날 배추나비"는 푸른 하늘과 흰 배추나비의 색채 조화가 신선한 감각을 형성한다. 여기서 "상날상날"의 의태어는 ㅅ의 날카로운 음운과 ㄴ, ㄹ, ㅇ의 부드러운 음운이 결합되는 동시에 4연의 "때 아닌 울닭 소리"와 함께 어울려 청신한 음악성을 만들어낸다.
　이처럼 시각적 이미지와 청각적 이미지가 결합되어 밝고 청량한 분위기를 만들어내는 시적 방식에는 어떤 동인이 작용하고 있을까? 그것은 1연의 말미에 제시되고 있는 "볕살"이다. 1연의 "솔섬"이라는 공간적 배경에 2연 이후의 밝고 경쾌한 이미지를 부여하는 것은 다름 아니라 "굴 껍질에 올라앉은" 흰 "볕살"이다. '햇살'은 '밤'과 '비'의 이미지가 지닌 부정적 의미망을 동시에 극복하면서 이별과 유랑과 상실과 죽음으로 점철된 고독과 슬픔의 공간을 희망의 옷으로 갈아입힌다. '햇살'의 빛이 비춰짐으로써 '밤'에 갇히고 '비'에 눅눅해져 가라앉은 비극적 공간은 "보리누름"의 황색과 "푸른빛 단청"과 "배추나비"의 흰색으로 채색되고, 배추나비처럼 "살낭살낭" 떠오르며 "울닭소리"로써 생생한 생명력을 회복한다. 이와 더불어 우리는 1연의 자유시 형태가 지닌 내재율이 2연 이후 3음보와 4음보의 정형시의 운율로 전환되고 있음을 발견한다. 결국 이 시는 1연 말미의 "볕살"로 인하여 참신한 감각적 표현이 가능해지는 동시에 음악적 리듬을 획득하면서 고독과 슬픔의 세계를 넘어서는 모습을 보여주는 것이다.

 박태일 시에서 신선한 감각적 이미지는 이처럼 '햇살'에 의해 풍경이 노출되었을 때, 그것을 카메라의 눈으로 촬영하고 인화하는 과정에서 생성되는 것이다. 이 '햇살의 광학'은 박태일의 시를 두고 지적되어 온 감각적 표현이나 회화적 이미지라는 측면을 더 구체적으로 해명하면서 그 생성 근거를 설명하는 것이 된다. 이번 시집에서 이 '햇살'은 "햇살은 돌길 좇고 돌길은 골짝 좇아/키버들 가지도 우정 어깨를 잡는데"(「장륙사 지나며」), "낮잠 많은 고냥이/은빛 먹이 양푼이엔/볕살이 가득"(「가을」), "햇살은 수척한 발목을 녹이며 가라앉고"(「신호리 겨울」), "햇살 바른 어느 굽이에서 밀려 왔는지/산뽕나무 한 가족 이른 저녁밥상을 받고"(「적교에서」) 등에서 보듯, 도처에 등장하면서 고독과 슬픔의 세계에 맞서는 '햇살의 광학'을 형성한다.

 그런데 여기서 우리는 인용한 구절의 모든 '햇살'들이 단지 관찰의 대상이 아니라 스스로 행동하는 하나의 능동적 주체로서 작용하고 있는 점에 유의해야 한다. 시인이 삶을 영위하며 관찰하는 우리 시대의 공간은 완강한 폐허로 뒤덮혀 있기 때문에, 이 고독과 슬픔을 극복하기 위해서는 시인 자신의 힘이 아닌 외부 세계의 구원이 필요하다. 따라서

'햇살'의 구원에 몸을 맡기고 그 광학에 의해 세계의 폐허를 견디고 이겨내려는 시적 방식은 주체로서의 자아를 벗어버리려는 시도와 관련된다는 점에서, 인간적 노래에 자연의 소리를 결합시켜 음악을 만들어내는 시적 방식과 하나로 만나는 것이다. 박태일 시를 근저에서 떠받치며 사상적 토대를 형성하고 있는 불교적 사유도 이러한 맥락에서 그 생성 근거를 유추할 수 있을 것이다.

신중 누이 보아
지장지장 비로자나 죄 몰라도
내 몸 한 법당 되어
절집 되어
품어 재우리니
업어 재우리니

팔공산 백흥암
다듬돌 안고 조는 괭이와
옴실봉실
봄맞이꽃.

―「봄맞이꽃」 전문

이 시의 구조는 '공간 제시― 풍경 묘사― 생각 및 정서 노출'이라는 박태일의 전형적인 시상 전개가 전도되어 있다. 2연의 "팔공산 백흥암"이 공간의 제시이며, "다듬돌 안고 조는 괭이와/옴실봉실/봄맞이꽃"이 풍경의 묘사이다. 이 풍경 속에는 표면화되지는 않았지만 '햇살'이 스며들어 있다. 이 '햇살의 광학'을 통과한 시적 화자의 생각과 정서가 1연에서 제시된다. "내 몸 한 법당 되어/절집 되어/품어 재우리니/업어 재우리니"는 이 시에 나타난 화자의 사유뿐 아니라 시집 전체가 지향하는 주제를 수렴하고 있다.

　박태일은 이별과 유랑과 상실과 죽음으로 인해 고독과 슬픔에 빠진 현실의 공간에서 그것에 맞서며 그것을 극복하기 위해 '소리의 음악'과 '햇살의 광학'을 추구한다. 이 시적 방법론은 주체로서의 자아를 벗어나려는 태도와 긴밀히 결부되어 있다. 따라서 1연의 "내 몸 한 법당 되어/절집 되어"는 자아로부터의 벗어남, 주체로부터의 이탈을 추구하는 박태일의 시적 지향이 불교적 사유와 만나는 지점에서 생성된 표현인 것이다. 주체로서의 자아로부터 벗어날 때 비로소 "품어 재우리니/업어 재우리니"라는 '품음'이 가능해진다. 그렇다면 시인이 주체로서의 자아를 비워냄으로써 품으려는 대상은 무엇인가? 인용한 시에서는 "신중 누이 보아"의 여승이 된 누이로 나타나는데, 이는 가족이라는 개인적 차원에 한정되지 않고 인간의 실존적 차원과 사회적 차원과 역사적 차원을 포함하는 우리 시대 삶의 현실이라고 보아도 무방할 것이다. 그리하여 결국 "지장지장 비로자나 죄 몰라도"에서 보듯, 지장보살이나 비로자나불처럼 부처 없는 이 세계에서 중생을 제도(濟度)하는 모습이야말로 박태일 시의 '소리의 음악'과 '햇살의 광학'이 추구하는 궁극적 목표인 것이다.

심연의 불꽃
— 문인수론

문인수의 시가 우리에게 보여주는 것은 서정 본연의 모습이다. 문인수의 시선은 풍경과 마음이 상호 교섭하는 순간을 주시한다. 이때 그가 포착하는 것은 생의 깊이와 밀도인데, 문인수 시의 서정은 이 생의 깊이와 밀도를 끌어안으며 침묵 속으로 가라앉힐 때 생겨난다. 기나긴 시간의 흐름 속에 누적된 고통과 방황은 이 서정의 깊이와 밀도, 그리고 침묵의 심연 속에서 인고의 정신과 서로 버팅기며 팽팽한 긴장을 형성하고 있다.

    동강 높이 새 한 마리 떴다.

    저, 마음에 뚫린 구멍 꼭 그만하다.

    산의 뿌리가 다 만져진다.

    단 일 획 깊이 여러 굽이 새파랗게
    일자무식의 백 리 긴 편지를 쓴다.
                              —「동강의 높은 새」전문

「동강의 높은 새」는 문인수 시의 전체적 의미구조를 응축하여 보여준다. 1연의 "동강 높이 새 한 마리 떴다."라는 짧은 한 문장은 마치 동양화의 큰 화폭에 점 하나를 찍음으로써 전체적 구도를 잡는 듯한 효과를 낳는다. 즉 '땅— 하늘'의 이원적 구도 속에 '새— 강'을 단번에 제시하는 것이다. 2연은 이 자연의 거대한 풍경을 시적 자아의 마음으로 치환한다. ",저,"는 풍경에 개입하는 자아의 마음이 그리는 흔적이자 궤적이다. 이 흔적과 궤적은 쉼표의 순간 만큼 찰나의 움직임이다. 그리하여 "마음에 뚫린 구멍 꼭 그만하다."라는 문장은 '새'의 '존재'를 '마음'의 '구멍'과 겹쳐놓음으로써 풍경에 투영된 자아의 적막을 사진처럼 인화한다.
　1연과 2연이 '하늘'의 풍경이라면, 3연과 4연은 '땅'의 풍경이다. "산의 뿌리"까지 다 만지는 것은 "동강"의 깊은 물일 것이다. 4연의 "단 일 획 깊이"는 이 강의 깊이를 말해주지만, "백 리 긴 편지를 쓴다."는 그 길이를 보여준다. 동강의 물은 "단 일 획"으로 깊이 그리고 멀리 흐른다. 여기서 "일자무식"과 "편지를 쓴다"의 모순어법은 의미심장하다. "편지를 쓴다"는 굵고 깊고 길게 흐르는 동강의 모습이자 문인수 시의 모습일 것이다. 그러면 왜 "일자무식"인가? 유식과 박식에 물들어 있는 언어의 질곡과 가식과 포즈로부터 벗어나서 살아있는 생 그대로를 드러내는 것이 동강의 모습이며 문인수 시의 모습이기 때문이다. 4연의 "새파랗게"는 이처럼 가식 없는 원초적 생의 색깔일 것이다. 더 나아가 이 시가 지닌 여백과 침묵은 바로 이처럼 형언 불가능한 생의 순연함을 있는 그대로 표현하고자 하는 방식일 것이다.
　이 시에서 우리가 다시 한번 상기하는 것은 '하늘— 땅'의 이원적 구도 속에 자리잡고 있는 '구멍— 뿌리'의 의미망이다. 전반부가 '하늘'에 떠 있는 '새'를 '마음'의 '구멍'과 병치함으로써 그 적막을 형상화한다면, 후반부는 '산'의 '뿌리'와 '강'의 '깊이 및 길이'를 '시인'의

'시'와 병치함으로써 생의 원형질을 형상화하고 있다. 이처럼 자연과 자아, 풍경과 마음을 상호 침투시키며 중첩하는 순간에 포착되는 생의 적막과 심연으로부터 문인수 시의 서정은 깊이와 밀도를 획득한다. 문인수 시의 근저에 자리잡고 있는 슬픔의 세계는 이 생의 적막과 심연으로부터 기인하는 듯이 보인다.

말 걸지 말아라.

나무의 큰 키는
하늘 높이 사무쳐 오르다가 돌아오고
땅 속 깊이 뻗혀 내려가다가 돌아온다.
나갈 곳 없는
나무의 중심은 예민하겠다.
도화선 같겠다.
무수한 이파리들도 터질 듯 막
고요하다.

누가 만 리 밖에서 또 젖고 있느냐.

비 섞어, 서서히 바람 불고

나무의 팽팽한
긴 외로움 끝에 와서 덜컥,
덜컥, 걸린다.
슬픔은 물로 된 불인 것 같다.
저 나무 송두리째

저 나무 비바람 속에서 걷잡을 수 없이
타오른다.

나무는 폭발한다.
    　　　　　　　　　—「슬픔은 물로 된 불인 것 같다」 전문

 이 시는 '나무'의 형상을 통해 '하늘— 땅'의 이원적 구도를 함축하고 있다. "하늘 높이 사무쳐 오르다가 돌아오고/땅 속 깊이 뻗혀 내려가다가 돌아"오는 "나무의 큰 키"는 시인 자신의 모습이다. 하늘의 높이와 땅 속의 깊이를 동시에 추구하는 이 나무는 그 돌아옴이 가져오는 하강과 상승의 충돌로 인해 "예민"한 "중심"을 갖는다. 이 충돌이 가져오는 막 터질 듯 고요한 도화선이 바로 문인수의 시이다. 1연의 "말 걸지 말아라."는 이 도화선 같은 침묵의 세계가 운명을 건 일종의 투쟁임을 암시하고 있다.
 이 운명은 "긴 외로움"과 "슬픔"에 사로잡혀 있다. "젖고"와 "비바람"이 가중시키는 이 슬픔의 세계는 그러나 "나무의 팽팽한" 가지 끝에 와서 "덜컥,/덜컥, 걸린다." 슬픔의 세계와 맞닿아 있는 '물'의 이미지는 도화선 같이 팽팽하고 예민한 나무의 중심에 부딪혀 '불꽃'을 일으키기 때문이다. 그리하여 나무는 비바람 속에서 걷잡을 수 없이 타오른다. "슬픔은 물로 된 불인 것 같다."라는 한 문장은 이 시를 지탱하는 지렛대 역할을 하면서, '물— 불'의 이원성을 통합하고 있는 '슬픔'이 나무의 심연에 자리잡고 있음을 보여준다. 여기서 우리는 문인수 시가 지닌 '하늘— 땅'의 이원적 구도가 '상승— 하강' '물— 불' 등의 이원성을 파생시키며 더 복합적인 의미구조를 형성하고 있음을 알 수 있다. 문인수 시가 지닌 '하늘— 땅' '상승— 하강' '물— 불' 등의 이원성은 하나의 생명 속에서 충돌하며 강력한 소용돌이를 발생시킨다. 이 걷잡을 수 없는 소용돌이가 문인수를 정처 없이 떠도는 방랑길로 내모는 듯이 보인다.

흐린 봄날 정선 간다.
처음 길이어서 길이 어둡다.

노룻재 넛재 싸릿재 넘으며
굽이굽이 막힐 듯 막힐 것 같은
길
끝에
길이 나와서 또 길을 땡긴다.

내 마음 속으로 가는가

뒤돌아 보면 검게 닫히는 산, 첩, 첩,

비가 올라나 눈이 오겠다.
―「정선 가는 길」 전문

흐린 봄날 정선 가는 길은 어둡다. 재를 넘으며 가는 길 위에서 길은 그 끝에서 다시 길을 당기며 이어지고, 뒤돌아 보면 첩첩한 산중에 검은 어둠이 가로막고 있다. 이 길은 시인의 마음의 길이다. 여기서 정선은 굳이 정선이 아니라 영월일 수도 동강일 수도 우포늪일 수도 있다. 정처 없이 가야하는 길 위에서 길은 마음을 당기고 마음은 길을 당긴다. 어둡고 적막한 마음의 길 위에 비가 오거나 눈이 온다. 문인수 시에서 '물'에 '젖음'은 단지 곤고하고 누추한 몸과 마음의 상태만을 비유하는 것은 아니다. 「동강의 높은 새」에서 동강의 깊이가 산의 뿌리를 만지고 새파랗게 일자무식의 긴 편지를 쓰듯, '젖음'을 통해서만 생의 심연에 닿을 수 있기 때문이다. 결국 문인수 시의 근저에 자리잡고 있는 슬픔의 세계는 전통적 한(恨)이 지닌 수동적 운명의 모습이 아니라, 몸과 마음의 근원적 자리로 침잠하여 그 심연에서 불꽃을 피워 올리려는 능동적 운명의 모습을 띤다. 운명의 뿌리를 탐사하는 문인수의 촉수에 감지되는 것은 아버지와 어머니라는 육친의 끈이다.

> 그의 상가엘 다녀왔습니다.
> 환갑을 지난 그가 아흔이 넘은 그의 아버지를 안고 오줌을 뉜 이야기를 들었습니다.
> 生의 여러 요긴한 동작들이 노구를 떠났으므로, 하지만 정신은 아직 초롱같았으므로 노인께서 참 난감해 하실까봐 "아버지, 쉬, 쉬이, 어이쿠, 어이쿠, 시원허시것다아" 농하듯 어리광부리듯 그렇게 오줌을 뉘였다고 합니다.
> 온 몸, 온 몸으로 사무쳐 들어가듯 아, 몸 깊아드리듯 그렇게 그가 아버지를 안고 있을 때 노인은 또 얼마나 더 작게, 더 가볍게 몸 움츠리려 애썼을까요. 툭, 툭, 끊기는 오줌발, 그러나 그 길고 긴 뜨신 끈, 아들은 자꾸 안타까이 따에 붙들어 매려 했을 것이고 아버지는 이제 힘겹게 마저 풀고 있었겠지요. 쉬,
> 쉬! 우주가 참 조용하였겠습니다.
> ―「쉬」전문

시인은 아흔이 넘은 아버지를 안고 오줌을 누인 "그"의 이야기를 듣고, 그 장면을 연상하며 아버지와의 끈을 생각한다. "아, 몸 깊아드리듯"이라는 표현은 아버지로부터 받은 육신을 다시 아버지를 위해 되돌

려 드리는, 인생의 깊은 의미를 드러낸다. 시인은 아버지가 누는 오줌발을 "길고 긴 뜨신 끈"으로 이해한다. 이 '끈'은 이승과의 끈인 동시에 아들과의 끈이기도 하다. 따라서 이 오줌발의 길고 긴 끈을 안타깝게 붙들어 매려 하는 아들과 힘겹게 마저 풀고 있었을 아버지의 모습에는, 우주도 숨죽이며 지켜볼 정도로 눈물겨운 생의 근원적 비의가 담겨 있다. "농하듯 어리광부리듯" 말하고 있는 시인의 어조에는 "물두레/줄, 흰 광목줄//끝의//아버지//……//뻐꾹뻐꾹 퍼올리는,/치밀어 오르는 봄, 봄……"(「하관」)에서 보듯 숨이 끊어질 듯 비장한 생의 체험과 인식이 숨어 있는 것이다. 그러면 심연의 뿌리 끝에서 만나는 어머니의 모습은 어떠한가?

> 나는 그동안 답답해서 먼 산을 보았다.
> 어머니는 내 양손에다가 실타래의 한쪽씩을 걸고
> 그걸 또 당신 쪽으로 마저 다 감았을 때
> 나는 鳶이 되어 하늘을 날았다.
>
> 밤 깊어 더 낯선 객지에서 젖는 내 여윈 몸이 보인다.
>
> 길게 풀리면서 오래 감기는 빗소리.
> ―「실」 전문

어머니와 나는 "실"로 연결되어 있다. 답답해서 먼 산을 보는 "나"는 어머니의 실타래에 감겨 하늘을 나는 연이 된다. 「동강의 높은 새」에서 하늘 높이 뜬 새가 마음에 뚫린 구멍으로 비유되듯, 그리고 「슬픔은 물로 된 불인 것 같다」에서 하늘 높이 사무쳐 오르다가 돌아오는 나무처럼, 연이 되어 하늘을 날았던 시인은 낯선 객지를 여윈 몸으로 떠돈다.

그러나 앞서 언급했듯, "밤 깊어 더 낯선 객지에서 젖는 내 여윈 몸"은 정처 없는 방황과 곤고한 삶의 여정만을 의미하지 않는다. 젖어서 여위어야 몸이 보이기 때문이다. "길게 풀리면서 오래 감기는 빗소리."에서 보듯, 빗소리에 젖어들 때 생의 심연에 자리잡고 있는 어머니와의 끈이 만져지는 것이다.

> 허리까지 물에 들어간 왕버들 여러 그루가 다 늙도록, 썩어 자빠지도록 나오지 않고 있다.
> 눈보라, 비바람의 세월을 뚜벅뚜벅 걸어 여기 당도한 보폭이겠다.
> 그 악산 늠름한 전모가 물에 비쳐 온전하지만 가파르다, 사납다라는 아버지에 대한 기억까지도 물오리 한 마리를 풀어 금세 다 지우시는
> 어머니, 이승에 홀로 남아 깊으시다.
> 잘 섞였으므로, 사랑이란 말조차 이 일대의 바닥없는 고요를 이루는데
> 금세, 물에 녹아 풀릴 것처럼 한 사내가
> 카메라를 자동셔터로 맞춰 세운 뒤 애인 속으로 거침없이 걸어 들어가고 있다.
>
> ―「주산지」 전문

"주산지"의 물에 허리까지 들어간 왕버들이 늙어서 썩어지도록 살고 있다. 이 "주산지"의 '물'은 "눈보라, 비바람"과 더불어 '물'의 이미지로 연결되면서 "세월"의 고난과 풍파를 말해준다. 그러나 그 세월을 "뚜벅뚜벅 걸어 여기 당도한 보폭"에는 인고의 정신이 스며들어 있다. 이 인고의 정신은 물에 비친 악산의 가파르고 사나움을 물오리 한 마리를 풀어 지우시는 어머니로부터 기인한다. "사납다라는 아버지에 대한 기억까지도" "금세 다 지우시는" 어머니는, 가파르고 사나운 남성성의

세계를 물오리 한 마리처럼 지우고 섞어서 바닥 없는 고요를 이룬다. 이처럼 잘 섞어서 바닥 없는 고요를 이루는 일이 곧 사랑일 것이다. "애인 속으로 거침없이 걸어 들어가고 있" "사내"처럼, 주체와 대상이 섞이고 풍경과 마음이 겹치는 자리에서 문인수의 시는 사랑을 배운다.

> 저 만월, 만개한 침묵이다.
> 소리가 나지 않는 먼 어머니,
> 그리고 아무런 내용도 적혀있지 않지만
> 고금의 베스트 셀러 아닐까
> 덩어리째 유정한 말씀이다.
> 만면 환하게 젖어 통하는 달,
> 북이어서 그 변두리가 한없이 번지는데
> 괴로워하라, 비수 댄 듯
> 암흑의 밑이 투둑, 타개져
> 천천히 붉게 머리 내밀 때까지
> 억눌러라, 오래 걸려 낳아놓은
> 대답이 두둥실 만월이다.
>
> ―「달북」 전문

고통과 방황을 견디는 인고의 정신과 생의 적막과 심연을 끌어안는 사랑을 통해 문인수의 시는 "어머니"와 "달"이 한 몸으로 결합된 "만월"을 잉태한다. "만월"은 "만개한 침묵"이며 "소리가 나지않는 먼 어머니"이다. 이 만월은 "환하게 젖어 통"하므로 "북"처럼 "그 변두리가 한없이 번"진다. 소리가 나지 않는 소리로 북처럼 울려 퍼지는 이 달무리의 흔적은 "괴로워하"면서도 "억눌러"서 오래 동안 축적해온 시인의 대답이다. 두둥실 떠올라 북처럼 울리는 이 '달북' 처럼 문인수의 시는 침묵 속에 가라앉힌 서정의 깊이와 밀도를 통해 우리에게 길고 오래가는 울림을 전해준다. "비수 댄 듯/암흑의 밑이 투둑, 타개져/천천히 붉게 머리 내"미는 것은 검은 심연 속에서 그 어둠을 뚫고 솟아나는 시의 불꽃이 아닐 수 없다.

마음의 공터, 모성적 순환성의 세계
— 함민복의 시세계

1

　1970년대 이후 1980년대까지의 우리 시가 걸어온 과정을 '서정에서 현실로'라고 요약할 수 있다면, 1990년대 이후의 시적 흐름은 '현실에서 서정으로'라는 회귀의 과정으로 간주될 수 있을 것이다. 함민복의 세번째 시집 『모든 경계에는 꽃이 핀다』는 이러한 서정으로의 회귀의 징후를 비교적 분명히 보여준다. 첫 시집 『우울씨의 일일』과 두번째 시집 『자본주의의 약속』에서, 가난의 체험에서 오는 설움을 감내하며 자본주의의 병든 일상을 예각화된 풍자의 방식으로 비판하던 함민복은, 이번 시집에서 그 시선을 자신의 내부로 돌리고 있는 듯하다. 시인이 자신의 내면공간을 응시하며 그 풍경을 묘사하고 있는 대표적인 작품으로 「공터의 마음」이 있다.

　　　당신이 살고 있는 내 마음에도 공터가 있어

　　　당신 눈동자가 되어 바라보던 서해바다가 출렁이고

당신에게 이름 일러주던 명아주, 개여뀌, 가막사리, 들풀이 푸르고
수목원, 도봉산이 간간이 마음에 단풍들어
아직은 만선된 당신 그리움에 그래도 살 만하니

세월아 지금 이 공터의 마음 헐지 말아다오
—「공터의 마음」부분

이 시에서 시인은 마음의 텅 빈 공간을 "당신"에 대한 추억과 그리움으로 가득 채운다. 일반적으로 서정성의 주된 모티프가 되는 것은 '과거에 대한 회상'과 '그리움의 정서'이다. 이 시는 이 두 가지 모티프가 결합되어 서정성의 특징을 뚜렷이 보여준다. 그런데 우리는 이 시에 나타난 다음 두 가지 사실을 통해 이번 시집이 지닌 전반적인 특징을 짐작해 볼 수 있다. 첫째는, '당신'에 대한 '그리움'의 정서가 이번 시집의 중심선을 이룬다는 점이고, 둘째는 이 그리움이 '마음의 공터'라는 비어 있는 내면공간을 매개로 생성된다는 점이다. 이 두 가지 전제 항을 세밀히 살펴보는 방식을 통해 이번 시집의 특징을 이해해 보기로 하자.

2

함민복 시인이 회상과 추억을 통해 그리움으로 찾고 있는 '당신'은 누구일까?

불현듯 추억이 나를 찾아와
기억의 길을 걸으면
고향과

어머니와
한 여자가
눈물로 만든 안경이 되네

(… 중략 …)

아카시아꽃 향기에 피를 적시고
어머니 눈물 한방울에
내가 젖고
온 세상이 젖던 어느 날

시집가버린 여자야
그 바닷가에
혼자 나가 당신과 함께 걸어보다
엉망으로 취해
고향 같던 어머니 같던 당신 같던 풀섶에
아!
내가 잃어버린 안경은
지금 무엇을 보고 있는지
내 탯줄은 썩어 무슨 풀꽃을 피웠는지
　　　—「내가 잃어버린 안경은 지금 무엇을 보고 있을까」부분

　이 시에서 추억과 회상을 통해 시인이 그리워하는 '당신'은 고향과 어머니와 한 여자로 나타난다. 시인의 기억 속에는 아직도 고향집의 대추나무와 밭을 매는 어머니와 그를 버리고 시집 간 여자가 살고 있다. 그런데 "고향 같던 어머니 같던 당신 같던 풀섶에"라는 구절에서, 우리

는 고향과 어머니와 한 여자가 시인에게 동격으로 인식되는 것을 발견한다. 이 세 대상을 동격으로 묶어주는 것은 무엇일까? 그것은 '눈물'이다. 고향과 어머니와 한 여자에 대한 한없는 그리움으로 시적 화자가 흘리는 눈물은, 어머니의 눈물 한 방울과 연결되고, 그 눈물로 화자가 다시 젖고 온 세상이 젖는다. 결국 이 '눈물'은 시인이 그리운 대상에 대해 느끼는 '설움'과, 그 설움을 승화시키는 '정화'의 속성을 동시에 지닌다. 이 설움과 정화로서의 눈물은 고향과 어머니와 한 여자가 공통적으로 지닌 모성적 안식의 세계를 관통하며 스며 흐른다. 그리하여 마지막 구절인 "내 탯줄은 썩어 무슨 풀꽃을 피웠는지"에서 보듯, 눈물의 상상력은 모성적 안식의 세계를 소멸과 생성이 하나로 이어지는 순환성의 원리로 이끌어간다. 고향, 어머니, 연인을 소재로 삼고 있는 다음의 시들을 살펴보자.

   1) 달무리를 끌어내려 목을 맸다
     둥글고 부드러운 밧줄

     태양을 훔친 범인처럼 고개를 떨구고
     둥글게 익어가는 과일들

     (… 중략 …)

     밤송이가 화두처럼 툭, 떨어졌다
     자궁에 목을 매달다니
                                    —「환향」부분

   2) 긴 세월 지나 바다에 몸 푼 당신이 흘린 눈물

미역으로 자주 흔들리는 나를 보듬고
　　작아서 우리 삶 같은 애잔한 통통배 소리
　　물비늘 건반 타고 내가 한줌 뼛가루로 흩어질 때
　　아, 어머니 우주의 헌법이 있다면 사랑이라고
　　철새들 푸드득 다시 만날 기약으로 날아올라요
　　　　　　　　　　　　　　　　　　　　—「어머니 2」 부분

3) 내 마음, 언제 당신 마음 이리 많이 뿜어올렸던가
　　뿜어올렸던 당신 마음, 내 마음 되어
　　당신에게 쏟아지는 마음의 폭포,

　　사랑, 다시 쏟아지고 싶어
　　쏟아지다
　　되돌아 피어나는 물보라
　　　　　　　　　　　　　　　　　　　　—「폭포의 사랑」 부분

　　1)에서 달무리를 끌어내려 목을 매는 '죽음', 혹은 '소멸'의 이미지는 고개를 떨구고 익어가는 과일과 익어서 떨어지는 밤송이라는 '하강'의 이미지와 연결된다. 그런데 "자궁에 목을 매달다니"라는 마지막 구절을 통해 우리는, 시인이 달을 자궁에 비유하고, 달무리를 끌어내려 목을 맨 밧줄을 어머니로부터 생명력을 전해 받은 탯줄에 비유하고 있음을 알게 된다. 즉, 죽음이란 생명의 탄생지인 자궁으로 되돌아감을 의미하는 것이다. 결국 이 시는 존재의 모태인 '자궁'의 이미지가 존재의 소멸과 죽음인 '무덤'의 이미지로 연결되는, 생명의 순환성을 형상화한 것으로 이해된다. 그리고 그것은 시의 제목인 '환향'이 고향으로 귀환한다는 의미를 지닌 점에서도 확인된다.

그러면 시인은 생명의 순환성을 노래하면서 왜 스스로 달무리를 끌어내려 목을 매려 하는 것일까? "어머니 달무리만 보면 끌어내려 목을 매고 싶어요/그러면 고향이 보일까요?"(「세월 1」)에서처럼, 시인은 정상적인 자연의 섭리인 생명의 순환성을 인식하고자 하지만 그것이 훼손된 현실의 도시문명 속에 갇혀 있음으로 해서 크나큰 딜레마에 빠져 있는 것으로 보인다. 스스로 목을 매서라도 생명의 본향인 자궁으로 돌아가고자 하는 시인의 염원은, 생태계의 순리를 파괴하며 욕망의 거대한 입으로 모든 것을 삼켜버리는, 자본주의적 현실에 대한 좌절과 환멸에 그 뿌리를 대고 있는 것이다. 다음의 시는 이 점을 잘 보여준다.

> 언젠가 욕망의 비닐하우스 자궁이
> 거대한 입이 되어
> 시장 전체를, 시장을 먹고 사는 사람들을
> 와삭, 한입에 먹어치울 날이 올 테지
>
> ―「거대한 입」부분

2)의 중심 소재인 눈물, 비, 바다, 어머니를 연결시키는 것은 역시 '물'의 이미지이다. '읍천항에서'라는 부제에서 보듯, 시인은 바다를 보며 어머니가 흘린 눈물을 떠올리고, 그 눈물이 자신을 보듬고 있음을 토로한다. 어머니의 눈물을 통해 시인이 깨닫는 것은 우주의 헌법인 '사랑'이다. 이 '사랑'을 사이에 두고 대비되고 있는 것은 "한 줌 뼛가루로 흩어질 때"와 "다시 만날 기약으로 날아올라요"라는, 소멸과 생성, 하강과 상승의 이미지이다. 이 두 항은 대립 항인 듯하지만 우주의 헌법인 사랑을 사이에 두고 있으므로 서로 연결되고 순환된다. 결국 시인은 어머니의 원리인 눈물과 그 사랑의 영원성을 통해 자신과 세계를 소멸과 생성, 탄생과 죽음을 넘나드는, 드넓은 존재론적 시선으로 바라

보게 되는 것이다. 더 나아가 시인은 현실 너머의 전생과 내생까지도 넘보게 되는 듯하다. 다음의 시들이 이 점을 확인시켜 준다.

> 향나무 열매 속에 향나무의 來世가,
> 향나무에 대한 기억이 가득 차 있네
> ―「산 속에서 버터플라이 수영하는 아버지」부분

> 모든 게 깊어진 가을, 하오나
>
> 하직하면 저승의 봄잔치 푸르겠지요
> ―「가을 꽃 가을 나비」부분

> 한 생을 해탈한 자의 눈부신 파멸이여
> ―「백목련」부분

> 어두운 죽음이
> 나를 그렇게 데리러 올 걸세
> ―「무서운 은유」부분

3)은 당신과의 사랑을 쏟아지다 되돌아 피어나는, 폭포의 물보라에 비유한다. 내 마음이 당신의 마음을 뿜어 올리고, 뿜어 올려졌던 당신의 마음이 다시 내 마음 되어 당신에게 쏟아지는, 폭포의 순환성은 곧 시인이 추구하는 우주의 헌법, 영원한 사랑의 원리이다. 따라서 앞에서 짧게 인용한 시들에 나타난, 내세와 저승과 해탈과 죽음은 그것 자체로 시인의 비극적 세계 인식과 초월의식을 보여주는 것이지만, 단순히 죽음 너머의 저승이 아니라 죽음을 넘어 다시 재생으로 되돌아오는 순환

성을 지닌 것으로 이해된다.
　결국 지금까지 살펴본 대로, 함민복 시인의 그리움의 대상인 고향과 어머니와 연인은, '달' 과 '눈물' 의 이미지를 중심으로 회전하며 순환성의 원리를 통해 생명의 근원인 '자궁' 과 그것의 소멸인 '무덤' 의 이미지를 결부시키고 있는 것이다.

3

　지금까지 우리는 함민복의 세번째 시집을 관류하고 있는, '그리움' 의 속성과 그 대상인 '당신' 의 정체를 살펴보았다. '당신' 은 '달' 과 '눈물' 의 이미지를 통과하면서 고향, 어머니, 연인의 현실적 대상을 넘어 소멸과 생성, 죽음과 탄생이 되풀이되는 순환성의 우주적 섭리에 접근한다. 그러면 이제 이 순환성의 원리가 생성되는 시적 공간에 대해 주목해 보자. 그것은 「공터의 마음」에 직접적으로 제시된 대로 시인의 텅 빈 마음의 공간이다. 마을의 공터에 비·서리·눈·꽃소식이 오고, 토마토·고등어·번개탄·물미역이 왔다 가듯, 그 마음의 공터에는 당신 눈동자가 되어 바라보던 서해 바다가 출렁이고, 당신에게 이름 일러주던 들풀들이 푸르고, 수목원과 도봉산의 단풍이 든다. 시인의 마음의 공터에 '당신' 에 대한 '그리움' 이 가득한 것이다. 따라서 이 공터는 단순한 부재나 없음의 개념이 아니라 비어있음으로 더 많은 것을 담을 수 있는, 불교적 공(空), 혹은 노장적 무(無)의 개념에 가깝다. 마음의 공터에 당신이 살고 서해 바다가 출렁이고 들풀이 푸르고 단풍이 드는 것은, 마음을 가득 채웠던 욕망과 그 집착의 덩어리들을 비워버렸기에 가능한 것이다.
　이러한 사실은 이 시의 마지막 구절인 "세월아 지금 이 공터의 마음

헐지 말아다오"에서도 잘 나타난다. 공터의 마음은 시인이 인위적으로 만든 것이 아니라, 세월이라는 자연의 섭리가 만들어 놓은 것이다. 이를 인식하는 시인은 따라서 자기 중심적 사고를 벗어나 인간과 자연을 하나의 운명으로 보며 시간의 순리에 자신의 몸과 의지를 맡기려고 한다. 그렇다면 함민복은 이제 자연의 섭리인, 생명의 순환성과 시간의 순리에 자신의 몸을 의탁하고 만 것인가.

함민복 시인이 첫 시집과 둘째 시집에서 보여주었던 자본주의적 삶의 질서에 대한 예리한 비판의 메스는, 이번 시집의 「한강 1」「거대한 입」「하늘을 나는 아라비아 숫자」「자본주의의 주련」「아남 내셔날 텔레비전」 등에서도 이어지고 있다. 그러나 전반적으로 이번 시집은 자본주의의 거대한 폭력성에 억눌린 시인이, 그 욕망에의 탐닉과 비판을 동시에 수행하는 풍자의 길을 이탈하여 어머니와 달과 눈물의 길을 따라가고 있음을 보여준다. 어머니와 달과 눈물이 이끌어주는 길은 「선천성 그리움」「흐린 날의 연서」「산」 등과 같이 깊은 정서적 울림을 주는 서정시, 혹은 연시를 낳기도 하고, 그것이 현실의 길과 만날 때 「달의 눈물」「버드나무」「오래 된 잠버릇」 등을 통해 새로운 시적 인식을 보여주기도 하지만, 욕망을 비우고 그것에 대한 냉철한 비판의 시선까지도 비운 채 자칫 해탈의 영역으로 넘어설 위태로움도 지니고 있다. 소멸과 생성의 순환성은 서정적 세계에 속하는 시적 진실이므로, 우리가 살아가는 이 세계에서 현실의 길로 되살아나지 못하고 영원 너머로 지워질 운명을 안고 있는 것이다.

그러나 시인은 다음과 같은 시에서 이 순환성의 윤회의식이 해탈의 길로 들어서는 것을 스스로 경계하며, 전생과 내생, 소멸과 생성, 빛과 그림자의 경계에 서 있는 자신의 위상을 주시하고 있다.

모든 경계에는 꽃이 핀다

달빛과 그림자의 경계로 서서
담장을 보았다
집 안과 밖의 경계인 담장에
화분이 있고
꽃의 전생과 내생 사이에 국화가 피었다

(… 중략 …)

눈물이 메말라
달빛과 그림자의 경계로 서지 못하는 날
꽃철책이 시들고
나와 세계의 모든 경계가 무너지리라

―「꽃」 부분

  모든 경계에는 꽃이 핀다. 달빛과 그림자의 경계에 시인이 꽃처럼 서 있고, 집 안과 밖의 경계에 화분이 있고, 꽃의 전생과 내생 사이에 국화꽃이 피어 있다. 시인은 이처럼 전생과 내생, 빛과 그림자, 소멸과 생성 사이의 경계가 바로 자신이며 자신이 서 있는 이 현실이라고 생각한다. 눈물이 메말라 이 경계가 허물어지는 날 모든 꽃이 시들고 모든 경계가 무너지리라고 예언하는 시인에게, 우리는 이 경계의 영역이 지닌 균형과 긴장을 지켜가며 새로운 시 쓰기의 길을 열어나갈 것을 부탁해야 하리라. 함민복의 이번 시집이 지닌 위상은 소멸과 생성이 순환하며 넘나드는 마음의 공터와, 자신과 세계 사이의 모든 경계를 지키려는 의지 사이에 놓여 있다. 나는 함민복 시인이 현재의 마음의 공터에서 윤회와 해탈의 길로 들어서지 말고, 눈물을 간직한 채 모든 경계 위에 굳건히 서서 더 견고하고 아름다운 '시의 꽃'을 피우게 되기를 기대한다.

안과 밖의 정화
― 이진명론

1. 내면으로의 침잠과 과거로의 회귀

이진명의 시는 고요하고 깨끗하다. 마치 티없이 맑은 우물물처럼. 그녀의 시는 우물물이 잔가지의 흔들림을 담아내듯, 어른거리는 마음의 무늬를 섬세히 그려낸다. 이 세상의 사물들이 지닌 작고 아름다운 흔적을 순하고 정결한 마음의 결에 비추어 보여주는 것이다. 그러나 이처럼 아기자기하고 섬세한 이진명 시의 근저에는 오히려 텅 빈 공허와 쓸쓸함이 자리잡고 있다. 그것은 혼자 내버려진 외로움으로 인한, 삶에 대한 실감의 상실에서 생겨나는 것으로 보인다. 그렇다면 이 텅 빈 공허와 그 공간을 채우고 있는 무늬들의 관계망은 어떻게 형성된 것일까?

> 더 이상 삶의 그림을 그릴 수 없을 때
> 단순화시키고 시키고 시켜서
> 거의 백지와 다름없다 생각했을 때
> 오 아주 백지구나 하는 찰나에
> 온몸을 궁글리며 나는 탄식했다
> 사탕이 먹고 싶다

귀, 향, 하, 고, 싶, 다

참말 거짓말같이
몇 알의 사탕 살 돈도 없는 지 오래고
안에서는 시간만이 진행하는 때
밖의 넘쳐 흐르는 햇살 한 자락 끌어
주머니 적시고 싶지도
얼어 바르고 싶지도 않고
드디어 투명하게 비춰 보이기 시작한
열 손가락의 뼈들
미친다 열 개이 집게이듯
쇠갈고리이듯

(… 중략 …)

귀향의 짧은 부딪는 소리 동그란
더없는 단순함이여
동전 소리를 흘리는 세 살 적의 일요일이여
부스러지는 백지의 딱딱한 부스러지는
빨간
거짓말이여

—「그렇게 사탕을 먹으며」 부분

첫 시집 『밤에 용서라는 말을 들었다』에 수록된 작품이다. 1연에서 시인은 자신의 현재 상황을 "백지"로 간주한다. 이것은 "더 이상 삶의 그림을 그릴 수 없"는, 덧없음의 표현일 것이다. 그것은 세상으로부터 소외된 고립감과 절망감으로부터 생겨나는 듯이 보인다. 시인은 이것을 인식하는 순간 탄식하듯 "사탕이 먹고 싶다"라고 말한다. "사탕에는 색깔이 많다/단물도 단물이지만 빨간색 초록색 노란색 파랑"에서 보듯, 사탕은 백지처럼 무화된 현재의 삶에 다양하고 화사한 삶의 실감을 되살려주는 매개물이 된다. 그런데 문제적인 것은 다음 행 "귀, 향, 하, 고, 싶, 다"에 있다. 여기서 귀향은 공간적 차원이 아닌 시간적 차원을 띤다. 2연의 "시간만이 진행하는 때"와 마지막 연의 "세 살 적의 일요일"을 보라. 시인에게 있어 사탕을 먹는, 즉 삶의 실감을 되찾는 길은 과거로의 회귀와 맞닿아 있는 것이다.

귀향, 즉 과거로의 회귀라는 모티프는 2연에서 안과 밖의 대비를 통해 더 구체화된다. "안에서는 시간만이 진행하는 때"에 시인은 "밖의 넘쳐 흐르는 햇살 한 자락 끌어/주머니 적시고 싶지도/얼어 바르고 싶지도 않"다고 말한다. 이때 '안'은 시인의 내면공간이고 '밖'은 외부현실일 것이다. 시인은 흐르는 시간 속에서 풍화되며 단순화되어 가는 유년의 순수와 아름다움, 혹은 삶의 무늬와 색채를 안타까워하지만, 외부의 햇살로 그것을 대신하려 하지 않는다. 다만 자기 내면 속으로 침잠하여 귀향하려 할 뿐이다. 그리하여 내면 속에서 과거로의 추억을 더듬으며 백지처럼 무화된 삶의 무늬를 되살리려 하는 것이다. 따라서 이진명 시에 점묘되는 무늬와 색채는 현재적 삶이 지니는 고독과 공허를 추억을 통해 채우려는 시도에서 생겨나는 것이다.

그러나 이 되살림은 오래 지속될 수 없다. 마지막 연의 "귀향의 짧은 부딪는 소리 동그란/더없는 단순함이여"에서 보듯, 추억으로의 산책은 현실로의 복귀를 예정하고 있기 때문이다. 그래서 "동전 소리를 흘리는 세 살 적의 일요일"은 현재의 "백지"에 부스러지며 "빨간/거짓말"이 되고 만다. 결국 이진명의 첫 시집은 '내면으로의 침잠'과 '과거로의 회귀'라는 모티프를 중심으로 여러 갈래 길을 형성하면서, 과거와 현재,

회상과 현실 사이에서 왕래하고 있는 것으로 보인다.

    1) 저녁 어스름 때면 모두
    聖衣자락을 끌며 긴 복도를 나란히 지나간다고 한다
    비스듬히 올라간 담 끄트머리에는 녹슨 외짝문이 있는데
    삐긋이 열려 있기도 했다
    숨죽여 들여다보면
    크낙한 목련나무가 복자수도원, 그 온몸을 다 가렸다
    내 산책의 끝에는 언제나 없는 복자수도원이 있다
                                —「복자수도원」부분

    2) 새는 잠들었구나. 나는 방금 어디에서 놓여난 듯하다. 어디를 갔다 온 것일까. 한기까지 더해 이렇게 묶여 있는데, 꿈을 꿨을까. 그 눈동자 맑은 샘물은. 샘물에 엎드려 막 한 모금 떠 마셨을 때, 그 이상한 전언. 용서. 아, 그럼. 내가 그 말을 선명히 기억해 내는 순간 나는 나무기둥에서 천천히 풀어지고 있었다. 새들이 잠에서 깨며 깃을 치기 시작했다. 숲은 새벽빛을 깨닫고 일어설 채비를 하고 있었다.
                          —「밤에 용서라는 말을 들었다」부분

시간적으로 1)은 저녁을, 2)는 밤을 배경으로 하고 있다. 1)에서 시인은 저녁 어스름 무렵의 산책을 통해 복자수도원을 찾아간다. 그런데 이 수도원은 현실에 존재하는 공간이 아닌 듯 하다. 인용되지 않은 부분의 "그 벽돌빛은 바랬고" "창살에 칠한 흰빛도 여위었다" "비둘기집이 기울었다" "새겨진 글씨 흐릿했다" 등으로 이어지는 모호한 환상적 분위기나 과거 시제 서술어가 암시하듯, 그것은 과거에 존재했던 공간이며 지금은 시인의 추억 속에서 흐릿하게 남아 있는 공간이다. 이로써 "내 산책의 끝에는 언제나 없는 복자수도원이 있다"라는 마지막 문장의 귀결이 이해될 수 있다. 지금은 없는 복자수도원은 시인이 추억을 통해 과거로 거슬러 갈 때, 그 산책의 끝에서 만나게 되는 것이다. 따라서 시인의 산책은 단지 바깥으로의 외출만을 의미하지 않고 과거로의 회귀를 내포한다. "저녁 어스름"은 내면으로의 침잠과 추억 여행을 가능케 하는 아우라를 제공해주는 것으로 보인다.

이와 마찬가지로 2)의 상황도 현실이 아니라 시인의 내면적 상상의 공간에서 빚어지는 것으로 이해된다. 나무에 묶여 있던 시적 화자가 빠져나가기 위해 몸을 뒤틀자 나무 위에 잠들었던 새가 떨어진다. 그 새를 "착한 아기"처럼 따뜻한 연민으로 보살필 때 화자는 "낮고도 느린 목소리", 아마도 신의 음성을 듣는다. 그리고 "그 눈동자 맑은 샘물"을 한 모금 마셨을 때 "용서"라는 전언을 듣는다. 작고 연약한 짐승에 대한 연민을 통해 용서를 배울 때 자신의 상처도 치유될 수 있다. 따라서 그 순간 나무기둥에 묶였던 몸이 풀리고 새들이 깃을 치기 시작하는 것이다. 그런데 이러한 상황은 현실의 경험이 아니라 시인이 자신의 내면적 체험을 우화와도 같은 하나의 이야기로 변형시킨 것이다. 이때 내면적 체험이란 시인이 겪었던 분노와 증오와 공포와 절망을 반추하는 과정에서, 용서라는 전언을 통해 그 상처를 치유하며 자신의 과거와 화해하는 과정을 의미한다.

결국 지금까지 분석한 시적 동인으로 인해 이진명의 첫 시집은 부재 속에 존재하는 삶의 무늬를 형상화한다. 그리고 그 무늬는 시인의 내면과 외부현실, 과거로의 회귀와 현재로의 복귀 사이의 경계에서 흔들리는 모습을 보여주게 된다.

2. 마음을 뒤집고 밖으로 나가기

지금까지 첫 시집의 전체적 특징을 「그렇게 사탕을 먹으며」를 중심으로 살폈다. 이제 두번째 시집 『집에 돌아갈 날짜를 세어보다』의 특징을 「구슬에 대한 생각」을 중심으로 살펴보려 한다. 이 두 편의 시는 각각 '사탕'과 '구슬'이라는 유사한 소재를 통해 유사한 발상과 테마를 보여 주지만, 그 상이한 전개양상을 통해 시의식의 미묘한 변모를 짐작케 한다.

> 작고 단단한 것이 매끄러운 것이
> 예쁜 색깔 흠 하나 없는 것이
> 어떻게 해서 다 잃어버렸을까요
> 동그랗게 눈뜬 빛나는 것들 어디로 다 가버렸을까요
> 구슬 주머니가 너무 오래 비었어요
> 허전하고 허전한 옆구리가 되었어요
> (… 중략 …)
> 분필 표시도 없이 지나온 어른의 길을
> 어떻게 다시 찾아 가나요
> (… 중략 …)
> 우선 내 가까이 찾아보렵니다 서랍 근처부터
> 그보다 더 가까이 내 몸 속 마음을 건드려보렵니다
> 구슬은 조금만 건드려줘도 솟아오르니까요
> 빛이 빛이 구르니까요
> 구슬이 다행히 몸 속 마음에 빠져 울고 있었다면
> 어렵지만 쉽지요 그래요
> 마음을 뒤집으면 마음을 뒤집으면요

아, 그럼, 옆구리에 구슬을 달고
벌써 들로 나가지요 보무 당당히
들세상 친구들 짤랑거리는 진짜 놀이에 참석하지요
— 「구슬에 대한 생각」 부분

"작고 단단"하고 "매끄러운 것" "예쁜 색깔 흠 하나 없는 것"은 구슬만이 아니라, "옆구리 가득 구슬을 차고 다녔던 어린 날"이다. 즉 시인은 흠 없이 순결하고 아름다웠던 유년의 세계를 시간의 흐름 속에 상실한 채 "허전하고 허전한 옆구리가 되"어 버린 것이다. 따라서 시인은 그 상실을 "분필 표시도 없이 지나온 어른의 길"이라고 표현한다. 그러면 시인은 과연 이 '구슬'을 "어떻게 다시 찾아가"는 것일까?

첫 시집에서 시인은 '사탕'을 귀향하고 싶은 마음, 즉 내면으로의 침잠과 추억으로의 산책을 통해 되찾으려 했다. 그러나 시인은 이 시에서 '구슬'을 "우선 내 가까이 찾아보"려 한다. "서랍 근처부터/그보다 더 가까이 내 몸 속 마음을 건드려"보는 것이다. 그리고 구슬이 몸 속 마음에 빠져 울고 있음을 발견할 때, 시인은 마음을 뒤집는 새로운 방식을 선택한다. 이것은 마음 속 구슬을 과거로의 회귀가 아니라 현재적 행위를 통해 드러내는 방식이다. 내면과 외부현실, 과거와 현재 사이의 괴리를 뛰어넘어 마음 속 진실을 곧바로 현실에 대면시킴으로써 현재에 참여하는 방식인 것이다. 시인은 이를 "어렵지만 쉽"다고 말한다. 이는 마음을 뒤집는 것이 세계 인식, 혹은 사고방식의 전환을 의미하기 때문이다.

따라서 이진명의 두번째 시집은 전체적으로 첫 시집의 연장선 위에 있지만, 점차로 작고 단단한 내면적 진실을 드러내어 외부현실에 대응해 나가는 방식으로 시적 태도가 변모된다. 그 결과 첫 시집이 보여주었던 부재와 존재 사이의 흔들림, 명상적 울림, 섬세한 무늬와 잔물결 등의 특징이 약화되는 반면, 생활의 구체성에 밀착하고 현실에 개입하려는 태도가 강해진다.

    1) 노동도 없이 며칠의 밤을 축내는 세속 손님인 나는 버려졌다
        산비탈의 여름은 나무들을 더 뜨거운 초록으로 일으키며 타올랐다
        밭이랑길이 붉은 뱀처럼 휘돌며
        식당 안의 내 쪽으로 미끄러져왔다간 홀연 되돌아갔다
        열린 식당의 커다란 유리문을 경계로
        저 바깥 세상은 불이 한꺼번에 켜진 전광판과도 같았다
        태양빛에 낱낱이 발현하는 움직이는 전광판 찬란했다
        산비탈 하나를 다 차지한 깻잎밭에 쏟아진 그이들은
        흰 저고리팔을 펄럭이며 깻잎을 따기 시작했다.
                          ―「나도 田作 나가고 싶어요」 부분

    2) 나는 내가 알아본 내 미래를 찬찬히 바라다봤다
        순간순간 햇빛에 반짝이는 양은자배기
        그 속에 차곡히 담긴 푸르른 배추 잎새들
        그림 속 빛과 색깔처럼 문득 아름다웠다
        가뭇이 눈이 감기고 있는 검붉은 얼굴
        뚱뚱한 헝겊뭉치의 고요한 꾸부러짐
        늙었으나 불행의 그림자 이미 걷혔다
        나는 내 미래가 그리 나쁘게 보이지 않았다
        오늘 점심도 한 세계를 보고 돌아간다
        들이미는 자전거 바퀴를 안으며 회사로 걷는 내 마음
        들어가 오후에는 아침에 던져놨던 일을 잘 처리해야겠다
        나는 이미 내 미래는 본 자이니
                        ―「나는 내 미래를 알아보았다」 부분

두번째 시집에서도 첫 시집의 중심 모티프인 '산책'은 지속되지만, 그 대상은 점차 '추억'으로부터 '생활세계'로 전이된다. 1)에서 이 전이는 '노동'에 대한 동경으로 진행된다. 정녀(貞女)의 집 영산서원에 친구를 방문한 시인은 전작(田作) 나가는 정녀들을 바라보며 노동의 가치를 깨닫는다. 식당의 유리문을 경계로 안에 있는 시인은 "버려지고", 밖에서 깻잎을 따고 있는 정녀들의 노동은 "뜨거운 초록" "붉은 뱀" "한꺼번에 켜진 전광판" 등의 비유에서 보듯 역동적 생명력과 숭고한 가치를 부여받는다. 이 시는 내면공간으로의 침잠과 외부현실에의 참여라는 경계에서 시인이 내면에서 외부세계로 무게중심을 옮기고 있음을 보여준다. 그러나 시인에게 있어 이 전이는 관찰과 상상에 의한 의식의 변모일 뿐 아직 행위의 실천으로까지는 나가지 못하고 있다.

이러한 생활세계에 대한 긍정은 2)에서 시장통 입구의 바닥에 앉아 배추를 팔고 있는, 늙고 뚱뚱한 여자에 대한 관찰로 이어진다. 그 여자의 모습에서 자신의 미래를 알아보는 시인은, 그 순간 누추해 보이는 그 여자에게서 희망의 빛을 발견한다. "햇빛에 반짝이는 양은자배기"와 "그 속에 차곡히 담긴 푸르른 배추 잎새들"이 아름답게 보이는 것이다. 여기서 미래를 알아보는 것은 결구에서 현재적 삶에 충실하려는 태도도 귀결되는데, 따라서 시인은 두번째 시집에서 미래적 시선으로 현재에 참여하는 태도를 보여주는 것이다. 다시 말하자면, 두번째 시집에 나타나는 현실에의 몸담음에는 미래를 내다보는 시인의 시선이 함축되어 있다. 이는 첫 시집이 보여준 과거로의 회귀와 비교할 때 인식론적 단절이라고 간주할 만하다. 시인은 이러한 시적 태도의 변모를 통해 순결하고 완전한 가치들을 상실해버린 현실의 공허 속에서, 생활 주변의 작지만 숭고한 실천을 통해 그 가치들을 회복하려는 것으로 보인다.

3. 바깥의 청소, 내면의 정화

생활세계의 작은 실천을 통해 상실한 가치를 회복하려는 시도는, 두 번째 시집의 「자루걸레질하는 여자」 1편과 2편를 거쳐 신작시에서 '청소'를 소재로 한 일련의 시들로 이어진다. 이 작품들을 '청소 시편'이라고 부를 수 있겠다.

> 쓴다는 것은
> 빗자루 들고 쓴다는 것은
> (… 중략 …)
> 그렇게 표면을 어지럽힌 것들을
> 치우는 것
> 속이 보고 싶어서
> 온통 덮인 속이 보고 싶어서
> 걷어내는 것
> 거울이 걸렸다는 속의 더 속의 안쪽에서는
> 한 꺼풀만 쓸어도
> 한 자락만 걷어내도
> 개미 등허리가 끌고 가는 실낱 풀줄기 같은 빛이
> 빛이 올라온다는데
> 그렇다면 아, 쓴다는 것은
> 건진다는 것
> 세상 물속에 빠진 나를
> 건진다는 것
> ―「쓴다는 것」 부분

청소하는 것, 빗자루를 들고 쓴다는 것은 "표면을 어지럽힌 것들을/ 치우는 것"인데, 그것은 시인에게 "속"을 보고자 하는 욕망과 맞닿아 있다. 이때 "속"은 시인의 마음 속 내면 공간을 의미할 것이다. 그렇다면 시인에게 있어 바깥을 청소하는 것은 온갖 어지러운 것들을 걷어내고 자기 내면을 들여다보는 정화의 행위가 된다. 안과 밖의 이러한 연결은 신작시의 공통적인 모티프를 이룬다. 그것은 첫 시집의 내면적 침잠과 두번째 시집의 생활세계로의 참여, 그리고 과거로의 회귀와 미래적 시선으로 현재 바라보기가 변증법적으로 종합되어 나타나는 것으로 간주할 수 있을 것이다. 그런데 안으로의 침잠과 바깥으로의 행위가 지닌 간격을 뛰어넘어 하나로 결합하기 위해서는 연결고리가 필요하다. 이것이 바로 '거울'의 이미지로 나타난다.

　　1) 그는 한 계절 전 이곳 외곽의 한 아파트 1층으로 이사왔다. 여기 1층 베란다 앞, 막힌 건물 없이 그런대로 큰 정원이 있음을 내심 재면서, 흙과 흙냄새, 나무와 나무냄새를 재면서, 그는 이 정원을 아낌없는 자신의 거울로 삼았다. 들여다보고 비춰보고 만지면서 사랑을 키웠다. 하루하루 잔물결 감동이 거울에 되비쳤다.
　　　　　　　　　　―「그는 거울을 보다가 줍는다」 부분

　　2) 이 깨끗한 한 순간
　　　　너도 없고 나도 없고
　　　　이 明鏡이 울리는 한 호흡
　　　　내가 이루지 않고
　　　　플라스틱 술이 빠지는 허술한 빗자루가 이룬
　　　　우주가 빛나는 한 찰나
　　　　그때 나는 알아채죠

> 밖이 밖이 아님을, 너무나도 내면임을
> ―「나는 밖을 쓰는 걸 좋아해요」 부분

　1)에서 "그"는 아파트 1층에 이사온 후 베란다 앞에 놓인 정원을 자신의 거울로 삼는다. 이 거울을 "들여다보고 비춰보고 만지면서 사랑을 키"우던 그는 각종 쓰레기로 그것이 금가고 깨지는 것을 보게 된다. 이럴 때 그가 할 수 있는 일은 "처음 대하던 부드러움을 잃지 않"고 "허리를 구부리고 걸어들어가 집어 내"는 일이다. 여기서 "허리를 구부리"는 자세는 청소하는 사람이 지녀야 할 겸손과 경건의 태도를 암시한다. 그것은 쓰레기를 버린 사람, 혹은 자신에게 상처를 준 사람에 대해 용서하는 태도와 더럽혀진 정원, 혹은 오염된 자기 내면에 대한 부드러움의 태도를 포함한다. 「오래 쓰는 사람」에서도 먼지를 쓰는 사람의 자세를 보여주는데, 그것은 "우선 허리를 굽혀야" 하고 "절하는 것처럼/목의 힘을 빼고 고개 숙여야" 하며 "아래를 보아야 한다". 그리고 "두 손은 놓치지 않게 맞잡아야" 하고 "먼지를 먹고/먼지를 입고/(… 중략 …)/쓰는 사람은 먼지 사람이 되고 말아"야 한다. 바깥을 청소하고 내면을 정화하기 위해서는 겸손해야 하며 성실히 최선을 다해야 하는 것이다. 또한 먼지를 두려워 않고 먼지 속에 온몸을 던져 넣을 때 비로소 "등이 빛"나게 되는 것이다.
　2)에서 시적 화자는 밖을 쓰는 것을 좋아한다. "버려진 이야기"와 "먼지"들을 쓸고 나면 한 순간 "너도 없고 나도 없"는 "우주가 빛나는 한 찰나"가 온다. 이 순간 화자는 밖이 바로 자신의 내면임을 깨닫는다. "그래요. 다 안에 쌓인 것이/밖에 다시 쌓이는 것/밖을 보면 안의 놀음도 알 수 있죠"(「빗자루와 부삽을 사 놓았어요」)에서도 나타나는, 이 안과 밖의 연결은 앞서 언급한 청소하는 사람의 태도와 더불어 존재론적 성찰의 의미를 지닌다. 한편 「쓸다가 문득 못 쓸다가」와 「먼지와 쓰

레기를 넘지 못하고」에서는 고정관념을 뒤집는 시각의 차원을 통과한 후, 그래도 먼지와 쓰레기를 먼지와 쓰레기로 간주하고 "안팎의 청소나 깨끗이 하다 가게 애쓰"는, 시인의 시적 태도와 위상을 보여주고 있다.

이처럼 '거울'의 이미지를 통해 이루어지는 안과 밖의 연결은 바깥의 청소라는 실천적 행위를 내면의 정화라는 정신적 차원과 중첩시킨다. 그리하여 이진명의 시는 "우주가 빛나는 한 찰나" "개미 등허리가 끌고 가는 실낱 풀줄기 같은 빛"을 발견한다. 이 '빛'의 이미지는 결국 "세상 물 속에 빠진 나를/건진다는 것", 즉 구원의 의미로 나아간다. 신작시를 통해 이진명 시인은 생활세계의 구체적 실천행위인 청소를 통해 내면을 정화하고 자신을 구원하고자 하는 것이다. 그런데 안과 밖의 연결을 시도한 이진명의 신작시에서 아쉬운 것은 그 연결과 의미부여에 있어 다소 부자연스러운 부분이 있다는 점이다. 그러나 이번 신작시는 이진명 시의 전개과정을 전체적으로 조망할 때, 내면으로의 침잠과 외부현실로의 개입, 과거로의 회귀와 미래적 시선이라는 이항 대립을 하나의 지점에 결합시키려는 어려운 시도를 내포하고 있다는 점에서 의미를 지닌다. 그리고 그녀의 시는 본래적 가치를 상실한 채 세속 도시의 온갖 먼지와 쓰레기에 묻혀 사는 우리들에게 스스로의 내면을 들여다보고 반성하게 한다. 이진명의 시는 거울처럼 우리를 비춰주기 때문이다.

제 3 부
폐허의 형식과 망각의 회로

시간의 폐허와 전율의 미학
— 홍신선의 시세계

　홍신선의 시는 집요하게 폐허의 풍경을 그려낸다. 농촌의 빈궁 체험에서 유래했던 그의 현실에 대한 부정의식은 1970—1980년대의 사회적 모순과 억압에 대한 지식인의 환멸을 경유하여, 이제 세기말과 세기초의 경계에 위치한 폐허의 시대의식으로 전개되고 있다. 홍신선의 현실에 대한 부정의식은 저항의 차원으로 급진화되지 않고 내면 공간 속으로 역진하여 환멸의 자의식으로 전이된다. 이 환멸의 자의식은 현실의 모순과 억압에서 유래한 것이지만, 그 굳건한 폐허의식은 다시 현실을 바라보고 인식하는 하나의 비극적 세계인식으로 자리잡는다. 그리하여 홍신선의 시는 일관되게 현실의 어둠을 부정과 환멸의 시선으로 바라보며 그것을 폐허의 풍경으로 묘사하게 된다. 그러므로 홍신선 시의 핵심적 기법인 '풍경의 묘사'에 개입되어 있는 현실과 내면의식의 역학 관계를 규명하는 것은 그 시세계를 이해하는 지름길이 될 것이다.

　홍신선의 여섯번째 시집 『자화상을 위하여』는 시작(詩作) 과정의 역순으로 구성되어 있다. 1부 '봄날'은 2000—2001년, 2부 '자화상을 위하여'는 1998—1999년, 3부 '세기말을 오르다가'는 1996—1997년에 창작된 것이므로, 3부—2부—1부의 순서로 작품을 읽는 것은 그 창작

과정상의 흐름과 변모의 양상을 엿볼 수 있는 하나의 방법이 될 수 있다. 한편 4부 '마음경(經)'은 다섯번째 시집 『황사(黃砂) 바람 속에서』에 9편까지 수록되었던 '마음경' 연작시의 연속편이다. 이 시들은 1996년에서 2001년에 걸쳐 창작된 것이므로, 그것이 지닌 원형질적 시의식은 시작 과정의 전체적 흐름 속에 개입되고 용해되어 있다고 볼 수 있을 것이다.

  3부 '세기말을 오르다가'에 수록된 시들을 관류하는 것은 세기말로 진입하는 문명의 현실을 부정의식으로 바라보며 그 허무의 빈틈을 열어 내면을 비우는 작업이다.

    세기말을 오르다
    내려다보는 골짜기 밑의
    신흥 문명의 폐허들

    시멘트 고층 아파트단지와 고속도로, 프로야구 끝내고는 비디오,
    혹은 마이카 뒤 트렁크에 윤락과 권태들 싣고 달리다
    마음 뒤집힌 전복?
    혹은 택배(宅配)로 주워 싣는
    관능들
    수많은 박스들

    (… 중략 …)

    욕망 위에 욕망 옆구리에 욕망 뒤에
    앞에
    밑에

붙어서
욕망 포식해서 떨어지는
천민 자본주의의
자본들

벼잎 그물맥만 남기고 갉아먹는
벼 물바구미들

　　　　　　　　　─「세기말을 오르다가」부분

　세기말을 오르며 시인이 바라보는 것은 "신흥 문명의 폐허들"이다. 그것은 고층 아파트 단지와 프로야구와 비디오로 대변되는 우리 시대 세속도시의 현장인데, 고속도로처럼 달려가는 이 일상의 속도는 윤락과 권태를 싣고 달리다가 마음을 전복시킨다. 여기서 "마음 뒤집힌 전복?"의 의문형 문장은 어떤 시인의 태도를 내포하고 있을까? "이 정도에 목숨 망해?/인류 망해?"와 함께 읽는다면, 그것은 현실에 대한 비판의식이 아이러니의 정신과 결합하여 나타나는 일종의 풍자의 태도임을 알 수 있다. 또 하나 이 문장은 우리 시대의 삶이 상실하고 있는 것이 "마음"임을 단적으로 드러낸다. 그러므로 홍신선의 환멸과 풍자의 정신은 한편으로 뒤집힌 마음을 바로잡는 대안을 추구하는 방향으로 나아가게 되는데, 그것은 이 시의 후반부에서 "이 따위 할아버지와 일가는 알지도 못하는/숱한 나는 누구인가?/너는?"에서 역으로 드러나듯, 가족이 중심이 된 공동체적 삶을 긍정하는 양상으로 나타난다. 세속도시의 문명과 천민 자본주의가 낳은 개인주의적 삶에 대항하는 방식으로 가족과 친척과 조상을 중심으로 하는 유교적 전통주의를 지향하는 것은, 홍신선의 시의식에 있어서 이미 배태되어 있었고 꾸준히 유지되어 온 것이라고 볼 수 있다. 그렇다면 홍신선의 최근 시가 보여주는 시의식에서 새로운 점은 무엇일까?

시인은 우리 시대 현실을 지배하는 욕망의 구조를 단지 바라보는 것이 아니라 내려다본다. "세기말을 오르다/내려다보는"에서 여실히 드러나는 이 '내려다봄'의 자세는 홍신선이 현실을 비판적 거리를 두며 조망하는 넓은 시야를 확보하고 있음을 보여준다. 여기서 이 조망의 시선은 다름 아닌 "세기말을 오르"는 시대의식과 긴밀히 결합되어 있다. 즉 현실을 내려다보는 조망의 넓은 시선은 시간의 흐름을 주시하며 그 주름을 접고 펼치는 상상력의 역동성을 통해 가능해지는 것이다. 그리하여 시인은,

> 생(生)은 낯선 물로 채워진
> 논둑 쥐구멍에 쉴새없이 흙물들로 새고 있는 시간을
> 혹은 균열진 틈 속마다 등 구부려 온 몸을 끝까지 들이민 허무들을
> 그렇게 세계 갈라지고 붕괴할 때
> ―「세기말을 오르다가」 부분

에서 보듯, 우리 시대 문명의 폐허를 관찰할 뿐만 아니라, 그 원인을 규명하고자 한다. 시인이 주시하는 원인은 바로 "새고 있는 시간" 혹은 "균열진 틈"이다. "갈라지고 붕괴"되는 세계는 이 시간의 누수와 풍화 작용에 의해 생겨난다. 시인은 욕망이 무한 증식하는 천민 자본주의의 구조적 근거를 근원적인 시간의식으로부터 얻어내는 것이다. 따라서 홍신선은 "마음속에 걸어둔 기교와 이념이 너덜너덜 흔들린다" "물난리 뒤 어느 세기가 널브러져 있다 날아간 루핑처럼/내막의 반이 드러났다"(「집에 관하여」), "벗어든 생각들이 사물의 팔에서/제각각 20세기 빨래처럼 삭아가고 있다"(「마음경(經) 18」) 등에서 보듯, 시집 도처에서 부정과 환멸의 시선으로 20세기 전반을 조망하는 세기말의 시간 의

식을 보여주게 된다. 그런데 시인은 이 '균열'과 '허무'를 그 자체로 인식하는 데 그치지 않고 자기 몸의 내부로 끌어들여 균열을 극복하는 균열, 허무를 극복하는 허무를 생성해낸다.

> 어느 시간은 그 주검 벗어나 저희끼리 며칠째 희희낙락 가고 있고
> 어느 시간은
> 헌 육신 속에 둥글게 안을 파고 들어가
> 텅 비어지는……
>
> 내 시골에 돌아가 살리
> 새로 핀 앵두꽃들로 세상을 환하게 갈아입히며
> 또는 폐정(廢井) 속 아직도 깊은 밑바닥에서 울렁이는 관능들을
> 서리서리 또아리 튼 새벽 물빛들을 길으며
> 시골에 살리.
>
> ―「시골에 살리」 부분

"시골"은 세속도시의 대안으로 홍신선이 추구하는 공동체적 삶과 전통주의가 가시화된 공간일 뿐만 아니라, "황홀한 쓸쓸함으로 춤동작 엮는" 볍씨들과, "까치 소리 속에/아직도 내 어린 날 눈물 쏟던 마음이 남아서 까작까작 꺾이고 부러지는" 유년이 보존되어 있는 공간이기도 하다. 그리고 6·25, 4·19, 혹은 6·3 등의 정치적 사건들을 겪으며 상처 입고 "박살난 생"들이 "황량한 낯선 바닷가에 돌아와서야 죽는" "떠돌이 새"처럼 회귀하는 고향이다. 그런데 시인은 이 '시골'의 공간성에 '시간의식'를 개입시켜 내면의 텅 빈 공간을 생성시킨다. "내면 있는 것들만이 세상을 이룩하고 있다"라는 잠언풍의 구절 이후에 이어지는 위의 인용 부분은 "떠돌이 새"의 주검을 둘러싸고 두 종류의 시간이 전

개되고 있음을 보여준다.

"그 주검 벗어나 저희끼리 며칠째 희희낙락 가고 있"는 "어느 시간"이 있으며, "헌 육신 속에 둥글게 안을 파고 들어가/텅 비어지는" 또 하나의 "시간"이 있다. 전자가 현실에서 진행되는 객관적 시간이라면, 후자는 "안을 파고 들어가" '텅 빈 공간'을 만들어내는 내면적 시간이다. 결국 홍신선은 내면으로 파고드는 시간을 발견함으로써 텅 빈 공간을 만들고, 그 속에서 "앵두꽃들로 세상을 환하게 갈아입히며" "깊은 밑바닥에서 울렁이는 관능들"과 "서리서리 또아리 튼 새벽 물빛들을 길"어 올리는 새 생명을 추구하게 되는 것이다. 세기말의 전환기에 처한 시인이 시간에 대한 사유를 통해 폐허의 현실과 허무를 내면의 빈 공간 속으로 끌어들여 역전시키는 이러한 내성의 상상력은 다음과 같은 구절에서 선명히 표현되고 있다.

꽉 딛고 선 발밑이 힘쓸 수 없게 뭉텅뭉텅 패어 나가는
시간의 급류 속에

꿈 없는 단색 잠이
중심 잃고 무슨 익사체처럼 넘어져 쓸린다

끔찍한 집착 뒤에
편안한 망각처럼 식어 들어오는,
저 철근 같은 신경올 얽힌
폐허.

이 종말은 다시 어느 아름다운 세상으로의 개벽인가.
―「노을, 비 개인 뒤의」 부분

"시간의 급류"는 20세기를 마감하는 동시에 21세기를 맞이하는 세기적 전환기의 급격한 변화를 의미하는데, 시인은 이 빠른 물살에 "중심 잃고 무슨 익사체처럼 넘어져 쓸"리고 있다. 그러나 시인은 비 개인 뒤의 노을을 바라보며 그 "폐허"의 종말 속에서 새로운 세상의 개벽을 예감하게 된다. 이러한 역전을 가능케 하는 것은 "끔찍한 집착 뒤에/편안한 망각처럼 식어 들어오는"에서 드러난 '비움'의 태도일 것이다. 욕망을 낳는 집착을 버리고 생각을 비움으로써 얻어지는 "편안한 망각"은, 내면의 텅 빈 공간 속으로 현실의 폐허를 받아들여 그 어둠을 새로운 빛으로 전이시키는 방식을 의미하는 것이다. 종말을 다시 아름다운 세상의 개벽으로 인식하는 이러한 역전의 시정신은 "몸 열어 아프게 받아들이는/늙은 작부인/지상/오늘은 이 폐허가 화엄이구나"(「마음경(經) 15」)에서도 표현되는데, 이러한 시의식을 통해 홍신선은 '봄'의 계절이 지닌 재생의 리듬에 한 발을 얹어놓게 되는 듯하다. 이후 창작된 2부의 시들에서 때때로 등장하는 봄의 계절감각은 최근 시들을 묶은 1부의 시들에서 전경화되어 나타난다. 2부 '자화상을 위하여'에 수록된 시들은 50대 중반에 들어선 중년의 시대감각과 더불어 '내면의 빈 공간'을 통해 새로운 생의 열정을 되살리려는 테마가 주된 흐름을 이룬다.

    암나사의 터진 밑구멍 속으로
    한 입씩 옴찔옴찔 무는 탱탱한 질 속으로
    빈틈없이 삽입해 들어간
    숫나사의
    성난 살 한 토막

    폐품이 된 이앙기에서 쏟아져 나온
    나사 한 쌍

외설한 체위 들킨 채 날흙 속에서 그대로 하고 있다
둘레에는
정액 쏟듯 흘린
제비꽃 몇 방울

―「봄날」 전문

봄날의 에로티시즘을 형상화한 이 시는 1연과 2연에서 병치와 대비의 이중적 구도를 보여준다. 1연에서 암나사와 숫나사의 관계로 치환된 생생한 에로티시즘에는 봄날이 가져다준 재생의 리듬 속에서 생명력과 열정을 되살리는 시인의 모습이 숨어있다. 50대 중반의 나이에 다시 불태우는 내면적 생명력의 분출은 그러나 2연의 "폐품이 된 이앙기에서 쏟아져 나온/나사 한 쌍"에서 퇴락한 현실적 풍경을 통해 대비적 구도가 형성되면서 가라앉는 듯하다. 그러나 "외설한 체위 들킨 채 날흙 속에서 그대로 하고 있다"와 "둘레에는/정액 쏟듯 흘린/제비꽃 몇 방울"에서는 그 대비를 다시 조화의 관계망으로 전환시키며 1연의 의미망을 증폭시키고 있다. 따라서 이 시는 중년의 시인이 경험하는 새로운 열정과 퇴락한 현실의 폐허 사이에서 팽팽한 긴장을 형성한다. 새로운 생의 열정과 폐허의식 사이에서 길항하는 팽팽한 긴장은 다음과 같은 시에서 "살 타는 매운내"로 "진동"한다.

능지처참으로 사지 끊긴
그것으로도 모자라
부은 양 어깨와 등짝 속 깊이 깊이
새빨간 잉걸불 몇 덩이를 뜸장들로
박고 견디는
제 발원에 뜸 뜨고 섰는

강진만 길 저문 해안도로 옆
전신에 땀 비 오듯 흘리고 섰는
주변에 살 타는 매운내 진동하는
늙은 동백나무 한 그루를 만났다

박모(薄暮)의 이십세기
어느덧 그렇게 쉰 나이 지난
나를 만났다.

―「해후」전문

  저무는 20세기의 끝자락에서 쉰 나이를 지난 시인은 자신을 모습을 "늙은 동백나무"에서 만난다. "능지처참으로 사지 끊"어진 채 "양 어깨와 등짝 속 깊이 깊이/새빨간 잉걸불"을 박고 견디고 있는 이 동백나무는, "전신에 땀 비오듯 흘리"며 "살 타는 매운내"를 진동시킨다. 잉걸불을 박고 견디며 살 타는 매운내를 풍기고 있는 동백나무는 20세기가 남긴 상처와 시간의 풍화작용을 온몸으로 견디며 생명의 불꽃을 태우고 있는 시인의 모습이다. 이 잉걸불로 타는 몸은 홍신선 시의 팽팽한 긴장을 가능케 한 동인인데, 그것은 과거로의 회귀와 과거와의 결별 사이에서 요동치는 몸서리를 내포하고 있다.

  1) 그 무렵 그대와 나 목숨의 왕겨더미 속에서 속으로 끊임없이 타드는 뜨거운 겻불이었으니
    그 불 속에 묻어둔
    식을 대로 식은 운명의 태반 되찾아 태우리
    문 닫힌
    다시는 영영 문 열고 나오지 못하는

십여 개 중대 시간들이 원천봉쇄한
　　현재 쪽, 소란스런 정문 밖에는
　　단벌의 뒷모습만 걸어두리
　　내 몸만 수척한 등롱처럼 부재중을 밝혀 걸어두리
　　그리고는
　　정신은 어느날 가출하여 흉가처럼 텅 빈 그 옛날 기억세포에 가서 놀리

　　　　　　　　　　　　　　　　　　―「치매의 노래」부분

2) 철길이 끊겨 있다
　　마을 위로 남부여대 떠돌이새들이 남루한 목숨들을
　　운구하듯 이고 진 채 날아간다
　　잊어버려라 잊어버려라
　　선소리 메기듯 바람은 널 앞에서 서서 센가락을 뽑고
　　장강틀 나누어 메듯 지난 6·25와 4·19, 5·18 황홀치 않은 시절들을 메고
　　날아간다
　　폐선로 대신 남북으로 뚫린 허공길 아래
　　양장 치듯 둘러친 하늘 아래, 그래,
　　뒤처진 저 한 가구도 잊어버려라 잊어버려라 둘러앉아 쉬고 있다
　　광중(壙中) 짜듯
　　떠돌이 제 서러운 세월 묻으며
　　쉬고 있다

　　　　　　　　　　　　　　　　　　―「철원벌에서」부분

"내 어느 날 가출하리"라는 구절로 시작하는 1)은 미래의 예감을 말하고 있지만, 그 내용은 "텅 빈 그 옛날 기억세포에 가서 놀리"로 요약된다. "흉가처럼"이 말해주듯, 시인에게 있어 과거는 "동학사 오르는 초봄의 추운 길"과 "취기 마저 깨기를 기다리던/국립묘지 앞 텅 빈 주차장"과 "죽음 위에 걸터앉아 애를 낳는/협착한 자궁에서 난산으로 늑장부리는 흐린 희망들"로 대변되는 추위와 취기와 죽음의 이미지로 중첩된 폐허의 공간이다. 그럼에도 불구하고 시인은 "시간들이 원천봉쇄한" "현재"를 떠나 과거로 돌아가려 한다. 이 과거로의 회귀는 폐허의 공간 속에서도 "속으로 타드는" "뜨거운 겻불"이었던, 그러나 지금은 "식을 대로 식은 운명의 태반 되찾아 태우"기 위해서이다. 그러므로 1)에 나타난 과거로의 회귀는 단순한 과거 지향이 아니라 과거가 지닌 열정을 회복하려는 시도를 의미하는 것이다.

2)에서 시인은 한국의 파행적 현대사가 낳은 정치적 사건으로 인해 남루와 퇴락과 죽음을 겪었던 과거와의 결별을 희망한다. "황홀치 않은 시절들을 메고/날아"가는 "떠돌이 새들"에게 "잊어버려라"라고 거듭 외치고 있는 화자의 목소리는 바로 자신을 향하고 있다. "떠돌이 제 서러운 세월 묻으며/쉬고 있"는 "새"는 바로 시인 자신인 것이다. 남루하고 황량하며 고난에 찬 과거로부터 벗어나 생의 희망을 되찾으려는 이러한 시도는 과거의 "뜨거운 겻불"을 되찾아 "운명의 태반"을 태우겠다는 1)의 의도와 역방향으로 진행하며 한 지점에서 만난다. 그리하여 1부 '봄날'에 수록된 시들은 과거로의 회귀와 과거로부터의 결별이 상충하는 지점에서 불꽃처럼 일어나는 봄의 재생을 노래하게 된다.

지나간 일은 원인무효다
지나간 일은 원인무효다

긴 겨울 혹한에 손바닥 동상이 든 시누대 잎들이
두껍지 않은 백노지색으로 마른다
서울 북쪽까지 이민 온 마른잎들은
끊어진 철근처럼 속의 평행맥들 퉁그러져 나왔거나
영광도 굴욕도 없이 찢긴 깃발처럼
일제히 고사한 줄기 끝에 매달려 있다.
부근의
방부제 친 미라처럼 썩지 않는
몇 구(軀)의 폐기된 궂은 잎들 겹쌓인 속에서
그러나
온몸의 진기를 끌어올리느라 이맛전까지 파랗게 질린
여남은 그루의 죽순들
비밀결사하듯 막 신발끈 풀고 앉아
구호 삼키고 있다

지나간 일은 모두 원인무효다
새로운 시작이다.

―「혁명」 전문

　과거와 결별하고 미래로의 시작을 선언하는 이 시의 1연과 3연은 마치 혁명의 구호처럼 들린다. 그렇다면 중요한 것은 그 혁명의 내용을 이루는 2연이 될 것이다. 2연은 "그러나"라는 10행을 중심으로 전반부와 후반부가 대비되는 구도를 보여준다.
　전반부에서 관찰의 대상은 "시누대 잎들"인데, 그것은 겨울 혹한으로 인해 "백노지색"으로 말라 있고, "끊어진 철근처럼 속의 평행맥들 퉁그러져 나왔거나" "찢긴 깃발처럼" "고사한 줄기 끝에 매달려 있다."

이것들은 "겨울 혹한"으로 대표되는 고난에 찬 현실에 의해 몸이 찢겨지고 생명이 고갈된 채 누추하고 퇴락한 몰골을 드러낸다. 그렇지만 "그러나" 이후의 후반부는 이러한 폐허와 죽음의 현실을 견디며 그것에 대항하기 위해 생명력을 온몸에 결집시키고 있는 "죽순들"을 형상화한다. 여기서 "온몸의 진기를 끌어올리느라 이맛전까지 파랗게 질린/여나믄 그루의 죽순들"은 어디서 그 힘을 길어 올리는 것일까?

> 얼마나 지겨우면 저렇게 떼로 몰려 선 오리나무들 진저리치는가
> 이따금 자해하듯 부르르 부르르 사십년생 몸을 떤다
> 한여름내 허공의 백금도가니 속에서 벼려낸
> 줄톱이며 삽, 식칼만한 잎들을
> 마른 신경들을 적막하게 툭툭 꺾어 내린다
> 그 오리나무의 소리 없는 진저리의 진앙지는 어디인가
> 유관부 나이테들이 우물벽인 듯 짜들어간
> 심부(深部)에서, 쿨럭쿨럭 기를 쓰고 밑바닥 욕망들을 길어 올리느라
> 흔들리는가 고장난 양수기의 목구멍처럼 쿨럭이며 올라오는
> 죽음들로 경련하는가
> ―「전율」부분

자해하듯 자신의 잎들과 신경들을 꺾어 내리며 진저리치고 있는 "오리나무"가 보여주는 "소리 없는 진저리의 진앙지"는 "심부(深部)"이다. 그런데 이 심부에서 끌어올리는 것은 "쿨럭쿨럭 기를 쓰고" 길어올리는 "밑바닥 욕망"인가, 아니면 "고장난 양수기의 목구멍처럼 쿨럭이며 올라오는/죽음"인가? 오리나무의 전율은 운명의 시간으로 다가오는 죽음 앞에서 내면의 중심에서 끌어올리는 욕망의 생명력을 맞세울 때 성립되는 진저리이며 몸떨림이다. 이미 3부의 시들에서부터 '빈틈의 내

면 공간'으로 형상화되었던 이 내면의 중심, 즉 심부는 이처럼 과거로의 회귀와 과거와의 결별, 죽음과 생명, 폐허의 현실과 재생의 의지가 상충하는 지점에서 강렬한 전율을 낳는다.

 이 순간의 팽팽한 긴장으로부터 생성되는 것이 바로 낯선 이미지가 충돌하며 그로테스크한 풍경을 빚어내는 홍신선 시의 독특한 비유법이다. 오리나무의 잎과 신경을 "줄톱이며 삽, 식칼"(「전율」)로 비유하거나, 마른 잎들의 평행맥을 "끊어진 철근"(「혁명」)에 비유하는 양상 뿐 아니라, "대부도 앞 서해가/수만 개 관짝들로 죽어 빠져나간 뒤"(「종말론」), "허공엔 시멘트못 뽑힌 빈 구멍투성이다"(「노을, 비 개인 뒤」), "가지 뒤 허공 속에/숨어 있던 햇볕들 여러 마리/입 벌려 깨갱대며 튀어나온다"(「마음경(經) 26」), "인근 갓난풀들의 목구멍 속에는/삼키다 만/잔광 몇 도막/생선가시처럼 아프지 않게 박혀 있다"(「마음경(經) 19」) 등에서 보듯, 직유법을 중심으로 형성되는 홍신선 시의 돌출하는 비유법은 시각, 청각, 촉각 등의 감각의 유사성에 근거하는 비유의 일반 원리에서 벗어나 내용의 유사성에 근거하고 있다. 즉 그의 시는 감각하고 느끼는 시가 아니라 생각하고 사유하는 시인 것이다. 독자들에게 그로테스크하고 생경한 느낌 속에 낯설게 하기의 효과를 가져오는 이 비약적 비유법에는 몇 겹의 전이과정이 숨겨져 있다. 거리가 먼 두 대상을 의식 내부로 끌어들여 하나의 지점에서 충돌시킴으로써 낯선 이미지를 낳는 이 비유법은 부자연스럽고 어색한 느낌을 주기도 하지만, 사실 그것은 완강한 현실의 폐허 속에서 패배가 예정된 싸움에 임하는 홍신선의 내성의 상상력이 빚어낸 전율의 미학을 함축하고 있다. 운명처럼 밀려오는 시간의 풍화작용과 현실의 폐허를 텅 빈 내면의 폐허로부터 길어 올린 혼신의 생명력으로 맞서는 전율의 미학이 바로 이러한 돌출하는 비유를 낳는 진앙지가 되는 것이다. 따라서 이 비약적인 비유법에는 현실에 대한 도저한 폐허의식과 그것을 텅 빈 내면의 허무로 대면하여 새 생명의 불꽃으로 전이시키려는 내성의 상상력이 개입되어 있는 것이다.

시간의 폐허를 견디는 내성의 상상력은 다음과 같은 시에서 내면과 현실, 빛과 어둠, 삶과 죽음이 충돌하며 화톳불처럼 타오르는 전율의 순간을 맞이한다.

> 두 야윈 손목의 동맥 긋고
> 앞바다 한가운데 혼절해 네 활개 뻗고 나자빠진
> 그 잘난 입양녀 노릇도 쫓겨난
> 오갈 데 없는 안잠자기 신세도 끝장낸
> 내 누이같은 해
> 이제 둥글디둥근 내면 밖은 도처에 어둠이다
> 그 몸의 열린 죽음의 하수구에서 쏟아져 나오는
> 실꾸리만한 피올들이
> 아프지 않은 가난과 신음들을
> 잔 물결들 위에
> 막 화톳불 모양 올려놓는
> 이 전율의
> 폐업 직전 정신 영업 한 순간.
> ―「망월리 일몰」 부분

이 화톳불의 전율은 "야윈 손목의 동맥 긋고" "몸의 열린 죽음의 하수구에서 쏟아져나오는/실꾸리만한 피올들"이 "화톳불 모양 올려놓는" 순간에 일어난다. "폐업 직전 정신 영업 한 순간"에 비로소 생성되는 이 전율의 미학은 죽음과 소멸을 자신의 몸으로 받아들이는 허무의식으로 인하여 비극적으로 처절하면서 아름답다. 그러나 이 비극적 허무의식과 전율의 미학이 재생과 부활의 빛으로 나아가고 있음을 다음의 시가 잘 보여준다.

> 질척대는 회음부 부근인가 저지대 습지인가
> 물오리나무떼들이
> 제 둥근 속 내부에다 번민처럼 기르던 바람 맑은 소리들을
> 목청껏 쏟아놓는다
> 오오냐 오냐 다시 일어서마
> 오오냐 오냐 다시 일어서마
> 허공에 쏟아지는
> 그들의 먹을 따듯 수척한 노랫소리들
> 지난 겨울 폭설의 천톤 눈에
> 멀쩡한 팔뚝들 숱한 가지들 타악타악 부러뜨려 내리고
> 목숨 아픈 듯 아프지 않게 건사해온.
>
> 오늘은 또 무슨 일로 곡간 같은 하늘문 활짝 열렸는가
> 햇살이 수천 석 가마니짝들로 차곡차곡 들여 쌓인
> 그 휑뎅그렁 푸른 문이.
>
> ―「봄산」부분

"봉두난발 잡범처럼 끌려나온/그 봄산"의 남루하고 퇴락한 모습 속에는 "둥근 속 내부에다 번민처럼 기르던 바람 맑은 소리들을/목청껏 쏟아놓는" "물오리나무떼들"이 살고 있다. "오오냐 오냐 다시 일어서마"라고 외치는 결의에 찬 목소리에는 홍신선의 생에 대한 의지가 스며 있다. "목숨 아픈 듯 아프지 않게 건사해온" "물오리나무떼들"의 "수척

한 노랫소리들"은 결국 하늘문 활짝 열리고 내리비치는 햇살과 만난다. 홍신선은 "봉두난발 잡범처럼" 망가진 채 폐허가 된 몸으로 "거덜난 위대한 기다림"(「동강행」)을 거쳐 "둥근 속 내부"로부터 올라오는 새로운 생명의 환희를 맞이하는 것이다. 홍신선의 전율의 미학이 남루한 폐허의 현실을 견디며 그 보다 더 큰 내부의 환한 빛으로 계속 피어나기를 기대한다.

죽음, 혹은 뿌리의 시학
— 최문자의 시세계

1. 추억과 회한의 행로

최문자의 시는 지나간 사랑에 대한 추억과 회한으로 점철되어 있다. 이별의 아픔과 공허한 자기 확인에서 촉발되었을 사랑에 대한 추억은, 미련과 후회의 감정을 넘어 사랑의 본질에 대한 탐구를 통해 존재론적 성찰로까지 이어진다. 사랑은 인간 관계의 가장 첨예한 양상을 이룬다. 따라서 최문자의 시는 사랑의 아픈 기억을 통해 자신의 상처를 치유할 뿐 아니라, 관계성을 토대로 한 인간의 근원적 문제를 사색하는 데까지 나아가는 것이다. 다음의 시는 '사랑— 이별— 추억— 성찰'로 이어지는 시의식의 진행 과정을 함축하고 있는 작품이다.

  지난 밤
  왠 바람이 그리도 불어댔을까
  아무 말 없이
  뜨겁게 꽂혀 있던 꽃잎 죄다 떨어뜨리고
  불구가 된 나무.
  몰라보게

오른쪽으로 기울어졌다.
빠져 죽은 꽃이파리를 향해
환장한 듯 헛손질하다
빈 들판에 무너진 한쪽
바람아,
쓸지 마라.
땅에 떨어뜨린 뜨거운 하혈
추억의 힘으로
다시 꽃이 될 거다.

―「이별」 전문

 이 시는 '꽃잎에 부는 바람― 불구가 된 나무― 추억의 힘'으로 진행되는 전체적 전개 속에 최문자의 핵심적인 시의식을 응축하고 있다. '꽃'과 '바람'을 중심으로 형성되는, 1―4행의 첫 단계는 사랑과 그 좌절이라는 과거의 경험을 그린다. 5―10행의 둘째 단계는 그로 인해 생겨나는 상처와 불모의 현재적 양상을 "불구가 된 나무"의 형상으로 드러낸다. 그리고 11―15행의 셋째 단계는 이 불모의 현실을 "추억의 힘"으로 극복하여 다시 꽃을 피우려는 미래적 결의를 표현하고 있다. 결국 이 시는 '과거의 원인― 현재의 결과― 미래적 결의'라는 세 단계의 시상 전개를 하나의 완결된 언어 구조 속에 형상화하고 있는 것이다. 이제 이 시의 시상 전개를 토대로 최문자 시를 따라가면서 그 시적 의미를 살펴보기로 하자.

2. 사랑, 혹은 꽃과 바람의 충돌

「이별」에서 "아무 말 없이/뜨겁게 꽂혀 있던 꽃잎"은 고요함 속에 정열의 불꽃을 피우고 있는 사랑의 모습이다. 최문자에게 있어 이 사랑은 존재의 가장 높고 환한 절정의 순간을 의미한다. 그런데 지난 밤 불어댄 바람에 꽃잎은 죄다 떨어지고 만다. 이 '바람'은 사랑을 방해하는 외부의 장애물, 혹은 시련처럼 보이기도 하지만, 자아의 내부에서 '꽃'과 충돌하는 또 다른 자아의 모습으로 보는 것이 타당할 듯하다. 이를 해명하기 위해서 다음의 시를 살펴보자.

> 바람을 달라는 딸에게
> 꽃을 주고 싶다.
> 파랗게 치켜뜬 의식과 능란한 다리를 가진 바람보다
> 순결한 흙의 입술에 정신을 대고 있는 꽃의 시간은
> 얼마나 따스한가?
> 죽어도 끝나지 않는 꽃의 이야기는
> 언제나 사랑의 형식이었다.
> 사람이 이 땅에 아직도 꽃의 이야기는
> 언제나 사랑의 형식이었다.
> 사람이 이땅에 아직도 꽃을 남겨 놓는 것은 순결을 못 잊기 때문이다.
> ―「헌화가」부분

이 시에서 딸은 화자에게 "바람"을 달라고 한다. "파랗게 치켜뜬 의식과 능란한 다리"를 가진 '바람'은, 생명력이 충일한 젊음의 역동성과 정열을 상징한다. 이런 바람을 달라고 하는 딸에게 화자는 "꽃"을 주고 싶다고 말한다. '꽃'은 "순결"한 "사랑의 형식"이기 때문이다. 따라서 이 시는 최문자의 시의식 속에 젊음의 두 가지 형식이 공존하고 있음을 암시해준다. 하나는 "파랗게" 약동하는 열정과 생명력의 형식이며, 다른 하나는 "따스한" 순결의 사랑의 형식이다. 최문자의 시에서 사랑은 젊음의 열정이나 생력력과 동의어로 보이기도 하지만, 이 둘 사이에는 미묘한 차별성이 존재하는 것이다. 이런 젊음의 두 가지 형식은 생명의 에너지와 정신적 사랑이 충돌하는 에로스의 이율배반성을 상기시킨다. '꽃'의 이미지와 상충하는 '바람'은, 다음의 시에서 '돌'과 '가시'의 이미지로 변주되어 나타난다.

    1) 꽃처럼 일어서려 할 때
       가슴 한복판에서
       검푸른 날이 깎이는 소리가 들린다.
       이것이
       장차 돌일까 하여
       자정에도 문득 깨어
       돌에 갇힌 듯한 나를 흔들어 본다.
                                 —「돌」부분

    2) 어느날
       장미의 가시는
       꽃을 넘보다 찌르고 올라와
       꽃이 되고
       꽃은 내려가
       푸른 뼈의 가시가 된다면
       그것은 반란이다.
                             —「악의 꽃」부분

"돌"과 "가시"는 "꽃"의 내부에서 "꽃"을 넘보고 찌르는, 내면의 반란이다. 결국 순결한 사랑의 형식인 "꽃"을 오염시키고 훼손시키는 '바람' '돌' '가시'는 존재의 운명이며, 사랑의 운명이 된다. 왜냐하면 인간의 사랑은 애정과 욕망, 이타심과 이기심, 헌신과 자기애 사이에서 동요할 수밖에 없기 때문이다. 이율배반성을 한 몸에 안고 있는 사랑으로 인해 시인이 추구하던 순결한 사랑의 형식은 좌절될 수밖에 없다. 이러한 시의식은 완전하고 절대적인 사랑을 갈망하는 시인의 결벽성과, 자기 내면의 욕망을 직시하는 정직성으로 인해 생겨나는 것으로 볼 수 있다. 그리하여 절대적 사랑의 불가능성 앞에서 좌절한 시인은, 사랑의 불꽃 앞에서 몸을 움츠리게 되는 듯하다.

이상에서 순결한 사랑의 형식인 '꽃'의 이미지와 자아의 내부에서 그것과 충돌하는 '바람' '돌' '가시'의 이미지를 통해, 젊음 혹은 사랑의 이율배반성을 살펴보았다. 이런 이율배반성을 내포한 청춘의 사랑으로 인해 시인은 사랑의 완성에 이르지 못하고, "불구가 된 나무"로 대변되는 불모의 내면 상태를 지니게 되는 것으로 보인다.

3. 사막, 혹은 물의 변주

「이별」에서 "불구가 된 나무"로 상징된 시적 자아의 현재적 양상은, "오른 쪽으로 기울어 졌다"에서 균형 상실 혹은 결핍의 이미지로, "환장한 듯 헛손질하다"에서 환각과 허방의 이미지로, "빈 들판에 무너진 한쪽"에서 공허와 좌절의 이미지로 형상화되고 있다. 이 모든 상황들을 수렴하는 것은 "잃어버린 물"로 대변되는 '사막'의 이미지일 것이다.

> 한 번도 그릇을 깨뜨려본 적 없는데
> 자꾸 그릇을 놓친다.

조심할수록 그릇의 살 끝을 놓치고
꼭 하려던 그릇의 말 끝을 놓치고
감춰둔 사발을 몰래 꺼내보다
마침내 그도 놓치고 말았다.
생줄 끊어놓고
산산 조각난 저 혓바닥에
부러진 관계의 어금니.
한 사발의 생수를 잃어버리고
거기에 담을 빵과 찰랑한 웃음 잃어버리고
앞으로 긴 시간
어림도 없는 다른 사발로
그리움의 물 퍼먹으며
더 엎지를 것도 없는
침침한 빈 손가락 열 개뿐인 거
텅텅 비어서 줄줄 새면서
잃어버린 물 쑤셔박힌 땅만 바라볼 거
나, 다 알고 있어.

—「잃어버린 물」전문

   이 시는 사랑하는 사람과의 관계의 균열, 혹은 이별의 상황을 그릇을 놓쳐 산산조각내 버린 상황을 통해 알레고리적으로 형상화한다. "감춰둔 사발을 몰래 꺼내보"는 모습은 사랑하는 사람을 소중히 여기는 마음과 드러내놓지 못하는 금기의 아슬아슬한 경계를 보여준다. 그러나 "조심할수록 그릇의 살 끝을 놓치"게 되고 그릇은 깨어져 버리고 만다. 그릇의 깨어짐은 결국 생수를 잃어버리고 그리움의 물을 퍼먹는, 사막과도 같은 불모의 상황을 낳게 된다. 이 '사막'의 이미지는 "그의 등뼈 속에는 까슬까슬한 모래가 박혀 있다"(「사막일기 2」), "잘록한 옆구리도 없는 밋밋한 모래의 자궁"(「사막은 어떻게 되는가?」) 등을 위시하여 이번 시집의 전체적인 분위기를 지배하는 이미지로 나타난다.

 그런데 우리는 「이별」과 아울러 「잃어버린 물」에서 최문자 시의 중요한 몇 가지 특징을 발견할 수 있다. 첫째는, "그릇의 말 끝을 놓치고"와 "산산조각난 저 혓바닥"에서 보듯, 깨어진 그릇, 혹은 관계의 균열이 언어와의 불화와 결부되어 나타난다는 것이다. 최문자에게 있어 관계의 단절은 언어 소통의 불완전성에서 파생하는 듯하다. 앞서도 언급했듯, 최문자 시인에게 사랑은 완전하고 절대적인 관계성, 즉 존재간의 합일의 경지를 의미하지만, 인간 관계의 복잡성은 이 절대적인 합일의 관계를 허용하지 않는다. 언어는 이 불가능한 사랑의 원인이기도 하면서 동시에 결과물이기도 하다. 따라서 최문자 시의 중심 주제인 존재의 관계성에 대한 천착은 언어의 탐구와 더불어 시도될 수밖에 없는 것이다.

  나에게
  뼈는 금지된다
  흰종이에 만년필 같은 뼈를 세우면
  언어가 집을 나간다.
  할 수 있는 모든 말들을 끌고 나간다.
  뼈가 앉았던 자리에서 끝내 피가 난다.
  물은
  아무 말 없이 은근한 깊이가 되는데
  아아,
  나는
  숲이 되지 않는 풀잎 사이에서

콩이 되지 않는 으깨진 콩을 깐다.

―「푸른 자리 1」 부분

　이 시는 아프지 않게 숲이 되는 "풀"과 긴 형식 없이 동그랗게 콩이 되는 "콩"의 모습과 대비되는, 시적 자아의 불모의 양상을 형상화하고 있다. 시적 자아의 불모는 "뼈"로 대변되는데, "뼈"는 피의 욕망과 살의 감정과 신경의 감각을 발라버리고 나서 남는 앙상한 정신의 상징으로 간주될 수 있다. "뼈"는 시인이 순결한 사랑의 본체에 도달하기 위해 시도하는 하나의 모험이지만, 이 모험은 존재의 물기를 증발시킴으로써 "언어가 집을 나"가고 "할 수 있는 모든 말들을 끌고 나"가는, 언어의 상실을 가져온다. 이러한 딜레마에 빠진 화자와 달리 "물"은 "아무 말 없이 은근한 깊이가" 된다. '물'은 '풀'이나 '콩'과 같이 자연 그대로 온전한 존재의 깊이를 가진 것이다. 이러한 '물'의 속성은 「이별」에서 "아무 말 없이/뜨겁게 꽂혀 있던 꽃잎"의 무언의 자세가 무엇을 의미하는지 시사해 준다. 순결하고 절대적인 사랑에 대한 최문자 시인의 갈망은 사랑의 이율배반성과 언어의 한계에 막혀 좌절되지만, 결국 시인은 이 '물의 깊이'와 '시적 언어'에 대한 탐사를 통해 그 한계를 넘어서려 하는 것으로 보인다.
　둘째로, 「잃어버린 물」은 화자가 현재 시점에서 과거를 보는 것이 아니라, 과거의 시점으로 돌아가 그 자리에서 미래를 바라보고 예상하는 상황으로 설정되어 있다. 즉 과거에서 현재를 바라보는 시점의 변화를 시도한 것이다. "잃어버린 물 쑤셔박힌 땅만 바라볼 거/나, 다 알고 있어"와 같은 조숙하고 냉담한 어조는 이러한 시점의 변주와 밀접한 관련성을 지니고 있다. 자기 운명에 대한 연민과 냉소가 교차하는 듯한 독특한 어조는, 이미 인생의 비밀을 모두 알아버린 후의 사유를 담고 있는 듯이 보인다. "젊은 날에 붉을 피가/미리 다 쏟아지다니"(「자목련」)

와 같은 문장의 묘한 뉘앙스도 이러한 복합적인 시제의 교차에 기인하는 것이다. 시점, 혹은 시제의 변주는 과거·현재·미래를 아울러 조망하는 최문자 시의 특징과 결부되어 있다. 앞서 분석한 「이별」이 보여주듯, '과거의 사랑— 현재의 불모— 미래적 기약'이라는 세 단계의 시제가 최문자의 시의식 속에 공존하고 있는 것이다. 이처럼 시인은 세 가지 시제의 공존이라는 시의식을 시점의 변화를 통해 다양하게 변주시킴으로써, 개별시의 개성을 확보하는 동시에 전체적 의미구조의 통일성을 유지하게 된다.

한편, 두 가지 이상의 시간대를 결부시키는 시적 구성은 「잃어버린 물」의 "앞으로 긴 시간"과 같이, 종종 시간적 의미를 함축한 한 행의 연결고리로써 처리된다. "그 후로/자주 멈추는 자동차를 위하여/동맥까지 우울하게 떨려오는 시동을 미리 건다"(「공회전」), "아직도/제 자리를 차지하고 있는/뼈같이 남아 있는 시간"(「수레바퀴 밑에서」), "내일./오늘의 비린내에 푹 젖어 아무것도 못 잊을 내일"(「두 번 꽃필 것도 같은 내일」) 등에서 "그 후로" "아직도" "내일"은 이러한 연결고리에 해당한다. 이는 최문자의 시의식이 과거— 현재— 미래의 시간대 위에서 자신의 생애와 사랑의 운명을 주시하고 있음을 보여준다. 결국 이러한 시제의 결합은 과거의 사랑을 반추함으로써 현재의 상처를 치유하고, 더 나아가 새로운 미래를 기약하려는 의도를 내포하고 있는 것이다.

셋째로, 「잃어버린 물」에서 우리는 시적 대상 혹은 상황과 화자의 내면풍경을 결부시키는 독특한 알레고리의 기법을 발견할 수 있다. 이 시는 그릇의 살 끝을 놓쳐 깨뜨린 이후 물이 쏟아지고 내용물도 없어진 일상적 상황과, 사랑하는 사람과의 이별 후에 생기를 상실하고 그리움을 되풀이하는 시적 화자의 내면 풍경을 겹쳐놓는 기법을 보여준다. 이것은 하나의 완결된 이야기 구조를 통해 전체적인 상징으로 계몽적 메시지를 전달하는, 원래의 알레고리 기법을 변형시킨 것으로 볼 수 있다. 이러한 변형된 알레고리 기법은 일상적 대상이나 상황과 시적 자아의 내면을 삼투시키며 독자들에게 생생한 시적 메시지를 전달하는 효과를 낳는다. 「이별」의 경우에는 시의 내용이 바람에 떨어지는 꽃잎의 상황만을 보여주는 듯하지만, "왜 바람이 그리도 불어댔을까" "다시 꽃이 될 거다"에 화자의 입김이 스며들어 있으며, 제목과의 대비를 통해서도 이러한 알레고리가 형성되고 있다. 이러한 기법은 구체적 대상에 대한 묘사만으로 구성되는 대상시와, 화자가 스스로의 내면 세계를 토로하는 고백시의 기법을 상호 융합시킨 결과로 볼 수 있을 것이다.

넷째로, 이러한 변형된 알레고리의 기법에는 '나'와 '당신'의 관계가 설정되어 있다. 「잃어버린 물」에서 "감춰둔 사발"을 "그"로 지칭할 때, 그것은 그릇과 사랑하는 사람을 동시에 가리키는 중위법으로 사용된다. 그리하여 이 시는 깨어진 그릇과 쏟아진 물이라는 일상적인 현상에, 사랑하는 사람과의 이별과 상실감이라는 화자의 내면 상황을 중첩시키게 되는 것이다. 「이별」의 "뜨겁게 꽂혀있던 꽃잎"에도 순결하고 절대적인 사랑이라는 님과의 관계성이 내포되어 있는 것으로 볼 수 있다.

지금까지 우리는 「이별」에 나타난 '불구가 된 나무'의 이미지를 매개로 「잃어버린 물」에 나타난 '사막'의 이미지를 살펴봄으로써, 님과의 이별로 인해 생겨난 시적 자아의 현재적 양상을 고찰하였다. 그리고 이 과정에서 최문자 시의 중요한 특징을 네 가지로 살펴보았는데, 이는 나와 당신의 관계성을 언어에 대한 탐구와 시제의 공존과 변형된 알레고리의 기법으로 형상화한다고 요약될 수 있을 것이다.

그런데 최문자 시인의 현재적 상황을 대변하는 '사막'의 이미지와 이러한 시적 특징들이 '물'의 다양한 변주를 통해 형상화되고 있는 점에 주목할 필요가 있다. '사막'의 이미지는 시적 자아의 '갈증'의 양상으로 이어지면서 끊임없이 '물'을 갈망하고 추구하는 지향성을 배태하게 된다. 따라서 이번 시집에 나타난 '물'의 이미지는 "잃어버린 물"과 "아무 말 없이 은근한 깊이가 되는" "물" 사이에서 다양한 스펙트럼을 형성한다. "날콩의 비린내"(「냄새 1」), "풀내 나는 향수"(「냄새 2」), "풀냄새"와 "비린내"(「두 번 꽃필 것도 같은 내일」) 등이 지닌 "냄새의 혼"도 물기에 의해 촉발되는 "불발의 그리움"이며 사랑의 냄새이다. 그리하여 시인에게 사랑을 환기시키는 이 "냄새의 혼"은 시의식을 '물의 깊이'로 인도하게 되는 것으로 보인다.

4. 죽음, 혹은 뿌리의 깊이

앞서 살펴본 「이별」의 셋째 단계에서, "추억의 힘"은 "땅에 떨어진 뜨거운 하혈"을 일으켜 세워 다시 "꽃"으로 피어나게 하려는 의지를 내포하였다. 그런데 대부분의 최문자의 시에서 추억의 힘은 "꽃"으로 다시 피어나는 회복과 재생에까지 이르지 못하는 양상으로 나타난다. "다시 꽃이 될꺼다"라는 정신적 결의는 현실에 근거를 둔 신념과 자기 확신이라기보다는 미래를 기약하는 소망적 사유에 가까운 것이다. 오히려 최문자 시에 나타난 시의식의 지향은 꽃의 재생이라는 높이로의 상승이 아니라, 뿌리의 가라앉음이라는 깊이로의 하강으로 나타난다.

> 사람들이 잃어버린 것들은
> 언제나 흙 속에 있었다.
> (… 중략 …)
> 한 번도 안 쓴 흙에 닿을 수만 있다면,
> 닿을 수만 있다면.
> 나도 이 불결한 시간을 놓고 싶다.

저 깊은 흙을 당기는 깨끗한 뿌리 하나 두고 싶다.

―「뿌리」부분

　시인은 잃어버린 물을 그 근원인 흙에서 찾는다. "한 번도 안 쓴 흙"은 "이 불결한 시간"인 현재를 벗어나 있는 "순결한 시간"을 의미한다. 그곳에 닿기를 희망하는, 그래서 깨끗한 뿌리 하나를 두고 싶어하는 화자의 마음은, 죽음에 대한 동경과도 맞닿아 있는 듯이 보인다. 그러나 순결한 시간으로의 지향이 단순히 오염된 현실을 초월하려는 태도에서 기인하는 것이 아님을 다음의 시가 암시해 준다.

그와 나 사이에
끄떡없는 깊이가 있다.
우리는 서로 그 깊이를 모른체 하고 있다.
깊이를 걸친 흔들거리는 다리가 하나 있긴 하다.
다리가 무너지면
박살나는 깊이라는 걸 알고 있다.
(… 중략 …)
간혹 우리는 죽음도 괜찮다고 말한다.
깊은 밤, 다리까지 잠든 깊은 밤
턱없이 다리를 흔들어본다.
우리에게 시달린 다리가
막 끊어지려고 하는 걸 우리는 알아냈다.

―「다리 앞에서」부분

　이 시는 "나"와 "그"의 관계를 그 사이를 잇고 있는 "다리"의 속성을 통해 천착하고 있는 작품이다. "나"와 "그" 사이의 "깊이"는 완전하고 절대적인 사랑을 가로막는 심연이다. 그 사이에서 흔들거리는 "다리"는 관계를 형성하는 소통의 끈이지만, 그 관계와 소통을 추구하는 것은 추락과 죽음을 각오하지 않으면 안되는 일이 된다. "매일밤" "다리 양끝에서 서성거"리다가 "죽음도 괜찮다고 말"하는 "나"와 "그"는, 결국 죽음을 무릅쓰고 이 사랑의 관계에 발을 들여놓는다. "우리에게 시달린 다리가/막 끊어지려고 하는 걸 우리는 알아냈다"라는 마지막 행의 객관적 관조의 어조는, 예정된 추락과 죽음에도 불구하고 사랑에 진입하는 자의 비극성을 역으로 고조시킨다. 최문자 시인에게 있어 뿌리의 깊이가 가닿는 죽음의 세계는 현실의 초월이 아니라, 실패와 좌절을 무릅쓰고 추구하는 사랑의 비극적 열정의 소산인 것이다.

이 비극적 사랑의 열정은 "세워둔 것들은/쓰러지고싶다./쓰러지면 부러지고 싶고/부러질 때마다 사상이 바뀌고 싶다"(「실족 1」), "당신은/언제나 날카롭게 직립하세요./내 쪽으로 오는 저 칠흑의 어둠을 안고/내가 쓰러질게요."(「빈집」) 등에서, 쓰러짐과 무너짐의 자세로 변주되어 나타난다. 직립하는 태도에 맞서는 '쓰러짐'의 자세는, 현실의 모순과 결핍을 감싸안고 사랑의 관계로 진입하려는 시인의 새로운 시적 돌파구가 된다. 이는 사랑의 이율배반성과 소통 불가능의 운명을 껴안는 새로운 사랑의 원리를 확인하는 자세로 나타난다. 최문자 시의 뿌리의 깊이가 가닿은 죽음의 세계는 이러한 시적 의미를 내장하고 있는 것이다. 「닿고 싶은 곳」은 최문자의 시의식이 지향하는 지점을 잘 보여주는 작품이다.

> 나무는 죽을 때 슬픈 쪽으로 쓰러진다.
> 늘 비어서 슬픔의 하중을 받던 곳
> 그쪽으로 죽음의 방향을 정하고서야
> 꽉 움켜잡았던 흙을 놓는다.

새들도 마지막엔 땅으로 내려온다.
죽을 줄 아는 새들은 땅으로 내려온다.
새처럼 죽기 위하여 내려온다.
허공에 떴던 삶을 다 데리고 내려온다.
종종거리다가
입술을 대고 싶은 슬픈 땅을 찾는다.

죽지 못하는 것들은 모두 서 있다.
아름다운 듯 서 있다.
참을 수 없는 무게를 들고
정신의 땀을 흘리고 있다.

—「닿고 싶은 곳」전문

「이별」의 "불구가 된 나무"는 잃어버린 물을 찾아 뿌리의 깊이로 내려가다가 「닿고 싶은 곳」에 이르러 "슬픈 쪽으로 쓰러"지는 "나무"로 전개된 것일까. "늘 비어서 슬픔의 하중을 받던 곳"은 결핍과 상처를 운명으로 살아가는 존재의 근원적 모습을 상기시킨다. 이 결핍과 상처는 완전하고 절대적인 사랑의 추구가 좌절된 데서 생겨난다. 그러나 "그쪽으로 죽음의 방향을 정하고서야" "쓰러"지는 "나무"의 의지는, 죽음을 통해서 그 좌절까지 껴안는 사랑의 모습을 보여준다. 따라서 이제 나무는 상처와 슬픔을 자신의 재산으로 삼을 줄 아는 경지에 이른 듯하다. 죽음의 방향을 정하고 쓰러지는 태도는 2연의 "허공에 떴던 삶을 다 데리고 내려"오는 새의 모습으로 이어진다. 그것은 자신의 생애를 보듬어 안고 슬픔을 수락함으로써, 그것을 폭넓게 감싸고 넘어서는 죽음의 미학을 보여준다. 따라서 최문자의 시정신이 '쓰러짐의 자세'를 통해 닿고자 하는 궁극적 세계인 '죽음'은, 자신의 상처와 슬픔뿐 아니라 사랑의 모순과 좌절을 함께 보듬고 그것을 긍정하고 받아들임으로써, 더 큰 존재론적 성찰의 계기를 맞이한다. "죽지 못하는 것들은 모두 서 있다"는 3연의 문장은, 존재의 개체적 자기 동일성을 뛰어넘는 '죽음'을 통해서만 타자성을 껴안고 나아가는 진정한 사랑이 가능해진다는 시인의 메시지를 전달해 주고 있다. 다음의 시는 이 죽음의 미학이 '산'을 통해 새로운 길을 찾아가게 될 것임을 암시한다.

> 가장 낮은 도시에 다시 엎드릴
> 지루할 시간들을 내려다보며
> 잠들지 말자.
> 잠들지 말자.
> 수상해도 거기서 잠들지 말자.
> 산도 들리게 나에게 말했었다.
>
> 지친 지구 위에
> 산은
> 꼭 하나 남은 나의 길이다.
> 내 문장이 피흘린 자리
> 바로 그 길 위에
> 내 깨끗한 자국이 있다.
>
> ―「잠들지 말자」 부분

최문자에게 "산"은 "가장 낮은 도시에 다시 엎드릴/지루할 시간들"을 극복하는 "꼭 하나 남은 나의 길이다". 이 길이 "내 문장이 피흘린 자리"로 표현되는 것은, 시작(詩作)을 통해서 자신의 상처와 세상의 모순을 함께 껴안고 정화시키는 자리가 바로 자신에게 주어진 길이라는 의미를 함축한다. 낮은 도시의 시간들 속에 잠들지 않고 이 산길을 걸어갈 최문자 시인이 어떤 시의 발자국을 보여줄게 될지 자못 궁금해진다.

망각의 수사학
— 박주택론

　　박주택 시의 근저에 자리잡고 있는 것은 환멸과 폐허 의식이다. 현실에 대한 환멸은 자기 모멸로 이어져 비극적 세계인식을 강화시키고, 시의 표면에 여러 겹으로 덧칠된 권태의 풍경을 그려놓는다. 시세계를 도저한 허무주의로 물들이고 있는 이 환멸과 폐허 의식이 어디서 유래하는지, 그것이 낳은 권태의 풍경이 어떤 이미지로 형상화되는지, 그리고 이 이미지들이 어떻게 변모되어 가는지를 묻는 것은 박주택 시의 비밀을 감지하는 유용한 질문 방식이 될 것이다. 어쩌면 활달한 어조로 신화적 상상력의 비상(飛翔)을 보여주었던 첫 시집 『꿈의 이동건축』에서부터 환멸과 폐허 의식은 배태되고 있었는지 모른다.

　　　　僻地를 걸어나와 奔流 속으로 걸어 들어갈 때
　　　　깎는 듯한 결핍, 오! 결핍
　　　　本有의 화살에 司祭는 죽어가면서 숲 위에 떠도는
　　　　사랑을 보았다. 새는 환상으로 울었다.
　　　　환상으로 울 수밖에 없어서 내가 그대 앞에
　　　　빛으로 피어 시간의 팔에 안긴 말(言)들의 뿌리를
　　　　소유할 수 있다면 褶俗으로 그 미상의 不死의 빛으로

우리는 이름도 없는 말들의 땅으로 가면서
숲을 '숲?'이라 불렀다.

―「爬行」부분, 『꿈의 이동건축』

상징주의 미학이 지닌 본질에 대한 탐색은 상상력의 비상을 통해 하늘의 빛에 도달하려 한다. 그러나 상상력의 고공비행은 현실의 벽에 부딪혀 좌절될 수밖에 없으며, 그 결과 "깎는 듯한 결핍"이 생겨난다. 박주택에게 있어 이러한 결핍은 생득적인 것으로서 보들레르가 보여준 '저주받은 시인'의 자화상을 보여준다. "환상으로 울 수밖에 없"는 "새"의 모습은, 본질을 추구하는 의식의 날개가 부러질 때 언어의 뿌리를 소유함으로써 그것을 대신하는 동시에 상실의 아픔을 안는 시인의 운명을 암시한다. 따라서 시인은 "새"처럼 "숲"으로 귀환하여 그 상처와 결핍을 위로하고 치료하려 한다. 여기서 '숲'은 "숲속으로 들어서면 푸른 잎맥의 바다/물레를 잣는 어머니처럼 부드럽게/하늘이/내게로 내려와 물을 주시고"(「꿈의 이동건축」)에서 보듯, 하늘과 자연과 시적 자아가 상호 교감하는 조응의 세계인 동시에, 상징의 숲이기도 하다. "휘어이 휘어이 부는 바람 같이만/처음인 곳으로 가는 나중의 하늘"을 함께 읽으면, '물'과 '바람'의 동력이 '하늘'과 '숲'을 '어머니'의 모티프로 이어주는 연결고리임을 알게 된다. 그러나 하늘이 내려주는 물은 땅 위에서 강물로 흐르고, "산이 되는 바람에 의해 숲을 건너온 강물은 팽팽한 슬픔을 만"든다. 이처럼 하늘과 숲을 연결시키며 "비"를 몰아오는 수직의 '바람'은 대지의 "강물"을 흐르게 하는 수평의 '바람'으로 변형되면서 슬픔을 잉태한다. 이러한 시의식의 진행 과정에서 "먼지"로 뒤덮인 현실의 땅 위에 서게 된 박주택은 환멸과 상실의 자의식을 체득하게 되는 것으로 보인다. 그리하여 시인은 하늘과 숲 대신에 집의 구조와 가구들을 이동시키는 시적 방식을 선택하게 된다.

나는 집 구조와 가구들을 이동시킨다.
강물 때문에 어느새 현기증이
높낮이의 생애를 닮아가도
나는 다시는 태양을 찾지 않는다.
처음으로 약속받은 땅의 일이며
어떠한 경우에도 이것은 바꿔지지 않는 것이므로.
다만, 나무들이 지평 위에서 나를 지켜보기 위하여
날마다 까마귀알을 받아낼 뿐이므로.
— 「꿈의 이동건축」 부분, 『꿈의 이동건축』

하늘의 별을 지향하던 시인은 땅으로의 추락을 경험하면서 "강물"의 "현기증"을 느낀다. 숲과 들과 성을 찾아가는 영혼의 순례는 이처럼 "약속받은 땅"의 "현기증"을 감수하면서 진행되는 것이다. 집의 구조와 가구들을 이동시키는 작업은 현실 속에 꿈, 즉 환상을 개입시키는 것이며, 동시에 약속 받은 땅에서 언어의 건축물을 짓는 것이다. 첫 시집에서 보여준 박주택의 상징주의적 수사학은 이러한 내면적 필연성에 의해 구축된다.

역사 사회적 상상력이 지배하던 80년대에 이러한 시적 개성을 보여주었던 박주택은, 탈정치성의 문학이 전개되는 90년대에 들어 오히려 상상력의 비행을 멈추고 일상적 현실로 내려온다. 두번째 시집 『방랑은 얼마나 아픈 휴식인가』에서 시인은, 폐허의 풍경을 정태적으로 묘사하면서 황폐한 현실에 대한 환멸과 자기모멸을 집요하게 그려낸다. 비린내 나고 초라한 존재들이 본래적 생명력과 삶의 동력을 상실하고 퇴락하는 모습에는 시간의 흐름이 그 원인으로 작용하고 있다. 시인은 풍요로운 90년대적 삶의 외양 속에서 폐허와 소멸의 징후를 발견하고, 그 누추하고 불결한 현실의 리얼리티를 적나라하게 보여준다. 여기서 시적 자아의 감정과 사유를 최대한 절제하고 대상을 한 순간에 정적으로 묘사하는 시적 기법에는, 현실을 직시하고 그것을 견디려는 저항의지와 치열한 자기반성의 자세가 내장되어 있다.

세번째 시집 『사막의 별 아래에서』는 현실의 폐허와 그것에 대한 환멸이 더 입체적으로 묘사한다. 이 입체성을 가능케 하는 것은 그로테스크한 이미지와 시간의 모티프이다. 박주택은 무의식 내부의 환상과 심연의 불협화음을 적나라하게 드러내기 위한 방법적 위반의 표현으로서 그로테스크한 이미지를 형상화한다. 그리고 박주택 시의 풍경에는 시간이 잠복해 있다. 즉 박주택 시가 보여주는 적막과 상처의 풍경화는 현실의 구체적 상황과 그것이 촉발하는 기억이 삼투하며 몇 겹으로 뒤섞여 있는 것이다. 일상의 풍경과 기억의 장면, 의식과 무의식, 현실과 환상이 교차하며 무수한 무늬의 결을 형성한다. 이때 과거의 아픈 상처를 뼈저리게 반추하며 어둠의 자화상을 그리는 기억이 '몸'의 회로를 통해 이루어진다는 점을 주목할 수 있다. 몸 속에 난 길을 따라 무의식의 실핏줄을 거슬러 올라가며 침전되어 있는 과거의 흔적과 만나는 것은 네번째 시집까지 이어지는 중요한 특징이다.

그런데 네번째 시집 『카프카와 만나는 잠의 노래』에서 이 기억의 풍경화는 새로운 목소리로 표현되고 있다. 유장하고 장엄한 독백의 목소리가 그것인데, 이 독백의 진술은 강한 파토스적 에너지가 유폐된 내면 공간에서 공명을 일으키며 번져 나오는 듯한 느낌을 준다. 이러한 어조는 첫 시집의 활달한 신화적 상상력과 두번째 시집 이후의 정태적 묘사가 몸의 내면적 회로 속에서 융합되고 변형되어 생겨나는 것으로 보인다. 그것은 묘사와 진술, 대상의 관찰과 내면적 상념, 사유와 감각, 이미지와 상상력이 교차하고 교직하는 복잡한 주름의 문체를 만들어낸다. 두번째 시집 이후 보여준 메마른 정태적 묘사의 내면 심층부에서, 몸의 회로를 따라가는 기억이 강렬한 정념적 에너지를 축적해 왔음이

분명하다.

    입을 열지 않아 어금니가 아픈 하루
    다시는 가지 말자던 술집에 앉아 기우는 저녁해를 바라본다
    저 해의 상형문자, 저곳에는 어떤 망령의 책들이 있길래
    기다림의 문장들이 실명한 채 바람에 나부낄까
    얼룩진 의자 위로 먼지가 귀순을 꿈꾸며 부유하고 있다
    먼지에는 울음소리가 박혀 있다

    다시 태어나리라는 그 모든 것들은
    이제, 남은 생애를 저 저녁의 남은 빛에 맡기리라
    바람을 읽으며 누군가는 잘못 씌어진 기록에
    세상과 맞서 싸운 길 위에서 어이없는 웃음을 지을 것이며
    또 누군가는 잠이 들다 깨어
    스스로 독이 되는 긴 편지를 쓰리라

    해가 진다, 진다 저녁해야, 바람이 부나
    너 지는 곳, 붉은 핏물로 하늘을 곱게 물들이며
    운명을 하나씩 네 속에 가두고 이별을 피워 올리는 곳
    네가 길이라고 타이른 수많은 기다림이 좀이 슨 채 울음을 터트린다
    창에 수의가 어른거린다

    그것이 우리가 만나는 사랑의 모습이다

                                  —「판에 박힌 그림」 전문

1연은 시적 상황과 대상에 대한 묘사 및 해석의 관점을 보여준다. 권태와 비루함을 확인하는 일상 속에서, 시인은 술집에 앉아 기우는 저녁해와 얼룩진 의자 위의 먼지를 바라본다. 여기서 "저녁해"를 "상형문자"와 "책"으로 비유하는 것은 어떤 이유일까? 그리고 "얼룩"과 "먼지"의 의미는 무엇일까? 박주택의 최근 시는 '저녁 어스름의 시'라고 부를 수 있을 정도로 저녁과 밤의 시간대에 시선을 고정시키고 있다. "기우는 저녁해"는 시간의 흐름이 소멸을 향해가고 있음을 의미하며, "문자"와 "책"은 시간의 누적, 즉 시간의 두께를 함축하고 있다. "얼룩"과 "먼지"는 시간이 남겨놓은 상속물로서, 사물의 원형이 퇴색되고 마모되었음을 암시한다. 결국 시인은 "먼지에는 울음소리가 박혀 있다"라는 구절을 통해, 존재하는 모든 것이 시간의 흐름 속에서 훼손되고 소멸한다는 비극적 인식을 드러내고 있는 것이다.
　2—4연은 이러한 풍경 속에서 울려나오는 비장한 내적 독백이다. "잘못 씌어진 기록"과 "어이없는 웃음"과 "독이 되는 긴 편지"에는 현생에 대한 자조와 비탄이 뼛속 깊이 스며들어 있다. 생애에 대한 이러한 허무주의는 운명에 대한 저주처럼 들리기도 한다. 그러나 "또 누군가는 잠이 들다 깨어"에서 '잠'의 모티프는 운명에 대한 저주를 다른 얼굴로 조금씩 바꾸어놓을지도 모른다. "다시 태어나리라는 그 모든 것들"이 보여주는 환생(還生)의 의미 때문일까, "운명"과 "이별"이 만나는 장엄한 최후의 의식 때문일까, 시인은 "수의"로 대변되는 죽음까지도 우리가 만나는 사랑이라고 부른다. 이것은 무슨 의미일까? 이러한 질문들에 대답하기 위해 우리는 박주택 시의 미로를 따라 긴 우회로를 걸어가야 한다.

　　시절들은 머리털처럼 흘러갔다
　　저녁에 바친 흘러가는 뼈들은 자주 놀라 두근거렸다

비가 오고 마음의 帝國에는 오래고 푸른 房이 높이 떠
그 살아 있음으로 글자들을 퍼뜨리고
고양이 울음 끝에 풍겨오는 그림자는 비루에 감긴다

상점들이 흘러드는 불을 모아 잠잠함을 두려워한다
문은 밖을 향해 반짝이고 우산은 길을 찾는 자들의 머리 위에
머물다 시간의 벌어진 틈으로 들어간다
―「오래고 푸른 房」부분

　인용 시는 시간의 지속성을 제시하고, 흘러가는 시간 속에서 불안에 갇혀 있는 시적 자아의 모습을 "흘러가는 뼈"의 이미지로 형상화한다. "마음의 제국(帝國)"은 시인의 시의식이 유폐된 내면 공간에서 독자적인 생애를 형성해 왔음을 선명히 보여주고 있다. 유폐된 내면 공간에서 생득적으로 생겨난 환멸과 폐허 의식은 사물에 얼룩을 만들고 책과 문자에 먼지를 덮어씌운다. 시간은 그 벌어진 틈으로 회상과 회한을 번갈아 교직하며 복잡한 주름을 형성한다. 여기서 "비"는 유한한 존재의 비루함과 불완전성을 부추킨다. "고독은/나를 물의 노예로 만들었다, 또한 나의 동쪽은/기다림이 완성된 후에도 다시 기다림을 계속하고/먼 곳으로 달아난 강은 바람에 숨을 보태온다"(「물의 긴 今生의 골짜기」)에서 보듯, '물'의 이미지는 생애의 고독과 기다림을 내포한 채 빗물로 내리고 강물로 흘러간다. 그러므로 '구름'과 '비'와 '강물'은 "제 몸을 출렁거리며 흘러가는 시간"(「봄비의 저녁」)이다. 그런데 한편으로 이 '비'를 통해서만 존재는 그리움들을 불러 모아 '하늘'로 높이 떠오를 수 있게 된다. 어떻게 그것이 가능할까?

　　시절은 흘러가고 뼈들도 마음이 긁혀

저 어둠만이 사는 이유를 비웃듯이 물어올 때
흰말들은 빗속을 가로지르다 하늘의
오래고 푸른 房으로 떠 올라간다
—「오래고 푸른 房」부분

제 몸을 출렁거리며 흘러가는 시간은
물을 맑히며 정원으로 간다
구름이 있고, 비가 있고 흰말처럼
저녁이 있다 보라, 일찍이 나의 것이었던
수많은 것들은 떠나간 마음만큼
돌아오는 마음들에 불멸을 빼앗기고
배후가 어둠인 저녁은 제 몸에
노래의 봄비를 세운다
—「봄비의 저녁」부분

　시간의 흐름 속에서 존재는 상처와 상실을 겪지만, 수많은 그리움들이 흘러가 "물"이 되고 "흰말들"은 빗속을 가로지르다 하늘의 푸른 방으로 떠오른다. 또한 "구름"과 "비"가 있고 "흰말"처럼 저녁이 있다. "흰말"처럼 저녁이 어둠을 가로질러 봄비의 노래를 수직으로 세우는 것은 하늘과의 통로를 만드는 것이다. 그것은 "떠나간 마음만큼/돌아오는 마음들에" 빼앗긴 "불멸의 노래"인지 모른다. 저녁을 배경으로 "구름" "비"와 더불어 느닷없이 등장하는 "흰말"의 의미는 무엇이며, 그것은 어떻게 하늘로 떠오를 수 있을까? 그리고 이것은 시간과 어떤 연관을 가지고 있는가? 다음 시를 통해 시간의 모티프가 형성하고 있는 복잡한 의미망을 살펴보기로 하자.

트럭 행상에게 오징어 10마리를 사서
내장을 빼내 다듬었다, 빼낸 내장을 복도의 쓰레기 봉투에
담아 한켠에 치워 두었다, 이튿날 여름빛이
침묵하는 봉투 속으로 들어가 핏기 없는 육체와 섞이는 동안
오징어 내장들은 냄새로 항거하고 있었다
그리고는 장마가 져 나는 지붕 위에 망각을 내리지 못하고
가까운 곳에서 들려오는 헛된 녹음에 방문을 걸고 있을 때
살 썩는 냄새만이 문틈을 타고 스며들고 있었다
복도에는 고약한 냄새만이 가득 차 있었다
나는 방 안 가득 풍겨오는 냄새를 맡으며 냄새에도 어떤 갈피가
있을 것이라는 생각, 더 정확히는 더러운 쓰레기를 힘겹게 내다
버려야 할 것이라는 생각과 싸우고 있었다
—「시간의 육체에는 벌레가 산다」 부분

이 시에서 여름빛이 육체와 섞이는 동안은 시간의 진행을 의미하지만, 오징어 내장들이 풍기는 냄새가 그것에 항거한다는 표현은 역설적인 의미를 가진다. 섞어서 나는 냄새가 그 부패의 진행에 저항하는 것은 박주택의 시에서 시간에 대한 저항이 그 복종과 한 몸을 이루고 있음을 암시한다. 시간적 사유로 대상을 투시하는 것은 사물을 시간의 육체로 파악하는 태도이다. 박주택은 시간과의 대결과 화해라는 주제를 시간의 육체가 지닌 복잡한 주름을 통해 형상화함으로써 의식과 무의식, 현실과 환상이 융합되는 내면 풍경을 절실히 묘사한다. 시간에 대한 저항과 복속이라는 박주택 시의 테마는 기억과 망각의 모티프로 그 시적 표현을 얻게 된다.

관절이 꺾인 구름 바람과 싸운다

거리에는 열매가 썩어 기억을 지배한다
시간은 망각을 가르치고 망각은 평안을 가르쳤다

육체를 감싸는 위대한 스승들을 보라
한결같이 혓바닥을 말며 죄의 시간 속에서
덜그럭거리고 있는 창고와 만나
저주 받은 먼지로 씌어진 책들을 읽는다

—「소금의 포도」 부분

  시간의 흐름 속에서 과거를 회상하는 것을 '기억'이라고 한다면, 썩음은 기억을 무화시키고 '망각'을 가르친다. 박주택에게 있어 과거로부터 지속되는 현재는 "죄의 시간 속"에 있다. 그래서 이러한 시간의 두께가 쌓인 책은 "저주받은 먼지로 씌어진 책"일 수밖에 없다. 이 비극적 얼굴을 읽으며 시인은 망각이 가져다주는 평안을 고대한다.
  그런데 어떻게 "망각은 고요하고/둔한 것이어서 이토록 가로질러 가는 것"(「입하부근(立夏附近)」)일까? 보르헤스는 「기억의 천재 푸네스」에서 망각이 각 순간의 차이를 동질화시키고 추상화된 사유를 가능케 한다는 사실을 보여주었다. 유한한 존재인 인간이 자신을 지탱할 수 있는 이유는 잠을 통해 삶과 죽음의 사이클을 일상적으로 체험하며 죽음에 대한 인식을 연기할 수 있기 때문이다. 보르헤스는 잠이 죽음에 대한 연기 수단일 뿐만 아니라 망각의 필요 조건임을 암시한다. 기억에 저항하는 망각이야말로 능동적인 능력이며 추상화된 사유의 원동력인 것이다. 결국 참된 기억은 망각에 의존하는 기억이다.
  이처럼 박주택 시에서 '망각'은 시간의 육체 속에 저장된 저주와 망령을 무화시킴으로써 기억으로부터 벗어나려는 시도이다. 시를 쓰는 것이 기억의 재생이 아니라 기억의 무화이며 기억으로부터의 해방이라면, 박주택이 추구하는 망각의 수사학은 기억의 수사학이 주류를 이루어온 한국 현대시에 있어서 새로운 시적 영역에 진입하는 것이 된다. 그런데 이 망각은 끊임없이 기억을 동반하며 진행되는 것이어서, 박주택 시에서 망각의 수사학은 기억의 수사학과 하나의 회로에서 만나 복잡한 주름을 형성하게 된다.

> 별이 떨어지는 소리까지 가슴에 흘러들어
> 쓴맛에서 귀감을 배운 시간이
> 과실을 씻어내려 한다, 책을 들춰
> 어두운 문자로 씌어진 기록을 지우고자 한다
> 그러나, 회상의 자리에 남은 것들은
> 남은 것대로의 눈동자들이 있어 시간에 저항하고
> 돌이키는 사람들의 가슴팍에서 눈을 떼지 않는다
> ―「자리」 부분

인용 시는 기억과 망각, 기록과 지움이 하나의 몸속에서 서로 길항하는 모습을 보여준다. "어두운 문자로 씌어진 기록을 지우"는 행위는 망각을 의미하지만, "회상의 자리에 남은" "눈동자들"은 시간의 흐름에 저항한다. 박주택이 추구하는 능동적 행위로서의 '망각'은 '잠'과 '몽혼'의 형식을 통해 그 육체를 얻는다.

> 사닥다리가 내려오는데 눈이 부셨다
> 십 년을 가까이 산 집엔, 잠으로 가득 찼는데
> 숨기둥 밖에서 잠이 담뱃내가 밴 벽지와 비애를 이기고
> 긴긴 지옥의 창고를 부수어버렸다, 지붕에는 다시
> 망초꽃이 피고 밤에는 자작나무 가지들이

지쳐 있는 창문을 향해 바람을 빨아들이고 있었다
가장 깊은 잠이 이 세상에는 있어
죽음조차도 몸을 빼앗긴다, 서해까지, 무덤까지
고요히 길을 내며 비자나무 숲을 만든다
저 깊은 마음에서 뛰쳐나와 기쁨의 꿈을 꾸며
구름의 서식지에 가서 지식으로 구름의 파수꾼이
되는 창문들, 강의 목숨을 끊고 바닥을 기어
하구로 몰려가는 모래들처럼 서걱거리며 흩어진다
보라! 내려온다, 금빛, 허무의, 햇빛이 다디단 열매를 달고
中天에서, 기도하는 망초꽃 뒤에 숨어 흙먼지를 일으키며
지붕 위로 고요하게 내려앉는다
―「잠」 전문

    인용 시에서 '잠'은 시간의 누적이 만든 비애를 이기고 긴 지옥의 창고를 부순다. 그리하여 가장 깊은 잠은 죽음조차 이겨내고 고요히 길을 내며 "숲"을 만든다. 여기서 잠을 "사닥다리가 내려오는" 것으로 비유하는 것은 의미심장하다. '사닥다리'는 수직적 이미지로서 하늘과 땅을 연결시키며 상승과 하강의 운동을 돕기 때문이다. 하늘로부터 내려오는 것은 "금빛, 허무의, 햇빛"인데, 금빛과 허무가 결합된 이 햇빛은 박주택이 첫 시집에서 보여주었던 신화적 상상력과 두번째 시집 이후 보여주었던 현실의 폐허가 하나의 몸에 결합된 것으로 간주할 수 있다. 시인은 '잠'이라는 망각의 회로 속에서 기억의 무게와 누추한 현실의 먼지로 인해 밀폐되었던 내면 공간에 하늘로 통하는 사닥다리 하나를 걸쳐놓는 것이다. 그리하여 박주택 시의 전개 과정에서 망각의 회로인 '잠'은 신화적 상상력과 냉혹한 현실 인식을 결합하는 새로운 시적 영역을 개척하게 된다. 세번째 시집까지 박주택의 시는 현재와 과거, 의

식과 무의식, 현실과 환상 등 상반되는 요소가 충돌하면서 이원화된 양상을 띤 반면, 네번째 시집에서 그것들이 하나의 스펙트럼 속에 융합되어 나타나는 것도 이와 무관하지 않을 것이다. 망각의 회로인 '잠'은 '몽혼'의 형식으로 변형되어 나타나기도 한다.

저문 산 너머 바다로 열린 발자취마다에
눈동자는 반짝이고 달은 살아서 백사장을 비춘다

자는 이들이 살아 있음에 꿈에서 먹이를 더듬고
또 죽은 자들은 말의 무덤인 소문에게로 가서
잔을 높이 치켜든다, 봄밤 푸르러 진저리 봄밤 푸르러
용서할 듯 사람들이 大路 패스트푸드店에 앉아
꽃 핀 가지가 흔드는 소란들을 내려다볼 때

밤은 부두도 없이 염문들을 받아들인다
한순간 夢魂이여, 불온이 꿈속에서
새벽 숲에 닿을 때까지, 꽃이란 꽃 천지에 맑아
운명에게서 釺을 뽑아낼 때까지

술집은 푸르고 또한 그 경계에 있는 객기도 푸르러서
살아 있음이 죽은 자의 오만보다 절절하도록
저 저문 산 쪽에 별을 박아다오
희미하게 사라진 그 한쪽에, 잃어버려 헤매는
그 한쪽에 밤낮 없이 그리워 한 그 흔적으로
눈물 어디쯤에 생생한 눈동자를 반짝여다오

— 「夢魂에게」 전문

이 시는 시적 화자가 몽혼에게 말하는 형식으로 되어 있지만, 그 자체가 몽혼의 내적 독백이기도 하다. 1연과 2연에는 현실적 배경과 몽상의 공간이 동거한다. "대로 패스트푸드점에 앉아/꽃핀 가지가 흔드는 소란들을 내려다"보는 시인은, 푸른 봄밤의 정취에 취해 "저문 산 너머 바다로 열린 발자취"를 따라 달이 비추는 "백사장"으로 몽상의 나래를 펼친다. 이처럼 "낡아 있는 벽지에서 푸른 안개 같은 것이 새어 나"(「일요일날 협죽도 생각」)오는 듯한 몽상, 혹은 몽환적인 분위기는 기억과 망각이 교직하는 복잡한 시간의 주름이 만들어내는 것이다.

한편 "봄밤 푸르러 진저리 봄밤 푸르러"와 "꽃이란 꽃 천지에 맑아"는 박주택 시의 내면적 파토스가 정념으로 넘쳐남을 보여준다. 정념(passion)은 열정에 수난과 고난을 동반한다. 박주택의 시는 몸소 겪음에서 얻어지는 내면적 에너지가 필연성을 얻어 표현될 때, "정신에 깃든 힘. 고뇌 끝에 반짝이는 짙푸른 풀싹들. 보이지 않게 만발한 그 어떤 힘!"(뒤표지)을 발산하는 것이다.

밤이 염문을 받아들이는 순간, 시적 자아는 몽혼을 불러내어 불온을 권장하고 운명에게서 침을 뽑아내고자 한다. "저 저문 산 쪽에 별을 박아다오"라고 간청하는 목소리는 푸른 객기이기도 하겠지만, 죽은 자의 오만보다 절절한 내면적 파토스를 담고 있다. 박주택의 시에서 '잠'과 '몽혼'은 현실로부터의 탈출이기도 하지만 구원의 통로이기도 하다. 시간의 직선적 흐름을 따라 늙어가고 소멸해가는 과정에서, 시간을 거스르며 그것을 무화시키는 '시간의 압축'이 잠과 몽혼의 형식을 통해 시도되는 것이다.

    그 무렵 잠에서 나 배웠네
    기적이 일어나기에는 너무 게을렀고 복록을 찾기엔
    너무 함부로 살았다는 것을, 잠의 해안에 배 한 척

슬그머니 풀려나 때때로 부두를 드나들 때에
쓸쓸한 노래들이 한적하게 귀를 적시기도 했었지만
내게 病은 높은 것 때문이 아니라 언제나 낮은 것 때문이었다네
유리창에 나무 그림자가 물들고 노을이 쓰르라미 소리로
삶을 열고자 할 때 물이 붙잡혀 있는 것을 보네
새들이 지저귀어 나무 전체가 소리를 내고
덮거나 씻어내려 하는 것들이 못 본 척 지나갈 때
어느 한 고개에 와 있다는 생각을 하네
나 다시 잠에 드네, 잠의 벌판에는 말이 있고
나는 말의 등에 올라타 쏜살같이 초원을 달리네
전율을 가르며 갈기털이 다 빠져나가도록
폐와 팔다리가 모두 떨어져나가
마침내 말도 없고 나도 없어져 정적만 남을 때까지
—「카프카와 만나는 잠의 노래」 전문

 시인이 잠에서 배운 것은 기적과 복록의 불가능성이지만, 잠의 벌판에서 말을 타고 초원을 달릴 때 그가 얻는 것은 소멸과 죽음에 이르러 그것을 무화시키는 시간의 압축이다. 이 시는 전율하는 에너지가 속도와 만나 시간이 압축되면서 주체의 소멸과 죽음까지도 초월하는 탈주의 한 방식을 극적으로 보여준다.「오래고 푸른 방」과「봄비의 저녁」에 등장한, 빗속을 가로지르며 하늘에 닿는 "흰말"의 의미도 힘과 속도를 통한 시간의 압축이라고 볼 수 있을 것이다.
 그런데 제목이 왜「카프카와 만나는 잠의 노래」일까? 카프카는 글쓰기를 통해 자기 정체성을 정립하는 기억의 굴레를 벗어나 망각을 욕망한다. 카프카의 텍스트에 나타나는 기법 중에 하나는 동일 문화의 정체성을 확립하는 기억을 무효화시키고 망각의 메커니즘을 통해 그 구

성에 변화를 야기하는 것이라고 볼 수 있다. 그러나 이것이 고통스러운 기억의 반복을 통해 이루어짐으로써, 카프카의 글쓰기는 망각의 욕망에서 비롯된 기억의 산물이라는 역설이 성립한다. 이러한 역설은 박주택의 시에도 적용될 수 있을 것이다. 시인은 이러한 역설을 다음과 같이 장엄한 어조로 노래한다.

> 이윽고 잠잠하리라, 망각은 當代를 다스리고
> 시간의 저편 대지 위에 따로이 모든 회억은 잠을 자리니
> 다시 長江의 바람이 불어오면 뉘우침도 없이
> 저녁의 그대로를 맞이할 수 있으리라, 우리 있는 이곳
> 생명의 춥고 뜨거운 육체는 미치도록 여기 머물러 죄를 남기고
> 크게 자란 그림자만이 當代를 떠돈다, 들어보라
> 제 몸을 구부려 자신 속에 드는 고요한 밤
> 이렇게 발자국 소리조차 바람을 읽는 밤이면
> 자근자근 생의 부름에 떨떠름한 혀도 응대하리니
> 마지못하던 태양도 육체의 구석구석을 비추어주리
> 밥의 불편, 꽉 찬 감옥의 불편, 진흙 속에 뒹굴어
> 젖은 옷의 불편 다시 江에서 바람이 불어오고
> 마침내 가라앉을 것들이 눈을 홉뜬 채로 머릿속에
> 봄비는 동안 노래는 여기서도 멀고
> 견딜 수 없는 것들은 발이 시리도록 몽상에 젖는다
> ―「장엄한 近日」 전문

망각이 당대를 다스리고 모든 회억은 잠을 자지만, 육체는 죄를 남기고 그림자만이 당대를 떠돈다. 그래서 "노래는 여기서도 멀고/견딜 수 없는 것들은 발이 시리도록 몽상에 젖는다." 그러나 이 시가 보여주는

장엄한 어조는 시인이 망각과 잠을 통해 허무까지도 긍정하는 운명애를 획득함으로써 능동적 허무주의로 진입하고 있음을 보여준다.

  박주택은 기억과 망각이 충돌하며 휘감기는 복잡한 몸의 회로를 잠과 환몽의 어법으로 진술함으로써 2000년대 한국시의 새로운 흐름을 열어가고 있다. 나는 그가 "몸이 노래가 될 때까지" "기관(器官) 안의 강과 나무와 새/그리고 풀잎까지를 일으켜 세우며"(「물고기 인간」), 잠의 벌판에서 흰말을 타고 망각의 회로 끝까지 질주하기를 기대한다.

침묵, 혹은 그늘의 소리
— 나희덕의 시세계

    나희덕의 시는 '저녁 어스름'의 시이다. 낮과 밤의 경계에서 그 경계를 지우며 서서히 진행되는 어스름은, 정지된 시간이 아니라 흐르는 시간이며 과정 중에 있는 시간이다. 따라서 '어스름'은 빛과 어둠, 삶과 죽음, 흰색과 검은색이 상호 침투하는 중간 지대에서 사물들의 감각적 현존 속에 숨겨져 있는 본래적 양상을 드러내는 동시에, 시인의 무의식 속에 침전된 기억들을 호명하며 길어 올린다.

    멀리서 수원은사시나무 한그루가 쓰러지고
    나무 껍질이 시들기 시작하는 것
    시든 손등이 더는 보이지 않게 되는 것
    5시 45분에서 기억은 멈추어 있고
    어둠은 더 깊어지지 않고
    아무도 쓰러진 나무를 거두어가지 않는 것

    그토록 오래 서 있었던 뼈와 살
    비로소 아프기 시작하고
    가만, 가만, 가만히

금이 간 갈비뼈를 혼자 쓰다듬는 저녁

—「어두워진다는 것」 부분

'어두워진다는 것'은 "5시 44분의 방이/5시 45분의 방에게/누워 있는 나를 넘겨주는 것"이며 "슬픈 집 한채를 들여다보듯/몸을 비추던 햇살이/불현듯 그 온기를 거두어가는 것"이다. 나희덕 시의 주조를 이루는 '저녁 어스름'은 시간화된 공간, 공간화된 시간의 전이 과정이며, 이 시간과 공간 속에서 "나"는 단지 수동적인 위치에 놓이는 것처럼 보인다. 주체는 '나'가 아니라 시간이며 시간화된 공간이다. 이곳에서 햇살이 그 온기를 거두어가고 나서 발견되는 "슬픈 집 한채"는 나희덕이 바라보는 사물과 존재의 실상이 고독과 우수의 아우라로 휩싸여 있음을 드러낸다. '저녁 어스름'을 통해 발견되는 사물과 존재의 궁극적 실상은 바로 "어둠"이며, 이 '어둠'은 "아무도 쓰러진 나무를 거두어가지 않는 것"에서 보듯 근원적 고독과 허무의 심연이다. 이러한 심연이 드러나는 순간 되살아나는 '기억'은 생의 현장에서 한 발 거리를 두고 그 아픔을 확인하고 위무한다. '어스름' 속에서 되살아나는 '기억'은 그리하여 나희덕의 시에 현재로부터 과거로 이어진 역전의 시간성을 개입시킨다.

「어두워진다는 것」에 함축되어 있는 이러한 나희덕 시의 전체적 의미구조는 응축과 확산 운동을 통해 다양하고 중층적인 시적 형상화의 파장으로 번져간다. 나희덕의 시에서 시인이 사물과 존재의 실상으로 파악하고 있는 '어둠'은 다양한 모습으로 형상화되고 있다.

   1) 뿌리뽑힌 줄도 모르고 나는
      몇줌 흙을 아직 움켜쥐고 있었구나
      자꾸만 목이 말라와

화사한 꽃까지 한무더기 피웠구나
　　그것이 스스로를 위한 弔花인 줄도 모르고
　　　　　　　　　　　―「몰약처럼 비는 내리고」 부분

2) 그래도 꽃을 잃고 난 직후의 벽오동의 표정을
　　이렇게 지켜보는 것도 또 다른 발견이다
　　꽃이 마악 떨어져나간 자리에는
　　일곱살 계집애의 젖망울 같은 열매가 맺히기 시작했는데
　　나는 그 풍경을 매일 꼭꼭 씹어서 키우고 있다
　　누구도 꽃을 잃고 완고해지지 않을 수 없다는 것을
　　6층에 와서 벽오동의 上部를 보며 배운다
　　　　　　　　　　　―「벽오동의 上部」 부분

3) 그의 얼굴을 바라볼 수 없었다
　　바람을 향해 고개를 돌리는 순간
　　눈이 멀 것만 같아
　　몸을 낮게 웅크리고 엎드려 있었을 뿐
　　떠내려가기 직전의 나무뿌리처럼
　　모래 한알을 움켜잡고
　　오직 그가 지나가기만 기다렸다
　　그럴수록 바람은 더 세차게 내 등을 떠밀었다
　　　　　　　　　　　―「바람은 왜 등뒤에서 불어오는가」 부분

　1)에서 시적 화자는 자신을 '꽃나무'로 비유한다. "화사한 꽃까지 한무더기 피웠"지만 "그것이 스스로를 위한 조화(弔花)"에 불과한 이유는 그가 "뿌리뽑힌" 존재이기 때문이다. 모태로부터 내팽개쳐진 근원

적 상실감과 갈증은 이 시의 시간적 배경이 되고 있는 '밤'과 상통하는 연쇄망을 이루는데, 몰약처럼 내리는 비는 "너무 많은 소리들"로 "시들어가는 몸을 씻어내리"고 무거워지는 날개만큼 다시 가벼워져서 밤길을 걸어갈 수 있게 한다.

2)에서 시인은 꽃을 잃고 난 직후 열매를 맺기 시작하는 벽오동을 관찰하며 생의 원리를 발견한다. "꽃을 잃고 완고해지지 않을 수 없다"는 사실을 배우는 것은 벽오동과 인간 존재의 유비를 통해 삶이 곧 상실이며 상처라는 사실을 깨닫는 것이다. "캄캄한 씨방 속에 갇힌 꿈들이" "단단해지"고 "완고해지는" 것은 상실과 상처를 통해 본래적 생의 욕망과 환희가 마모됨으로써 폐쇄된 자아 속에 갇히는 양상을 보여준다.

3)은 등 뒤에서 불어오는 바람에 의해 생의 근거가 흔들리고 마침내는 "툭, 탯줄이 끊어지고/존재의 둑을 휩쓸고 들어오는 물결 속"에 휩쓸리고 있는 모습을 형상화한다. 화자가 오직 지나가기만을 기다리는 이 '바람'은 생의 뿌리를 흔들고 송두리째 뽑아버리는, 외부세계로부터 오는 시련인 것처럼 보인다. 그런데 유사한 제재를 형상화한「해일」에서는, 외부세계의 힘인 이 '바람'에 의해 수동적으로 휩쓸리는 모습과는 달리, 그 힘에 의해 촉발되어 "아니라 아니라고 온몸을 흔"들며 "스스로 범람"하는 '숲'의 모습을 보여준다.

존재의 비극적 실상인 '어둠'에 압도적으로 휩쓸리면서도 그것과 대면하여 이겨낼 수 있는 원동력은 빗방울이 지닌 '소리들'(「몰약처럼 비는 내리고」)과 나무들의 '일렁임'(「해일」)으로부터 발생한다. 그러므로 나희덕의 시는 '어둠'에 맞서는 힘을 '저녁 어스름'이 가져다주는 '소리들'과 '바람'이 가져다 주는 '움직임'에서 얻는 것이다.

    1) 이 봉우리에서 저 봉우리로
       구름 옮겨가는 소리

지붕이 지붕에게 중얼거리는 소리
그 소리에 뒤척이는 길 위로
모녀가 손 잡고 마을을 내려오는 소리
발 밑의 흙이 자글거리는 소리
계곡물이 얼음장 건드리며 가는 소리
나를 물끄러미 바라보던 송아지
다시 고개 돌리고 여물 되새기는 소리
마른 꽃대들 싸르락거리는 소리

소리들만 이야기하고
아무도 말하지 않는 겨울 승부역
소리들로 하염없이 붐비는

고요도 세 평

―「소리들」부분

2) 아주 먼 데서 온 바람이 숲을 건드리자
숨죽이고 있던 모래알갱이들까지 우우 일어나 몰려다닌다
저기 거북의 등처럼 낮게 엎드린 잿빛 바위,
그 완강한 침묵조차 남겨두지 않겠다는 듯 숲은 출렁거린다
아니라 아니라고 온몸을 흔든다 스스로 범람한다
숲에서 벗어나기 위해 숲은 肉脫한다
부러진 나뭇가지들 떠내려간다

―「해일」부분

1)에서 시인은 예민한 감각으로 숲과 자연과 사물들의 미묘한 '소

리'를 듣는다. 나희덕의 마음의 귀는 사물의 움직임을 소리의 파문을 통해 듣는 것이다. "저녁이 오는 소리"(「그 복숭아나무 곁으로」)와, "초록이 물비린내 풍기며 중얼거리는 소리"(「소만(小滿)」)와 "비닐봉지 속에서 무슨 소리"(「탱자」)를 듣는 것은 관찰과 반응의 주체를 의식 및 사유로부터 무의식 및 감각으로 전이시킴으로써 가능해진다. 이 소리들은 생의 상실과 상처와 아픔을 위무하며 '어둠'을 견디고 이겨낼 수 있는 힘과 희망을 제공한다. 그리고 2)에서 "숲에서 벗어나기 위해" "온몸을 흔"들며 "스스로 범람"하는 '숲'의 역동적 움직임은 '바람'으로부터 그 원동력을 제공받는다. 이 숲은 "잿빛 바위,/그 완강한 침묵조차 남겨두지 않겠다는 듯" 자발적으로 출렁거린다. 그런데 1)과 2)에서 '소리들'과 '출렁거림'의 배경으로 자리잡고 있는 "고요"와 "침묵"은 무엇을 의미하는 것일까?

저 소리로는
저 소리만으로는
스스로 暗電될 수 없어
소리를 기록할 수 있다고 믿게 된 때부터
상처를 반복할 수 있다고 생각한 그 때부터
돌아갈 수 없게 되었다
소리가 태어난 침묵 속으로

―「축음기의 역사」부분

"침묵"은 "소리"의 모태이다. 나희덕의 시에서 '저녁 어스름' 속에서 피어나는 온갖 사물들과 존재들의 '소리'는 다름 아닌 이 '침묵'이라는 근원적 자리에서 파생되어 나온다. 따라서 「소리들」의 "고요"와 「해일」의 "침묵"은 세계의 '어둠'을 극복하는 '소리들'과 '출렁거림'을 낳는 근원적 깊이를 지니는 공간인 것이다. 나희덕의 시에서 이러한 '침묵'의 공간은 '그늘'이라는 형태로 변주되어 나타나기도 한다.

> 옛 동헌 앞에 심어진 아름드리 느티나무,
> 그 드물게 넓고 서늘한 그늘 아래서 사람들은 회화나무를 잊은 듯 웃고 있을 것이고
> 당신은 말없이 앉아 나뭇잎만 헤아리다 일어서겠지요
> 허나 당신, 성문 밖으로 혼자 걸어나오며
> 단 한번만 회화나무 쪽을 천천히 바라보십시오
> 그 부러진 나뭇가지를 한번도 떠난 일 없는 어둠을요
> 그늘과 형틀이 이리도 멀고 가까운데
> 당신께 제가 드릴 것은 그 어둠뿐이라는 것을요
> 언젠가 해미읍성에 가시거든
> 회화나무와 느티나무 사이를 걸어보실 일입니다
> ―「해미읍성에 가시거든」부분

이 시는 해미읍성에 있는 "회화나무"와 "느티나무"의 대립적 의미와 그 둘 사이의 균형을 말하고 있다. '회화나무'는 밧줄과 사슬이 낳은 상처와 죽음과 형틀의 '어둠'을 대변하는데 반해, '느티나무'는 "드물게 넓고 서늘한" '그늘'을 제공한다. 이 '그늘'은 「그 봉숭아나무 곁으로」에서 "흰꽃과 분홍꽃을 나란히 피우고 서 있는" 나무가 지닌 "그늘"로도 나타나는데, 그것은 "흰꽃과 분홍꽃 사이에 수천의 빛깔"을 지니고 있는 "여러 겹의 마음"이다. 이 "여러 겹의 마음"은 중간색이 지닌 불확정성 속에서 '저녁 어스름'을 통해 과거로 열려진 기억을 다시 미래에 대한 예감으로 연결시킨다.

나를 처음으로 뚫고 지나갔던 바늘 끝,
이 씨앗과 꽃잎과 물결과 구름은
그 통증을 지금도 기억하고 있다 기다리고 있다

헝겊의 이편과 저편, 건너가면
다시 돌아올 수 없는 언어들로 나를 완성해다오
오래 전 나를 수놓다가 사라진 이여
―「오래된 수틀」부분

시적 화자는 "오래된 수틀"을 보며 "누군가 나를 수놓다가 사라져 버렸다"라고 말한다. 그 이후 "씨앗들은 싹을 틔우지 않았고/꽃들은 오랜 목마름에도 시들지 않았"으며, "파도는 일렁이나 넘쳐흐르지 않았고/구름은 더 가벼워지지도 무거워지지도 않았다." 화자는 자신을 처음으로 뚫고 지나갔던 바늘 끝의 통증을 기억하면서, 그가 다시 찾아오기를 기다린다. "건너가면/다시 돌아올 수 없는 언어들로 나를 완성해다오"라는 말에는 "팽팽한 그 시간 속", 즉 현생에서 놓여나 생을 완성하고 싶은 초월 혹은 해탈의 욕망이 스며들어 있다. 이처럼 나희덕의 시는 과거에의 회상과 미래에의 예감 사이에서 생애를 조감하며 그늘과 어둠, 고요의 소리와 바람의 일렁임, 생의 열망과 초월의 욕망이 서로 충돌하는 '저녁 어스름'의 그 거센 소용돌이를 침묵 속에 침전시키고 있다. 결국 나희덕의 시는 상처와 죽음이라는 비극적 운명의 '어둠' 앞에서 '저녁 어스름'이 지닌 '침묵'과 '그늘'이라는 근원적 자리가 빚어내는 '소리들'과 '일렁임'인 것이다. 나희덕은 이 소리들과 일렁임을 통해 우리에게 존재의 슬픔과 아름다움, 상처와 환희, 생의 열망과 초월의 욕망을 동시에 드러내 보여주고 있다.

小滿 지나
넘치는 것은 어둠뿐이라는 듯
이제 무성해지는 일밖에 남지 않았다는 듯
나무는 그늘로만 이야기하고
그 어둔 말 아래 맥문동이 보랏빛 꽃을 피우고

小滿 지나면 들리는 소리
초록이 물비린내 풍기며 중얼거리는 소리
누가 내 발등을 덮어다오
이 부끄러운 발등을 좀 덮어다오

—「小滿」부분

죽음의 산란(産卵)
— 박라연의 시세계

　　박라연의 네번째 시집 『공중 속의 내 정원』은 죽음의 길과 생명의 길이 만나 충돌하며 불꽃을 일으킨다. 이 불꽃은 때로 너무 강렬하여 우리의 눈을 현란하게 하지만, 그것은 우물 속에 잠겨 있는 불꽃과도 같아서 우리의 시선을 존재의 내면 깊은 곳으로 인도한다. 이번 시집에서 가장 인상적인 장면은 석양을 묘사하는 부분인데, 여기서 시인은 석양의 '빛'을 '알'로 치환하고 있다.

　　　　공중의 허리에 걸린 夕陽
　　　　사각사각
　　　　알을 낳는다
　　　　달디단 열매의 속살처럼
　　　　잘 익은 빛
　　　　살이 통통히 오른 빛
　　　　뼈가 드러나도록 푸르게 살아내려는,
　　　　스물네 시간 중 십 분만 행복해도
　　　　달디달아지는
　　　　통통해지는

참 가벼운 몸무게의 일상 속에서만
노을로 퍼지는
저 죽음의 황홀한 産卵
육백여분만 죽음의 알로 살아내면
부화될 수 있다고 믿을 생각이다
시누대처럼 야위어가던 한 生의 그림자
그 알을 먹고 사는 나날을 꿈꾼다
없는 우물에
부화 직전의 太陽이 걸렸다!
심봤다!

―「공중 속의 내 정원 1 ― 産卵」 전문

   석양은 태양의 이동 경로 중 끝자리에서 장엄한 최후를 맞이하고 있다. 그런데 시인이 이 석양의 '빛'을 '알'로 인식하는 이유는 무엇일까? "달디단 열매의 속살처럼/잘 익은 빛"과 "살이 통통히 오른 빛"에서 드러나듯, 시인은 석양의 '빛'에서 '알'이 잠재적으로 지닌 풍성한 생명력을 발견한다. 죽음의 예감 앞에서 죽음과 상통하는 새 생명의 도래를 기대하는 것인데, "뼈가 드러나도록 푸르게 살아내려는"과 "참 가벼운 몸무게의 일상 속에서만/노을로 퍼지는"은 이러한 전이가 가능한 조건이 무엇인지 암시해준다. 그것은 인간적 욕망의 근거를 이루는 살과 피를 덜어내는 작업인 것으로 보인다. 그러나 이러한 과정은 "시누대처럼 야위어가던 한 생(生)의 그림자"에 그 몸무게를 자발적으로 덜어내는 고통을 부과하므로 가혹한 일이 될 수밖에 없다. 죽음의 상황 앞에서 "죽음의 알로 살아내면/부화될 수 있다고 믿"는 생각과, "그 알을 먹고사는 나날을 꿈"꾸는 일은 육신의 소멸을 각오하고 벌이는 육체적·정신적 모험이 되는 것이다. 이처럼 죽음과 생명이 상충하는 박라연 시의 상상력은, '틈새'의 이미지를 통해 그 중층적 의미가 드러난다.

    1) 그 바위와 바위 사이의 응달
       그러니까, 최소량의 穀氣인 흙과 수분 햇살이
       산 자의 육안으로도 좀처럼 짐작되지 않는
       저 폐허!
       그 틈새서도 수백 년쯤 거뜬히 살아낸
       해마다 붉은 기운을 암자 가득히
       바다 가득히 물들여내는 동백
       그의 거처에서 뿜어져나오는 살아 있음의
       생생함을 본 후에도 살고싶지 않으면
       태어나기 이전의 제 세포의
       숫자를 헤아려볼 일이다
                                —「靈龜庵 육체론 1」부분

    2) 우면산의 나무 한 그루에
       돌담을 둥그렇게 쌓는다 제 몸집만
       으로는 쉽게 틈이 생길까 두려워
       아무나 함부로 넘보지 않게 하려고
       산에 오를 때마다
       그 나무 옆구리에 돌무덤을 쌓는다
       저 집은,
       아픈 마음들이
       미리 들어가 쉬기도 하는 곳
       (… 중략 …)

거미줄에 걸린 잠자리처럼
사는 일이 참혹할 때
저 집이,
한시적인 죽음으로 시간을 끌어주면
죽음의 나체 같던 겨울 나뭇가지에
피가 돌듯
시커멓게 그을린 마흔 넘은 그림자에도
생피가 흐르기를 바라면서,

─「돌무덤」부분

"자살하고 싶은 자(者), 영구암(靈龜庵)에 가보라"로 시작되는 1)의 시는, 자살하고 싶은 사람에게 삶의 의욕을 권고하는 내용으로 되어 있다. 인용한 부분에서 화자는 바위와 바위 사이의 응달에 주목한다. 이 "틈새"는 "최소량의 곡기(穀氣)인 흙과 수분 햇살"이 있을 뿐인 "폐허"의 공간이다. 그러나 이 틈새의 폐허에서 수백 년쯤 거뜬히 살아낸 "동백"은 "해마다 붉은 기운을 암자 가득히/바다 가득히 물들여"낸다. 시인은 '틈새'에서 뿜어져 나오는 "살아있음의/생생함"을 삶의 의욕으로 체험하는 것이다.

반면 2)에서 화자는 "제 몸집만/으로는 쉽게 틈이 생길까 두려워" "우면산의 나무 한 그루에/돌담을 둥그렇게 쌓는다". 바위와 바위 틈새의 폐허에서 동백의 생명력을 발견한 시인이, 자기 몸의 틈새가 두려워 나무 옆구리에 돌무덤을 쌓는 모습은 쉽게 이해되지 않을 수도 있다. 그러나 "아무나 함부로 넘보지 않게 하려고"라는 구절은, 돌무덤을 쌓는 작업이 보통 사람이 근접할 수 없는 고독과 자존의 방식임을 알려준다. 그리고 "아픈 마음들이/미리 들어가 쉬기도 하는 곳"은 이 길이 죽음에 이르는 길임을 암시한다. 이 죽음은 역설의 죽음이다. 왜냐하면 시인은 돌무덤이 "한시적인 죽음으로 시간을 끌어주면" "시커멓게 그을린 마흔 넘은 그림자에도/생피가 흐르기를 바라"고 있기 때문이다. 결국 시인은 1)에서 틈새의 폐허에서 동백의 생명력을 발견함으로써 삶의 의욕을 얻는 반면, 2)에서 자기 몸의 틈새를 막음으로써 한시적인 죽음으로 죽음을 극복하려 하는 것이다. 이러한 사실은 박라연이 생명으로 죽음을 극복하는 방법과 죽음으로 죽음을 극복하는 방법을 동시에 추구하고 있음을 암시해준다. 그의 시에서 전자의 대표적인 방법으로 '수혈'이 등장한다.

   枯死木을 베어낸다
   죽어가던 한 사람 몸의 일부도 벤다
   그 자리에 진달래 눈빛을 수혈한다
   진달래 눈빛들이
   다 살아내지 못한 채 떠나는 소나무,
   와 한사람의 몸의 일부를
   공중 속의 정원
   햇살 많이 드는 곳에 심어주겠지
   비비새 한 마리
   滿開한 산벚꽃나무를 흔들며
   꽃상여 되어주자, 되어주자 조른다
   지 지 배 배 지 지 배 배
   요령 소리를 낸다
          ―「공중 속의 내 정원 5 ― 植木」 전문

이 시는 고사목과 죽어가던 사람의 몸을 베고 그 자리에 진달래 눈빛을 수혈하는 장면을 보여준다. 진달래의 눈빛은 생명이 고갈되는 죽음의 자리에 새로운 자연의 생명력을 심어준다. 여기서 진달래 눈빛을 수혈하는 주체는 누구일까? 제목으로 제시된 '공중 속의 내 정원— 식목'과 3행의 "그 자리에 진달래 눈빛을 수혈한다"로 미루어, 그것은 시인 자신일 수도 있다. 그런데 우리는 이 수혈이 이루어지는 곳, 즉 '공중 속의 정원'에 주목할 필요가 있다. 그것은 현실의 물리적 공간이 아니라 시인의 상상력에 의해 형성된 시적 공간이라고 볼 수 있다. 앞서 인용한「공중 속의 내 정원 1— 산란(産卵)」에서 위 인용 시에 이르는 '공중 속의 내 정원' 연작시는 시인이 독창적인 상상력에 의해 형성한 시적 공간을 우리에게 제시한다. 하지만 이 '공중 속의 정원'에서는 "태양의 빛"과 "진달래 눈빛" 뿐 아니라 "동박새" 등의 자연으로부터의 '수혈'이 이루어지고 있다. 따라서 이 공간에서 주인은 인간이 아니라 자연이다. 인용 시에 나타난 "비비새"를 보라. "만개(滿開)한 산벚꽃나무를 흔들며" "지 지 배 배 지 지 배 배/요령 소리를" 내면서 발랄하고 충만한 생명력을 발산하고 있지 않은가. 결국 이 시에 나타난 '수혈'의 주체는 시인 자신인 듯 하지만, 진달래 눈빛과 비비새와 산벚꽃나무 등의 자연이 그 실질적 주체로 작용하고 있는 것이다. 다음의 시는 자연의 주인됨을 더 선명히 보여준다.

    오를 수 없는 山이어서

    온갖 마음들의 육체가 되기도 하는 山

    사람의 무게만 희고 파래져서 돌아갈 뿐

    山의 무게는 아무런 변화가 없는 것
                  —「질량 보존의 법칙 1 — 봄산」전문

이 시에 등장하는 자연은 산인데, 산의 무게는 변화가 없고 사람의 무게만 희고 파래져서 돌아간다. 사람이 '희고 파래진다'는 것은 오염되고 퇴색된 몸과 마음이 원초적 생명력과 순결을 회복한다는 의미일 것이다. 그런데 '무게가 희고 파래진다'라는 말에는 또 다른 의미가 개입되어 있는 듯하다. 인용 시의 내용을 변주한 듯한 작품인 「아직은 5월」에는 "배냇적 무게만큼 몸의 일부가/희고 파래질 때 일어선다"라는 구절이 나온다. "배냇적 무게만큼"에 주목하면, 희고 파래진다는 것은 몸무게가 줄어들어 태아의 상태로 돌아간다는 의미도 내포하고 있음을 알게 된다. 그렇다면 인용 시의 3행은 사람들이 태아의 상태로 회귀하면서 몸과 영혼의 불순물이 정화되는 모습을 보여주는 것이다. 이 '몸무게 줄임' 혹은 '태아로의 회귀'는 죽음을 극복하는 두번째 길, 즉 죽음을 통해 죽음을 극복하는 방법과 관련되어 있는 듯하다. 이를 구체적으로 살피기 위해 다음의 시를 읽어보자.

> 빛의 무게와 색채가 만져지는 순간
> 사람의 등으로 잠시 비켜서주시는 神,
>
> 적십자병원에 들려
> 아직 남은 순결한 세포들을 늘리려고
> 헌혈을 한다 더 이상 사람의
> 무게를 축내지 않으려고 단식하듯
> 제 이름을 지운다
> 상처도 너무 오래되면 빛의 무게가
> 될 것 같아 함께 지운다
> ―「질량 보존의 법칙 4 ― 빛」 부분

'헌혈'은 '수혈'과 상반되는 방식이지만, 죽음을 극복하려는 목적은 동일하다. 시인이 "아직 남은 순결한 세포들을 늘리려고/헌혈을" 하는 것은, "단식하듯/제 이름을 지"우는 것과 같은 작업이 된다. '단식'은 생존을 위해 필요한 영양분을 끊음으로써 더 건강한 생존을 추구하는 일이며, '이름 지우기'는 "빛의 무게"와도 같은 "상처"를 지워서 본래적 자아를 회복하는 일이다. 박라연에게 있어 이러한 상황이 육신의 실제적 병고에서 생기는 일인지 자세히 알 수 없지만, 시적으로 이 상황은 자아의 껍질을 벗음으로써 자아 이전의 원초적 존재의 상태, 즉 자연으로 돌아가려는 시도로 이해될 수 있다. 따라서 '헌혈'과 '단식'과 '이름 지우기'로 표현된 이 자기 소거의 모험은, 자연의 주인됨을 수락하는 것과 동궤에서 이루어지는 것이다.

자연의 주인됨과 동궤에서 이루어지는 자기 소거의 모험은 "영면했을 때/ 내세(內世)이든 내세(來世)이든/그 내부가 더 선명해지는/온전한 뿌리가 되는/종교처럼/ 누워서/끝에 닿아보고 싶다"(「느티나무」)에서 내면 깊은 공간으로의 누움으로 형상화되기도 하고, "청량누에가 뽑아내는 비단실이 그러하듯/꽃잎을 무수히 떨어낸 과즙이 그러하듯/유지매미의 울음이 그러하듯/그대에게 가는 길에도 속도와 예의(禮儀)가 있으리"(「죽음에 대한 예의」)에서 죽음을 삶의 완성으로 인식하는 태도로 나타나기도 한다. 자신의 몸을 소멸시킴으로써 새로운 생명을 얻고자 하는 이러한 시도는 어쩌면 좌절이 예고된 무모한 싸움일지도 모른다. 그러나 이 무모한 싸움이 차원 높은 시를 낳는다.

> 다시 꿈꿀 수 있다면
> 개미 한 마리의 손톱으로 사천오백 날쯤
> 살아낸 백송, 뚫고 들어가 살아보는 일
> 나무 속에 살면서

제 몸의 일부를 썩히는 일
제 혼의 일부를 베어내는 순간을 닮아 보는 일
향기가 악취 되는 순간을 껴안는 일
다시 꿈꿀 수 있다면
제것인 양 슬픔을 연기하는 배우처럼
누군가의 슬픔을 소리낼 줄 아는 새가 되는 일
새가 되어 살면서
미처 못 간 길, 허공에 길을 내어주는 일
그 길을 또다시 잃어버리고도
개미 한 마리로 살아내게 하는 일
나무 속에 살면서 새가 되어 살면서
축복은 神이 내리고
불운은 인간이 만든다는 것을
인정하는 일,

―「다시 꿈꿀 수 있다면」 전문

    시인은 다시 꿈꿀 수 있다면 나무 속에 살면서 자기 몸의 일부를 썩히고 싶다고 말한다. 그것은 혼의 일부를 베어내는 것과 동일한 과정이다. 박라연은 "해탈의 곰팡이 피어날 때까지/몸을 썩히는 일"(「메주」)에서도 나타나듯, 자신의 육신을 썩히고 혼을 베어내는 작업을 통해 삶의 향기뿐 아니라 죽음의 악취까지 껴안으려 한다. 이러한 태도는 죽음까지도 긍정하고 받아들이는 운명에 대한 큰 사랑 없이는 가능하지 않은 것이다. 또한 시인은 다시 꿈꿀 수 있다면 새가 되어 누군가의 슬픔을 소리내고 싶다고 말한다. 타인과 이웃의 슬픔을 울어주는 새의 소리는, 개인의 내면에서 솟아오르는 슬픔이 자기 연민의 차원을 넘어서 보편적 슬픔으로 승화되는 시적 서정의 비밀을 말해준다. 마지막 구절인

"축복은 신(神)이 내리고/불운은 인간이 만든다는 것을/인정하는 일"은 인간의 주인됨을 포기하고 신의 축복을 기다리는 사유의 전환을 보여주면서, 한편으로는 "다시 꿈꿀 수 있다면"이라는 간절한 소망과 더불어 시인이 처한 비극적 상황을 눈물겹게 드러낸다. 자기 몸의 일부를 썩히고 혼의 일부를 베어내는 이러한 작업은, 그 연장선에서 세상의 사물들에 개입하여 그것을 말리는 작업으로 이어진다.

> 이미 시체뿐인 네 몸에서
> 내 혼을 찾아내리라
> 내 혼은 이제 오직 나 혼자만의 것
> 매춘은 아름다운 시작,
> 날마다 만나게 될 세상의 풍경들을 말리리라
> 도톰한 입술처럼 말려졌을 때
> 향불이 되어 스며들리라
> 나는 쉬 사라지고 너는 너무 넓지만
> 내 맑은 醉氣로 드넓은 세상
> 단 한순간만이라도 醉中得道시킬 수 있다면
> 나의 매춘은 오래오래 유효하리라
> 내 몫의 고통스런 풍경들을
> 말리고 말리리라 아무도 없는
> 하늘 아래서 너무 멀리 떠밀려온
> 빈 배 위에서
> ―「아름다운 시작」 부분

시인은 자기 몸과 혼의 일부를 덜어낸 후에 다시 폐허의 세상 속으로 침투하여 자신의 혼을 찾아내고자 한다. 그리하여 고통스런 세상의 풍경들을 말리고자 한다. 자기 소멸을 통해 세상의 풍경에 개입하는 이 과정을 시인은 '매춘'이라고 부른다. 세상의 풍경들을 말린다는 것은 오염되고 변질된 세계의 육체를 공기 중에 펼쳐두고 정화시킨다는 의미로 이해될 수 있을 것이다. 그것은 이미 '헌혈'과 '단식'과 '이름 지우기'를 통해 자신의 육신과 혼을 덜어낸 자에 의해서만 가능한 일이 된다. 시인은 그것을 "내 맑은 취기(醉氣)로 드넓은 세상/단 한순간만이라도 취중득도(醉中得道)시"키는 것이라고 말한다. 결국 박라연은 자기 소멸을 통해 세상의 폐허에 개입하여 그 고통스런 시체의 현실을 변화시키고자 하는 것이다. 그런데 이 시에 나타나는 "취기"와 "취중득도"는 시인의 이러한 시도가 '기(氣)'와 '도(道)'라는 정신적, 혹은 영적 차원의 추구를 통해 이루어지고 있다는 것을 보여준다. 이러한 차원을 자세히 살피기 위해 다음의 시를 읽어보자.

> 1) 너의 아름다운 혼들이
> 　　고된, 마른, 검은 마음 속에
> 　　한올한올 문신하듯 새겨진다는 거
> 　　붉은 꽃잎 떨굴 때 붉은 氣를
> 　　초록 잎사귀 떨굴 때 초록의 氣를
> 　　그의 혼에 고스란히 넣어주고 영면한다는 거
> 　　나의 半도 너와 함께 떠날 거라는 거
> 　　나, 잊지 않을게
> 　　　　　　　　　　　　　　　—「獻花歌 — 조화」부분

> 2) 만물의 마음속 악마가
>
> 　　어느 한순간 화들짝 善해질 때

나타나는 초록 가지 사이로

알이 되어 스며들고 싶은 곳

—「어머니, 靈山」 부분

   1)에서 시인은 "너의 아름다운 혼들이" "붉은 꽃잎"을 떨굴 때 "붉은 기(氣)"를, "초록 잎사귀"를 떨굴 때 "초록의 기(氣)"를 "그의 혼에 고스란히 넣어주고 영면한다"고 말한다. 여기서 '너'와 '그'가 구체적으로 누구인지 분명치 않지만, '혼'에서 '혼'으로 전달되는 '기(氣)'의 차원을 박라연이 중시하고 있음을 알 수 있다. 시인이 다른 시에서 '육체'와 더불어 '혼'에 대해 말할 때 이미 영적·종교적 차원에 관여하고 있다고 볼 수 있는데, 이러한 '혼'과 '기'의 차원은 시적 이미지로 형상화되지 않고 그 자체로 작품의 표면에 노출될 때 자칫 관념화될 우려도 지닌다. 인용된 1)뿐 아니라, "너 맞지?/도망 나온 기(氣) 맞지?/빨강 풍선의 둥근 몸에서/어제의 부푼 마음에서/뿌리내릴 사이가 못 된다고?/기(氣)란 헤매기 위해 태어나는 거야"(「열정」) 나, "누군가를 취하게 할 기(氣)가 되는 일/그 기(氣)를 아낌없이 빌려주는 일"(「그림자」) 등에서도 그러한 위험이 나타나는데, 이것이 더 강하게 나아가면 "창에 서랍에 컴퓨터에 책장에/먼지를 알뜰히 키웠다./(… 중략 …)/세월이 흐르고 흘렀을 때/먼지들은 보랏빛 나비들이 되리라"(「이어도」)에서처럼 과도한 신념과 소망의 상상적 표현으로 나타나는 경우도 생긴다.

   그러나 대부분의 시에서 박라연은 폐허의 현실을 통과하는 고통과 오래 견딤을 통해 이 정신적·영적 차원을 추구하는 모습을 보여준다. 2)의 제목에 나타난 "영산(靈山)"은 이미 "오를 수 없는 산(山)이어서/온갖 마음들의 육체가 되기도 하는 산(山)"(「질량 보존의 법칙 1— 봄 산」)에서 그 모습을 보인 바 있는데, 자칫 관념화되기 쉬운 대상을 "어머니"의 이미지와 결부시킴으로써 시적 형상화에 성공하고 있다. '산이라는 자연은 '어머니'의 품처럼 홀로된 새끼들이 풀어낸 독을 씻어주고, 요절한 새의 심장을 다시 뛰게 하는 정화와 재생의 공간이다. 따라서 '산'은 '어머니'의 이미지와 결부될 때 정신적·영적 차원으로 승화되며 "영산(靈山)"의 의미 공간으로 떠오를 수 있다. 시인은 이 어머니의 품속 같은 자연의 공간인 초록 가지 사이로 "알이 되어 스며들고 싶"어한다. '스며드는 것'은 자신의 육신을 지우며 가라앉는 과정, 즉 죽음의 길이지만, '알이 되는 것'은 태아의 상태, 즉 생명의 본향으로 돌아가는 길이 된다. 결국 박라연은 '어머니'와도 같은 '영적 자연' 속에 깊이 가라앉음으로써 죽음이 재생으로 이어지는 순간을 갈구하는 것이다. 이러한 "영산(靈山)"은 다음의 시에서 "안 보이는 숲"으로 변주되어 나타난다.

> 사람이 한순간
> 안 보이는 숲이 된다는 것은
> 오소리 꿩 멧새들의
> 산매화 산아카시아 산벚꽃의
> 나는 것과 정지되어 있는 것의
> 혈액을 동시에 수혈받고 싶어서일 것이다
> 온몸의 무기질이 모두 빠져나가버리는
> 암전의 순간,
> 이슬 한 방울 무지개 되어 머무는 곳
> 안 보이는 사람의 숲
> ―「안 보이는 숲」 전문

"나는 것과 정지되어 있는 것", 즉 자연의 순결한 생명력을 수혈받는 것은, "온몸의 무기질이 모두 빠져나가버리"는 자기 소실의 순간에 이루어진다. 이것은 수혈과 헌혈, 다시 말해 생명으로 죽음을 이기는 길과 죽음으로 죽음을 이기는 길이 동시에 진행되어 하나로 결합됨을 의미한다. 역방향으로 진행되던 이 두 힘이 한 자리에서 만나 충돌할 때 불꽃이 일어난다. 따라서 인용 시에 나타난 "암전의 순간"은 다름 아닌 '불꽃의 순간'이다. 박라연의 시에서 "이슬 한 방울"이 "무지개"로 떠오르는 것은 바로 이러한 내적 동인에 의해서 가능해지는 것이다. "한 방울의 이슬만으로도/저승을 밀어낼 수 있다고 말해주세요/부디,"(「생(生)」)라고 간절히 기도하는 시인에게 있어, "이슬 한 방울"이 "무지개 되어 머무는 곳"은 바로 그가 궁극적으로 추구하는 "안 보이는 사람의 숲"이다. 따라서 그가 시도하는 영적·종교적 차원은 이 지상의 현실을 벗어난 천상의 세계가 아니라 "사람의 숲" 속에 존재하는 것이다. 이 "안 보이는 사람의 숲"을 보는 것은 우리 자신의 눈이 아니라 자아의 무게를 덜어낸 후 얻어지는 멧새들과 산벚꽃의 눈을 통해서 가능해질 것이다. "불임의 입술"과 "한 밭의 폐허"에 엉켜있는 "비명(非命)의 뿌리들" 속에서 "목마름을 견디"(「한 밭의 후회」)고 있을 박라연 시인이, "안 보이는 사람의 숲"에서 '이슬의 무지개'를 거듭 볼 수 있기를 희망한다.

제 4 부
변신의 형식과 반기억의 회로

반복, 변주, 변신, 생성
— 박상순론

1. 전위적 감수성과 박상순의 시

 한국시에 있어서 1990년대 이후 전개된 새로운 감수성의 양상은 '대중문화의 패러디' '테크놀러지적 상상력' '무의식적 타자성의 시'로 크게 유형화될 수 있다. 유하·장정일·함성호·함민복 등으로 대표되는 '대중문화의 패러디'는 후기 자본주의적 소비문화에 대한 매혹과 반성을 동시에 보여주었으며, 성기완·이철성·서정학·이원 등으로 대표되는 '테크놀러지적 상상력'은 메마른 기계와 사물의 언어를 통해 테크놀러지의 메카니즘이 포획되면서 다시 탈주함으로써 자본과 권력에 오염된 주체로부터의 이탈을 추구한다. 한편 박상순·박정대·이수명·이장욱·김점용·김중 등으로 대표되는 '무의식적 타자성의 시'는 자동기술법이나 초현실주의적 기법, 혹은 무의식의 언어를 통해 기존의 시적 문법이나 통사구조를 해체함으로써 주체의 동일성에 의해 억압된 타자성을 회복하려는 시도를 보여준다.
 1990년대 초반 우리시의 전위성을 대표하였던 '대중문화의 패러디'는 해당 시인들에 대한 폭넓은 비평적 조명과 평가에 힘입어 공인 절차를 밟는 동시에 시적 변모를 진행시켰으며, 그 과정에서 실험적 전위성은 상당 부분 약화되고 있는 듯하다. 그리하여 1990년대 중반 이후 우리시의 전위성은 주로 '테크놀러지적 상상력'과 '무의식적 타자성의 시'가 밀고 나가고 있다고 보여진다. 이 두 유형에 속하는 시인들도 이미 신진 혹은 새로운 시인으로 취급되기 어려울 만큼 짧지 않은 시작 활동을 해 왔고, 그만큼 이름이 독자들에게 널리 알려져 있다. 그러나 이 시인들에 대한 본격적이고 심층적인 비평 작업은 미루어져 왔거나, 시도되었더라도 아직 천착되지 못한 채 감추어진 미답의 시적 광맥이 존재하고 있는 듯 하다. 한국시의 새로운 감수성을 찾는 이 기획의 자리에서 박상순의 시를 조명하고자 하는 이유가 여기에 있다.

'무의식적 타자성의 시'를 대표한다고 볼 수 있는 박상순의 시는 시니피에로부터 이탈한 시니피앙의 유희를 통해 기존 시의 관념을 전복시킴으로써 주체의 자기동일성을 해체하고 억압된 타자성을 복원한다. 분석적 비평의 도전을 쉽게 허락하지 않는 박상순의 시세계는 낯선 이미지와 그로테스크한 풍경을 추상화의 기법으로 보여준다. 시간의 흐름 속에서도 마모되지 않고 전위적 감수성의 첨단을 유지하고 있는 박상순의 시는, 그 시세계를 심층적으로 분석할 수 있는 새로운 감식안과 비평 방식을 요청하고 있다.

2. 꿈의 문법과 시의 문법

박상순 시의 어법은 기본적으로 꿈의 방식을 따른다. 꿈은 사고를 시각적인 그림으로 변환시켜 보여준다. 따라서 꿈 자체는 시에 있어서 묘사의 방식과 상통한다. 잠재적 꿈 사고는 욕망의 충족을 추구하면서 동시에 억압받으며 외형적 꿈 내용을 구성하기 때문에 단절되고 비약된다. 박상순의 시가 온전한 전체의 풍경화가 아니라 단편적이고 파편적인 풍경화를 보여주는 이유가 여기에 있다. 꿈은 잠재된 욕망을 충족시키려는 소망 성취의 작용으로 형성되지만, 그 소원을 검열하고 표현을 왜곡시키는 압력이 꿈을 형성하는 또 하나의 장본인이다. 따라서 꿈은 무의식을 폭로하면서 동시에 은폐한다.

> 오늘도 내 꿈속엔 수천 개의 조약돌
> 미류나무 밑둥치를 싣고 오는 자전거
> 파묻은 도끼
> 푸른 잎에 가려진 얼굴
> 구멍난 풍경 속의 규칙들만 보이고
>
> ―「내가 없는 나의 꿈」 부분

연과 연 사이에 깊은 심연이 도사리고 있는 박상순의 시는, 하나의 연이 제시하는 행과 행 사이에도 엄청난 여백과 간격이 존재한다. 시적 화자의 꿈속에 등장한 "수천 개의 조약돌"과 "미류나무"와 "자전거"와 "파묻은 도끼"와 "가려진 얼굴" 사이에는 어떤 체험적 사실과 심리적 사건이 숨어있는 것일까. 이 파편적인 이미지들만으로는 무의식의 바다에 가라앉아 있는 사실과 사건의 정체를 재구성하기에 역부족인 것 같다. 이것들은 마치 바다 위에 듬성듬성 떠 있는 섬인 것이다. 그러나 인용 시의 한 구절처럼, "구멍난 풍경 속"에는 "규칙들"이 보인다. 박상순 시의 심층을 탐사하기 위해서는 이 '구멍난 풍경 속의 규칙들'을 규명하는 작업이 요청되는 것이다.

꿈은 시각적 풍경으로 나타나지만, 그것은 온전히 그 자체로 전달될 수 없다. 우리는 흔히 꿈을 타인에게 전달할 때 이야기의 방식으로 표현한다. 박상순의 시가 회화적 기법을 보여주면서도 이야기의 방식을 따르는 것은 이 때문이다. 영상 혹은 풍경을 이야기하는 방식, 묘사를 진술로 전달하는 방식, 즉 꿈을 말하는 것이 박상순 시의 어법인 것이다. 박상순이 보여주는 '꿈 풍경', 혹은 들려주는 '꿈 이야기'는 단순한 문장의 형태로 나타나지만, 그것이 형성되는 과정은 단순하지 않다.

나는 숲에 누워 꿈꾼다. 소쩍새가 폭발하는 꿈, 폭발하는 꿈속에 소쩍새가 우는 꿈; 나는 숲의 꿈이 등장시킨 내 꿈속의 ; 또 꿈속의 운전사다. 밤이 가면 나는 지워진다. 운전석에 앉는다. 태양 아래 멈춘다.
　신호등이 켜진다. 라디오 안테나를 올린다. 창 밖에 보이는 건 꿈 같은, 꿈속에 보이는 창 밖 같은, 라디오 전파 속에 들어앉은 꿈 같은, 라디오 속에 들어앉은 내가 꿈속의 나를 향해 들려주는 꿈 이야기 같은, 그런 것, 그런 것 같은…… 한 소녀가 걷는다. 소녀의 손가방이 폭파된다.
―「소쩍새는 폭발한다」 부분

인용 시는 '꿈 이야기'가 만들어지는 경위와 배치를 제시한다는 점에서 박상순 시의 문법을 규명할 수 있는 실마리를 제공한다. 1연에서 시적 화자는 숲에 누워 꿈을 꾼다. 꿈속의 내용은 소쩍새가 폭발하는 장면이다. 그런데 이 꿈속에는 소쩍새가 우는 또 하나의 꿈이 있다. 한편 시적 화자는 숲의 꿈이 등장시킨 인물이며, 그가 꾸는 꿈속의 또 하나의 꿈에서 운전사가 된다. 결국 소쩍새가 폭발하는 장면은 숲이 꾸는 꿈속에 등장한 시적 화자가 꾸는 꿈에 나타난 영상이고, 이 꿈속에서 다시 소쩍새가 우는 꿈을 꾸는 것이다. 박상순 시가 보여주는 꿈의 장면은 이처럼 자아의 안과 밖이 상호 침투하는 몇 겹의 꿈의 연쇄망을 경유하여 생성된다. 그리하여 현실과 환상은 서로의 꼬리를 물고 물리면서 어느새 한 몸이 된다. 박상순 시의 풍경이 현실도 환상도 아닌 제3

의 시·공간에 놓여있는 듯한 느낌을 주는 것은 이 때문이다.

"꿈속의 운전사"라는 대목은 이를 상기시켜 준다. 꿈은 주체가 의지를 발휘하여 꿀 수 있는 것이 아니라 그것과 상관없이 꾸어진다는 점에서 수동적인 작용이다. 따라서 박상순의 시는 "숲의 꿈이 등장시킨 내 꿈"일 수밖에 없다. 그러나 박상순은 "내 꿈속의; 또 꿈속의 운전사"다. 여기서 '운전사'는 시의 전체적 상황으로 볼 때 자동차를 움직이는 운전사일 테지만, 나는 이를 꿈을 움직이는 운전사로도 읽는다. 자신의 의지와 상관없이 꾸어지는 꿈속에서 시적 자아는 의지를 발동하여 능동적으로 꿈을 움직인다. 무의식의 꿈을 꾸면서도 의식을 작동시키는 상황, 수동태와 능동태 사이에서 꿈을 이야기하는 것은 박상순 시가 보여주는 중요한 문법 중의 하나이다.

2연에서 꿈속의 장면은 말줄임표 이후에 제시된 "한 소녀가 걷는다. 소녀의 손가방이 폭파된다"이다. 말줄임표 이전의 진술은 이러한 꿈이 발생하는 과정을 알려준다. 신호등이 켜지고 라디오 안테나를 올리는 것은 현실의 상황인데, 시적 자아가 자동차 창 밖으로 보는 것은 꿈 같은 장면이다. 이 장면은 꿈속에 보이는 창 밖 풍경 같기도 하고, 라디오 전파 속에 들어앉은 꿈 같기도 하며, 라디오 속에 들어앉은 자아가 꿈속의 자아에게 들려주는 꿈 이야기 같기도 하다. 이것은 현실과 환상, 혹은 자아의 안과 밖이 여러 겹으로 상호 침투하면서 꿈 장면을 생성시키는 양상을 재확인시켜 준다.

여기서 "신호등"과 "라디오 안테나"를 특별히 주목할 필요가 있다. 시적 자아의 안과 밖, 혹은 현실과 환상을 여러 겹으로 상호 침투시키며 제3의 시·공간을 만들어내는 계기를 제공하는 것이 바로 "신호등"이 보여주는 '색채'와 "안테나"가 들려주는 '소리'이기 때문이다. '색채'와 '소리'에 감응하여 작동되는 박상순 꿈의 정체는 무엇일까? "신호등"과 "라디오 전파"가 함축하고 있는 기호 혹은 의사소통의 매체라는 의미는 다른 한편으로 그것이 지닌 기계적 이미지와 어떻게 결합되는가? 이 기계적 이미지와 연결되는 '자동차'가 함의하는 바는 무엇일까? 그리고 이 기계적 이미지는 1연에서 꿈을 생성시키는 주체인 '숲'이 지닌 자연의 이미지와 어떤 관계가 있을까? '숲'에 의해 꾸어지는 꿈속의 장면이 소쩍새가 폭발하는 장면이고, '신호등'과 '안테나'에 의해 꾸어지는 꿈속의 장면이 소녀의 손가방이 폭파되는 장면이라면, 이 두 장면 사이의 공통점과 차이점은 무엇일까? 이러한 질문들을 염두에 두고, 박상순 시의 문법을 전체적으로 이해하기 위해 또 하나의 장면을 살펴보기로 하자.

> 그때 나는 15층 아파트의 10층 베란다에 서서 손가락 끝에 담배를 끼운 채 좌우로 출렁이고 있었다. 내 손가락 끝에서 보글거리는 게들이 빠져나갔고, 손톱 밑으로 조개들이 몰려갔고, 갯벌이 조금씩 짧아지기 시작했고. 십 미터도 안 되는 리아스식 해안의 짧은 모래밭도 물 속에 가라앉아 버렸다. 자욱한 물안개가 내 허리를 감았다. 10층 아래, 바다 속의 놀이터 꽃밭 옆엔 트럭이, 햇볕에 달구어진 마지막 철근 한 묶음을 내리며 오랫동안 정지되어 있었다.
> ―「철근 한 묶음」 부분

시적 화자는 아파트 10층 베란다에서 놀이터 꽃밭을 내려다보고 있다. 철근을 실은 트럭이 오고, 사람들이 철근을 어깨에 매고 운반하는 모습을 본다. 꽃밭을 사이에 두고 돌면서 조금씩 꽃게처럼 움직이는 사람들을 보면서, 화자는 바다를 연상한다. "내 손가락 끝에서 보글거리는 게들이 빠져 나갔고, (… 중략 …) 자욱한 물안개가 내 허리를 감았다"라는 대목이 현실과 환상을 몇 겹으로 삼투시킨 후 생성시킨 꿈의 장면이라고 볼 수 있다. 시인은 지상의 상황을 "바다 속의 놀이터 꽃밭"으로 간주하는데, 이는 '놀이터 꽃밭'이라는 현실과 '바다'라는 환상을 상호 침투시킨 공간인 것이다.

그런데 여기서 우리가 주목하는 것은 관찰자의 위상이다. 시적 화자는 아파트 10층 베란다에서 지상을 내려다보며 조감한다. 그래서 놀이터 꽃밭의 구체적인 모습도, 철근을 운반하는 사람들의 얼굴 표정과 근육의 움직임도 세밀히 관찰할 수 없다. 박상순 시가 보여주는 꿈의 장면은 이러한 조감의 시선에 의해 포착된다. 박상순 시의 꿈은 높은 곳에서 지상을 내려다보는 조감도의 기법에 의해 관찰되고 묘사되며, 따라서 그의 시가 보여주는 문장은 대상에 대한 구체적이고 세밀한 수식이 제거된 채 윤곽과 뼈대만으로 구성된다. 그 대표적인 예가 인물의 개성이 제거되는 것이다. 박상순 시에 등장하는 인물들은 사람, 남자, 여자, 아저씨, 소녀, 여인 등으로 몰개성화된 채 철저히 기능화되고 있다. 이 기법은 현대인이 3인칭적 존재에 불과하다는 의미와, 자아의 붕괴 내지 소외가 개인적 상황을 넘어 인간 혹은 사회 전체의 상황이라는 의미를 동시에 가진다. 또 하나, 주체의 내면성을 탈각시킴으로써 기존의 자아 개념으로부터 이탈하는 장치를 마련한다고도 볼 수 있다. 결국 이러한 조감도의 기법에 의해 박상순의 시는 형용사와 부사를 최대한 제거하고, 명사와 동사의 결합을 통해 단순화되고 압축된 문장을 구사하며 꿈의 문법을 재생하는 것이다.

한편 인용 시는 "철근"이 보여주는 기계적 이미지와 "바다"가 보여주는 자연의 이미지가 대립 구도를 형성하고 있는 듯이 보인다. 앞서 살펴본 두 인용 시의 경우와 더불어, '기계' 계열과 '자연' 계열의 관계성을 구체적으로 규명하는 것은 박상순 시의 "구멍난 풍경 속"에서 "규칙들"을 발견하는 중요한 하나의 방식일 수 있다. 한편 이 시에서 "철근"과 "바다"를 삼투시키는 연결고리가 되는 것은 무엇일까? 그것은 '꽃'의 이미지인데, 왜냐하면 "꽃"을 매개로 "꽃밭"과 "꽃게"가 연결되기 때문이다. 트럭에서 철근을 운반하는 사람들은 "꽃밭"을 돌아 "꽃게"처럼 움직인다. 여기서 '꽃'을 중심으로 한 또 하나의 계열체가 중요하게 규명되어야 할 필요성이 대두된다. 그러면 "트럭"은 무엇이고, "게"와 "조개"는 무엇인가? "트럭"은 "철근"과 유사성을 지닌 '기계' 계열인 듯이 보이지만, 철근을 운반하는 운송 수단 혹은 교통 장치라는 점에서 앞의 두 인용 시에 나타난 "자전거" "자동차"와 더불어 또 다른 계열체로 파생된다. "게"와 "조개"의 의미망은 박상순 시의 문법을 구체적으로 고찰하는 이후의 장에서 살펴보기로 하자.

3. 반복과 변주

대부분의 박상순 시의 문장은 명사와 동사의 결합으로 이루어져 있다. 명사와 동사의 결합은 가장 단순화된 문장의 형태인데, 박상순의 시는 이처럼 압축된 문장의 반복과 변형에 의해 이야기를 전개해 나간다. 이것은 압축과 전위, 은유와 환유의 연쇄 구조를 근간으로 하는 꿈의 문법과 유사하다. 따라서 명사가 형성하는 계열체들과 동사가 형성하는 계열체들, 그리고 그 각각의 결합 관계를 추적한다면 박상순 시의 문법적 규칙을 규명할 수 있을지도 모른다.

> 기차가 지나갔다
> 그들은 피묻은 내 반바지를 갈아입혔다
> 기차가 지나갔다
> 그들은 나를 다락으로 옮겨 놓았고
> 기차가 지나갔다

첫번째 기차가 아버지의 머리를 깨고 지나갔다
두번째 기차가 어머니의 배를 가르고 지나갔다
세번째 기차가 내 눈동자 속에서 덜컹거렸고
할머니의 피묻은 손가락들이 내 반바지 위에
둑둑 떨어지고 있었다.
―「빵공장으로 통하는 철도」1, 2연

인용 시의 근간을 이루는 것은 "기차가 지나갔다"라는 문장이다. 이것은 하나의 사건인데, 이 사건은 시적 화자인 "나"와 "나"의 가족들에게 엄청난 비극을 안겨주는 것으로 보인다. 이 문장은 1연에서 3번 반복된다. 1연의 2행과 4행은 기차가 지나간 이후의 상황이며, 시간적 경과에 의해 진술되고 있다. '꿈 이야기'의 방식을 보여주는 박상순의 시는 시간적 경과에 따른 스토리가 내재되어 있으므로, 사건의 발생과 그 경과 및 결과가 순차적으로 전개된다. 이야기의 표면 구조는 이처럼 계기성과 인과성을 지니고 있지만, 그 내면 양상은 압축과 생략, 비약적인 장면 전환 등에 의해 계기성과 인과성이 파괴된다.

2연은 반복이되 변형을 동반한 반복이다. "(…) 기차가 (…) 지나갔다"가 두 번 반복되지만, 3행에서는 "(…) 기차가 (…) 덜컹거렸고"로 변형되고, 기차에 순번이 부착되어 첫번째, 두번째, 세번째로 진행되며, 아버지―어머니―나―할머니의 계열과 머리―배―눈동자―손가락의 계열이 연쇄적으로 변환된다. '가족'과 '신체 부위'로 계열화될 수 있는 이 두 연쇄망은 "내 반바지"로 수렴되는데, 따라서 인용 시의 내용을 요약하면 '기차가 내 반바지(아버지의 머리/어머니의 배/내 눈동자/할머니의 손가락)를 깨고 지나갔다'로 정리될 것이다.

'주어(기차)―목적어(내 반바지)―동사(지나갔다)'라는 기본 문형으로 구성된 이 시는 지금까지 문명/자연, 가해자/피해자, 폭력/상처의 대립적 의미망을 갖는 것처럼 해석되어 왔다. 그러나 "기차"는 폭력을 가하는 주체로서의 기계문명만을 의미하지 않고, 시적 화자가 단순한 피해자만도 아니며, 그가 살고 있는 공간도 문명의 대척 지대인 순결한 자연이 아니다. "빵공장"은 시적 자아가 거처했던 유년 세계의 환유이고, 이곳을 통과하는 "철도"는 "기차"를 통해 다른 세계로의 이동을 가능케 한다. 따라서 "기차"는 시적 자아와 가족들에게 비극적 상처를 안겨주는 동시에 새로운 세계로 진입하게 하는 인도자이기도 하다. "빵공장"은 생존을 위해 필요한 물건을 노동을 통해 제작하는 장소이므로, 현실원칙이 지배하는 세계라고 볼 수 있다. 따라서 박상순 시에 나타난 고향은 순결한 자연의 공간이 아니라 이미 현실원칙과 문명의 힘에 의해 지배되고 있는 도시적 공간이다.

그렇다면 이 시는 1연에서 도시적 현실이 지닌 폭력의 원리에 의해 상처받는 동시에 그것에 유입되어 가는 시적 자아의 모습을 형상화하고, 2연에서는 시적 자아에게 일어난 이러한 사건이 가족사적 상처로 전이됨을 형상화한다고 볼 수 있다. 여기서 가족사적 상처란 '나/아버지/어머니'를 중심으로 환원되는 오이디푸스적, 정신분석학적 차원이 아니라 일종의 문명사적 차원을 의미한다. 도시적 현실이 지닌 폭력의 원리는 개인의 차원이 아니라 사회적 차원 및 문명사적 차원에서 진행되는 것이기 때문이다. 이처럼 박상순의 시는 차이를 동반한 반복의 어법을 통해 변형과 변주를 거듭하며 기존의 이분법적 구분을 넘어선다. 명사와 동사의 결합을 근간으로 하는 박상순 시의 문장 구조가 가장 단순한 형태로 나타나는 다음 시를 살펴보기로 하자.

첫번째는 나
2는 자동차
3은 늑대, 4는 잠수함

> 5는 악어, 6은 나무, 7은 돌고래
> 8은 비행기
> 9는 코뿔소, 열번째는 전화기
>
> 첫번째의 내가
> 열번째를 들고 반복해서 말한다
> 2는 자동차, 3은 늑대
> 　　　　―「6은 나무 7은 돌고래, 열번째는 전화기」부분

첫번째에서 열번째까지 일련 번호를 붙여 하나의 명사를 제시하고 그것들을 나열하는 이야기의 구조는, 반복과 변형의 기본 패턴을 잘 보여준다. 3연은 첫번째의 "나"와 열번째의 "전화기"가 이야기의 중심 축을 이루고 있음을 보여준다. 기본적으로 박상순의 시는 꿈을 이야기하는 구도를 가지고 있으므로 "전화기"가 중요한 역할을 담당한다고 볼 수 있다. "전화기"는 기계문명의 한 장치이며 의사소통의 수단이다. 통신 수단으로서의 "전화기"는 「소쩍새는 폭발한다」에 등장한 "라디오 안테나"와 더불어 매체의 의미를 지닌다. 박상순의 시는 "안테나"를 통해 현실과 환상 사이에 무수히 떠다니는 전파에 주파수를 맞추며, 이 기호 체계를 "전화기"라는 공명 장치를 통해 번역하여 말한다. 공명 장치는 일종의 재코드화 작용을 수행하는 것이다.

이처럼 '주파수'와 '공명'에 의해 재코드화된 방식으로 말해진 2부터 9까지의 명사들은 크게 세 개의 계열체로 분류될 수 있다. 그것은 "자동차" "잠수함" "비행기"라는 '운송 장치' 계열체와, "나무"라는 '식물' 계열체와, "늑대" "악어" "돌고래" "코뿔소"라는 '동물' 계열체이다. 앞서 인용한 시들에 나타난 "자전거" "자동차" "트럭" "기차"를 포함하여 이 시에 나타난 "자동차" "잠수함" "비행기"는 현대성의 중요

한 요소인 기계문명의 대표적 장치로서 시적 자아에게 근원적 상처와 소외를 안겨주는 '폭력의 가해자'이지만, 동시에 운송 수단이자 교통 장치로서 '장소 전환'의 중요한 동력을 제공하기도 한다. 미류나무 밑 둥치를 싣고 오는 '자전거'(「내가 없는 나의 꿈」), 숲에서 도시로의 전이를 가능케 한 '자동차'(「소쩍새는 폭발한다」), 철근을 싣고 온 '트럭'(「철근 한 묶음」), 빵공장으로 통하는 철도 위의 '기차'(「빵공장으로 통하는 철도」) 등으로 형상화된 '교통 장치' 및 '장소 전환'의 양상은, 자연/문명, 자아의 안/밖, 환상/현실의 이분법적 대립항을 넘나들면서 삼투시키는 운동의 과정을 함축하고 있다. 박상순의 시는 장소 및 시간의 구체성이 제거된 추상화의 기법으로 '꿈 이야기'를 들려주지만, 그 내면에는 장소 및 시간의 이동이라는 운동의 과정이 내포되어 있다. 이런 측면에서 '공명 장치' 계열의 명사인 "라디오 안테나"나 "전화기"는 '교통 장치' 계열의 명사들로부터 파생되어 또 하나의 계열선을 형성한 것으로 볼 수 있다.

앞서 인용한 시들에 나타난 "미류나무" "숲" "꽃밭"을 포함하여 이 시에 나타난 "나무"는 현대성의 세례를 받지 않은 순수 자연의 의미를 내포하는 듯이 보인다. 그러나 이러한 자연은 시적 자아가 체험한 현실이라기보다 그가 동경하는 세계의 상징적 기호로 읽을 수 있다. '꽃'의 이미지는 "나는 상자 속에 누워 꽃 피는 소리를 들었다"(「세 개의 귀를 가진 나」)에서, '상자'가 지닌 폐쇄된 공간 속의 죽음과 대립되는 생명의 의미를 내포하고 있다. "장미꽃 담장 아래/턱뼈 없는 두개골을 멈추고/꽃 같은 소녀를 부른다"(「달팽이」)에서처럼 '소녀'의 순결한 이미지와 결부되기도 하는 '꽃'의 이미지는, '여인'의 이미지와 결부되는 장면에서 예상치 못한 양상으로 전개된다. "나팔꽃, 덩굴이 무너졌다. 보름달이 부딪치고 별들도 내 자전거에 부딪쳐 요란스레 떨어졌다"라는 문장과 더불어 벌어지는 사건, 즉 "씩씩대던 아저씨는 여인의 얼굴을 향해 자전거를 던졌다. 여인이 쓰러졌다. 자전거 바퀴마다 피가 흘렀다. 쓰러진 여인을 밟고 아저씨는 집을 떠났다."(「폐허」)를 보자. 여기서 '아저씨—여인—나'의 관계는 단순한 '가해자—피해자—관찰자'의 관계망을 벗어나 있다. 왜냐하면 아저씨가 가하는 폭력의 도구인 "자전거"가 "나"의 소유물이고, "나"는 술에 취한 아저씨가 여인의 방을 찾을 때 마루 밑을 빠져 나와 이 세발 자전거를 타고 페달을 밟기 때문이다. 이것은 아저씨가 여인에게 가하는 폭력에 대해 시적 자아가 심리적 동조자로서 개입하고 있음을 암시하는데, 이러한 양상은 "나는 망치를 꺼내/가을 꽃, 보랏빛 꽃술 한가운데/뻣뻣한 내 다리를 때려박고"(「가을 속으로」)에서 좀더 선명하게 형상화되기도 한다. "망치"와 "내 다리"가 하나의 계열체로 연결되어 있는 점에서, 시적 자아가 단순히 기계문명, 혹은 남성적 폭력의 피해자만은 아니라는 사실을 보여준다. 즉 박상순 시의 자아는 폭력의 피해자일 뿐만 아니라 가해자로서도 작용한다. 동경하는 세계의 상징적 기호인 '꽃'에 대해 스스로 가하는 폭력은 무의식적 욕망의 모순적 측면으로서 자기파괴적인 특징을 보여주는 것이다.

　우리는 이러한 '아저씨—여인—나'의 관계가 '아버지—어머니—나'의 오이디푸스적 관계를 변형시킨 것으로 간주하고 정신분석적 해석을 수행할 수도 있지만, 박상순의 시는 오이디푸스 컴플렉스로 환원될 수 없는 복잡한 양상을 내포하며, 또한 텍스트 자체에서 다른 차원을 파생시키면서 이동하는 변형과 탈주의 선을 생성시킨다. 인용 시의 세번째 명사 계열인 "늑대" "악어" "돌고래" "코뿔소" 등의 '동물' 계열체가 지닌 의미망이 중시되는 것도 이 때문이다.

4. 변신과 생성

「빵공장으로 통하는 철도」는 근원적 상처와 상실의 사건을 형상화하고 있는 점에서 중요한 작품이다. 박상순은 이 작품 이후 일련의 「빵공장으로 통하는 철도로부터」 연작시를 '1년 뒤' '2년 뒤' '3년 뒤' 라는 식의 제목을 붙여 지속적으로 발표하고 있다. 이러한 연작의 방식은 '반복'과 '변주'라는 박상순 시의 문법이 작품의 전체적 전개 차원에서 수행되고 있는 점에서 주목된다. 상처의 근원을 치유하려는 무의식적 '반복' 행위에 있어서, 과거의 근원적 사건은 프로이트가 말한 '사후성의 원리'에 의해 현재 시점에서 새롭게 재구성된다. 따라서 새로운 재구성의 연속은 '변형' 혹은 '변주'를 가져온다. 차이를 동반한 반복, 이것이 박상순 시의 두번째 문법인 '변주'의 정체이다. 결국 '반복'과 '변주'는 순차적으로 전개되는 것이 아니라 약간의 간격을 두고 서로 겹쳐지면서 밀고나가는 왕복 운동으로써 전개된다. 그러면 '반복'과 '변주' 이후에는 무엇이 겹쳐지며 전개되는 것일까? 「빵공장으로 통하는 철도」의 3연에는 특별히 주목해야 할 대목이 두 군데 있다.

>   기차가 지나갔다
>   나는 뒤집힌 벌레처럼 발버둥쳤다
>   기차가 지나갔다
>   달리는 기차에 앉아
>   흰 구름 한 점 웃고 있었다
>   기차가 지나갔다
>   —「빵공장으로 통하는 철도」 3연

1연과 같은 구조를 지닌 3연은 "기차가 지나갔다"의 반복 속에서 불

행에 처한 "나"의 상황과, 달리는 기차에 앉아 웃고 있는 "흰 구름" 한 점의 모습을 그로테스크하게 제시하고 있다. 여기서 "뒤집힌 벌레"와 "흰 구름 한 점"에 주목해 보자. "나"는 "뒤집힌 벌레"에 비유되는데, 상처 입어 비루해진 존재의 모습처럼 보이는 이 '벌레'의 진화 과정이 박상순 시의 비밀을 밝혀내는 데 중요한 관건이 된다. 앞서 인용한 「내가 없는 나의 꿈」의 "구멍난 풍경 속의 규칙들"에서 풍경에 구멍을 내는 존재는 다름 아닌 "좀벌레"이다. 1연을 살펴보자.

> 내 꿈속에는
> 수천 개의 조약돌
> 미류나무 밑둥치를 싣고 오는 자전거
> 자루 없는 도끼
> 액자 속의 푸른 꽃
> 장롱 속의 좀벌레
>
> ─「내가 없는 나의 꿈」1연

시적 자아의 꿈속에 등장하는 조약돌, 미류나무, 자전거, 도끼, 꽃, 좀벌레 등 6개의 이미지들은 박상순 시에 반복적으로 등장하는 핵심적 모티프이다. 이미 앞에서 고찰했듯, "미류나무"와 "푸른 꽃"은 자아가 동경하는 세계의 상징적 기호로서 자연 및 생명으로, "조약돌"과 "도끼"는 폭력의 수단으로, "자전거"는 폭력을 운반하는 동시에 과거와 현재, 문명과 자연, 자아의 안과 밖을 연결시키는 교통 장치로서 의미화되고 있다. 그러면 "좀벌레"는 무엇일까? "장롱 속의 좀벌레가/감춰진 내 외투를 사각사각 갉으며/수천 개의 돌이 쌓인/수천 개의 작은 방/그 닫혀진 방에 구멍을 내고"를 보면, '좀벌레'는 "장롱" "방" 등 폐쇄된 자아의 공간에 구멍을 내는 존재이고, 감춰진 외투를 갉아먹는 존재이다. 즉 '좀벌레'는 꿈속에 등장하는 존재이지만, 감춰진 자아의 정체를 추적해 들어가며, 동시에 그 폐쇄된 꿈의 공간에 구멍을 내고 바깥으로 통하는 탈주선을 만드는 존재이다. '좀벌레'는 "내가 없는 나의 꿈" 속에 등장하는 "나"의 분신이며 또 다른 자아인 것이다.

「철근 한 묶음」의 "내 손가락 끝에서 보글거리는 게들이 빠져나갔고, 손톱 밑으로 조개들이 몰려갔고"라는 대목을 다시 읽어보면, "게들"과 "조개들"은 이 "좀벌레"의 변형, 혹은 진화 과정에 있는 동물임을 확인하게 된다. 그런데 왜 "게들" "조개들"처럼 복수형으로 표기하고 있을까. 감춰진 자아의 정체를 추적하며 동시에 폐쇄된 꿈의 공간에 구멍을 내는, 그래서 자아의 안과 밖 사이를 횡단하고 있는 이 '벌레' 혹은 '동물'은, 들뢰즈와 가타리 식으로 말하면 리좀적 존재이며 분자적 존재이다. 리좀은 질적 복수성을 지닌 다양체로서 동일성에 예속되지 않는 차이를 생성하고, 타자성을 다른 존재에게까지 감염시키고 번식시킨다. '벌레'와 '동물'은 무리를 이루고 감염에 의해 형성되고 증식되며 변환된다. "좀벌레" 역시 그러한 복수형의 존재, 리좀적 존재일 것이다. 박상순 시에 나타난 벌레―되기, 혹은 동물―되기의 양상은 "개미 한 마리가 여인의 젖꼭지를 굴리며 마루 밑으로 들어왔다. 나는 개미에게서 젖꼭지를 빼앗았다. 반항하는 개미를 잡아 내 입 속에 털어넣어 버렸다"(「폐허」)에서 '개미'로 형상화되고, 「나는 더럽게 존재한다」에서는 '쥐'의 형상으로 변신을 거듭하며 나타난다.

> 큰 누나가 다시 몽둥이를 들고
> 할아버지의 머리통을 내리쳤다
> 할아버지가 어머니의 엉덩이 위로
> 코를 박고 쓰러졌다
> 작은 누나가 달려와 큰 누나의 어깨를 물어뜯기

시작했을 때, 쓰러진 아버지가 일어났다
큰 누나의 손에서 몽둥이를 빼앗고
누나들의 머리통을 내리쳤다
깨진 머리통의 누나들이 할머니 위로 쓰러졌다
피 흘리던 아버지도 마침내 쓰러졌다

큰 쥐는 또다시 빠져나갔다
옷장 뒤로 들어갔다
옷장 위에 우뚝 선 큰 쥐는
나의 얼굴을 향해 뛰어내렸다
나는 방바닥에 쓰러졌다
나의 이마에서 피가 흘렀다
큰 쥐가 방안을 맴돌며 뛰어다녔다
나는 방문을 닫고 불을 질렀다
나는 몸 밖으로 뛰어나갔다

—「나는 더럽게 존재한다」 부분

"나는 내 몸 속에서 뛰어나왔다"에서 시작되어 "나는 몸 밖으로 뛰어나갔다"로 끝나는 이 꿈 이야기는, 시적 자아의 몸 내부에 존재하는 '쥐'가 몸 밖으로 빠져 나와서 벌어지는 한바탕 소동을 보여준다. "나"는 큰 쥐가 되어 할아버지와 할머니에게 쫓기지만, 큰 쥐와 분리되어 있기도 한 "나"는 몽둥이를 들고 쥐를 내리친다. 그런데 다음 장면부터는 할머니가 아버지의 머리통을 몽둥이로 내리치고, 어머니가 달려와 할머니의 머리채를 잡으며, 곡괭이를 든 "내"가 큰 쥐를 쫓아서 방으로 들어가 옷장을 내리치고, 큰 누나가 몽둥이로 할아버지의 머리통을 내리치며, 작은 누나가 달려와 큰 누나의 어깨를 물어뜯고, 아버지는 몽둥이로 누나들의 머리통을 내리치는 등 아수라장이 벌어진다. 가족간의 비극적인 상호 투쟁을 야기시키고 빠져나가기만 하는 '쥐'의 정체는 무엇일까?

'쥐'는 시적 자아의 몸 속에 잠재된 또 다른 자아이며, 아버지, 어머니, 할아버지, 할머니, 누나들 또한 시적 자아의 몸 속에 각인된 기억의 존재들이다. 이들 사이에 목숨을 건 피의 싸움을 벌이게 하는 '쥐'는 시적 자아의 몸 속에 갇혀 있는 가족들간의 비극적 관계를 들쑤시고 파헤쳐서 마침내 구멍을 낸다. 그리하여 위계질서화된 가부장적 가족 제도 안에서 누적된 허위와 가식에 균열을 내고 다른 세계로 진입하는 통로를 마련해 주는 것이다. 쥐의 속성은 앞서 말한 '리좀'적이며 '분자'적인데, 쥐의 번식력과 감염력은 '뿌리'가 지닌 위계질서를 잠식시켜 버릴 정도의 속도와 힘을 지니고 있다. 동물―되기는 리좀―되기이며 분자―되기이다. 쥐―되기는 사람이 진짜 쥐가 되거나 흉내를 내는 것이 아니라, 쥐와 생성의 연대를 이룸으로써 스스로를 쥐로 변형시켜 가는 운동이다. 동물―되기는 '상상'이 아니라 '몸소 겪음'을 의미하고 그래서 '정념'(passion)을 동반한다. 이 정념적인 운동을 통해 기성의 질서와 체계로부터 탈주선을 생성시키고 새로운 주체화의 점을 모색하게 된다. 결국 박상순의 시에서 "뒤집힌 벌레"와 "좀벌레"로부터 시작하여 "게들"과 "조개들" "개미"와 "쥐"를 거쳐 "늑대" "악어" "돌고래" "코뿔소"로 진화되어 가는 동물―되기의 양상은 '변신'을 통해 새로운 '생성'의 통로를 여는 작업인 것이다.

나는 내 몸 속에 갇혀 있다. 내 몸 속에서 나는 하루도 빠짐없이 나의 우상과 만난다. 나의 偶像은 나를 만날 때마다 자신의 모습을 바꾸어 왔다. 때로는 철길 위에 뒤집혀 바둥거리는 두터운 각질의 벌레로, 자신의 눈물방울을 두 손에 받쳐든 소년으로, 잠든 아버지의 허리를 도끼로 잘라내 개들에게 먹이기 위한 비밀의 음모를 꿈꾸는 눈 뒤집힌 청년으로, 또 어느 날은 담요로 만든 거대한 모자로 자신의 얼굴을 감춘 채, 어두운 골목을 향해 휘청거리며 사라지는 늙은 원숭이의 뒷모습으로, 내 앞에 나타났다.

─「나는 더럽게 존재한다」부분

시적 자아가 몸 속에서 만나는 우상은 각질의 벌레, 소년, 눈 뒤집힌 청년, 늙은 원숭이 등으로 변신을 거듭한다. 이러한 변신의 과정은 기억 속 존재들과의 목숨을 건 싸움의 과정이다. 이 싸움을 통해 박상순은 자신의 몸 내부에서 바깥으로 연결되는 통로를 만드는 것이다. 벌레—되기, 혹은 동물—되기를 통해 변신을 거듭하는 몸 속의 우상은 어디를 경유하여 어디까지 가는 것일까? 동물—되기는 회화—되기와 음악—되기와 불—되기를 거쳐 지각 불가능한 지점까지 나아간다.

1) 나의 한쪽 눈이 지워진 눈보라에 묻힌다. 반 토막의 내가 외눈을 뜨고 눈덮인 들판을 간다. 아내가 다시 반 토막의 나를 지운다. 들판의 눈을 지운다. 아내의 발 밑에서 외눈박이 금붕어가 꿈틀거린다.
─「지워진 사람」부분

2) 하지만 나는 불었다. 끊어진 그의 소리가 우리의 이복동생들의 아우성에 뒤엉켜, 아직 남아 있는 내 음악을 방해했지만, 나는 불었다. 끝까지 굴뚝 위에 앉아서 두 대의 트럼펫을 불었다.
─「트럼펫을 불어라」부분

1)은 박상순 시에 나타나는 압축과 생략, 단편적 장면의 나열, 분리된 신체 부위, 그로테스크한 이미지 등의 특징들이 회화적 기법에 의해

생겨나는 것임을 재확인시킨다. 여기서 회화적 기법이란 정확히 말하면, '그림 그리기'라기보다 '그림 지우기'의 기법이다. 인용 시를 보면, "나"는 아내가 그린 그림 속에서 튀어나온 외눈박이 금붕어를 들고 그림 속으로 들어간다. 그림 속에는 눈이 내려서 붉은 표지판들이 눈 속에 묻힌다. 커다란 붓을 든 아내는 눈 덮인 들판의 표지판을 지우고, "나"의 귀와 팔을, 그리고 한쪽 눈을 지운다. 그리하여 현실의 "나"는 그림 속으로 들어가 지워지고 그림 속의 금붕어는 현실로 나와 꿈틀거린다. 그림 속에 들어간 시적 자아의 한 쪽 눈, 귀, 팔 등이 차례로 지워지고 결국에는 존재 자체가 지워져 소멸한다는 점에서, 대상을 지우고 주체를 지워나가는 것이 박상순 시의 회화—되기의 양상임을 알 수 있다. 앞서 살핀 '조감도'의 기법과 함께 이러한 '그림 지우기'의 기법은 회화의 화면에서 초점과 깊이를 제거함으로써 근대적 원근법과 투시법에서 벗어나는 탈주의 선을 긋는다.

2)는 음악—되기가 근원적 상처를 사후적으로 반복하며 재구성하는 과정에서 일종의 승화, 혹은 구원의 가능성을 함축하고 있음을 역설적으로 보여준다. "나"와 "그"는 아버지의 무덤을 찾아가 머리를 잘라내고, 어머니의 무덤을 찾아가 머리를 떼어낸다. "나"와 "그"는 아버지의 머리와 어머니의 머리를 감나무 가지 끝에 꽂고 굴뚝 위에 올라가 트럼펫처럼 불기 시작한다. 이복 동생들의 아우성에도 불구하고 끝까지 두 대의 트럼펫을 부는 엽기적인 이 장면은 실로 불경스러움의 극치이지만, 극에 달하는 음악적 심취와 도취를 통해서만 상처를 치유하고 닫힌 내면의 문을 열어 다른 세계로 나갈 수 있게 된다. "목쉰 연주자"와 "손풍금"(「변전소의 엘리베이터에서 가까운 곳」), "터널 속으로" 울리는 "싸이렌"(「곤충의 가을」), 누군가를 위하여 부는 "오보에"(「나는 오직 나만을 사랑했어 Ⅱ」), "딩동동 딩동동" 울리는 "실로폰 소리"(「너 혼자」), "공중의 풀밭에" 옮겨진 "피아노"(「바빌로니아의 공중정원」) 등

도처에서 발견되는, 음악적 이미지들은 벌레―되기로부터 동물―되기를 거친 변신의 과정이 입자와 파동으로서의 소리를 시각적으로 형태화하는 방식인 음악―되기로 전개됨을 보여준다.

이처럼 회화―되기와 음악―되기로 탈주선을 그리는 박상순 시의 '변신'은 「소쩍새는 폭발한다」에서 주목한 바 있는 "신호등"과 "라디오 안테나"의 의미망을 재음미하게 한다. "신호등"은 '색채'의 변화를 통해 의미를 전달하는 기호 체계이므로, 이것에 감응하여 생성되는 박상순의 시는 색채에 민감히 작동하는 회화―되기의 양상을 지니고 있다. "안테나"는 허공을 떠다니는 전파에 주파수를 맞추고 공명 장치를 통해 '소리'를 만들어 내기 때문에, 이것에 감응하여 생성되는 박상순의 시는 입자와 파동으로서의 음악―되기의 한 단면을 보여준다. 음악이 지닌 파토스적 전파력과 감염력은 좀벌레, 개미, 쥐, 늑대가 지닌 리좀적 증식성을 급진화하고 있는데, '음악―되기'에 이른 박상순 시의 변신은 '불―되기'로 한 걸음 더 나아간다.

> 두 대의 트럭에 보따리를 나눠 싣고
> 이사를 한다. 앞차에도 나무 하나,
> 뒤차에도 나무
> 앞차에는 내가 타고 뒤차에는 내 신발이 탄다
> 뒤차의 나무에서 꽃이 떨어진다
> 불꽃이 떨어진다
>
> 불이 붙는다
> 우리들은 그 사이 언덕을 넘어선다
> 앞차의 불나무가 열매 하나를 떨군다
> 불덩이는 굴러 굴러 네거리를 발갛게

         빨갛게 물들인다

                          —「불이 열리는 나무」부분

　인용 시에 나타난 "트럭"과 "나무"와 "꽃"의 이미지는 이미 우리가 살펴본 박상순 시의 기본적 모티프이다. 그런데 여기서 "나무"로부터 "꽃"이 파생되고, "꽃"으로부터 "불꽃"이 파생되어, 결국은 네거리를 빨갛게 물들이는 "불덩이"로 변신한다. "불타는 내 얼굴을 올려놓고 싶은데/이제는 다 깨고, 부수고 가루가 나서/발끝까지 다 덮는/깊고 깊은 모자 하나 빨갛게/올려놓고서"(「빨갛게」)"에서 보듯, 불—되기는 깨고 부수고 가루가 난 이후에 모든 것을 덮어서 빨갛게 태워버린다. 논불이나 들불이나 산불처럼 '불'은 기하급수적인 속도와 힘으로 번져나가고 모든 것을 태워 무화(無化)시킨다.「나는 더럽게 존재한다」에서 큰 쥐로 인해 벌어진 소동 이후에 제시된, "나는 방문을 닫고 불을 질렀다"라는 문장의 의미도 이러한 맥락에서 이해될 수 있을 것이다. 반복— 변주— 변신— 생성으로 이전 단계를 끌어안고 나아가는, 박상순 시의 전개 과정은 이 지점에서 자아의 안과 밖, 현실과 환상의 경계, 상상계와 상징계의 경계를 무화시키며 어떤 탈기관체를 형성한다. 탈기관체는 힘과 속도의 모든 가능성이 잠재되어 있는 모체(matrix)로서, 복수성과 다양성이 잠재적으로 공존해 있는 보이지 않은 실체를 의미한다. 이 잠재적 가능태로서의 원형질은 결국 지각 불가능한 부재의 지점이고 무(無)와 공(空)의 지점이 된다.「빵공장으로 통하는 철도」의 3연에서 "달리는 기차에 앉아" "웃고 있"는 "흰 구름 한 점"은 바로 이러한 원형질적 모체의 이미지일 것이다.

5. 무의식적 타자성의 시

　명사와 동사의 단순한 결합으로 이루어진 박상순의 시는 반복과 변주를 거듭하는 과정에서 압축과 전위, 은유와 환유가 교직된 무의식의 언어 게임을 보여준다. 여기서 '아버지— 어머니— 나' 혹은 '아저씨— 여인— 나' 의 구도는 오이디푸스적이라기보다는 상호 침투적 관계이며 개인적 차원이라기보다 사회적, 문명사적 차원에 해당한다. 따라서 박상순의 시는 퇴행, 나르시시즘적 응시, 오이디푸스적 삼각형 등의 코드로 환원되는 정신분석학적 분석의 테두리를 벗어난다. 그의 시가 문명/자연, 폭력/상처, 남성성/여성성 등의 이분법적 대립 구도를 벗어나는 방식은 반복— 변주— 변신— 생성으로 이전 단계를 함입하며 전개되어 가는 진화의 과정이다. 이것에 중요한 동력을 제공하는 것은 첫째, 기차·자전거·트럭 등의 교통 장치이고, 둘째, 신호등·안테나·전화기 등의 기호 체계와 주파수 장치 및 공명 장치이다. 사후성의 원리에 의해 차이를 동반하는 반복을 거듭하며 근원적 사건을 반추하는 과정에서 박상순의 시는 벌레—되기, 동물—되기, 회화—되기, 음악—되기, 불—되기 등으로 진화되는 변신, 즉 리좀적 분자 운동을 감행한다. 이 분자 운동이 결국 도달하는 지점은 지각 불가능한 부재와 무의 지점인데, 이것은 복수적 힘의 잠재적 가능태로서의 모체, 스피노자적 개념의 실체를 의미한다. 이 잠재적 가능태로부터 다시 새로운 존재적 생성이 전개될 수 있는데, 따라서 이 지점으로부터 박상순의 시는 기존의 주체로부터 탈주하여 새로운 주체화의 점을 모색할 수 있게 될 것이다. 색채의 측면에서 본다면, '검은 식탁' 과 '녹색 소년' 에서 출발한 박상순의 시는 '노란 달' 과 '붉은 불꽃' 을 거쳐 '흰 구름' 에 이르고, 다시 처음과 끝 사이를 왕복 운동하며 반복— 변주— 변신— 생성을 거듭한다고 볼 수 있다.

약병 안에 붉은 벌레 / 벌레의 작은 등에

떠다니는 검은 배 / 검은 돛대의 / 둥근 배

붉은 등이 날개 치면 / 흰 파도

솟았다가 / 가라앉는 흰 파도에 / 둥근 배 / 사라지고

흰 물결 출렁이다 / 붉은 바다 속에 가라앉은 / 뒤

약병 속의 작은 벌레 / 숨 끊어진 뒤

떠오르는 둥근 배 / 떠오르는 둥근 등

―「떠오르는 배」전문

　　박상순의 시는 벌레―되기, 동물―되기, 회화―되기, 음악―되기, 불―되기로 이전의 몸을 끌어안고 전개되는 '변신'의 탈주선을 그림으로써, 근원적 상처와 상실을 넘어서 기존의 주체를 무화시키고 새로운 주체화의 점을 모색한다. 이것은 결국 이성적 자아를 중심으로 성립된 현대적 주체를 넘어서는 길이고, 자아가 지닌 기억과 내면성을 넘어서는 길이다. 따라서 이러한 박상순의 시에 '정신분석시', 혹은 '정신분열시'라는 명칭을 부여하는 것은 타당하지 않다고 생각된다. 지금까지 통상적으로 사용되어온 '정신분석시'라는 용어는 첫째, 시적 경향에

대한 명칭은 수용 과정이 아니라 창작 과정의 특징을 규정해야 한다는 점에서 부적절하다. 쉬운 예로 '도시시', '해체시', '민중시' 뿐만 아니라 '대중문화의 패러디', '테크놀러지적 상상력' 등에서 보듯, 시적 경향이나 유형에 부여하는 모든 명칭은 창작의 측면을 규명하는 용어여야 하는데, 시인들이 시를 창작하면서 정신분석을 염두에 두거나 의도하지 않는다는 점에서, 오히려 정신분석은 작품을 수용하는 독자나 비평가가 이해와 해석의 방법으로 수행한다는 점에서, '정신분석시'는 부적절한 용어인 것이다. 둘째, 첫째 항목을 밀쳐둔다 하더라도, 박상순의 시에서 보듯, 이 유형의 시인들 중 상당수는 정신분석학적 비평이나 분석의 차원으로 온전히 해명되지 않는 새로운 영역을 개척하고 있기 때문이다. 우리는 박상순의 시가 '아버지/어머니/나'의 삼각 관계, 즉 오이디푸스적 관계망과 가족사 내부의 닫힌 의미망을 근간으로 하는 정신분석적 개념틀을 넘어서는 탈주선을 그리고 있음을 확인하였다. 한편 지금까지 통상적으로 사용되어온 '정신분열시'라는 용어는 무의식을 통한 차이의 생성과 복수성에 대한 추구가 자아의 분열을 통과하여 타자성에 이르는 과정, 그리고 그 이후에 새로운 주체화의 점을 모색하는 과정을 온전히 설명하지 못한다는 점에서 부분적인 명칭에 불과하다. 이러한 이유에서 나는 박상순의 시와 이러한 경향을 보여주는 시인들의 시를 '무의식적 타자성의 시'라고 부를 것을 제안한다. 이 글의 서두에서 박상순을 포함한 이 유형의 시들을 '무의식적 타자성의 시'라고 명명한 이유가 여기에 있다.

변주의 방식
— 박정대의 시세계

1. 추억의 방식과 탈주의 방식

박정대의 시에 가장 빈번히 등장하는 모티프는 "낯설고도 익숙한 거리"(「추억도 없는 길」)에서 추억을 되새기는 모습이다. 왜 "낯설고도 익숙한 거리"인가? 과거의 기억에 묶여 있는 시인은 그것으로부터 멀리 떨어진 도시적 현실의 공간에서 색바랜 추억들을 고통스럽게 되살린다. 과거는 그 순수와 본래적 의미가 퇴색된 채 현재 속에 침전되어 있으며, 따라서 시인은 현재를 정면으로 보지 않고 과거의 기억이 용해된 시선으로 바라보는 것이다. 그리하여 대부분의 박정대 시는 과거와 현재 사이의 추억의 방식으로 존재한다.

> 복사꽃 여인이여,
> 나 눈멀어 다시는 고향에
> 돌아가지 못하네
> 꿈 속에서나 그댈 보네
> 눈감고 그대를 바라보고 있네
>
> — 「양조위」 부분

박정대가 지닌 시의식의 원형질을 보여주는 대목이다. 시인이 동경하는 세계는 "복사꽃 여인"을 매개로 한 "고향"이다. 이때 "고향"은 공간적 의미라기보다는 시간적 의미, 즉 과거를 지칭한다. 시인은 "자꾸만 읽었던 시간의 앞쪽을 뒤적거리"(「동사서독에 의한 변주」)거나, "울다가 멈추기도 하면서, 또다시 나는 문득 여섯 살의 노을인 것"(「SADANG 가는 길」)을 발견하듯, 과거로 되돌아가고 싶은 것이다. "눈멀어"는 이 과거와 동떨어진 공허하고 황량한 현실에서 입은 상처, 즉 환멸의 흉터로 이해된다. 그렇다면 시인이 돌아가고자 하는 과거는 어떤 세계일까? "복사꽃 여인"과 "고향"으로 대표되는 과거는 "돌아가고 싶습니다/어머니와 함께 이삭 줍던 황혼의 들녘"(「새벽 편지」)에서 보듯, 모성적 안식의 세계로 간주된다. 그 세계는 구체적 현실로 존재했던 과거의 시간대이기도 하지만, 더 나아가 안식과 평화의 아우라를 제공하는 무의식 속 원초적 근원의 자리로 보는 것이 좋을 듯하다. "내 아픔은 설명할 길이 없다. 내 아픔은 너무 깊어서 원인이 있는 적이 없고, 원인이 있을 필요도 없다"(「나는 희망에 관해 말하려고 한다」)라는 진술은, 원초적 근원으로서의 고향을 상실한 존재론적 고독을 상기시킨다. 그리하여 박정대의 시는 본래적 순결과 완벽한 평화가 충만한 '고향'으로부터 내팽개쳐져, 정처없이 방황하고 배회하는 양상으로 전개된다. 그런데 이 방황과 배회는 환멸의 악순환 속에서 "눈감고" "꿈 속에서나" "그땔 보"는 시선을 통해 돌파구를 마련한다. 이 '꿈속'의 방식으로 인해 박정대의 시는 환상적 아우라, 혹은 명상의 그림자를 드리우게 되는 것으로 보인다.

물이 끓고 있다. 가슴기 같은 내 영혼, 「아스펜 익스트림」이란 영화를 보고, 눈이 쌓인 설원을 생각했어야 되는데 진로 소주 한 병의 위력에도 휘청거리는 아스펜 아스피린 같은 혼몽한 겨울밤. 비명처럼 담배 한 대를 피워 물고 옛날처럼 나는 늙었다. 워터멜론 슈가에서 오늘은 누가 또 미국의 송어낚시를, 피워무는지 몰라도 무섭도록 그리운 건 담배 한 개비 속에 떠오르는 춥디추웠던 그 골방의 기억뿐.

—「短篇들」부분

표제시「단편들」의 첫 대목인 인용 부분은, 박정대 시의 핵심적인 모티프들이 결합되어 시적 동인과 양상을 함축적으로 보여준다. "물이 끓고 있다. 가습기 같은 내 영혼"은 시인의 내면 풍경을 암시한다. 그것은 시간을 밀집시키는 정신의 집중을 통해 내적 정열을 불태우고 있는 모습이다. '물'과 '불'의 결합은 고요한 겉모습 속에서 영혼의 불꽃을 지피는 "고요한 혁명"(「촛불의 미학」)과 결부되면서, 시의식의 핵심을 엿보게 한다. 그러나 이 '끓는 영혼'은 현실의 차가운 벽에 부딪혀 "휘청거"린다. 「아스펜 익스트림」이란 영화를 보고 시인이 떠올리는 것은 "눈이 쌓인 설원", 즉 때묻지 않은 자연이나 시원의 순수이지만, 그 연상은 "겨울밤"의 현실에 부딪혀 차단된다. 이 과정에서 "소주"와 "담배"를 매개로 빚어지는 '혼몽함'은 박정대 시의 주된 음조가 되는데, 이는 앞서 언급한 '꿈속 명상'의 방식과는 조금 다른 차원에서 내면의식의 흐름을 자동기술법으로 전개하는 시적 언술을 낳는다.

"옛날처럼 나는 늙었다"는 과거의 추억을 화인(火印)처럼 몸에 지닌 채 세월의 강물을 건너왔음을 표현하고 있다. 이 문장에는 과거에 대한 애착과 현재에 대한 환멸이 중첩되어 있다. 이로 인해 시인이 회상하는 과거는 아름다운 추억을 지나 "춥디 추웠던 그 골방의 기억"으로 이동한다. "기억이 아름다울 수 있는 건/스스로 만든 폐광(廢鑛) 속에서/빛나는 거미줄을 꿈꿀 수 있기 때문"(「장마」)과 비교할 때, 과거의 추억이 평화와 안식의 세계에서 궁핍하고 고통스런 세계로 전이되는 것은,

그 회상에 "겨울밤"이라는 현재적 상황이 개입되기 때문일 것이다. 따라서 박정대의 시는 '꿈속 명상'의 밀폐된 공간에 현실이 개입하여 충돌할 때, 동경과 환멸, 열정과 무기력, 명료함과 혼돈 사이에서 흔들리며 혼몽함을 드러내게 된다.

결국 박정대 시에서 추억은 '꿈속 명상'과 '혼몽한 내면의식의 흐름'이라는, 두 가지 방식으로 존재한다. 그러나 박정대 시의 전체적 구도에서 이러한 '추억의 방식'은 하나의 지향점을 이루고 있을 뿐이다. 그 전체적 구조에 접근하기 위해 우리는 '추억의 방식'이 어떻게 '탈주의 방식'과 만나고 엇갈리며 '음악'과 '영상'의 요소를 끌어안고 있는지 살펴봐야 할 것이다.

2. 촛불 · 나무 · 음악

박정대의 시는 크게 '꿈속'의 '명상'을 서정시의 정제된 형태로 형상화하는 양식과, '혼몽한 내면의식'을 자동기술법으로 진술하는 서술시적 양식으로 구분된다. 먼저 '꿈속 명상'의 시적 양식을 구체적으로 살펴보자. 그것은 '추억의 방식'이 '촛불'과 '음악'의 이미지와 융합되면서 응축되는 양상으로 나타난다.

> 호수 깊은 곳으로 검은 돌 하나 가라앉고 있네
> 나비들은 허공의 물결인 양 돛단배의 길을 열고 있네
>
> 그 사이로 흐르는 지상의 음악소리,
>
> 내가 촛불을 들고 오래도록 바라보는 유일한 꿈

천 개의 촛불이 애태우며 꿈꾸는 유일한 나

　　나무들,

　　　　　　　　　　　　　　　　　　―「나무들」 전문

　이번 시집 중 가장 아름다운 작품의 하나일 이 시는, '나무'를 중심으로 '촛불'과 '음악'의 이미지가 하나로 연결되면서 시의식의 한 정점을 보여 준다. 1연은 "호수"와 "허공", "검은 돌"과 "나비"의 대비를 통해 하강과 상승, 무거움과 가벼움, 심연으로의 추락과 피안으로의 해탈 등의 이항대립적 의미망을 형성한다. 그러나 2연은 시인이 추구하는 세계가 두 대립항의 "사이"에 있음을 보여 준다. 그것은 "지상의 음악 소리"로 나타나는데, '음악'은 "그 소리의 향기는 빗방울을 뚫고 보이지 않는 영혼의 저음부(低音部)를 조용히 연주하고 있네"(「누군가 떠나자 음악소리가 들렸다」)와 "너의 노래는 비어 있는 어둠 속을 불꽃의 광맥으로 채운다"(「어떤 죽음에 관한 기록」)에서처럼, 영혼 깊은 속에서 고요한 불꽃을 지핀다. 그것은 시인이 추구하는 시의 원초적이고 이상적인 모습이다. 그러므로 이 '음악 소리'는 3연에서 "내가 촛불을 들고 오래도록 바라보는 유일한 꿈"으로 진술된다. 시인은 심연과 해탈, 깊이와 넓이 사이에서 '촛불'의 정밀한 명상을 통해 불순물을 정화시켜 '음악 소리'를 생성시킨다. 그리하여 이 명상과 정화의 순간은 다시 "천 개의 촛불이 애태우며 꿈꾸는 유일한 나"를 이룩한다. '꿈'을 매개로 '촛불'과 '나'가 하나로 융합되는 이 경지에서 '나'는 곧 "나무들"이 된다. '나무들'은 순결한 자연의 상징이며, '호수/허공'과 '검은 돌/나비'의 간격을 이어주는 지상적 존재이다. 결국 이 시는 '추억'과 결부된 '꿈'의 명상적 방식이 '촛불―나무―음악 소리'와 융합되며 영혼의 교감을 나누는 장면을, 일종의 시의식의 진공상태에서 포착한 것으로 보인다. 그렇다면 이 진공상태의 시의식은 현실과 부딪힐 때 그 관계망 속에서 어떤 양상으로 변주되는 것일까?

   1) 보이는 곳의 사람들은 모두 움직이고 있구나
      태어난 자리에서 뿌리 깊은 사랑을 하는 온갖 나무들이여
      저마다의 격렬한 희망을 표명하며 흘러가는 오 짐승이여 강물이여
      너희들이 흘러가서는 마치 최초의 기쁨으로 스며드는
      오, 그 알 수 없는 정밀한 욕망의 나무를 나에게
      나에게만 가르쳐다오
                            —「사월의 나무 한 그루」부분

   2) 하늘의 뿌리여,
      너는 왜 지상의 강물에 발을 담그는가
      넉넉한 대지의 품속으로 뿌리내리던
      빗방울들의 육체여, 너는 지금 어디를
      통과해가고 있는가, 밤새도록 비가 내려
      그 무슨 격렬한 표현처럼 나를 휩쌀 때
      숫처녀와 씹하듯 그렇게, 오오, 나는
      하나의 세상을 통과하고 싶었는지도 모른다
      다만, 속도에의 열망 같은 것이
      나를 살아가게 하던,
      이 잔인하고도 황홀한
      시간의 늪 속에서
                            —「하늘의 뿌리」부분

1)과 2)는 모두 '나무'의 심상을 중심으로 전개된다. 1)에서 시인이 추구하는 지향점은 "뿌리 깊은 사랑을 하는 온갖 나무들"이다. 그것은 "격렬한 희망을 표명하며 흘러가는" "짐승"이나 "강물"의 "움직"임과 대비되는 "정밀한 욕망"을 지닌다. 즉, 시인은 "보이는 곳"의 불순하고 격렬한 움직임을 거슬러올라 "최초의 기쁨"인 '나무들'의 순결하고 정밀한 사랑을 꿈꾸는 것이다. 결국 "그 알 수 없는 정밀한 욕망의 나무"는 시인의 무의식 깊은 곳에 자리잡고 있는 영혼의 고향으로 그를 인도한다.

2)에서 그 영혼의 고향은 "넉넉한 대지의 품 속"으로 나타난다. 시인이 '비'를 '하늘의 뿌리'로 표현한 것은, '나무'의 이미지를 통해 하늘/땅의 이항대립을 연결시키려는 의도 때문이다. 시인은 그 "빗방울들의 육체"가 "넉넉한 대지의 품 속", 즉 영혼의 고향으로 뿌리내려 안주하기를 원하지만, 그것은 "격렬한 표현처럼" "지금 어디를 통과해 가고 있는" 것이다. 이때 시인은 자신도 "하나의 세상을 통과하고 싶"은 욕망을 느낀다. 시인의 통과하고 싶은 이 세상은 "잔인하고도 황홀한/시간의 늪 속"이다. 그것이 잔인한 것은 시간의 흐름 속에서 모든 완전하고 절대적인 가치들이 변해가는, 유한성의 세계이기 때문이다. 더 나아가 현재의 이 세상은 파시스트적 속도가 지배하고 있는 천박한 공간인 것이다. 그런데 그것이 "황홀한" 이유는 어디에 있을까? 박정대는 세속도시의 천박한 파시스트적 속도에 맞서, 혹은 그 공허와 환멸을 견디기 위해 '속도에의 열망'을 불태우는 것으로 보인다. 그것은 세속도시의 파시스트적 속도에 편승하면서 한편으로 그것을 가로질러가며 이 세상을 통과하고 싶은 '탈주의 욕망'이 된다. 따라서 시인은 현실에 대한 환멸과 속도에 대한 이중적 태도로 인해 '병든 영혼'이 될 수밖에 없는데, 이 '병든 혼의 가혹한 질주'로 인해 세상은 "잔인하고 황홀한 시간의 늪"이 되는 것이다.

결국 박정대의 시는 뒷걸음질치는 '추억의 방식'과 앞으로 질주하는 '탈주의 욕망' 사이에서 그 갈라짐의 딜레마를 견디는 '변주의 방식'으로 존재한다. 따라서 박정대의 시는 '정밀'하고 '넉넉'한 영혼의 고향을 지향하는 한편, 그것이 현실과의 부딪힘 속에서 생성되는 '병든 혼의 가혹한 질주'를 지향하게 된다. 그것은 '음악'과 '촛불'을 매개로 밀도있게 정제된 서정시의 형식과 대비되는, '영상'적 이미지와 그로부터 촉발되는 '의식의 흐름'을 좇아 시간의 속도보다 더 가볍고 빠르게 세속도시의 공간을 질주하는 모습으로 나타난다.

3. 영상 · 시니피앙 · 의식의 흐름

너를 가로막고 있는 콘크리트 벽 속에서, 두 그루 미루나무가 튼튼하게 걸어갈 때, 그대여 록클랜드에 나는 너와 함께 있어. 통곡처럼 깊어가는 어둡고 추운 이곳에서 나는 지금 내가 쓰고 있는 이 글이 읽혀지리라고 기대하지 않아. 희망하지도 않아, 이곳에서 자신을 표현하기 위해선 미쳐야 해. 그러나 나는 아직 미치지 않았고, 그러고 싶지도 않고, 미쳐버리고 싶은 그러나 미쳐지지 않는 그런 상태도 아냐. 그래, 나는 아직까지 불행하게도 마약이 필요없어. 다만 나의 망막에 와 닿는 프레임을 조금 바꾸고 싶을 뿐.

―「SADANG 가는 길」 부분

시인은 촛불과 나무와 음악이 이루는 정밀하고 평화로운 대지의 고향을 추구하지만, 그가 처한 현실은 세속도시의 낯선 거리일 수밖에 없다. 이 시에서 그 세속도시의 공간은 "너를 가로막고 있는 콘크리크 벽 속"으로 표현된다. 시인은 그 속에서 "두 그루 미루나무가 튼튼하게 걸어"가는 모습을 상상하지만, "통곡처럼 깊어가는 어둡고 추운 이곳"에서 벗어날 수 없다. 이 좌절과 환멸 속에서 시인은 "광기가 나를 완성하지 못한다면 내가 광기를 완성하리라"(「나 자신에 대한 조서(調書)」)에서처럼, 광기를 통해 이 벽을 돌파할 비상구를 찾기도 한다. 그러나 대부분의 경우 광기보다는 "망막에 와 닿는 프레임을 조금 바꾸"는 방식을 선택한다. 그것은 각종 영상매체와 상품 이미지가 지배하는 세속도시의 문화논리에 편승하여 가볍게 운신하면서도, 그것과 다시 거리를 유지하며 낯설게 바라보는 방식을 의미한다. 따라서 박정대의 시에는 영상과 이미지 등의 대중문화적 요소에 몸을 싣고 질주하는 유희적 태도와, 그것을 다시 낯설게 바라보는 회의의 시선이 교차한다. 이 엇갈림의 교차를 가능케 하는 것은 내면의식의 흐름을 따라가는 자동기술법이다. 그것은 의식과 무의식이 만나고 교차되는 연결고리를 포착하여, 유희적 태도와 회의적 시선을 교직하며 단절과 연결을 반복한다.

　1) 남태령이 보이고, 지하철 정거장이 보이고, 테라스에 졸고 있는 뒤라스의 뒷모습도 보이고, 저수지도 보이고, 저수지를 배회하는 개 같은 인생들도 보이고, 「인생」이라는 영화에 나왔던 공리의 붉은 입술도 보이고, 공해에 찌든 서울 하늘도 보이고, 해변에서 공을 차는 햇살들의 근육도 보이고, 근육 속의 힘도 보이고, 힘 속에서 꿈틀거리는 권력에의 의지도 보이고, (… 중략 …) 그곳이 먹라든 소상강 남반이든 나는 지금 어디론가 가고 싶은 것이다. 그러나 그럼에도 불구하고 그림1을 보건데 ─ 수염이나 옷자락의 모양새를 볼 때 ─ 전철의 막차는 굴원을 스쳐 지나간 것이다. 나를 스쳐 지나간 것이다. 나는 돌아갈 집이 없어 담배나 피우고 있는 것이다(그림2 참조)
　　　　　　　　　　　　　　　　　　　─「SADANG 가는 길」부분

2) 푸른 거울 속에 양조위를 빠트린다 계략처럼 밤이 깊어가고 나는 라디오나 듣고 싶다 펜으로 심장의 弦을 구슬프게 뜯던 한 시절이 바람 따라 흘러가고 나는 자꾸만 라디오나 틀고 싶다 계략처럼 밤은 그렇게 또 자기 나름대로 깊어가지만 나는 밤마다, 밤보다 내가 더 깊다 푸른 거울 속에 양조위를 빠트린다 양조위는 홍콩의 영화배우다 아니다 양조위는 양조장집 지붕 위의 한 사나이를 떠올리게 한다
―「거울 속에 빠진 양조위」부분

1)은 사당역을 지나친 화자가 남태령역에서 전철을 기다리며 내면의식의 흐름을 서술하고 있다. 그는 『초사(楚辭)』라는 시집의 뒷 표지에 그려진 굴원(屈原)의 모습을 자신과 동일시하고, 풍경에서 연상되는 이미지들을 자동기술법으로 진술한다. 이때 시인은 대상을 일상적 시선이 아닌 낯선 시선으로 바라본다. 즉 "망막에 와닿는 프레임을 조금 바꾸"는 것이다. 그리고 "테라스"에서 "뒤라스"를, "저수지"에서 "개 같은 인생"을, "인생"에서 「인생」이라는 영화에 나왔던 공리"를, "공리"에서 "공해"와 "공"을 연상하는 것은 의미의 유사성에 근거하는 것이 아니라 소리결의 유사성, 혹은 기표의 자의성에 의한 것이다. 즉 시인은 내면의식의 흐름 속에서 시니피앙의 유희를 즐기고 있는 셈이다. 그러나 이 단어들의 표피적인 자리 이동은 그것들이 전체적으로 연결되어 어떤 하나의 메시지를 전달해 준다. 그것은 "저수지" "개 같은 인생" "공해" "권력에의 의지" 등에서 암시되는, 현실에 대한 환멸과 저주이다. 그 속에는 현실에 대한 비판적 태도가 내포되어 있다. 이는 시인이 영화나 그림 등의 영상적 이미지에 침윤되어 그 표피적 연상에 가볍게 몸을 실으면서도, 그것이 자신이 혐오하는 세속도시의 천박한 문화적 속성임을 간파하고 있다는 뜻이 된다. 인용 시의 후반부는 "어디론가 가고 싶은" 욕망과 "돌아갈 집이 없어" "담배나 피우고 있는" 시

인의 모습을 전경화한다. "넉넉한 대지의 품속"에 뿌리내리지 못하고, "어디론가 가고 싶"지만 가지도 못하는 시인은, 모든 것이 "스쳐 지나"가는 현실 속에서 병든 영혼의 고독에 빠져들 수밖에 없다. 이는 "두 개의 계단과 두 개의 시간 사이에 존재하는 어찌할 수 없는 인간의 고독"(「나 자신에 대한 조서」)과도 하나로 만난다. 그것은 과거와 미래, '추억'과 '탈주' 사이에서 찢겨진 영혼의 모습인 것이다.

2)는 이러한 딜레마와 고독을 전략적으로 극복하려는 시도를 보여준다. 홍콩 영화「동사서독」에 침윤된 시인은 그 영상적 이미지를 소재로 자신의 내면을 형상화하면서도 그것이 세속도시의 함정임을 간파한다. 그리하여 "양조위"를 "푸른 거울 속"에 빠트린다. 여기서 '거울'은 비판적 시선을 가능케 하는 반성적 거리를 제공한다. 이로 인해 박정대의 시는 영상적 이미지를 따라 대중문화의 흐름에 가볍게 몸을 맡기는 과정에서 그 가벼움을 넘어 다시 진지한 비판적 시선을 확보하게 된다. 박정대의 시에서 '탈주의 욕망'이 낳은 '병든 영혼의 질주'는 영상 이미지를 매개로 한 자유연상을 통해 대중문화의 흐름을 타고 간다. 그의 시는 「아스펜 익스트림」「동사서독」「타락천사」「아비정전」등의 영화뿐 아니라, 기형도 · 진이정 · 앨런 긴스버그 · 볼프 본드라체크 · 세사르 바예호 등의 시인과, 무라카미 하루키 · 이자벨 라캉 · 르 끌레지오 등의 외국작가와, 빅토르 최 · 록그룹 너바나에 이르기까지 다양한 층위의 문화 형태와 접속한다. 그것은 어떤 구절의 인용을 통해 의식의 흐름을 유도하기도 하고, 영상적 분위기에서 촉발되는 이미지를 연결고리로 삼아 자유연상을 일으키기도 한다. 이러한 경향은 한편으로 이국 취미와 통속적인 로맨티시즘의 혐의를 보여주기도 하지만, 앞서 언급한 비판적 시선으로 인해 그의 시는 이 함정에서 풀려 나온다.

한편 이 유형에 속한 박정대의 시들은 의식의 흐름을 자동기술법으로 서술하므로 독백에 근거한 요설의 형태를 보여준다. 따라서 이 시들은 '촛불'과 '나무'와 '음악'이 융합되어 '고요한 혁명'을 일으키며 '영혼의 고향'을 형상화한 시들이 보여준, 정제된 서정시의 형태와 대비된다. 그것은 서사적 진술에 가까이 다가가고, 따라서 시적으로 응축되기보다는 확산되는 모습으로 나타난다. 결국 이 두 가지 시적 형태는 서정과 서사, 음악과 영상, 응축과 확산 등의 특징을 지니며 양분된다. 그렇다면 '추억의 방식'과 '탈주의 욕망' '영혼의 고향'과 '병든 혼의 질주' 사이에 놓인 시들은 이 두 가지 시적 형태 사이에서 어떤 모습으로 존재하는 것일까?

4. 물방울 · 변주 · 물질적 황홀

박정대의 시는 "돌아섬과 길 떠남과/두루마리 화장지처럼 풀어지는 회억의 한 모퉁이/윤회의 강, 끝이 보이지 않는 그곳으로 깊숙히/다이빙할 뿐이에요"(「이가흔, 내 책상 위의 타락천사」)에서처럼, 돌아섬과 길 떠남, 회억과 윤회 사이에서 그 크나큰 간극으로 갈라져 있다. "끝이 보이지 않는 그 곳으로 깊숙히 다이빙"하는 모습은 그 간극을 온몸의 투신으로 감당하고 있는 모습이다. 그것은 추억의 방식과 탈주의 욕망 사이에서 그 딜레마와 고독을 견디며 다양하고 복잡한 변주의 방식으로 대응하는 모습과 관련되어 있다.

이 두 세계의 경계를 통과하고 그 간극을 이어주는 매개체는 무엇일까? 그것은 "물방울들은 서로의 몸에 경계선을 두지 않는다"(「나 자신에 대한 조서」)에서 보듯, '물'의 심상이다. 앞서 인용한 「하늘의 뿌리」에서 하늘과 땅의 간극을 이어주는 것도 '비'라는 물의 심상이며, "하나의 세상을 통과하고 싶"어하는 시인의 욕망을 가능케 한 것도 "물방울들의 육체"였다. 따라서 이 '물방울'이 지닌 역할과 의미를 추적할 때, 우리는 '추억의 방식'과 '탈주의 방식' 사이에 존재하는 변주의 방식도 살펴볼 수 있게 될 것이다.

오, 사월의 나무여
너의 수액으로 가는 길을 나에게 나에게만 가르쳐다오

너에게로 가기 위하여
나는 날아가는 새들의 날개 끝에도 머무르지 않았고
구름이 사소한 슬픔으로도 머무르지 않았었느니
정녕 바람의 온갖 예언들은 알고 있었으리
내가 왜 스스로 가장 작은 지상의 벌레가 되어 땅속의
땅속의 지하수로 가는 동굴을 파고 있었는지
—「사월의 나무 한 그루」 부분

시인은 "나무"의 "수액으로 가는 길"을 찾는다. 그 '수액'의 길은 "새들의 날개"와 "구름"이 암시하는 비상과 초월, 그리고 "머무르지"가 암시하는 안주와 정체(停滯)를 넘어 하강과 유동성을 지닌다. 그리하여 시인은 "가장 작은 지상의 벌레가 되어" "땅속의 지하수로 가는 동굴을 파고 있"는 것이다. 이 "지하수"가 도달하는 곳은 아마 "모든 강들 흘러가 아우성치며 만날/바다"(「물질적 황홀 6」)일 것이다. 즉 '물'은 하늘의 "구름"과 낯선 불모의 "거리"와 "바다의 사랑"을 통과해 가며 그것들을 연결시켜 주는 것이다. 이 '물'의 상상력으로 인해 박정대의 시는 추억의 방식과 탈주의 방식, 세속도시와 자연, 환멸과 평화, 병든 혼과 황홀경의 세계가 만나고 결합하여 새로운 시적 형태를 얻는다. 그것은 박정대 시의 주요 기법인 다양한 변주의 방식과도 연결되는데, 「물질적 황홀」 연작은 그 시도의 일환으로 간주될 수 있을 것이다.

거리는 간판들의 무표정과 행인들의 그림자를 안고
도시의 페이지 속에 書標처럼 꽂혀 있다. 피가 마르는 것 같다
봄볕에 불탄다, 유곽과 성당을 지나온 나의 긴 그림자
나는 읽혀지지 않는 한 권의 책과 싸우듯
그렇게 걸으며, 이 거리가 나에게 전해주는 불임의 메시지를
피가 마르듯 그렇게 외로운 가슴의 강들을 스쳐지나며
씨팔, 모든 강들 흘러가 아우성치며 만날
바다를 생각하였다 죽음보다도 깊을
바다의 사랑을 생각하였다

―「물질적 황홀 6」 부분

시인은 지금 도시의 거리 위에 있다. 이곳은 "간판들의 무표정과 행인들의 그림자를 안고" 있는 불모의 땅이다. 인용되지 않은 전반부는 '비'로 인해 생명력과 환희를 회복하는 자연의 모습과, 그로 인해 습기차고 어두워지는 도시의 일상을 대비시킨다. 인용한 부분은 그 '비'가 그친 후의 상황이다. "음습한 관에서 부활하듯" 시인은 외출하지만, 비 그친 후의 거리는 오히려 "봄볕에 불" 타며 "피가 마르는 것 같"은 "불임의 메시지"만을 전해 준다. 이때 시인은 "외로운 가슴의 강들을 스쳐지나며" "모든 강을 흘러가 아우성치며 만날" "바다"를 생각한다. 역전적 상황을 보여 주는 이 시의 전반부와 후반부는 각각 자연과 도시의 대비를 통해 그 거리와 단절을 드러내고 있다. 그러나 이 대비는 단순한 이분법적 대립에 그치지 않고, 도시의 거리 속에서 자연을 동경하는 시인의 회의와 환멸이라는, 내면적 딜레마를 복합적으로 반영한다. 이를 가능케 하는 것이 바로 '비'로 형성화된 '물'의 심상이다. 그리하여 '물질적 황홀'이라는 이 시의 제목은 "삶은 부조리하게 아름답고 치욕적으로 황홀하구나"(「어두운 상점들의 거리」)에서 보듯, 양가적 가치

가 충돌하며 추억의 방식과 탈주의 방식이 결합된 것이다. 따라서 그것은 두 극단적인 방식이 공허한 관념이 아니라 구체적인 도시의 현실 속에서 하나의 지점으로 만나는 양상을 낳는다.

> 남들이 모두 (일부분이) 물질적 황홀에 빠져 있을 때
> 나는 항상 (가끔씩) 물질적 황홀을 노래했다
> 눈을 뜨면 빛나는 것은 물질들의 예각 혹은 둥근
> 천정의 하늘, 바람의 광장에서 참을 수 없이 가벼운
> 존재들은 새들처럼 재빠르게 황홀 속을 통과해
> 갔다.
>
> (… 중략 …)
>
> 혼미한 기억이란 부서진 하늘의 살결이다, 눈발
> 맨발의 눈들이 달려가고 있는 시린 풍경의 끝
> 검은 새 몇 마리 조깅하고 있는 (있었는가)
> 희미한 기억의 끝 다 부서진
> 집들이 다시 일어서고 있다
> —「물질적 황홀 12」부분

이 시는 추억의 방식과 탈주의 욕망이 구체적인 도시의 현실 속에서 결합되어 있다. 따라서 그것은 전자가 보여 준 촛불·나무·음악 등의 자연적 요소, 후자가 보여 준 영상·시니피앙·의식의 흐름 등의 유희적 요소가 관념이 아닌 현실에서 만난다. 서정적 묘사의 응축과 서사적 진술의 확산이 결합되어 중용을 견지하고 있는 것이다. 그리하여 시인의 시선이 포착하는 것은 "물질들의 예각 혹은 둥근/천정의 하늘"처럼

대상의 구체적인 형상이다. 그리고 이 물질적 요소와 더불어, "참을 수 없이 가벼운/존재들은 새들처럼 재빠르게 황홀 속을 통과해/갔다"라는 상상력의 황홀경을 추구한다. 그런데 이 중용의 방식은 어쩐지 시적 활기와 역동성이 약화된 느낌을 준다. "모두(일부분이)" "항상(가끔씩)" "조깅하고 있는(있었는가)" 등에서 일종의 모호한 흔적으로 나타나듯, 그것은 "혼미한 기억"과 "희미한 기억의 끝"에서 기인하는 것으로 보인다. '혼미한 기억'과 '희미한 기억의 끝'은 "이 가혹한 (물질적인) 지구에서" "황홀경"을 추구하는 시인의 영혼이 멀미와 현기증을 일으킬 때 빚어지는 양상일 것이다. 이 혼미함은 박정대 시의 '명상적 아우라'나 '혼몽한 의식의 흐름'과 구분되며 시적 긴장의 약화로 귀결되는 경우도 나타난다. 박정대 시의 진로는 이 혼미와 긴장의 와해를 경계하며 추억과 탈주의 방식을 질적으로 통합하는 새로운 미학적 구조물을 형상화하는 시도를 통해 추구되어야 할 것으로 보인다. 어쩌면 이러한 통합은 중용의 방식보다 추억의 방식과 탈주의 욕망을 더 극단까지 밀고 나가는, 시적 집중과 열정을 통해 얻어질지도 모른다. 왜냐하면 그 과정에서 더 가치 있는 변주의 방식이 생성될 것이기 때문이다.

모반의 형식
— 이장욱론

1. 독백과 묘사

> 어디든 나를 중심으로 돌고 있는 밤의 천체가 있지 길 바깥의
> 구부러진 나무들 실편백을 적시는 새벽비 너무 흔한 최면 속으로
> 한 여자의 부드러운 등이 흘러갔을까 하지만 생각나지 않네
> 돌아오지 않기 위해 내가 치를 수 있는 무엇이, 더 있었을 것이다.
> ―「너무 흔한 풍경」부분

이장욱의 시가 보여주는 것은 독백과 묘사가 혼합된 형식이다. 독백은 자기 중심적인 언술이지만, 자기 의식 및 무의식만을 드러내는 것이 아니라 사물 혹은 현실과의 관계성을 내포한다. 이장욱 시에 등장하는 '풍경'은 바로 이 사물 혹은 현실의 모습이다. "나를 중심으로 돌고 있는 밤의 천체" 속에서 "구부러진 나무들"과 "실편백을 적시는 새벽비"와 "한 여자의 부드러운 등"이 하나의 풍경으로 인화되는 것이다.

그런데 '너무 흔한 풍경'이 암시하듯, 시적 자아는 풍경과 단절되어 있거나 그저 스쳐지나가고 있을 뿐이다. '불화'의 관계라기보다는 아득한 간격과 심연이 가로막혀 있는, 그래서 차라리 '무관함' 혹은 '무

심함'으로 표현될 수 있는 이 '단절'의 관계는 이장욱 시의 독특한 분위기를 낳는 모태가 된다. "너무 흔한 최면"의 '최면'이 대변하고 있는 '심리적인 착란'과 그것이 파생시키는 '몽환적인 분위기'는 어떤 과정을 경유하여 형성되는 것일까?

    1) 그러므로 이제 이 눈과 코와 입과 귀를 막아 새로운 세상을 보게 하시길 그대에게 익숙한 세상으로 나를 인도하여 그대 몸과 마음에 피고 지는 싹과 잎과 꽃이 되게 하시길 너무 오랫동안 하나의 육체로만 살아 왔으므로 아주 정교하게 정렬해 있는 이 고요한 세상을 처연히 흩날리도록, 내 몸과 마음의 꽃잎 꽃잎 피고 지는 그곳에 기다리는 이 아무도 없을지라도

                                                    —「꽃잎, 꽃잎, 꽃잎」부분

    2) 집은 헐렸다. 그것은 빠른 시간이었다. 여긴 어디지? 텅 빈 눈밭에 서서 그는 그 집의 허공을 신비한 자세로 이동하던 빛들을 떠올린다. 나는 다만 굴복하고 싶었지. 사내는 표정 없이 웃는다. 깨진 거울들 몇 개 부옇게 흐려져 눈밭에 꽂혀 있었다. 저, 난반사하는 생. 이제 무언가 그를 덮칠 것 같다. 갑자기 격렬한 웃음을 터뜨리는 사내 위로, 핀 조명, 서서히 저문다.

                                               —「눈밭에 서 있는 남자」부분

1)과 2)는 이장욱 시의 발생론적 근거를 함축하고 있는 점에서 주목할 만하다. 이장욱은 「꽃잎, 꽃잎, 꽃잎」에서 "나는 너무 오랫동안 하나의 육체로만 살아왔으므로 아주 정교하게 정렬해 있는 하나의 고요한 세상을 지니고 있"다고 고백하고, "그러나 나는 나를 이끄는 매혹에 최선을 다해 복종하였으므로 내 고요한 세상에 피고 지는 아름다운 모반

을 주시하였다."라고 말한다. 하나의 단일한 육체와 결별하고 아름다운 모반을 따라 새로운 육체로 건너가려는 의지는, "정교하게 정렬해 있는 이 고요한 세상"을 떠나 미지의 세계로 향하는 모험의 정신이다.

「눈밭에 서 있는 남자」에서 '하나의 육체', 혹은 '정렬한 고요한 세상'은 '집'으로 변주되어 나타난다. '집'은 의식 혹은 이성을 중심으로 세계를 파악하는 '주체'를 상징한다. 이성적 주체가 허물어진 후 제시되는, "여긴 어디지?"의 불확정성과 "텅 빈 눈밭" "허공" 등의 비결정성은 "깨진 거울들"에 의해 "난반사하는 생"의 양상을 선명히 보여준다. 이장욱 시가 보여주는 심리적 착란 및 몽환적 분위기는 이처럼 깨진 거울에 의해 난반사되는 생의 착잡한 모습으로부터 기인하는 것이다. 정교하고 고요한 하나의 육체, 혹은 이성적인 주체의 집을 벗어난 후에 이장욱이 추구하는 모반의 차원은 구체적으로 어떤 모습일까? 그리고 이를 통해 시적 자아는 현실 혹은 타자와 어떻게 만나는 것일까? 이장욱 시가 보여주는 모반의 첫번째 방식은 '구름의 형식'이다.

2. 구름의 형식

   1) 나는 바지 입은 구름,
      형체를 지니지 않습니다
      때로 가을 하늘 선선히
      산책하기를 즐기지만
      나는 바지 입은 구름,
      문득 어두워져 가는 몸과 더불어
      그대 곁을 떠도는
      황혼의 그림자입니다.

─「바지 입은 구름」 부분

2) 나는 그대를 그대는 구름을 구름은 다시 그대를
　　천천히 통과하는 오후, 너는 이제
　　날 만지지 말라 나도 너를
　　다시는 만지지 않겠다.

　　(… 중략 …)

　　나는 꽃으로 피어 난무하는 총알들을 피하는 자.
　　나의 〈매트릭스〉, 나의 모태는 이 부드러움이야
　　이 부드러움 안에서 나는
　　하염없는 죽음의 풍경과 만난다.
　　헬리콥터, 헬리콥터, 그대는 무차별
　　난사해 다오. 투하해 다오.
　　　　　　─「구름의 전사─ 김수영과 함께」 부분

　이장욱은 형체를 지니지 않는 '구름의 몸'을 그의 시적 형식으로 채택함으로써 자신을 이끄는 매혹에 복종하고 아름다운 모반을 꿈꾼다. 1)에서 "아무런 형체를 지니지 못한/그 허랑한 마음"은 "산책"과 "황혼의 그림자"가 지닌 '흘러다님'과 '떠돎'의 방식을 통해 무정형과 비결정의 유동성을 지닌 새로운 시적 자아를 탄생시킨다. 이 '구름의 형식'은 개념으로 환원되지 않는 삶과 현실의 불투명하고 모호한 실상에 근접하려는 시적 전략의 소산이다. 2)에서 이 시적 자아는 영화「매트릭스」의 모티프와 결부되어 '부드러움'이라는 의미를 부여받는다. 총알까지 피하는 이 부드러운 구름의 형식을 통해 '나'와 '그대'는 서로를 천천히 통과하게 된다. 그런데 여기서 왜 '나'는 '너'를 만지지 않으려 하고 만지지 말라고 하는가? 그리고 왜 하염없는 죽음의 풍경과 만나는 것일까?

> 1) 헛것이 취할 수 있는 가장 경건한 자세로 소나기, 내린다. 문득 허공에 그어지는 사선 사이, 황혼의 시청 앞을 있는 힘을 다해 달려가는 사람들, 지나가라 지나가라 가능한 빨리 지나가라. 견딜 수 없이 느린 속도로 생애 너머를 지나는 구름. 물론,
> ―「편집증 환자가 앉아 있는 광장」 부분

> 2) 용서를 빌러 그곳에 갔네 발밑으로 흘러내리는 모래들 내 잠 속에 쌓이고 있었네 삼 분 전의 잠에서 깨어 삼 일 전의 잠을 추억 하는 자 삼 일 전의 잠에서 깨어 삼 년 전의 잠을 추억하는 자
> ―「삼 분 전의 잠」 부분

구름의 형식이 지닌 자유로움과 부드러움은 실체가 없기 때문에 "허랑한 마음"을 낳는다. 이장욱 시에서 '구름'은 '비'와 '바람'으로 변주되기도 하는데, 1)에서 '소나기'가 "헛것"의 모습으로 형상화되는 이유는 그것이 지닌 불투명한 모호성과 우연성의 운명 때문이다. '구름의 형식'이 '나'와 '너'의 만남을 이루지 못하고 '죽음의 풍경'으로 전개되는 것도 이 때문일 것이다. 또 하나의 이유는 '구름의 형식'이 '기억' 혹은 '추억'과 결부되어 있기 때문이다. '구름의 형식'이 동반하는 "산책" 및 "황혼의 그림자"는 '추억'과의 깊은 친연성을 암시한다. 과거의 시간과 현재의 시간을 왕래하는 추억의 속도는 시적 자아를 무한대의 첨단으로 데려가지만, 시적 자아가 바라보는 현실은 "견딜 수 없이 느린 속도로 생애 너머를 지나는", 일상의 시간이 지배하고 있는 상투적

이며 지루한 세계일 뿐이다. 이러한 시간의 격차로 인해 시적 자아는 현실에 대해 '무관함'과 '무심함'의 태도를 보여준다. 기억 혹은 추억의 속도를 지닌 시적 자아의 내면 시간과 일상적 현실의 시간 사이에 존재하는 거대한 단층으로 인해 이장욱 시의 몽롱한 분위기뿐만 아니라 대상에 대한 지겨움의 정서가 생겨나는 것이다. 이장욱 시에서 '기억' 혹은 '추억'은 '생각'의 모습으로 변주되기도 한다.

어두운 골목을 지난 적 있다. 어떤 생각이 나를 사로잡아, 나는 더 이상 걸을 수 없었다. 어쩌면 여행중이었던 거야. 아니 맥주를 사러 가게로.

(… 중략 …)

부디 정확하게 겨냥할 수 있다면. 어쩌면 나는 여행중, 아니 맥주를 사러 어디론가, 이 골목에 하염없이 비는 내리고, 나는 중력을 나누어 가진 빗방울들을 연구라도 하는 듯이, 저기, 처음부터 行不이었던 세계. 아예 형체가 남지 않도록.

―「생각하는 사람」 부분

시적 화자를 사로잡은 '생각'은 자아의 내면 공간에 의식의 흐름을 생성시킨다. 이 순간 어두운 골목을 지나던 시적 화자는 내면에서 진행되는 생각의 시간과 바깥 현실의 시간 사이에서 갈피를 잡지 못하고 동요하게 된다. 생각의 시간은 "망명하는 바람을 좇아" "어쩌면 여행중이었던 거"라고 느끼지만, 현실의 시간은 "아니 맥주를 사러 가게로" 가고 있다고 느끼는, 단절과 혼란이 찾아오는 것이다.
이러한 '생각'의 차원은 현실의 대상을 단지 "동어 반복일 뿐"인 지겨움으로 바라보게 된다. 구름의 몸으로 허량한 마음을 지닌 채 배회하는 이장욱의 시선은 이처럼 추억 혹은 생각의 시간과 현실의 시간 사이의 단절에 의해 착란의 양상을 잉태한다. 세계와의 심리적 거리와 착란의 시선은 시인으로 하여금 자신의 운명이 지닌 우연성과 불행을 무심하게 바라보게 한다. 이장욱 시는 이러한 경로를 거쳐 죽음과 대면하게 된다.

　　어쩌면 몇 편의 죽음만으로 한 시대를 설명할 수 있을는지도 모른다. 종로 2가의 가로수. 종로 1가의 바람. 크로포트킨 공작이 무의미한 세계를 견디지 못해 아나키스트가 되었다는 소문은 사실이 아니다. 광화문의 바람. 가로수. 다시 바람. 정신분석은 지겹다. (…중략…)

　　그러므로 아직도 나와 친한 것들은 스스로를 오래 묵인하여 죽어가는 것들이다. 가령 무언가를 향해 필사적으로 도열해 있는 간판들. 시월의 태양 아래 혼자 끓는 육체.

　　　　　　　　　　　　　　　　　　　　―「투명인간」 부분

　시인은 종로 2가의 가로수와 종로 1가의 바람을 스쳐 지나면서 죽음에 대해 사유한다. 가로수와 바람뿐만 아니라 도열해있는 간판들과 태양 아래 혼자 끓는 육체에 이르기까지 일상의 현실에서 만나는 사물들, 혹은 표정들은 시인의 내면 의식이 지닌 시간과는 주파수가 맞지 않는 현실의 시간 속에 존재하는 것들이다. "등뒤에서 나의 몫으로 주어진 시간을 폐쇄하는 문"으로 인해 시인의 시간과 현실의 시간은 서로 단절되어 있는 것이다. 시간의 단절이라는 비극성을 지닌 이러한 '구름의 형식'으로부터 벗어나는 방법은 무엇일까? 이장욱은 추억과 생각을 탈각하는 '정지된 시선'을 통해 사물을 정지된 자세로 포착하는데, 이것이 이성적 주체가 무너진 이후에 시인이 천착하는 두번째 모반의 형식이다.

3. 정지된 시선

    1) 내 몸은 낯선 구름 위에. 네가 다른 시간의 너인 듯 나를 지나간 후 자꾸 뒤돌아보는 버릇이 생겼어. 가을 단풍이 추락하고 난 새벽의 횡단보도, 바로 그 자리를 시속 120킬로로 통과한 왜건에 의해 한 사내, 문득 정지 포즈로 허공에 떠 있었지.
                                                —「개인적인 불행」부분

    2) 꽃은 사라진다 사라지는 것으로서 꽃은,
       햇살의 내부에서 잊혀진 어둠에 대하여,
       지하의 부러진 뼈들에 대하여,
       생각하지 않는다 사라지는 것으로서 꽃은,
       오직 사라짐에 대하여 생각함으로써 꽃은,
       단단한 화분과 난분분한 들판을 구분하지 않으며 꽃은,
       풍향계가 가리키는 방향으로 끝없이 몰려가는 바람을
       결코 바라보지 않는 것이다.
                                                —「사라지는 꽃」부분

    1)의 "내 몸은 낯선 구름 위에. 네가 다른 시간의 너인 듯"은 '구름의 형식'이 보여주는, 시적 자아와 대상 사이에 개입된 다른 시간의 층위를 상기시킨다. 그런데 "다른 시간의 너"가 '나'를 지나간 후에 뒤돌아

보는 버릇이 생긴 것은 새로운 방식으로 대상을 바라보는 것을 의미한다. 그것은 "문득 정지 포즈로 허공에 떠 있"는 양상으로 나타나는데, 시인은 이 장면을 "그건 내가 우연히 밤하늘을 바라볼 때 이백오십만 년의 어둠을 지나와 내 눈에 꽂혀버리는 별빛 같은 것"이라고 설명한다. 우연히 눈에 꽂히는 별빛처럼 우연히 '나'를 통과하고 간 후 잠시 뒤돌아보았을 뿐인 '너'는 '나'와 여전히 무관한 관계이지만, '구름의 형식'과는 달리 타자의 존재성이 그 자체로 존중되고 있다. 다시 말해, '구름의 형식'이 보여준 자기 중심적 추억과 생각의 차원을 벗어나 사물과 대상을 그 자체로 인식하고자 하는 태도가 이 '정지된 자세' 속에 내재되어 있는 것이다.

   2)의 후반부에 제시된 "15층 베란다에 서서 까마득한 지상을 가늠하는 자와/그 흐린 눈을 마주치지 않음으로써 꽃은,/오로지 나무일 뿐인 무서운 나무들 사이에서/아직도 견고한 자세를 유지하는 것이다"라는 진술은, 견고한 자세로 자기 존재성을 확보하고 있는 '꽃'의 모습을 '자족적인 시선'의 차원과 결부시키고 있다. '생각' 및 '시선 교환'에서 탈피함으로써 얻어지는 '정지된 자세'는 자기 의식의 주관성으로부터 사물의 객관성으로 이전하려는 이장욱의 시적 전략으로서 작용한다. 그런데 여기서 주목해야 할 것은 이 '정지된 자세'가 '흐르는 시간'에서 탈피하여 '정지된 시간'을 포착하는 시인의 시선으로부터 얻어진다는 점이다. 다시 말해, 과거와 현재 사이를 왕래하는 속도의 시간과 일상적 현실의 시간 사이에서 괴리를 일으키는 '구름의 형식'과는 달리, 유동하는 시간을 정지시키는 '정지된 시간'을 통해 '정지된 자세'가 형상화되는 것이다. 이를 통해 이장욱 시의 풍경은 시간의 흐름이 멈추어버린 정지된 장면으로 형상화되는 것이다. 이렇게 형상화된 이장욱 시는 풍경 자체가 스스로 존재하는 묘사의 형식이 된다.

바퀴벌레, 내 시선에 갇혀 문득 멈춘, 나른한 빛으로
팽팽한, 저렇게 한세상으로 순간 정지한, 내 텅 빈 방
모노륨 위의 저, 저, 다시없는 고요. 그러므로 오후 네시
아득한 정적의,

—「정지화면 속에 부는 바람」 부분

현실의 한 장면을 정지 화면으로 포착하는 이장욱의 시적 방식은 묘사의 형식으로 형상화된다. 그러나 그의 시는 이 정지 화면을 묘사한 이후에 다시 자신의 독백을 이어나가는 혼합 양식을 보여주게 된다. 신작시 「마네킹」과 「달려라 버스」는 이 '정지된 화면'을 더 집중적으로 천착하고 있다.

나는 경건하였다. 나는 불순한 상상을 하지 않았다. 나는 완벽하게 나를 조절하였다. 그러므로 당신은 나의 표정을 읽지 못한다. 나의 침묵은 한없이 부활하여 견고하게 나를 은닉한다. 나의 시선은 당신을 의식하지 않으므로 이미 완성되어 있다.

격렬한 밤이 당신을 지나갈 때도 나는 기하학적인 시선을 유지한다. 내 시선 끝에 아파트가 무겁게 서 있다. 나는 그의 정지자세를 이해한다. 어느덧 나의 고요는 당신의 꿈과 무관하며 나의 午前은 당신의 산책과 무관하다. 나는 조금씩 사라지는 나무들이 지겹다. 나의 최후는 단호하다.

—「마네킹」 부분

기하학적인 시선은 상대방을 의식하지 않는 시선이다. 이 자족적인 시선으로 말미암아 "상상"으로부터 벗어난 "경건"함과 "침묵"을 얻고

"완성"에 이른다. "정지자세를 이해"하는 '정지된 시선'은 이 시에서 "바람"과 "나무"의 넘침, 그리고 "당신"의 넘침과 대비되어 형상화된다. 따라서 이 시는 첫 시집 『내 잠 속의 모래산』에서 주로 천착한 사물 혹은 대상을 정지 화면으로 포착하는 방식과 달리 시적 자아를 정지 화면으로 형상화하는 방식을 보여준다. 현실 혹은 사물의 객관성을 자아의 객관성으로까지 전개시킨 자리에서 '마네킹'의 '정지된 시선'이 얻어지는 것이다. '당신'의 꿈 및 산책과 무관하고, 조금씩 사라지는 나무들이 지켜운 이 시적 자아의 기하학적 시선은, 자아의 내면 공간을 '정지된 시간' 속에 고정시키고 그 시선으로 현실의 '흐르는 시간'을 주시하는 방식을 의미한다. "나의 최후는 단호하다"에서 암시되듯, 이 정지된 시간의 시선은 침묵 혹은 죽음과 대면하는 단호한 순간, 즉 낯선 생의 시간 속에서 얻어지는 것이다.

> 내가 탄 7번 버스가 덜컹, 하는 순간
> 나는 완전히 7번 버스이다. 나는 3센티 상공에서
> 정확하게 내 몸을 의식하였다.
> 나는 기억하지 않고 생각하지 않고 무엇보다
> 오차를 허용하지 않는다.
>
> 이런 순간에 꽃은 단 하나의 방향으로 피어나고
> 소년은 어느덧 다른 표정으로 고개를 끄덕이고
> 하늘의 연기는 연기 아닌 것들로 변한다.
>   ―「달려라 버스」 부분

「마네킹」이 정지된 시간과 흐르는 시간의 대비를 보여주는 데 반해, 「달려라 버스」는 정지된 시간 속에서 몸과 의식의 일치를 보여준다. 버

스가 덜컹, 하는 순간 "나"는 "버스"와 하나가 되고, "나"는 "내 몸"을 정확히 의식한다. "기억하지 않고 생각하지 않고 무엇보다/오차를 허용하지 않는"이 정지의 순간은, 몸의 시간과 의식의 시간이 일치하는 순간이며, '기억'과 '생각'으로부터 이탈하는 순간이다. 시적 자아의 내면적 시간과 현실의 일상적 시간이 정확히 일치하는 이런 순간에 "꽃은 단 하나의 방향으로 피어나고/소년은 어느덧 다른 표정으로 끄덕이고/하늘의 연기는 연기 아닌 것들로 변"하는 역동적 양상이 발생한다. 이런 행복한 순간은 이장욱 시에서 좀처럼 찾아보기 어려운데, 왜냐하면 시의 후반부에 나타나듯 "이제 또 무슨 생각이 나를 되찾아"오기 때문이다. 그리고 또 하나, 정지된 시간의 시선은 종종 폐쇄된 공간 속에 스스로를 유폐시키기 때문이다. 그렇다면 기억과 생각의 끝없는 순환에서 벗어나면서 동시에 정지된 순간의 폐쇄성에서 벗어날 길은 없는가? 이성적 주체가 무너진 후 이장욱이 천착하는 세번째 모반의 방식은 이 질문에 대한 응답과 관련된다. 그것은 등 뒤, 혹은 현실의 뒤편에서 들려오는 다른 목소리를 담아내는 것이다.

4. 복화술

나는 잠시 숨을 멈춘다. 이제 정지 자세의 바람. 그리고 저 먼 위쪽에서 무언가를 탁, 닫는 힘.

나는 약간 흔들리며 떠오르는 나무 안의 구름 속으로. 다시 구름 안의 바다를 향해. 이건 지루한 게임이군. 나는 잠시 눈을 감는다. 보이지 않는 것들에겐 또다른 세계가 있지. 가령 지금 창밖의 허공에서 수많은 귀를 향해 날아가는 목소리들. 집요하게 허공을 건너가는 수

많은 그대들의 수많은 목소리들. (… 중략 …) 그래, 아무리 집으로 돌아가도 바깥인 거야.

—「폐쇄적 풍경」부분

시적 화자는 잠시 숨을 멈춘 순간 정지 자세의 바람과 만난다. 이 정지 자세는 "저 먼 위쪽에서 무언가를 탁, 닫는 힘"에 의해 폐쇄적 풍경으로 전환된다. 이 풍경 속에서 '나'는 나무 안의 구름 속으로, 다시 구름 안의 바다를 향해 내부로 계속 파고드는 지루한 게임을 즐긴다. 잠시 눈을 감는 순간, 다른 세계의 목소리들이 수많은 귀를 향해 허공을 날아간다. 이장욱의 시는 이처럼 보이지 않는 것들이 지닌 또 다른 세계의 목소리에 주파수를 맞춘다. 그리하여 길 바깥의 풍경에 내재한 등 뒤의 시간을 포착한다. '바깥의 풍경'과 '등뒤의 시간'은 자기 중심적 '시선'에서 벗어나 있으며, 따라서 '추억'이나 '생각'에서도 벗어나 있다. 이장욱은 '복화술'을 통해 우연성이 지배하는 불투명하고 모호한 생의 뒤편으로부터 무수히 전송되는 타자의 목소리를 길어 올린다. 해석되지 않는 현실의 외곽 풍경을 포착하려는 이장욱의 시적 전략은 여기서 새로운 형식을 획득하게 된다. 신작 시「복화술사」와「오렌지 우주선」은 이 '복화술'을 더 집중적으로 천착하고 있다.

3
저 곳인지도 모른다.
조금 낮은 지상이면 어디든 입을 벌리고 있는
다른 세계로의 통로,
담 아래 수채 구멍들.

다른 세계로 사라지는 것들이

자꾸 치밀어 오르는 밤이 있다.

(… 중략 …)

6
이것은 깨어날 듯 깨어나지 않는 세계.
이것은 팽팽히 당기는 듯 밀어내는.

하지만 나는 너를 꿈 밖에서 만난다.
캄캄한 허공을 향해
오래도록 욕을 해대는 골목의 사내.
허공에 남아 빙빙 도는 그의 상형문자.

―「복화술사」 부분

이장욱은 우리가 살아가는 일상의 삶, 그 궤도 바깥의 목소리들을 듣는다. 길 바깥의 풍경을 엿보는 그의 예민한 시선은 낯선 생의 시간들을 포착한다. 우리의 현실은 어디에나 "다른 세계로의 통로"가 입을 벌리고 있는 것이다. 그런데 "서랍 속으로 사라진 것들이/어느 날 문득 서랍 속으로 돌아오듯", 다른 세계의 목소리는 원래 이 현실에 존재하다가 사라진 것들이다. 그리고 "너의 내부에서 문득/다른 목소리가 흘러나오는 날이 있다"에서 보듯, 이 목소리는 '너'의 내부로부터 흘러나오는 것이다. 이장욱이 채택하고 있는 '복화술'의 전략은 낯선 생의 시간과 타자의 목소리를 그 내부로부터 듣는 데 있다. 내부로부터 바깥의 목소리를 듣는 이 방식은 낯선 시간의 유입을 통해 성립된다. 그러므로 이 '복화술'은 "깨어날 듯 깨어나지 않는 세계", 즉 꿈과 현실의 경계 지점에서 이루어진다. 시적 자아는 문득 자아 내부의 시간 속에 바깥의 시간이 개입하는 순간을 맞이하는 것이다.

>내 손끝이 무심하여
>리어카에서 오렌지들이 떨어지는 순간
>나의 내부에 갑자기 모여드는 것
>
>건너편 상점에서 담배를 사다 돌아보는
>地球人,
>
>구르는 오렌지들을 제자리에 놓는 동안
>나를 칭칭 휘감는
>달의 시선,
>
>―「오렌지 우주선」 부분

　인용 시는 낯선 시간의 유입을 형상화하고 있다. 오렌지들이 떨어지는 순간 시적 자아의 내부에 오렌지 우주선이 통과한다. "이제 단 한 번 떨어져 나를 흔들고/그 한 순간으로 제 머나먼 외계(外界)를 통과하는" 이 오렌지 우주선으로 인해, 시적 자아는 새로운 시간대에 침윤되어 일상의 현실을 낯선 시선으로 바라보게 된다. "달의 시선"에 휘감긴 시적 자아는 건너편 상점에서 담배를 사는 사람을 지구인으로 인식하는 것이다. 자아의 내부를 관통하는 외계의 낯선 시간성, 그리고 이것을 통한 낯선 시선으로 현실을 바라보는 것이 이장욱 시가 보여주는 '복화술'의 정체이다.

5. 호명의 방식

지금까지 우리는 하나의 중심을 지닌 이성적 주체가 붕괴된 이후 이장욱이 추구하는 모반의 방식으로서 구름의 형식, 정지된 시선, 복화술을 차례로 살펴보았다. 이 세 가지 상이한 시적 방식들은 추억의 시간과 일상적 시간 사이의 격차, 시간의 정지, 낯선 시간의 유입이라는 장치를 내장하면서, 해석되지 않는 생의 이면을 엿보고 내부에서 들려오는 타자의 목소리를 듣는다. 이러한 시적 전략의 진행 과정은 시적 자아의 기억과 생각에서부터 세계의 불투명하고 모호한 실상으로 나아가려는 노력의 과정이기도 한데, 구름의 형식— 정지된 시선— 복화술에 이르기까지 세계가 지닌 온전한 타자성의 개입은 아직 이루어지지 않았다고 볼 수 있다.

여기서 우리는 "아직도 나와 친한 것들은 스스로를 오래 묵인하여 죽어가는 것들이다"(「투명인간」)의 '아직도'와 대비되는 "이제야 누군가 문을 두드린다./그런 순간이 있다."(「로코코식 실내」)의 '이제야'를 주목할 필요가 있다. 이때 '이제야'는 이장욱이 오랜 시간 기다려온 '누군가'가 있음을 선명히 보여준다. '누군가'가 '나'를 호명하는 '순간'은 첫 시집의 마지막에 수록된 「호명」에서 다음과 같이 변주되어 형상화된다.

> 그대는 바람 불고 그대는 비 내릴 때,
> 나는 그대를 부를 것이다 단 하나의
> 가지 끝으로부터 단 하나의
> 꽃잎이 조용히 멀어지는 순간,
> 멀어지는 꽃잎이 일생을 다해 긋는
> 부드러운 선과 더불어

> 그대가 바람 불고 그대가 비 내릴 때,
> 나는 그대를 부를 것이다
>
> (… 중략 …)
>
> 누군가 그대를 불렀다고 생각하여
> 그대가 천천히 고개를 돌리는 순간,
> 단 하나의 이미지로 정화되는 생
> 나의 사랑은 그런 것이다
>
> ―「호명」 부분

　　인용 시는 '그대'를 호명하는 '나'의 사랑을 노래한다. "생후 아주 오랜 시간을 지나 그대가/이제야 겨우 주위를 두리번거릴 때,/나는 가장 건조한 음색으로 그대를 부를 것이다"에서 보듯, 상호 주체성에 근거한 이 호명의 방식은 아주 오랜 시간이 지난 후에 일어날 미래적 기약이다. 미래의 시간을 예감하는 시인의 자세는 이 '호명의 방식'에 잠언적 목소리를 부여한다. 이장욱 시에 종종 등장하는 잠언적 표현들은 '아직도'와 '이제야' 사이에서 두 가지 상이한 양태로 나타난다. '아직도'의 양태는 "가장 완벽한 것은, 가장 무의미한 것이다"(「성(聖) 미아삼거리의 여름」), "언제나 알리바이는 없다"(「킬러의 사랑」) 등에서 보듯, 이미 깨달아버린 삶의 권태와 맹목적인 동어반복 및 통과 의례를 재확인하는 데서 오는 잠언적 표현이고, '이제야'의 양태는 "결국 뒤돌아보게 되리라"(「절규」), "나는 그대를 부를 것이다"(「호명」) 등에서 보듯, 호명의 방식에 의한 미래적 기약에서 오는 잠언적 표현이다. 미래적 기약으로 선언되는 이러한 호명의 방식은 '나'와 '당신'의 상호 주체적 만남을 함축하고 있다. "그대가 천천히 고개를 돌리는 순간,/단

하나의 이미지로 정화되는 생"을 꿈꾸는 이장욱의 사랑법은 신작시 「오전(午前)」에서 다음과 같이 표현되고 있다.

> 나는 나의 꿈속에서 당신을 보고
> 당신은 당신의 꿈속에서 나를 보았다
>
> 우리는 자주 지나친다
> 손을 스치려다가
> 손을 거둔다
>
> (… 중략 …)
>
> 내 시선 끝, 지하철 창 밖으로 희끗 지나가는 것.
> 나는 깜빡깜빡 사라진다
>
> 당신은 나의 짧은 꿈속에
> 가볍게 손을 집어넣는다
>
> ―「午前」 부분

'나'와 '당신'은 서로의 꿈속에서 상대편을 본다. 우리는 그렇게 스쳐가고 엇갈리면서 진정한 상호 주체적 만남이 지연된다. "내 시선 끝"에서 "희끗 지나가는 것"은 '당신'이고, '당신'의 시선 끝에서 "나는 깜빡깜빡 사라"지는 것이다. 스쳐 지나가는 시선, 그러나 "나의 짧은 꿈속에/가볍게 손을 집어넣는" '당신'의 행위는 미래의 만남을 예고한다. 이장욱 시에 있어서 이 만남은 완성보다 과정이 더 중요할 것이다. 이장욱의 시는 이 호명의 미래적 순간을 기약하면서 지금도 낯선 생의 시간들, 그 몇 겹으로 층 지워진 시간들을 배회하면서 횡단하고 있다. 그러므로 이장욱의 시는 "아직도 나와 친한 것들은 스스로를 오래 묵인하여 죽어가는 것들이다"와 "이제야 누군가 문을 두드린다./그런 순간이 있다."라는 두 문장 사이에서 추억의 시간, 정지된 시간, 낯선 바깥의 시간, 미래적 시간 등 여러 겹의 시간을 여러 겹의 몸으로 살아가고 있는 것이다.

독백의 화법과 상상적 일탈
— 허혜정의 시세계

1

　허혜정의 신작시를 읽기 위해 나는 그의 첫 시집 『비 속에도 나비가 오나』(1991)를 함께 읽는다. 이 시집을 전체적으로 지배하는 이미지는 '살'과 '피'이다. 이 신체적 이미지는 '머리'로 대변되는 남성적, 이성 중심적 사고방식을 뛰어넘어 여성적 자기정체성을 찾아가는 길을 보여 준다. "저는 바라보기만 할 뿐 이르지 못함의 한이 있으니 걷잡을 수 없이 퉁겨져 나오는 제 활의 우렁차고 슬픈 목소리는 하늘에 울렸습니다"(「다시 그려진 벽화」)에서 보듯, '무사인 아비', 즉 남성들의 세계에 이르지 못하고 바라보기만 하는 여성으로서의 한이 시의 밑바탕이 되며, "주리주리 맺힌 설움 걷어 안고 가네"와 "내 얽고 검은 살 북을 치며 신(神) 받으러 가네"(「문둥이 노래조 1」)에서처럼 그 한을 보듬어 안음으로써 시적 전개의 동력을 얻게 되는 것으로 보인다. 즉 그의 시는 바라보기만 하는 데서 오는 내면공간으로의 응축이 상상력의 비약으로 이어지며, 한이 큰 만큼 우렁차고 슬픈 목소리로 퉁겨져 나오는, 살풀이의 과정과도 같은 것이다. 그리하여 허혜정의 첫 시집은 그리움의 촉촉한 서정성의 물기와, 남성적인 세계와의 대립에서 오는 여성적 한의 광기와, 그것이 파생시키는 기존 관습과 언어 질서에 대한 파괴적 일탈이 함께 공존하고 있다.

한편 3부로 이루어진 이 시집의 구성은 시 창작시기나 발표 연대순이 아니라, 시적 형식이나 주제 상의 유형별 구분에 의한 것이라는 인상을 받는다. 1부의 시들은 주로 시인 자신이 겪었던 삶의 내력을 시적 화자의 목소리를 통해 들려주는 전통적 서정시에 가까운 것이고, 2부의 시들은 시적 화자가 사회적 현상이나 대상들을 관찰하며 풍자나 야유의 목소리를 들려주며, 3부의 시들은 현대 산업사회의 도시적 감수성으로 무장하여 도시문명을 비판하는 동시에 기존의 사회적 관습을 파괴하는 등 다소 실험적인 형식을 보여준다. 이를 다시 시적 발화의 방식, 즉 화법에 유의하여 살펴보면, 시적 화자가 자신의 내면을 고백하는 화법, 시적 화자가 외부적 대상을 관찰하며 그 인상을 표현하는 화법, 그리고 외부적 대상 자체가 자신에 대해 말하는 화법 등으로 구분될 수 있다. 그런데 한편의 시에서 두번째 유형과 세번째 유형의 화법이 공존하는 경우도 있으므로, 크게 두 가지 유형, 즉 시적 화자의 독백으로 이루어진 시와 시적 대상이 주인공으로 극화된 시로 대별할 수 있다. 그러나 후자의 경우도 시적 화자가 외부적 대상을 관찰하여 말하면서 그것과 결부되는 자신의 모습을 아울러 표현할 뿐만 아니라, 그 대상 자체에 이미 화자의 분신이 깃들어 있다. 따라서 허혜정 시의 화법은 다양한 방식을 취하면서도 전체적으로 자기 고백적 요소가 강하다고 볼 수 있다.

최근 시의 경우에도 이 다양한 유형의 화법이 공존하고 있다. 그런데 그중 첫번째 유형, 즉 시적 화자가 자기 삶의 내력을 회상하며 고백하는 방식은 줄어들고, 전반적으로 두번째 유형이 늘어나고 있다. 따라서 최근 시는 외부적인 대상을 소재로 삼아 그것이 지닌 특징을 시인 자신의 내면적 양상과 결부시켜 묘사하면서, 원색적이고 파괴적인 언어 구사를 보여주는 시들이 주를 이룬다. 우선 신작시 중 첫번째 유형에 속하는 시로서 「아버지의 서재」를 살펴보자.

나의 이빨은 나의 자물쇠였으니
아무도 나를 열지 못하리라, 하얗게 질린 백지 속의 놀음
이런 게 좋았어요, 철자들의 쇠창살문을 열고
천 년간의 밀서를 펼쳤으니, 아버지의 장서에서 마주친 칠흑같은
눈동자, 나는 그이의 손풍금 소리를 들었어요, 저 기둥서방들이
구술하는 원고를 대필하는 비서였죠, 거미줄의 문장에서
끄집어 낸 옷들은 가시풀의 혼례복이구요

홀쭉한 뺨, 쪼개진 남근, 그 망나니를 알겠지요? 아버지
사내는 당신이 숨겨놓은 아들이에요, 그래서 어떻다는 거죠?
그 흉한 남정의 계집이 되었으니, 그인 제 고통의 억만장자
남편인걸요, 아버지는 나를 서재로 끌고 와 손찌검했다, 무릎으로
바닥을 기게 했다, 문 좀 열어 줘요, 아버지, 추워서 죽겠단 말이에
요, 살인은
언제나 일어나고 알려지지 않는다
—「아버지의 서재」 2, 3연

"기억은 잠겨 있다, 퀴퀴한 곰팡내가 코를 찌르고/고리가 녹슬어 열리지 않는 문"으로 시작되는, 이 시에서 시적 화자는 잠겨진 기억의 문을 열고 묻혀 버린 자신의 과거를 회상하는 내면적 탐사를 시도한다. 인용된 2연의 "나의 이빨은 나의 자물쇠였으니/아무도 나를 열지 못하리라"라는 구절은 유년시절의 어떤 정신적 외상으로 인하여 폐쇄된 자아의 내면공간이 형성되었음을 암시하며, 그 고립으로 인해 화자는 "하

얕게 질린 백지 속의 놀음", 즉 책과의 사귐이 시작된다. 그리하여 화자는 "철자들의 쇠창살문을 열고/천 년간의 밀서를 펼"치듯 아버지의 서재 속 책들과의 만남을 통해 상상력을 키우며 문학의 길로 들어선 듯하다. 그러나 그 장서 속에서 마주친 눈동자의 주인공은 기둥서방이며 망나니이며 흉한 남정이다. 이때 기둥서방, 망나니, 흉한 남정의 이미지는 화자의 관점이 아니라 아버지의 관점에서 서술된 것이다. 여기서 우리는 시적 화자와 아버지와의 불화를 엿볼 수 있다. 그것은 "아버지는 나를 서재로 끌고 와 손찌검했다"라든가 "살인은/언제나 일어나고 알려지지 않는다"라는 표현으로 이어지는데, 이는 자서전적 사실이 아니라 시인이 자신의 내면적 현실을 상상력으로 극화시킨 것으로 이해된다. 즉 아버지와의 불화가 개인적인 사실이든 사회적 상징의 의미를 지니든, 그것은 허혜정 시인이 부성(父性)으로 대표되는 아버지, 혹은 사회성의 원리와 불화의 관계에 놓여 있음을 보여준다. 이러한 소외와 불화와 대립이라는 정신적 갈등을 겪으며 시인은 그 추위와 고독과 슬픔을 자신의 재산으로 삼아 복수를 꿈꾸게 된다. 그것은 "그래서 어떻다는 거죠?/그 흉한 남정의 계집이 되었으니, 그인 제 고통의 억만장자/남편인걸요"와 같은 반항과 위악적 태도를 낳는다. 이 복수는 비극적 운명에 속한다. 왜냐하면 그 망나니이며 흉한 남정인 문학은 바로 아버지가 숨겨 놓은 아들이기 때문이다.

　이 시를 통해 우리는 허혜정이 지닌 시의식의 원형질과 그것이 배태된 발생적 근거에 대해 짐작해 볼 수 있다. 그리하여 우리는 이 시에서 몇 가지 중요한 허혜정 시의 비밀을 엿볼 수 있게 된다. 첫째, 그의 시는 고립된 의식, 혹은 무의식의 내면공간과 백지 속의 놀음, 즉 책과 활자를 매개로 한 상상력으로부터 잉태되었다는 점이다. 그리고 이 책과 활자의 세계, 혹은 문학의 길을 기둥서방, 쪼개진 남근, 망나니, 흉한 남정 등으로 묘사하는 데에서 다음과 같은 사실을 유추할 수 있다. 둘째, 허혜정 시의 핵심적인 비유나 상징은 대부분 성적 이미지로 이루어지며, 그것은 완전하고 충만한 상태가 아닌 결핍되고 거세된 남근의 이미지로 나타난다는 점이다. 셋째, 이 거세된 남근의 이미지가 지니는 결핍과 박탈의 현실로부터 허혜정의 시적 동력이 생성된다는 가설이다. 자신에게 결핍과 고독과 정신적 고문을 가져다 준 억압의 실체인 부성의 세계, 즉 사회적 가치체계나 권력, 규범이나 통념, 심지어는 언어적 문법 체계까지를 배반하고 파괴하려는 복수의 드라마가 바로 허혜정 시의 본령이라고 볼 수 있다. 그리고 이 복수는 "나는 버려진 서재에 머물고 있다/나의 절름발이 아들에게 살해당한 아버지를 애도하면서"라는 마지막 연의 부친 살해의 모티프에서 보듯, 용서나 섣부른 화해를 용납하지 않는, 냉혹하고 철저한 것이다. 덧붙여 우리는 이 시에서 허혜정 시가 지닌 독특한 화법을 발견한다. 앞서 말한 대로 이 시는 전체적으로 시적 화자가 자신의 과거를 고백하는 화법을 지니고 있으면서, "그인 제 고통의 억만장자/남편인걸요, 아버지는 나를 서재로 끌고 와 손찌검했다. 무릎으로/바닥을 기게 했다. 문 좀 열어 줘요, 아버지"에서처럼 독백, 혹은 극적 대사의 서술과 사실의 객관적 서술이 혼합된 복합적 화법을 곳곳에서 드러내고 있다.

2

신작시 중 「아버지의 서재」를 제외한 대부분의 시들은 앞서 언급한 두번째 유형과 세번째 유형의 화법을 취하고 있다. 이들 시를 통해 우리는 「아버지의 서재」의 분석에서 도출했던 허혜정 시에 대한 가설을 검증할 수 있게 된다. 시적 대상을 주인공으로 등장시켜 스스로 말하게 하는, 극적 구성을 취하고 있는 대표적인 예로 「검은 아내」를 들 수 있다.

저는 달신의 딸이에요 물의 어머니에요, 크고 둥근 보름달을
가슴에 가지지요, 낯을 씻고 비녀를 풀고
침대로 기어들어가 자는 척하고 있었지요, 오, 달빛은
흰 애꾸눈 같아요, 시퍼런 눈빛이 장지문에
스며들어요, 아니에요, 그건 저의 상문살이에요

온 몸이 차가운 땀으로 흠뻑 젖어 있어요, 날카로운 손톱이
음부에 박히죠, 바싹 마른 검은 손, 높은 다락에 저를 숨겨 주세요
괴상한 일 보았나, 피가 뚝뚝 떨어지는 벽에, 족자 빛이 검어지니
고양이 한 마리일 뿐이에요, 잠꾸러기 도련님이에요

아니 그는 날 저물어 돌아가지 못한 거렁뱅이에요, 술을 가져왔던
노파에요, 오오, 그인 장가를 못간 당신의 아들이에요, 자물쇠가 뒤틀리는
소리를 들어 봐요, 바람 소리가 아니에요, 어미의 방으로 뛰어드는
혼기가 찬 자식이죠, 아들은 이 땅에 제일가는 장사예요

밤 세우지 말고 꼭 돌아오도록 해요, 목에서 손끝 발끝으로 퍼지던 발진은
사내가 흘렸던 피일까요, 오소리처럼 사나웁던 아들이
무릎을 베고 넘어져 자고 있어요, 머리를 바람에 물어뜯겨
엉망이에요, 그의 발목에 색실을 매 두겠어요
검은 거북이랑 붉은 잉어를 길러 보겠어요

오 아니에요, 두려움이 다시 덮칠 것만 같아, 푸른 풀들
음산한 비밀로 술렁거리고 있어요, 여보, 기와 깨지는 소리를 들어

봐요
　　푸른 주렴 사이로 만월을 봐요, 치마띠 속에 흰 부적을
　　달아 줘요, 시 한 수 지어 붉은 대문에 붙여 놔요

　　떠들지 말아요, 아들은 어둠의 호족이에요, 아들과 힘 겨루는 건
　　어리석은 일이에요, 여보, 잠자리에 들어요, 용서를 구할 게
　　추호도 없어요, 그는 상상의 내시일 뿐이지요
　　저 도시에 정관절제 당한 밤의 환관이지요
　　　　　　　　　　　　　　　　　　—「검은 아내」전문

　「검은 아내」는 '처용에게'라는 부제가 말해 주듯, 설화나 향가의 내용으로 전해지는 전설적 인물인 처용의 아내가 처용에게 말하는 형식으로 되어 있다. 즉 처용의 아내를 주인공으로 등장시키고 그가 남편에게 말하는 형식을 통해 시인 자신의 상황과 감정을 대변하고 있다. 결국 시인은 이러한 유형의 시들에서 자신의 상황이나 내면의식을 표현하기 위해, 중심이 되는 대상을 선정한 후 상상력을 통해 하나의 극적 상황을 연출해 낸다. 이는 사실을 객관적으로 상세히 제시하는 방식이 아니라, 하나의 상황을 전제한 후 주인공이 자신의 내면의식과 무의식의 흐름을 독백체로 표출하는 방식에 의해 이루어지므로 폭넓은 여백을 남기게 된다. 따라서 독자 또한 이 극적 대사의 음미를 통해 작가의 상상력이 형성한 시적 상황과 작가의 내면공간을 재구성하는 묘미를 얻을 수 있다. 이 시적 대상의 선정과 극적 상황의 설정은 불독, 성탄인형, 불가사리, 육손이 등과 같이 시인의 상황을 상징적으로 대변할 수 있는 소재나 처용의 아내, 고호 등 독자들도 이미 알고 있는 전형적이고 개성적인 인물로 이루어진다. 결국 허혜정의 시가 폐쇄된 내면공간 속의 상상력에 토대를 두고 있다는 첫 번째 가설은, 그의 시가 단지 현

실과 유리된 자기만의 공간 속에 칩거하고 있다는 부정적 의미가 아니라, 자신을 포함한 사회적 현상을 묘사하거나 풍자하기 위한 극적 구성, 즉 화자나 대상을 허구화시키는 상상력의 역동성을 지니고 있다는 긍정적 의미를 지닌다. 이는 허혜정 시인이 단순하고 평이한 하나의 화법만을 고수하지 않고 다양하고 복합적인 화법을 시도하는 것과 관련된다.

두번째 가설로 제시된, 허혜정 시의 핵심적인 비유나 상징을 이루는 성적 이미지는 '처용'과 '검은 아내'라는 이 시의 제목과 상황 자체에서 이미 암시되고 있다. 1연의 "달신의 딸" "물의 어머니" "크고 둥근 보름달" 등은 이미 상식화된 성적 이미지이며, "날카로운 손톱이 음부에 박히죠" 등은 구체적이고 강한 인상을 주는 성적 이미지이다. 또한 "목에서 손끝 발끝으로 퍼지던 발진은 사내가 흘렸던 피일까요"와 같은 구절은 처용의 아내를 범한 역신이 질병을 의미한다는 설화의 내용을 내면화하여 표현한 독백이면서, 동시에 피가 지닌 원색적 색채 감각은 "검은 거북이랑 붉은 잉어를 길러 보겠어요"와 함께 넓은 의미의 성적 이미지에 속한다고 볼 수 있다. 한편 이 성적 이미지는 "그는 상상의 내시일 뿐이지요/저 도시에 정관절제 당한 밤의 환관이지요"에서처럼 대부분 거세와 결함의 의미를 띠고 나타나는 데에 유의할 필요가 있다. 「누가 불독을 두려워하랴」에서도 거세된 불독은 성대조차 제거된 채 플라스틱 개 목걸이 하나도 끊지 못하는 무기력한 모습으로 형상화된다. 더구나 「말하는 성탄인형」에서는 은빛 해골, 날개가 찢겨진 나비가 등장하고, 「육손이 2」에서는 불구의 신체적 결함이 형상화된다. 이 거세된 남근의 이미지나 신체적 불구의 이미지는 고도 산업사회의 물질문명 속에서 본래의 건강한 생명력을 상실해 버린, 현대인의 왜소함과 시인 자신의 환멸을 위악적으로 묘사하고 있는 것이다.

세번째 가설은 거세된 남근으로 상징되는 결핍과 상실의 경험으로부터 시인은 시적 동력을 얻으며, 그 억압의 실체에 도전하여 기존의 도덕과 관습을 파괴하려는 복수의 드라마가 시세계의 본령이라는 것이다. 이는 4연의 "그의 발목에 색실을 매 두겠어요/검은 거북이랑 붉은 잉어를 길러 보겠어요"에서도 나타나지만, 3연의 "그인 장가를 못간 당신의 아들이에요(… 중략 …) 어미의 방으로 뛰어드는 혼기가 찬 자식이죠"에서 더 분명히 드러난다. 에리히 프롬은 『소유냐 삶이냐』에서 "성적 터부를 깨려는 충동은 대체로 그 본질에 있어서 자유를 회복하려는 데에 목적을 둔 반항의 기도"라고 언급한다. 그러므로 "아버지/사내는 당신이 숨겨 놓은 아들이에요"(「아버지의 서재」)에서도 제시된 이 근친상간적 이미지나 부친 살해의 이미지는, 억압으로부터 자유를 회복하기 위한 저항과 반항의 소산으로 이해될 수 있다. 즉 그것은 개인적, 사회적 억압체제에 대한 복수의 의미를 지닌다. 또한 자학적 이미지와 더불어 허혜정 시에 빈번히 등장하는 파괴적 이미지는 우리 사회에 미만한 남성중심주의, 이성중심주의의 이데올로기적 타성을 깨뜨리려는 우상 파괴적 의미를 띠고 있다.

허혜정 시에 있어서 이 우상 파괴적 의미는 더 나아가 언어의 문법 질서를 거부하고 와해시키려는, 통사적 일탈로 나타나기도 한다. 가령, 「아무도 미워하지 못할 건달」은 문법 질서로부터의 의도적 일탈이 시도된 대표적인 예다. 이 시는 시상 전개상 전체적으로 그 의미와 상황을 온전히 파악하기 어려울 뿐만 아니라, "배가 고파 못살겠다 어흥이 보다 못해/맘껏 퍼먹어라 여봐라에 만행을 저질렀죠" 등의 구절에서 통사적 질서로부터의 일탈을 시도한다. 또한 이 시는 이런 일탈을 의식한 시적 화자가 다시 이에 대해 언급하고 있는 부분을 포함하고 있어, 시인의 자의식과 입장을 짐작할 수 있다. 즉 "이런 연결은 전체적으로 너무 지저분하죠?/으하하, 저런 바보, 정말 불쌍하구나, 말하시면/왜 제가 불쌍하지요? 뭐 이런 게 다 있어? 하시면/이런 것도 있어야만

한다는 걸 지껄이는 것으로 이만 끝내죠"에서 시인은 이런 일탈도 필요하다라는 입장을 취한다.

그런데 나로서는 구문에 있어서의 이러한 의도적 일탈은 이해할 수 있지만, "나의 시선으로 기록되는 세계는 적외선 안경이죠" "나를 미행하던 지명수배자가 내 이름인가"(「시력검사」) 등에서 나타나는 비문(非文)의 사용은 시인이 주의해야 할 것으로 보인다. 또한 "나는 어둠으로 들림받은 창백한 천사였다, 아무도/이 미망인을 범할 수 없으리라 (… 중략 …) 슬픔의 커다란 대웅전을 세울 테니, 보세요"(「아버지의 서재」)에서처럼 전통적 고유어와 서구적 어휘의 혼용, 일상어와 관념어의 혼용 등, 간혹 시어 선택에 있어 조심성이 부족하다는 아쉬움을 느낀다. 이러한 점들은 시인이 설정한 극적 상황을 독자들이 짐작하거나 파악하는 데에 어려움을 주어 시의 이해에 장애가 될 수 있다. 그리고 「불가사리」와 같은 작품에서 대표적으로 나타나듯, 강렬하고 원색적인 이미지나 비유로 일관된 작품은 오히려 그 의미가 강하게 전달되지 않고 다소 과장된 듯 작위적인 느낌을 주게 된다. 높고 흥분된 어조(tone)보다 나직하고 절도 있는 어조가, 용광로 같은 눈빛보다 잔잔하게 타오르는 눈빛이 사람의 마음을 더 강하게 움직이기 마련이다. 허혜정 시의 특징은 우울과 광기에 있다. 이 우울과 광기 사이의 간극, 그 권태와 허무와 불안정을 다스리는 시적 기율을 체득하는 일에 허혜정 시인은 공을 들여야 할 것으로 보인다. 위악의 과장된 몸짓이 정제되고 가라앉은 가운데 그 잔잔함 속에서 열정과 광기가 번뜩일 때, 허혜정 시는 더 빛날 수 있을 것이다.

두 번의 탈출
— 김길나의 시세계

1. 의식에서 본능으로

 김길나의 시는 새롭다. 그의 시는 기존의 시적 패러다임을 넘어서는 독특한 상상력을 분출한다. 자유 분방하고 현란한 그의 상상력은 고정관념을 깨뜨리고 미지의 세계로 우리를 인도한다. 그리하여 그의 작품은 "상징언어로 꿈틀대는 환상의 시"(「잠 산책」)가 된다. 이러한 상상력에 동력을 전달해 주는 것은 무엇일까? 그것은 탈출의 욕망이다. 그러면 과연 시인은 어떤 세계로부터 탈출하려는 것일까? 다음의 시는 이 질문에 답할 수 있는 실마리를 제공해 준다.

> 나는 창문을 열고 구름을 본다
> 구름 아래 풀밭이 없어도 풀밭에서
> 기린 새끼가 낑낑대며 일어서는 걸 본다
> 창 앞에는 이제 갓 피어난 목련꽃이
> 구름 사라지는 하늘에 가볍게 볼을 비비고
> 섰다. 모니터 속의 풀밭에서는 양수에 젖은
> 새끼가 비린내를 확 풍기며 휘청 쓰러지다가

다시 일어서고 본능에 입력된 프로그램에 따라
에미의 젖꼭지를 찾아 헤매고

그 사이 바람 한 줄기가 파르르
목련꽃을 간지르며 사뿐히 내려앉는다
나무 속을 걸어나온 가지가 몇백 년의
침묵을 연주하며 하얗게 꽃을 매달아
하늘로 가는 길을 트고 기린 새끼는
드디어 에미 젖꼭지를 찾아 물었다
―「기린은 서서 새끼를 낳고」 2, 3연

이 시의 전체적 구도는 '나는 본다'라는 의식의 주체와, "기린 새끼"와 "목련꽃"을 중심으로 한 관찰의 대상으로 이루어지는 듯이 보인다. 이때 관찰의 대상은 "구름"과 "풀밭"과 "하늘"과 "바람"을 포함하여 '자연'이라고 말할 수 있겠다. 그런데 이 시를 음미해 보면 주체와 대상의 관계, 즉 인간과 자연의 관계가 예사롭지 않다. '자연'을 바라보는 '시적 자아'의 시선에는 경외와 동경의 마음이 잔뜩 묻어 있다. 자연에 대한 경외심과 동경심은 일견 평범한 시적 태도로 보이지만, "본다"라는 의식의 지향성이 인용되지 않은 1연의 첫 구절 "나는 푸른 풀밭으로 나가지 못한다"라는 한계성을 전제로 한 것이어서 예사롭지 않은 것이다. 즉 시인은 '기린 새끼'가 "본능에 입력된 프로그램에 따라" "에미 젖꼭지를 찾아 물"고, '목련꽃'이 "바람 한 줄기"와 더불어 "하얗게 꽃을 매달아/하늘로 가는 길을 트"는 광경을 보며, 자연의 놀라운 생명적 신비에 감탄하고 있다. 인간의 의식이 자기 중심적이고 폐쇄적인 데 비해 자연은 무한한 개방성과 상호 침투의 자유로움을 지니고 있기 때문이다. 이 순간 시인의 시의식 속에서는 현대적 이성의 오랜 관넘인 대상에 대한 의식의 우위, 자연에 대한 인간의 우위가 역전되고 있는 듯이 보인다. 따라서 시인은 시적 자아의 '의식' 보다 자연이 지닌 '본능'의 프로그램에 시선의 초점을 맞추게 되는 것이다.

결국 김길나의 시에 등장하는 '자연'은 단지 관찰의 대상이 아니라 행위의 주체로 자리를 바꾸게 된다. 어쩌면 그의 시에서 서정시를 정의하는 기존의 관점인 '세계의 자아화'도 그 주객의 위상이 역전되고 있는지 모른다. 그리하여 시인은 인간의 의식과 인위적 행위로는 도달할 수 없는 자연의 생명적 신비와 내통하려 한다. 자연은 "본능에 입력된 프로그램"의 세계이다. 따라서 시인은 '의식'이 아닌 '본능'에 접근함으로써 자연의 신비에 도달하고자 한다.

> 1) 깊은 동굴 속 미궁의 미로일 테지만 그
>   신비한 무의식을 유혹해 불러내는 마술의
>   둥근 휘파람 소리, 최면에 걸리고 싶은 관객들이
>   거추장스러운 의식의 눈을 뜨고 멀쩡하게 지켜보는데
>   저 여자는 벗은 몸둥어리 하나로 간단히 눕는구나
>   그리고 뜬다 떠
>   ―「마술사 1」 부분

> 2) 졸졸졸 나무들 몸에서 몸으로 흐르는 물이
>   실개천을 이루어 늘상 우리 몸 안으로
>   흘러들어오고 있잖니 그러니 얘들아, 빅 뉴스다!
>   나무들아 들어봐, 글쎄, 달에도 얼음 호수가 있다는구나
>   ―「달의 얼음 호수」 부분

1)에서 '본능'의 세계는 '무의식'으로 제시된다. 마술사는 "거추장

스러운 의식의 눈"이 아닌 "신비한 무의식"을 유혹해 불러낸다. 의식에 최면을 걸고 무의식을 유혹할 때 몸이 뜬다. "뜬다 떠"는 이 무의식의 세계가 의식 세계의 무게를 이탈한 무중력의 상태에서 빚어지는 것임을 암시한다. 따라서 김길나의 시는 이 '무의식'으로의 외출을 통해 "삶의 중력을 잃고/둥둥/떠다니는 법을 배워"(「느낌표와 마침표 사이에서」) 자유 분방한 상상력의 모험에 나서게 된다. 그리하여 그의 시는 종종 "공중에 떠서 흔들리는 신기루!"와 같이 "신기한 풍경"(「흔들리는 신기루」)을 보여준다. 한편 시인은 이 무의식이 "깊은 동굴 속 미궁의 미로"임을 인식하는데, '동굴'과 '미궁'의 비유는 무의식이 몸 속의 공간과 연관됨을 암시한다. 시인은 무의식을 불러냄으로써 자신의 본능에 접근하는데, 그것이 자연의 본능과 만나기 위해서는 '몸'이라는 매개체가 필요하게 되는 것이다.

2)는 인간과 자연의 상호 침투가 '몸'을 매개로 이루어짐을 여실히 보여준다. 나무들의 몸으로 흐르는 물이 실개천을 이루어 인간의 몸 안으로 흘러 들어오는 것이다. 이는 '무의식'과 '본능'이 '육체'와 밀접한 연관성을 지니고 있음을 상기시킨다. 그러면 시인이 유혹해 불러내는 몸 속의 무의식과 본능은 구체적으로 어떻게 형상화되고 있을까?

2. 몸 속의 길, 물과 불의 연금술

내 몸 안에서 시내 치는 실핏줄 개울물가에
반쯤 눈을 감은 젊은 별이 환히 웃고 있어
핏물 고인 응달에 피어난 영산홍의
붉은 상처 다발을 씻어 누이고 넘어오는 물살
목숨의 오랜 강줄기는 그렇게 살 밑에서

길을 내고, 비릿한 심장 곁에서 반짝
눈을 뜬 달덩이 불끈 솟아올라 처음이듯
배꼽 속에 숨은 바다를 불러낸다
수많은 모세혈관을 지나
대동맥에서 터져나오는 첫 새벽 바다
내 몸 안에서 몇억 년 전의
물고기들이 살아나 등 푸르게
퍼덕인다
떼지어 지나가는
길

―「몸 안의 길」부분

　김길나가 추구하는 무의식과 욕망의 세계는 몸 속의 길을 통해 뻗어 있다. 이 몸 속의 길은 시인의 육신과 자연의 관능이 하나로 만나 원초적 생명력을 발휘하는 길이다. 시인의 몸 안에서 "실핏줄"은 "개울물"로 흐르고, 그 물가에 "젊은 별"이 웃으면 "영산홍"이 붉게 피어난다. "비릿한 심장" 곁에 "달덩이"가 솟아오르고 "배꼽 속에 숨은 바다"를 불러내면 "물고기들이 살아나 등 푸르게/퍼덕인다." 이때 개울·강·바다 등의 이미지에서 보듯, 몸을 통한 자연과의 교류와 융합은 주로 '물'의 이미지를 통해 이루어진다. 앞서 인용한 「달의 얼음호수」의 달·얼음·호수 등도 '물'의 이미지가 변주된 것인데, 이 '물'은 유동성과 순환성의 속성으로 자연의 본능과 인간의 본능을 넘나들며 교류와 융합을 가능케 한다. 「구름 극장」에서 시인이 "안개 자욱한 에로스가 흐른다 흐르는 모든 것들이/흐른다"라고 진술할 때, '구름'과 '안개' 또한 '물'의 변주이며 이것의 속성은 "흐른다"의 반복이 말해 주듯 유동성에 있다.

그런데 여기서 "에로스"는 무엇일까? 그것은 '불'의 이미지와 관련된다. '물'과 함께 김길나 시의 중심 이미지를 이루는 것은 '불'의 심상이다. "벌레들의 현란한 불꽃"(「벌레들의 밤」), "사랑의 불"(「말하는 칸나」), "몸 속 단전의 불씨"(「마술사 7」) 등에서 나타나는 '불'의 이미지는 광기 어린 욕망과 건강한 생명력이 더불어 꿈틀대는 '에로스'를 의미하는 것이다. 인용 시에 나타난 "별"과 "달덩이"도 그 반짝임과 색채감을 통해 '불'의 이미지로 수렴된다. 그리하여 "실핏줄 개울 물가"에 "젊은 별"이 환히 웃어 "영산홍"이 피어나고, "강줄기"에 "달덩이 불끈 솟아" "몇억 년 전의/물고기들"을 불러내듯, '물'과 '불'의 이미지는 그 행복한 결합을 통해 근원적 생명을 잉태한다. 따라서 '꽃'과 '물고기'는 '물'과 '불'의 결합으로 생성된 자연의 산물, 생명의 결정체가 된다. 결국 김길나는 몸 속의 무의식을 통해 자연의 본능과 내통하며 '물'과 '불'의 다양한 변주와 결합으로 신비한 상징 언어를 결정(結晶)시킨다. 그는 '물'과 '불'의 연금술사인 것이다.

연금술사인 김길나가 발휘하는 상상력은 「마술사」연작이 보여주듯 마술적 상상력과도 상통한다. 이 연금술과 마술적 상상력을 통해 시인과 자연의 융합은 "내 몸 안에서 몇억 년 전의/물고기들이 살아나 등 푸르게/퍼덕인다"에서 보듯, 원시적 생명력이 살아 숨쉬는 시원으로 시적 공간을 확장시킨다. 그리고 그것은 "내 몸의 작은 우주가/큰 우주와 나 몰래 랑데부하는/작은 기막힌 우주 정거장"(「잠 산책」)에서처럼 천문학적 상상력으로까지 확장된다. 김길나의 시에서 이러한 상상력의 확장은 단순한 넓이의 지향이 아니라 깊이에의 지향과 맞닿아 있다. 시원과 우주로의 확장은 무의식의 바다, 그 심연 속을 탐사하는 시의식이 하나의 점을 향해 집중하는 것과 동시에 이루어지는 것이다. 이로써 김길나의 시적 공간은 깊이와 넓이, 집중과 확장이 교차하면서 응축되기도 하고 팽창하기도 한다. 이러한 시의식의 핵심을 함축적으로 표현한 작품으로 「0 시」가 있다.

> 무시무시한 중력의 블랙 홀을 방금
> 빠져나왔다 시간만이
> 끝까지 살아남아 0 時는
> 참을 수 없이 뜨겁다
> 참을 수 없이 무겁다
> 영원의 특이점이므로
>
> 우주처럼
> 시간이 점 하나로 응축된다
> 한 처음이 새롭게 폭발한다
>
> 끝인지 시작인지 아무도 모른다
>
> ―「0 時」 전문

 중력의 블랙 홀을 빠져나왔을 때 '시간'만이 끝까지 살아남는다. "중력의 블랙 홀"이란 '의식'이 유지되는 현실 체계를 의미하는데, 이곳은 과거―현재―미래의 연속적 시간관이 지배하고 있다. '무의식'을 통해 이 현실을 탈출했을 때, 시인은 모든 시간을 빨아들이는 하나의 점을 발견한다. 이곳은 "끝인지 시작인지 아무도 모"르는 불연속적 시간관이 지배하는 세계이다. 시인은 이러한 시간이 하나의 점으로 응축되는 지점을 찾는다. "우주처럼/시간이 점 하나로 응축"되고 "한 처음이 새롭게 폭발"하는 이 지점은 시간과 공간이 하나로 집약된 "영원의 특이점"이다. 시인은 이 영원의 특이점을 자신의 시와 동일시하고 그것을 "0 시"라고 표현한다. 시인의 상상력은 무의식 내부의 일점으로 응축되고 다시 우주의 무한대로 팽창하는데, 따라서 김길나의 모든 시들은 블랙 홀과 같은 이 「0 시」로 응축되고 다시 새롭게 폭발한다.

그런데 「0 시」를 중심으로 한 이러한 천문학적 상상력이 성립하는 것은 '물'과 '불'의 연금술이 시인의 무의식 내부에서 행복하게 결합할 때와 연계되는 것으로 보인다. 즉 김길나 시에서 '물과 불의 연금술'과 '천문학적 상상력'은 중력이 작용하는 현실로부터 완전히 고립되어 있을 때 비로소 성공적으로 이루어지는 것이다. 그렇다면 시인은 "끝인지 시작인지 아무도 모"르는 이 '0 시'와 시간의 흐름이 지배하는 '현실' 사이의 크나큰 간격을 어떻게 연결하며 통과해 가는 것일까?

3. 연못과 고리의 의미

눈과 귀, 그리고
코와 입이 언제나 대문으로
열려 있다. 제 눈, 제 입을 달고도
주인은 이 대문 안으로 들어가지 못한다

그러나 저 바다의 번쩍이는 비늘을 단
물고기들, 푸른 풀밭의 소는 열려진 문으로
잘 들어간다. 살구꽃 사과꽃도 울긋불긋, 향기롭게
살구 사과를 들고 잘 들어간다

대문 안으로 들어간 것들은 무엇이든
연못 속에 빠져 죽는다. 죽어 더러는
다른 모습으로 살아나오기도 한다

―「밑 없는 연못」 1, 2, 3연

    1연과 2연에서 시인은 '문'의 이미지를 통해 인간과 자연을 대비시킨다. 그것은 앞서도 지적했듯 의식의 폐쇄성을 넘어서는 무의식의 개방성을 강조하는 것으로 보인다. 그런데 이 '문'은 3연에서 '연못'의 이미지로 전이된다. "대문 안으로 들어간 것들은 무엇이든/연못 속에 빠져 죽는다"는 진술은 무의식의 개방성이 죽음의 검은 심연으로 이어짐을 보여준다. 이는 '무의식'이 단지 자연과의 교류와 융합을 통한 '생명'의 잉태로 귀결되는 것만이 아니라, '죽음'과도 등을 맞대고 있음을 보여준다. 이 시의 결구를 "내 몸이 걸어나온 몇백만 년의/수풀도 우거진 사이길로/배고픈 들짐승의/울음 소리까지/감추고 있을/그곳은 무섭다"라고 진술한 것도, 몸 속 무의식의 심연이 지닌 욕망의 야수성과 그것에 대한 공포심을 상기시켜 준다. 그런데 "연못 속에 빠져 죽는다"에 곧바로 이어지는 "죽어 더러는/다른 모습으로 살아 나오기도 한다"라는 진술은, 이 '죽음'이 단순한 죽음을 넘어 '환생(還生)'의 비밀까지를 간직하고 있음을 말해준다.

    따라서 김길나의 시는 무의식의 '문'으로 들어가 무중력의 발랄한 상상력을 펼치기도 하고, 검은 '심연' 속에서 깊이를 알 수 없는 두려움에 떨기도 한다. 그리고 '죽음'의 공포와 '환생'의 비밀 사이를 왕래하기도 한다. 시인은 그러한 교차를 "두려워라/파괴를 부르는 힘의 흡수/경이롭기도 하지/힘에 의한 힘의 이동"(「돌고 도는 것들을 위하여」)이라고 표현하고 있다. 이로부터 죽음의 광기와 생명의 환희가 교차하는, 김길나 시의 독특한 아우라가 생겨난다. 이 독특한 아우라가 전경화된 표현의 하나로 우리는 그로테스크한 이미지를 곳곳에서 발견할 수 있다.

1) 어떤 이는 일부러 성난 파도의
   파이프 라인을 따라 가슴 서늘하게
   몸을 던진다
―「돌고 도는 것들을 위하여」부분

2) 서울의 미세 먼지들이 소음을 타고 앉아
   채찍을 휘두른다. 매맞는 당신의 신음 소리
   사람의 허파에서 붉은 핏덩이 하나 뭉쳐져
   괴이한 달이 뜨고
―「聖心 앞에서」부분

1)의 "성난 파도의/파이프 라인"이라는 표현은 자연을 도시문명의 금속적 이미지와 접속시킨다. 이와 함께 2)의 "서울의 미세 먼지들이 소음을 타고 앉아/채찍을 휘두른다"라는 표현은, 시인이 무의식 속 영혼의 특이점에만 머물지 않고 현실을 지배하는 도시문명의 황폐함에도 눈을 돌리고 있음을 보여준다. 이는 "화창한 꽃울타리는/아마 어두운 함정인 게야"(「시들어간 화환의 이야기」)에서 보듯, 화려한 도시문명의 외양 속에 숨어 있는 어둠과 폐허를 인식하는 것이다. 이처럼 그로테스크한 이미지는 시인이 '0 시'의 무중력 상태에서 현실의 어둠과 폐허를 내려다볼 때, 그 괴리에서 생겨나는 산물인 것이다. 무의식을 통한 시의식의 압축과 팽창은 상상력을 현실 너머로 비약시키지만 결국 다시 현실로 되돌아올 수밖에 없음을 인식하고 있다는 점에서, 김길나는 초현실주의자의 광기와 더불어 현실주의자의 현실감각을 유지하고 있다. 그 결과 김길나의 시는 현실과 환상의 경계에 반쯤 떠 있는 듯한 분위기를 형성하게 된다.

또한 우리는 이로부터 김길나 시에 나타나는 두 영역과, 그 경계에 대한 인식을 감지할 수 있다. 즉 "그림자 안과 밖이/두 패로 갈"(「그림자 속의 여자」)리듯, 그의 시에는 의식의 영역과 무의식의 영역, 현실 원칙이 지배하는 세계와 쾌락 원칙이 지배하는 세계가 둘로 나뉘어져 공존한다. 현실과 환상 사이의 이러한 경계 의식은 그의 시에서 종종 시행의 중심을 변형시키는 형태로 나타난다. 이는 시점을 변화시키는 시도와 결부되는데, 시인은 패러다임이 다른 진술인 경우, 화자의 시점을 변화시키는 동시에 문장을 우측 정렬이나 중간 정렬로 이동시킴으로써 변별성을 갖게 한다. 이는 의식이 지배하는 현실과 무의식이 지배하는 환상 사이의 경계를 분명히 드러내고 있다. 그런데 이러한 두 영역의 경계에 대한 인식과 균형감각은 '고리'의 이미지를 통해 새로운 차원으로 전개된다. 앞에서 우리는 '문'이 지닌 개방성이 '연못'으로 전이되면서 죽음의 공포와 환생의 신비가 공존하는 심연의 의미로 이어짐을 살폈다. 여기에 덧붙여 '고리'의 시적 의미를 파악할 때 김길나 시가 지닌 상상력의 전체적 구도에 접근하게 될 것이다.

내 금반지 안에서는 가끔 둥근 달이
떴다. 이 세상 모든 둥근 것들이 차례로
내 반지 속으로 들어와선 금테를 두르고
반짝 눈을 떴다

그리고 금빛 둘레를 돌고 도는 씨앗들의 행보
수평 교량이라는 고정 설계를 유쾌하게 깨뜨린
엘리베이터를 타고 씨앗들이 올라간다 내려간다
나무 꼭대기 과육 속으로, 땅 밑 무덤 속으로
이 상승과 하강의 순환고리. 마침내
하나의 길에서 빛살이 새어나오는,

어느 때는 내 반지가 눈부시게 빛나 보였다
　　　　　　　　　　　　―「빠지지 않는 반지」 1, 2연

　"금반지" 안에서 둥근 달이 뜨고 그 속으로 이 세상의 모든 둥근 것들이 들어온다. 둥근 것의 속성은 '순환성'에 있다. 따라서 이 시에서 반지로 나타난 '고리'의 이미지는 "서로 다른 두 세계가 우리들 작은 연어의/아가미 속에서 황금고리를 만들고"(「연어들 경계를 넘어」)에서 보듯, 두 세계를 이어주는 순환의 의미를 지닌다. 이때 두 세계란 의식과 본능, 현실과 환상일 터인데, 2연에서는 그것이 "나무 꼭대기 과육"과 "땅 밑 무덤", 즉 생명의 탄생과 죽음으로 나타나고 있다. 금반지는 이 탄생과 죽음, 상승과 하강 사이의 경계를 지우고 하나의 고리로 연결시킨다. 고리가 지닌 이 순환성의 원리로 인해 김길나 시는 "연속과 불연속이 서로 은밀히/내통하는 두 세상을/ 밤낮으로 오가"(「잠 산책」)는 '윤회'의 비밀을 지니게 된다. 시인은 그것을 수평적 고정관념을 전복시키는 수직적 상상력으로의 "인식의 변혁"(「해마를 보러 간다」)으로 간주한다.
　이 지점에서 김길나의 시는 "물방울로든 불꽃으로든 어디선가 즐거운 인연으로 다시 만나"(「죽은 물고기의 살아 있는 머리」)는, '물방울과 불꽃의 인연 설화'를 닮아 간다. 결국 김길나 시는 '물―불―꽃'의 이미지 군과 '문―연못―고리'의 이미지군이 씨줄과 날줄로 긴밀히 교직되어 형성된 상징 언어라고 정리할 수 있다. 그런데 시인은 "해리는 일체의 틀에서 탈출한다/(… 중략 …)/해리여, 이 혼란에서 나를 탈출시켜라"(「마술사 4」)에서 보듯, 일체의 틀에서 탈출하고자 한다. 그래서 이 '윤회'의 '순환고리'에서도 다시 탈출하려 한다. 그것은 시인에게 있어 두번째 탈출이 되는 셈이다. 이를 살피기 위해 「빠지지 않는 반지」의 후반부를 계속 읽어보자.

4. 순환에서 동일 중심으로

> 그럴지라도 내 반지에서 인연의 질긴 끈을 끊고
> 새 한 마리 날개를 펼칠 수 있을는지
> 땅에 와 닿기까지, 하늘에 가 닿기까지
> 훨훨 날을 수 있을는지……
> 살쩌가는 내 무명지는 날마다
> 견고한 황금 울타리 안에 갇혀
> 탈출을 꿈꾼다
> 빠지지 않는 생 손가락으로
>
> 그러니 원의 입구와 탈출구를 찾는 일
> 어쩌면 이 두 개의 문이 하나일지도 모르는 그
> 하나의 문으로 가는 일, 아니 단순히 반지에서
> 손가락을 빼내기 위해서는 반지를 깨부수는 거다
> 그러나 동강날 수 없는 반지이므로 나로서는
> 어찌할 수 없게 되었다. 이제 남은 방법은……
> 그래! 이 세상 어딘가에 있을지 몰라, 0에서마저
> 빠져나와 아름다운 슬픔 하나 누더기를 걸치고 있는
> 사람, 살찐 무명지를 잘라버린.
> ─「빠지지 않는 반지」 3, 4연

김길나는 순환성의 원리를 지닌 반지를 "인연의 질긴 끈"으로 간주한다. 시인은 윤회의 순환고리조차도 자신을 묶는 사슬로 인식하는 것이다. 그래서 그는 이 견고한 황금 울타리로부터 탈출하여 한 마리 새처럼 비상하려 한다. 그러나 이 탈출은 "빠지지 않는 반지"로 인해 좌절될 수밖에 없다. 이때 시인은 이 탈출의 방법을 "원의 입구와 탈출구를 찾"아 "이 두 개의 문이 하나일지도 모르는 그/하나의 문으로 가는 일"에서 찾고자 한다. 더 나아가 시인은 차라리 반지를 깨부수거나, 살찐 무명지를 잘라버리고자 한다. 이는 "이 세상 어딘가에"서 "아름다운 슬픔"을 걸치고 있는 사람이 되는 것, 즉 "0 에서마저/빠져 나"오는 일이다. 이는 '순환고리'와 '환상의 시'를 생성시킨 시의식의 근거, 즉 '0시'의 "영원의 특이점"으로부터 빠져나와 다시 현실의 중력을 회복하는 일일 것이다. 결국 살찐 무명지를 잘라버리는 극단적인 시도는 '의식'과 '무의식'의 경계에서 그 경계를 '윤회'가 아닌 "하나의 문"을 통해 지워나가려는 시도가 된다. 그것은 두 개의 문이 하나로 일치되는 점, 즉 '동일 중심'을 찾는 길이다.

> 그리고 모든 것을 놓아버리고
> 그는 맨몸으로 조각 속으로 걸어들어갔다
> 미동이 자세로 서서 안과
> 밖의 동일 중심을 찾아내고 응시하는 작업
> 나아가서는 그 중심으로 돌아가 존재하는 조각품 앞에
> 고독한 침묵으로 사람들을 불러모으는 행위
> 그 길이 아무리 멀고 아득할지라도
> 언젠가는 그의 정신과 몸이 예술이 되어
> 우뚝 설 날이 오리라는 가슴 저린 희망으로
> 오늘 조각가는 그 자신 조각품이 되어
> 마침내 사람들 앞에 不動으로 섰다
> ─「새로운 조각을 위하여」부분

이 시는 두번째 탈출을 시도하는 시인의 각오를 새기고 있다. 따라서

그것은 선언적 의미를 지닌다. 그가 추구하는 새로운 시는 "미동의 자세로 서서 안과/밖의 동일 중심을 찾아내고 응시하는 작업" 속에서 생겨날 것이다. 그것은 지금까지 보여주었던 의식과 본능, 현실과 환상 사이의 경계를 하나의 중심을 통해 꿰뚫는 작업이 된다. 이것은 지난한 작업이다. 이제 시인에게는 이 선언적 의미를 구체적으로 실현하여 보여주는 일이 과제로 남아 있다. 이 시도가 그의 시를 어떻게 변모시킬지는 확실히 알 수 없다. 하지만 분명한 것은, 이 두번째 탈출을 통해 그의 시가 지닌 광기의 상상력이 부동의 자세와 만나고 현란한 수사학이 침묵과 만날 때, 더 견고하면서도 역동적인 시적 차원을 획득하리라는 것이다. 우리는 김길나 시의 미래를 지켜보아야 할 것이다. 왜냐하면 그의 시는 새로운 세기를 맞이하는 우리가 추구해야 할 제3의 선택을 제시하고 있기 때문이다.

두 겹의 시, 혹은 두 겹의 꿈
― 김점용의 시세계

　　김점용의 시는 비밀스런 사연을 감추고 있는 우물처럼 검은 심연의 깊이를 지닌다. 그 깊이를 탐사하는 무의식의 촉수는 바닥 없는 내면 공간을 하나의 풍경으로 묘사한다. 그것은 바로 꿈의 생성 과정과 흡사하다. 꿈은 사고를 시각적인 그림으로 변환시키기 때문이다. 꿈속에서 우리는 대화를 만들어낼 수 없으며, 숫자 계산도 할 수 없다. 서시에 해당하는 「심연에 대하여」를 보면, 그것은

　　　　수만 가지의 색깔을 품은
　　　　바닥 없는 검은 우물
　　　　배추흰나비 한 마리
　　　　그 안을 날고 있다

라는 하나의 풍경이다. "검은 우물"은 내면의 무의식 세계를 지칭하는 공간 개념으로서, 제목에 나타난 "심연"과 하나의 계열체를 형성한다. 이 무의식의 심연은 "바닥 없는" 무한한 공동(空洞)이며, "수만 가지의 색깔을 품은" 다양성의 공간이다. 이 공간이 "검은 우물"인 까닭은 온갖 색깔의 욕망과 소망, 좌절과 상처와 위안이 뒤섞인 카오스의 세계이

기 때문이다. "배추흰나비" 한 마리는 무의식의 바다를 유영하는 꿈의 속성과 양상을 적절히 형상화한다. 꿈은 과거와 현재와 미래의 경계, 현실과 환상의 경계를 자유롭게 넘나드는 비규정적 유동성을 지니고 있기 때문이다. 그리하여 인용 시의 "수만 가지 색깔"과 "검은" 빛과 "흰" 빛의 색채 대비는 심연의 혼돈 속에서 섬광처럼 스치고 지나가는 무의식의 움직임을 시각적으로 함축하여 묘사하고 있는 것이다.

김점용의 시는 대부분 꿈의 내용을 요약적으로 제시하는 전반부와, 깨어났을 때 꿈에 대한 시적 자아의 감정이나 사유, 혹은 상황을 진술하는 후반부로 구성된다. 다시 말해, 그의 시는 묘사와 진술의 결합, 혹은 꿈과 시의 결합이다. 시인이 시집 뒤표지에서 언급하고 있듯, 꿈과 시는 유사한 측면이 있다. 압축과 전위, 검열과 왜곡의 양상이 그러하고, 암시와 상징, 의식과 무의식의 교직이 그러하다. 그러나 꿈과 시는 동일하지 않다. 꿈을 해석하는 과정은 꿈 작업의 과정을 역으로 밟아가며 잠재적 꿈 사고를 재구성하는 과정이다. 즉 꿈에 드러난 현상으로부터 떠오른 연상을 추적하여 그 안에 감추어진 실제의 내용을 찾는 것이다. 반면 시는 외현적 언어 자체가 운율과 비유, 상징과 어조를 지니며 의미 내용을 겹쳐 놓고 있는 존재 자체이다. 단순화하여 말하면, 꿈이 알레고리라면 시는 아이러니이며, 꿈 해석이 알리바이 찾기라면 시 해석은 숨은 그림 찾기이다. 따라서 김점용의 시를 이해하기 위해서 우리는 전반부의 꿈 내용에서 잠재적 사고를 재구성하는 동시에, 이 꿈이 시인의 의식 및 무의식과 상호 작용하여 생성시키는 후반부의 시를 분석하는 이중의 작업을 진행해야 한다.

그러나 문제는 아직도 남아 있다. 전반부의 꿈 내용이 실제 그대로의 꿈일까? 꿈을 요약적으로 기술하는 과정에 시인의 의식이 개입함으로써 시적 전유가 일어날 가능성을 배제할 수 없다. 그리고 예외적으로 꿈속에 꿈꾸는 자의 의식이나 감정이 개입되는 경우도 있다. 꿈속에는 접속사 · 전치사 · 동사의 변화가 생략되어 있으며, 판단 · 비판 · 놀라움 · 추론 등도 꿈 작업의 소산이 아니다. 그렇다면 전반부의 꿈은 순수한 꿈 내용이라기보다 시적으로 변형된 꿈 내용일 수 있다. 또 하나, 만약 그것이 순수한 꿈 내용일지라도, 전반부의 꿈 내용과 후반부의 시적 진술이 결합되어 하나의 시를 이루고 있기 때문에, 김점용의 시를 이해하고 분석하기 위해서는 더 복잡하고 중층적인 과정을 밟지 않으면 안 된다.

이런 전제를 염두에 두고, 김점용의 시에서 꿈의 풍경이 어떤 모습으로 구체화되는지 살펴보자. 꿈의 원인, 혹은 꿈 재료의 출처가 되는 것은 우선 충분히 인식하지 못한 전날의 감각 자극들, 혹은 최근의 감각 자극들이다. 따라서 김점용의 꿈시에서 현재적 양상을 드러내는 작품을 먼저 살펴볼 필요가 있다.

손에 붉은 피가 고여 있다 보이지 않지만 주위에 사람들이 웅성거린다 손바닥의 피를 누군가에게 먹여야 외롭지 않다 아무도 없다 피는 붉은 꽃 안에 고여 있다 꽃을 꺾으려 하지만 줄기가 질기다 손에 힘을 줄 때마다 붉은 꽃이 흔들린다 피가 출렁인다 붉은 꽃 넘어진다 피 쏟아진다 아차, 했지만 쏟아진 피는 땅에서 크고 작은 알이 된다 난 무턱대고 안심한다

손바닥이 끈적끈적하다
꿈속에 핀 애인꽃
그리움으로 꼿꼿한 네 목을 베어주마
꽃받침 없는
쓸쓸한 애인꽃

—「수음 — 꿈 9」 전문

전반부의 외현적 꿈 내용은 일련의 성적 상징으로 넘쳐난다. 일반적으로 꿈의 해석에서 가장 기본적인 것은 상징적 해석인데, 그런 점에서 이 시의 "붉은 피"는 남성의 정액, "꽃"은 여성의 성기를 상징한다고 볼 수 있다. "손에 붉은 피가 고여있"는 것은 제목이 보여주듯, 자위 행위를 뜻하는 것이다. "손바닥의 피를 누군가에게 먹여야 외롭지 않다"는 것은 쉽게 이해할 수 있다. 자위는 혼자서 성적 욕망을 해소하는 것이므로 외로운 것이고, 이 외로움에서 벗어나기 위해서는 타인과의 관계, 즉 여성과의 결합이 필요하다. "피"가 "붉은 꽃 안에 고여 있"는 것은 이러한 결합이 성사된 것을 암시하는데, 그렇다면 "꽃을 꺾으려 하"는 행위는 어떤 잠재적 꿈 사고를 내포하고 있을까? 그것은 여성과의 성적 결합을 차단하는 어떤 심리적 동인이 작용하고 있음을 보여준다. 이 심리적 동인은 자발적인 것일까, 아니면 타의에 의한 것일까? "붉은 꽃"이 넘어지고 "피"가 쏟아지자 꿈속 자아가 "무턱대고 안심"하는 장면은 그것이 자발적인 동인임을 암시한다. 결국 이 외현적 꿈 내용이 내포하고 있는 잠재적 꿈 사고는 여성과의 결합을 희망하는 무의식과 그것을 차단하는 무의식이 상충하는 것이라고 말할 수 있을 것이다.

이러한 꿈 해석은 여러 가능성 중의 하나이지만, 그것의 타당성 여부는 후반부의 시적 진술과의 조응을 통해 가늠될 것이다. "꿈속에 핀 애인꽃"은 '꽃'이 여성의 상징임을 확인시켜준다. "그리움으로 꼿꼿한 네 목"에서 그리움의 주체가 시적 자아인지 애인인지 분명치 않지만, "네 목을 베어주마"에 애인과의 관계를 차단하려는 화자의 의지가 개입되고 있음은 확실하다. 따라서 애인과의 관계, 혹은 그녀에 대한 그리움을 단절하려는 양상은 어떤 현실적 판단, 즉 의식의 작용에 기인하는 것이다. 그렇다면, 꿈 내용의 "무턱대고 안심"하는 심리는 주인공의 의식이 검열로 작용하여 왜곡된 욕망의 양상이라고 짐작할 수 있을 것이다.

꿈은 싹트면서 동시에 억눌리는 욕망의 배출이다. 꿈은 잠재된 욕망을 충족시키려는 소망 성취이지만, 그 소원을 검열하고 표현을 왜곡시키는 압력이 꿈을 형성하는 또 하나의 장본인이다. 따라서 꿈은 억압된 소망의 위장된 성취라고 할 수 있다. 여성과의 관계에 있어서 결합의 욕망과 단절의 의지가 상충하는 양상이 어떤 원인에서 생겨나는지 알기 위해서 우리는 다른 시들을 참조할 필요가 있다. '어머니'와의 관계망을 고찰하면 직접적인 원인을 발견할 수 있겠지만, 중층적으로 결정된 복잡한 무의식의 양상을 추적하기 위해서는 우회로가 필요하다.

극장에서 연극을 한다 난 엑스트라 비슷한 배역이다 소파 뒤에 숨어 소파에 누워 있는 여주인공을 커다란 종이 몽둥이로 때리는 역할이다 물론 진짜 때리면 안 되고 소리만 내야 한다 다른 남자 배우는 내 옆에서 매우 빠르게 장단을 맞춘다 난 땀을 뻘뻘 흘리며 그 짓을 한다 극이 끝나고 출연 배우들 맨 끝에 따라나가 인사를 한다 관객들이 박수를 친다 관객 중 여자 후배는 잘했다며 활짝 웃고 남자 후배는 커다란 여자 인형을 내게 내민다 그런데 팔이 하나뿐이다 게다가 팔이 기형으로 좀 길다 조금도 이상하지 않다

 男娼이 되었으면
 정념 많은 여자들의 몸 속 어둠을
 환하게 풀었으면
 둥근 방에
 흰 강물
 푸른 물소리
 가득 채웠으면
      —「외팔이 여자 인형 — 꿈 27」 전문

극장에서 연극을 하고 배역을 맡는 것은 무의식 속 또 다른 자아에 대한 전경화이자 정형화이다. "소파 뒤에 숨어 소파에 누워 있는 여주인공을 커다란 종이몽둥이로 때리는" 꿈속 자아의 역할은 명백한 성적 상징이다. 그런데 그의 역할이 "엑스트라 비슷한 배역"이고 "진짜 때리면 안 되고 소리만 내야" 하는 상황은 이 꿈속 자아의 위상이 여주인공의 그것과 상응하지 않는다는 것을 암시한다. "내게 맞는 신발이 없"어 "굽이 다 닳은 짝짝이 낡은 슬리퍼를 끌고 전시장을" 도는 「짝—꿈 44」의 꿈속 자아처럼, 여주인공은 그의 짝이 아닌 것이다.

"극이 끝나"자 관객 중 남자 후배가 그에게 팔이 하나뿐이고 기형적으로 긴 여자 인형을 건네준다. 이것은 정신적으로 혹은 현실적으로 결핍되거나 불우한 여성의 상징인 듯하다. 이 외팔이 여자 인형이 "조금도 이상하지 않"은 것은 그 존재가 꿈속 자아의 무의식을 흡인하고 있기 때문일 것이다. "불행한 영혼들만 사랑했으므로/나는 조금도 상처 입지 않았고"(「짝—꿈 44」)를 보면, 시적 자아는 극중 여주인공과 같은 특별하고 고상한 존재보다 불행과 결핍을 안고 있는 존재들에게 연민과 애정이 경사되는 듯하다. 왜 그럴까? 한편으로 상처 입고 불우한 자신의 영혼과 상응하는 존재들에 대한 애착이 그 원인이라면, 다른 한편에는 "알량한 나르시시즘이 나를 망쳤다/너에게 가 닿지 못하게 했다"(「짝—꿈 44」)에서 보듯 상처 입지 않으려는 자기 보호 욕망이 스스로 벽을 만든 때문으로 보인다.

인용 시에서 관심과 애착이 왜곡된 성적 욕망으로 표출되는 것은 이러한 심리적 동인에 기인한다. 후반부의 시적 진술에서 "정념 많은 여자들"은 불우한 영혼에 속하는 존재인데, 그 "몸 속 어둠을/환하게 풀었으면" 하고 희망하는 시적 자아의 소원은 "남창(男娼)"인 것이다. 「그놈의 물고기—꿈 5」에서, "몹시 수치스럽다"라는 꿈 내용의 감정이 시적 진술에서 참기 어려운 성욕으로 연결되는 것은, 수치가 치욕적 성욕으로, 혹은 좌절감이 패배적 성욕으로 전이되며 원래 욕망의 대상을 넘어서는 더 넓은 의미의 정념으로 나아가는 심리적 기제를 보여준다. 애인과의 관계에서 주된 모티프를 이루고 있는 결합의 욕구와 단절의 의도라는 이율배반성, 그리고 불우한 영혼에 대한 애착과 왜곡된 욕망은 자폐아 연작시에서 다른 형태로 변주되어 나타난다.

    우인이가 내 옷에다 오줌을 싼다 난 어린아이처럼 운다 우인이 어머니가 나를 달랜다 내가 뭐라고 말하려 하자 우인이가 갑자기 "헛소리하지 마!" 소리친다 나와 형수가 깜짝 놀라(우인이가 말을 했으므로) 쳐다보자 다시 "시끄럽다니까" 한다

    너를 만나면 이 세계는 모두 헛것
    텔레비전 뉴스는 소음 책은 팔랑이는 악기
    신발은 우유를 싣고 달리는 통통구리배
    거실은 화장실 피아노는 낙하대
    (… 중략 …)
    너를 만나면
    옷은 거추장스럽고 모든 약속은 터무니없고
    세상의 일이란 돌맹이 하나만도 못하게 되지
    배밭의 사과가 썩어가도
    아들이 아버지를 죽여도
    네가 누구인지 내가 몰라도
                                —「자폐아 2 — 꿈 72」 전문

'우인이'는 자폐아로 꿈속에 등장한다. 일련의 자폐아 연작시에서 '우인이'는 시적 진술의 공간에서도 자폐증을 가진 아이로 나타난다.

"방안에 처박히면/몇 시간 동안 나오지 않는 너/(… 중략 …) 자기 손가락과 얘기하는 너/(… 중략 …)/오직 영혼 하나로 숨쉬고 있는/나의 유일한 타인"(「자폐아 3―꿈 4」)인, 자폐아 우인이가 꿈속에서 "내 옷에다 오줌을" 싸는 장면은, 증오의 표시든 관심의 표시든 관계성을 추구하는 도발적인 행위이다. 다음 문장 "난 어린아이처럼 운다"는 꿈속 자아가 우인이로 치환되고 있는 일종의 전도이다. "운다"는 슬픔의 감정 표현인데, 그것은 "오줌"과 함께 신체로부터 배출되는 부정적 '물'의 이미지라는 점에서 하나의 계열체를 형성하면서, 슬픔과 좌절의 의미망을 형성한다. "내가 뭐라고 말하려 하자 우인이가 갑자기 '헛소리 하지 마!' 소리"치는 것은 관계의 전도이면서 동시에 소망이 성취된 장면이다. 이와 더불어 "시끄럽다니까"라고 우인이가 말하는 장면은 불우한 영혼에 연민과 애착을 가지는 꿈속 자아의 소원 성취이지만, 우인이의 말이 숨기고 있는 것은 그러한 소망은 헛된 것이라는 좌절이다. 따라서 이 외현적 꿈 내용에 함축되어 있는 잠재적 꿈 사고는 무의식의 욕망이 지향하는 소망 성취와 의식의 검열이 좌절시키는 왜곡의 결합이라고 볼 수 있다.

후반부의 시적 진술은 이러한 현실 인식이 여실히 표현된다. "너를 만나면 이 세계는 모두 헛것"이라는 첫 문장으로 요약되는 우인이의 자폐의 공간은 시적 자아의 연민의 대상이지만, 동시에 시적 자아의 내면 양상과 부합되는 공감대를 형성한다. "무덤 안에서 발가벗고 놀고 있는" "한 소년"(「자폐아 3―꿈 4」)은 '우인이'인 동시에, "아버지,/무덤 좀 열어주세요"(「오늘 밤 잠들 곳이 마땅찮다― 꿈 69」)라고 외치는 시적 자아이기도 한 것이다. 「오늘 밤 잠들 곳이 마땅찮다― 꿈 69」에서, '집'과 '방'은 존재의 상징이다. "위채 내부도 궁금했으나 꽉 막혀 안을 들여다 볼 수 없다" "오늘밤 잠들 곳이 마땅찮다"라는 구절은, 존재의 내면성에 깃들거나 안주하지 못하고 폐쇄된 자아의 공간 속에 갇혀 외부와의 소통이 단절된 상황을 암시한다. 시적 자아는 아버지를 거부하고 증오하고 살해하고 싶어하는데, 이 무의식이 그로 하여금 무덤 안에 갇히게 하는 것으로 보인다. "아버지,/무덤 좀 열어주세요"는 이 폐쇄된 공간을 열 수 있는 열쇠는 바로 아버지임을 선명히 보여준다.

    인용 시에서 후반부의 진술이 세상과의 단절로 인한 우인이의 무의미한 일상을 나열하는 과정에서, 문득 섬광처럼 무의식에 각인된 정신적 외상을 드러내는 것은 이런 측면에서 이해될 수 있다. "아들이 아버지를 죽여도"는 부친 살해의 모티프로서 오이디푸스 콤플렉스의 전형적인 양상이다. 김점용 시에 나타난 아버지는 "허락도 없이 대추나무를 베어버린 건 잘한 짓이었다/아버지는 스스로 실패작이었다"(「아버지를 바꾸고 싶어하다 —꿈 61」), "배를 찌를까요/물건을 자를까요/아니면/아버지 목을 칠까요"(「어떻게 할까요 —꿈 38」) 등에서 보듯, 대부분 거부와 증오와 살해 욕망의 대상으로 형상화되고 있다. 그렇다면 오이디푸스 콤플렉스의 다른 한 꼭지점인 어머니와의 관계는 어떠할까?

    외출했다 돌아오니 외양간의 소가 외로워 보인다 배가 고픈 줄 알고 풀을 주었더니 먹지 않는다 펌프질로 물을 받아 세수를 한다 소가 안채 기둥에 매여 있다 얼굴에 비누질을 하다 말고 왜 집에 아무도 없냐고 소에게 묻는다 소는 대답하지 않는다 뭔가 숨기는 게 분명하다 내가 괜찮다며 말하라고 하자 소는 자기가 어머니를 죽였다며 운다 문득 안심이 된다 하지만 나는 슬퍼해야 하므로 소 머리를 안고 함께 운다 소 얼굴에 비누 거품이 가득하다 내가 어디에 묻었냐고 묻자 부엌 앞 펌프 밑에 묻었단다 그리고 또 운다

    하나뿐인 어머니로부터 도망치고 싶었다
    어디서든 자발적으로 망가지고 싶었다

내 안에 칼을 품고 있었구나

비누로 씻어 속죄할 양이면

나보다 더 간절하게

지나간 삶 전부를 되돌리고 싶으실

아버지의 세번째 아내,

어머니

─「소가 어머니를 죽이다─ 꿈 14」 전문

전반부에 등장하는 "소"는 꿈속 주인공의 또 다른 자아로 보인다. 어머니를 죽이고 나서 "외로워 보"이고 울고 있지만, 그것은 죽인 후의 죄책감과 두려움의 표시이다. "어머니를 죽였다"는 소의 말을 듣고 "문득 안심이" 되는 까닭은 주인공의 속마음에 어머니에 대한 살해 욕망이 숨어 있기 때문이다. 그것을 행하는 주체가 소로 치환된 것은 의식이 꿈의 소망 성취를 검열함으로써 전위가 일어난 것이다. 따라서 "나는 슬퍼해야 하므로 소 머리를 안고 함께 운다"는 당위와 의무의 표현이며 가식적인 행위이다. 그렇다면 '소' 와 '나' 는 속마음과 겉 행위가 상호 엇갈리면서 전도되어 있는 동일한 존재라고 볼 수 있다. 이러한 판단에 대한 근거를 "비누 거품"이 제공해 주는데, 얼굴에 비누질을 하고 있는 '나' 의 모습은 어느새 비누거품이 가득한 '소' 의 얼굴과 중첩되는 것이다. 여기서 '비누' 가 의미하고 있는 것은 속죄의식이다. 어머니에 대한 살해 욕망은 의식의 검열에 의해 속죄의식과 동반되어 나타나는 듯하다.

멜라니 클라인에 의하면, 불안과 죄책감은 사실상 파괴 충동에 대한 반작용이다. 죄책감은 초자아의 형성과 섭취의 산물인데, 아이는 젖가슴, 아버지의 남근, 자기의 똥을 어머니로부터 훔치기 위해 어머니를 물어뜯고 토막내어 어머니를 다시 차지하고 싶어한다. 아이는 어머니를 아프게 했던 것에 대해 죄책감을 느끼고 내사화한 어머니의 보복으로서 똑같은 처벌을 두려워한다. 즉 초자아는 아이의 신체를 자기 차례가 되어 물어뜯고, 토막 내고, 똥을 빼앗기 위해서 가로채고 싶어한다는 것이다.

후반부의 시적 진술은 이러한 해석을 더 강하게 뒷받침한다. "비누로 씻어 속죄할 양이면"이 그것인데, 이어지는 문장 "나보다 더 간절하게/지나간 삶 전부를 되돌리고 싶으실"은 어머니에 대한 살해 욕망, 혹은 "하나뿐인 어머니로부터 도망치고 싶었다"에 명시된 탈출 욕망의 이면에 불행한 삶을 살아온 어머니에 대한 동정과 연민이 자리잡고 있음을 암시적으로 보여준다. 어머니의 불행은 "아버지의 세번째 아내,/어머니"에 제시된 부부 관계의 왜곡이 그 원인으로 작용하는 것인데, 여기서 중요한 것은 아버지에 대한 일방적인 부정적 태도와는 달리, 어머니에 대해서는 증오와 연민이 교차하고 있다는 점이다. 이를 더 면밀히 고찰하기 위해 다음 시를 읽어보자.

텔레비전에서 연인을 찾아주는 프로그램이 방영 중이다 물고기들이 잠옷을 입고 교미를 한다 시간이 제한되어 있는데 여기저기서 신음 소리가 들린다 결합이 잘 안 되는 커플이 있다 그 이유를 밝혀야 하는데 그들은 변명만 한다 사회자는 변명하지 말라며 그들을 비웃고 조롱한다 어떤 남자는 여자의 앞치마가 너무 길다고 투덜댄다 어떤 여자는 왜 그리 못해요? 체위를 바꾸어야 한다고 말한다…… 난 텔레비전에서 저래도 되느냐며 그들을 고발해야겠다고 다짐한다 순간 내가 출연자인지 관찰자인지 알 수가 없다 제대로 하려면 탯줄을 잘라야 한다고 누군가 알려준다 여기저기서 가위 소리가 들린다

봄날,

교정을 어슬렁거리며 꽃구경을 할 때
자넨 환자야
그가 말했다
환경원예학과 온실 옆 배꽃이 환한데
그것도 중환자야
작년엔 배 밭둑에 앵두가 많이 열렸었다
장가가기 힘들 게야
늦게 핀 자목련이 희미하게 웃었다
어머니와 연애 중이야
온실 내부는 뿌옇게 보였다

―「가위 소리― 꿈 65」 전문

이 작품은 어머니에 대한 애증 교착이 연인, 즉 여성과의 관계 설정을 가로막는 직접적인 심리적 동인임을 암시하고 있다. 전반부의 꿈 내용은 "텔레비전에서 연인을 찾아주는 프로그램"으로부터 시작된다. "물고기들이 잠옷을 입고 교미를 한다"에서 성적 결합으로 압축된 이 이성과의 관계 설정은 그 결합이 성사되지 않는 실패의 원인을 은유적으로 발설한다. "제대로 하려면 탯줄을 잘라야 한다고"는 어머니로부터 심리적으로 이탈해야만 정상적인 이성과의 관계가 성립될 수 있음을 말하는 것이다.

후반부의 시적 진술은 이를 더 극적인 대화체로 제시한다. "환자"―"중환자"―"장가가기 힘들 게야"―"어머니와 연애 중이야"에서 점층적으로 발설된 병명은 어머니에 대한 애증 교착이다. 이 말을 하고 있는 "그"는 시적 자아 내부의 또 다른 자아일 것이다. 여기서 흥미로운 것은 "꽃"―"배꽃"―"앵두"―"자목련"으로 이어지는 '꽃'의 이미지인데, 이것은 여성을 상징하는 것이다. 이 꽃을 구경하는 시적 자아의 반응이

"환한데"—"많이 열렸었다"—"희미하게 웃었다"로 진행되다가 "어머니와 연애 중이야"라는 결정적인 발설 이후에 "온실 내부는 뿌옇게 보였다"라고 마무리되는 것은, 어머니로 인해 여성과의 관계가 불투명해지면서 차단되고 있음을 암시하는 것이다.

김점용 시에 나타난 오이디푸스 콤플렉스는 아버지에 대한 증오와 살해 욕망을 가진 점에서 일반적인 오이디푸스 콤플렉스와 유사하지만, 어머니에 대한 증오와 연민, 탈출 의지와 의존심이 교차한다는 점에서 더 복잡한 양상을 띤다. 아버지에 대한 부정에 어머니에 대한 부정까지 결합되면, "문중 계모임의 윷판을 엎고/퀴퀴한 족보를 뜯어 종이비행기를 날리고 싶었다"(「이상한 내력— 꿈 39」)라는 가족과 혈통으로부터의 탈출의 욕망뿐 아니라, "조상부터 내 뼛가루까지 다 태우고 가고 싶다"(「주검옷과 땔감— 꿈 68」), "나의 기원이란/바람과 햇살과 물과 먼지가 아닐까"(「슬픈 뿌리— 꿈 31」)와 같이 자기 존재까지 부정하는 도저한 허무주의에 도달하게 된다. 이 지점에서 시인은 "가끔/내 목에 면도칼 유혹을 느끼는 건/나, 조차도 진부해졌다는 거"(「공포는— 꿈 57」)에서 보듯, 부친 살해와 모친 살해의 욕망을 통과하여 자기 살해의 충동까지도 보여주게 된다. 그런데 어머니로부터 탈출하겠다는 의지와 정서적 심리적으로 의존하려는 이율배반적 양상은 어디서 기인하는 것일까?

오이디푸스 문제에 대한 클라인의 개념에서는 어머니에게 부여된 자리가 중심이다. 어머니에게 결여된 것은 아이가 어머니에게서 빼앗은 젖가슴, 아버지의 남근, 자기의 똥이다. 그러므로 그것을 어머니에게 돌려주어야 거세된 어머니를 고칠 수 있다. 여기에는 증오와 보상, 선망과 감사가 이미 배태되어 있는 것이다. 오이디푸스 콤플렉스는 대부분 유년기의 체험에서 기인한다. 꿈의 출처 중 중요한 것은 또한 어린 시절의 삶이다. 꿈속의 자아는 나이를 먹지 않는다. 꿈속에서 어린이는 그 충동 및 상처와 더불어 계속 살아 있는 것이다. 따라서 우리는 유년 시절의 체험이 형상화된 작품을 살펴볼 필요가 있다.

비가 온다
빗소리의 음각 속
(… 중략 …)
아버지 외출한다
특별 수업을 마치고 나오는 늦은 빗길
우산을 들고 교문 앞 불빛에 서성이는
배다른 형의 아내 형수의 흐린 불빛
감당할 수 없다 울타리 개구멍으로 빠져
비 맞는 까까머리
엄마 나 집에 서 다니고 싶어……
들리지 않는다
빗소리 거세지고
후두둑, 여름방학이 지나간다
창문 틈으로 책가방 하나 보따리를 들고
씨 다른 누나네로 교복이 이사를 간다
비가 온다
이따금 천둥이 칠 때
아버지 웃으신다, 널 죽이고 싶어……
핏발 선 망막 가득
비가 더 오고
輓歌 속 술 취한 아버지 떠간다
울창한 빗소리에 잠긴다

용서를 배우기엔 너무 늦은 시간
비가 온다
몹쓸 추억들 팅팅 불어난다

—「괄호 안을 더듬거리다」부분

    1연은 과거에 대한 회상이고, 2연은 현재의 상념이다. 따라서 이 시는 김점용의 다른 꿈시들과 형태는 다르지만, 전체적으로 동일한 구성을 지닌다. 1연의 추억은 꿈속 무의식의 흐름처럼 연상을 통해 전개된다. 연상의 연결고리는 "비"이고 "빗소리"가 만들어내는 음향이다. 이 추억의 풍경 속에서 "나"는 "배다른 형"의 집에 기거하는 학생이다. "까까머리"와 "교복"으로 학생이었던 어린 시절의 자아를 대변하는 것은 '환유'의 방식인데, 이 두 환유는 '은유'의 방식으로 하나의 계열체를 이룬다. "배다른 형"과 "씨 다른 누나"는 '나'와의 관계에 있어서 부모 중 어느 한 쪽만을 공유한다는 점에서, 은유와 환유의 혼성 결합이라고 볼 수 있을 듯하다. 그런데 인용 시에서 자아의 소망이 표출된 두 문장인 "엄마 나 집에서 다니고 싶어……"와 "아버지 웃으신다, 널 죽이고 싶어……"는, 어머니에 대한 의존심과 아버지에 대한 살해 욕망이라는 상반된 무의식을 선명히 보여주는 점에서 주목된다. 결국 시적 자아에게 있어 어린 시절의 상처의 근원은 아버지 및 어머니와의 왜곡된 관계에 있는 것이다.

    연상에 의한 추억의 형식은 시간의 경계를 넘어간다. "비"와 "빗소리"는 시간의 물결을 타고 넘어가는 뗏목처럼 추억을 자아의 무의식 속에 유연히 떠다니게 한다. 그리하여 추억의 뗏목은 "만가(輓歌) 속 술 취한 아버지 떠간다/울창한 빗소리에 잠긴다"라는 아버지의 죽음에 이르러 하나의 정박지에 도착한다. 2연은 이 아버지의 죽음 이후에도 용서에 도달하지 못한 시적 자아의 회한과 고뇌를 "비"에 "팅팅 불어난"

"몹쓸 추억들"로 압축하여 보여준다. 그런데 여기서 우리가 더 섬세히 살펴보아야 할 부분은 "비"의 이미지가 지닌 유동성과 "빗소리의 음각"이 지닌 음향의 효과이다. 다음의 시를 읽어보자.

  통영 미륵산, 깊은 숲 연못가에 앉아 하모니카를 분다 리듬을 따라 못물이 춤춘다 음(音)을 틀릴 때마다 물에서 이상한 것들이 튀어나온다 라면땅 봉지 이름표 소주병 배 깃발 낚시추…… 난 무서워져서 도망치고 싶은데 발이 옴쭉달싹 않는다 하모니카 소리에 못물은 자꾸 불어나고 오줌을 쌀 것 같다

  하교길, 늘 조용한 집이 싫어
  바닷가 언덕에서 하모니카를 불면
  가고 싶은 곳이 많아졌네
  초등학교 때 전학 간 영희네 집도 가고 싶었지만
  스와니 강이며 로렐라이 언덕
  저편 건너 희망의 나라도 가고 싶었네
  가고 싶었네
  집에서 가지 말라는 인문계 고등학교도 가고 싶었네
  해는 저물어
  밤 멸치떼 좇는 들망배 불빛들
  입술 깊숙이 문 하모니카 화음처럼 화르르 피어나면
  망개섬도 진섬도 까맣게 묻히고
  임도 꿈―도 아득한 풀잎―에 이슬방울
  하모니카로 불 수 없는 반음처럼 축축히 맺혔네
          ―「하모니카의 추억 ―꿈 52」 부분

전반부의 꿈 내용에서 일단 "미륵산"은 남성의 상징, "깊은 숲"과 "연못가"는 여성의 상징으로 간주될 수 있다. 그러면 "못물"은 어떤 잠재적 꿈 사고를 지니고 있을까? 일반적으로 꿈에서 '물'은 탄생을 암시하는데, 그것은 '어머니'와 관계가 있다. "물에서 이상한 것들이 튀어 나온다"는 이러한 상징적 해석을 뒷받침해 준다. 그리고 "내가 불어난 물 속에 들어가 잠긴다 진공 유리 속에 들어온 것 같다"(「물의 나라, 자궁 —꿈 34」)에서처럼, 물 속과 자궁을 동일시하는 대목에서도 확인된다. 그런데 "하모니카"의 "리듬"에 따라 못물이 춤추고, 그 "음(音)이 틀릴 때마다" 이상한 것들이 튀어나온다는 대목을 보면, 또 다른 해석이 첨가되어야 할 것 같다. 다른 측면에서, '물'은 무의식의 심연이고, "라면땅 봉지 이름표 소주병 배 깃발 낚시추……"등의 "이상한 것들"은 추억이며, '하모니카'는 무의식에 침전된 추억의 흔적들을 길어올리는 계기를 제공해주는 것으로 볼 수 있다.

"하모니카 소리"는 후반부의 시적 진술에서 알 수 있듯, 유년 시절의 소망을 함축하고 있는 음향이다. 따라서 "음이 틀릴 때마다" 튀어나오는 "이상한 것들"은 유년시절 삶의 주변에서 발견되는 하찮은 것들로서, 소망이 좌절된 후의 결핍과 불우를 암시한다고 볼 수 있을 것이다. "하모니카 소리에 못물은 자꾸 불어나고 오줌을 쌀 것 같다"는 이처럼 이룰 수 없는 소망에 대한 연상이 계속된 결과 빚어진 감정의 과잉과 누출을 암시하는 듯하다. 후반부의 시적 진술에서 "들망배 불빛들"이 암시하는 소망은 "하모니카 화음"을 매개로 피어난 "풀잎—에 이슬방울"로 "축축히 맺"힌다. 빛의 시각적 이미지가 화음의 청각적 이미지를 통과하여 "이슬방울"로 맺히는 이 언어의 연금술은, 압축과 전위의 과정을 거쳐 전반부의 "오줌"으로 형상화되는 듯하다.

잠재적 꿈 사고가 외현적 꿈 내용으로 드러나는 과정인 꿈 작업의 두 가지 기능은 '압축'과 '전위'이다. '압축'은 꿈 사고에 여러 번 나타나는 요소들을 선택하여 새로운 통합체를 형성하거나, 공통점을 가진 여러 잠재 요소가 하나의 단일 요소로 용해되어 형성되는 경우이고, '전위'는 꿈 사고의 여러 요소 중 어느 하나만이 부당하게 확대되어 발현되거나, 잠재적 요소가 고유의 구성 요소에 의해서가 아니라 관계없는 것 혹은 암시에 의해 대체되는 것이다. 이 두 꿈 작업은 검열에 의한 왜곡의 결과로서, 무의식을 억압하고 있는 저항을 감소시켜 잠을 지속하고자 하는 힘과 억압된 본능을 충족하려는 소망 성취의 힘 사이의 타협의 결과로 이해된다. 또 하나 꿈 작업의 중요한 기능은 '전도'인데, 그것은 의미를 역전시키거나 반대어에 의해 대체하는 것이다.

인용 시의 전반부가 외현적 꿈 내용이라면, 후반부는 잠재적 꿈 사고를 전제로 한 시적 진술이라고 할 수 있다. 후반부에서 시적 자아가 소망하는 세계는 "바닷가"—"스와니강"— "저편 건너 희망의 나라"로 이어지는 '물'의 이미지로 통합될 수 있는데, "임도 꿈—도 아득한 풀잎—에 이슬방울"은 이 소망적 물의 이미지에 "하모니카로 불 수 없는 반음"이라는 좌절의 음향이 개입된 결과로 얻어진 슬픔의 세계인 것이다. 이러한 관계망을 전반부의 꿈 내용과 조응시켜 보면, "오줌"의 의미가 이해될 수 있다. 그것은 소망적 '물'의 이미지와 그 좌절로 인한 슬픔이라는 '이슬'의 이미지가 압축되고 전위되어 생성된 것으로 간주할 수 있을 것이다.

라캉은 프로이트가 설명한 '압축'과 '전위'를 '은유'와 '환유'라는 수사학적 용어로 번역한다. 이로써 라캉은 꿈 작업이 심리적 논리학의 과정이 아니라 언어적 과정임을 말하려고 하였다. 야콥슨의 실어증 연구를 참조한 라캉은 '은유'를 '다른 단어를 위한 단어', 즉 대체를 통한 의미 효과로 이해한다. 억압된 기표와 그 대체물 사이의 긴장으로부터 은유의 불꽃이 튀어나오는 것이다. 그리고 라캉은 '환유'를 '단어에서 단어로', 즉 새로운 의미를 산출하지 않으면서 이미 존재하는 것을 병렬하고 지시하는 구조로 이해한다. 즉 환유는 부분으로 전체를 대신하거나 결과로 원인을 설명하는 것을 포함하여, 한 기표에서 다른 기표로 미끄러지는 무의식의 특징을 나타내는 방식이다. 그런데 라캉이 "무의식은 언어처럼 구조화되어 있다"고 주장하기 전에, 이미 프로이트는 대상을 위해 말과 명칭이 선택되고 언어를 사물처럼 다룰 때가 많다는 점을 지적하였다. 이럴 경우 사물에 대한 표상처럼 언어를 조합하는데, 낱말 덩어리의 각 음절마다 사고와 연상의 고리가 형성된다. 따라서 꿈 속에서 엉뚱하게 형성된 낱말의 분석은 꿈 작업의 압축 기능을 보여주기에 적합한 것이다. 다음의 경우를 살펴보자.

광화문에서 market이란 술집을 찾는다 곳곳에 let's란 술집밖에 없다……결국엔 let's에 들어갔는데 실내는 market이다 속았다 싶어 어떤 남자와 격렬하게 싸운다 119 소방대원들이 쫓아와서 지하로 잠적한다 동굴에서 선후배들이 해골을 앞에 두고 세미나를 하고 있다 네온사인으로 장식된 해골은 아까 술집에서 싸웠던 사람이다

송금 수수료 800원을 아끼기 위해 무더위 속을 10분 넘게 걸어가면서 참 더러운 자본주의야 땀나는 시장 경제야, 혼자 중얼거렸다 택시 운전사가 보험금을 타기 위해 자기 발목을 자르고 수십 명의 아이들이 불타 죽는 나라에서 연봉 몇십억짜리 샐러리맨이 환하게 웃는 가판대의 신문을 지나 무엇 때문에 경쟁하는지 모르고 경쟁하는 지구적인 동물의 슬픔을 맛보았다(광합성을 하고 싶어요!)
—「다른 길은 없는가— 꿈 41」부분

꿈 내용에서 "market"은 자본주의 시장경제 제도의 표상이다. 그리고 "let's"는 시인이 붙인 각주에 의하면, 지역통화(LETS), 즉 전지구적

자본주의로부터 지역 공동체를 지키기 위한 하나의 방법으로서, 돈 없이 기본 생활을 영위하기 위해 노동이나 물품을 지역 주민 또는 회원들끼리 교환하는 제도를 지칭하는 용어의 변형으로 보인다. "광화문에서 market이란 술집을 찾는다 곳곳에 let's란 술집밖에 없다"라는 꿈 내용은 일종의 전도이다. 왜냐하면 잠재적 꿈 사고에서 자아는 let's를 찾아다니지만 곳곳에 market 밖에 없다는 점에서 "지구적인 동물의 슬픔을 맛보"기 때문이다. "결국엔 let's에 들어갔는데 실내는 market이다"는 전도된 상황을 다시 전도시킴으로써 제 자리를 찾는다. "속았다 싶어 어떤 남자와 격렬하게 싸"우는 것은 항의와 저항의 표시이다.

그런데 119 소방대원이 쫓아와서 "지하"로 잠적하자 장소는 "동굴"로 전환된다. 여기서 "지하"에서 "동굴"로의 전이는 은유의 작용이며, "해골"은 환유의 작용으로 얻어진 기표이다. 지하 동굴에서 발견할 수 있는 것들 중에 해골도 포함될 수 있기 때문이다. 한편으로 이 "해골"의 '골'은 "동굴"의 '굴'과 'ㄱ'음과 'ㄹ'음이 일치하는 데서 오는 일종의 압축 작용, 즉 은유로도 간주될 수 있다. 동일한 음운이 연상의 연결 고리가 되는 꿈 작업의 압축 기능을 보여주는 것이다. market에 들어가 싸운 "남자"가 "해골"로 변신한 것과, "네온사인으로 장식된" 이 해골을 앞에 두고 "동굴에서 선후배들이" "세미나를 하고 있"는 장면은, 시적 자아가 자본주의 시장경제에 대해 저항하는 동시에 그것을 분석하면서 암담한 결말을 예감하고 있는 듯이 보인다. 제목에서 보듯, 자아는 온통 market뿐인 이 현실에서 다른 길을 모색하고 있는 것이다. 결국 인용 시의 꿈 내용은 'market—let's'와 '지하—동굴—해골'이라는 두 계열축을 중심으로 압축과 전위, 은유와 환유가 교직된 무의식의 언어 게임을 보여주는 것이다.

김점용의 시는 꿈 내용을 그대로 시의 형태로 차용함으로써 미적 현대성의 한 중요한 층위인 무의식의 흐름을 극단화한다. '꿈시'라고 지칭할 수 있을 그의 일련의 시들은 전반부의 외현적 꿈 내용 속에 잠재적 꿈 사고를 감추고 있으며, 후반부에 이 잠재적 꿈 사고를 전제로 한 시적 진술을 암시적으로 드러냄으로써, 그 사이에 크고 깊은 빈틈을 만들어낸다. 따라서 김점용의 꿈시는 시가 지닌 암시와 상징의 효과를 두 겹으로 형상화한다. 그의 시는 꿈 속의 꿈, 시 속의 시인 것이다. 이 두 겹의 시, 혹은 두 겹의 꿈을 이해하기 위해서는 프로이트에서 클라인과 라캉에 이르는 정신분석의 방법론을 통과해야 하겠지만, 그 꿈 자체가 때때로 우리에게 자연스럽게 다가오며 현실적으로 여겨지는 것은 왜일까? 그것은 오늘의 현실에서 우리도 이미 이 두 겹의 꿈에 사로잡힌 자들이며, 그 무덤 속에 갇혀 악몽을 꾸며 애타게 다른 길을 찾고 있는 자들이기 때문일지도 모른다.